高等院校会计专业（新准则）通用规划教材

# 审计学

# AUDITING

张立焕　李红艳　　主　编
李淑霞　王忠政　　副主编

上海财经大学出版社

**图书在版编目(CIP)数据**

审计学/张立焕,李红艳主编. —上海:上海财经大学出版社,2019.12

高等院校会计专业(新准则)通用规划教材

ISBN 978-7-5642-3381-5/F・3381

Ⅰ.①审… Ⅱ.①张… ②李… Ⅲ.①审计学-高等学校-教材
Ⅳ.①F239.0

中国版本图书馆 CIP 数据核字(2019)第 209790 号

□ 策划编辑 石兴凤
□ 责任编辑 石兴凤
□ 封面设计 贺加贝

**审 计 学**

张立焕 李红艳 主 编
李淑霞 王忠政 副主编

上海财经大学出版社出版发行
(上海市中山北一路 369 号 邮编 200083)
网 址:http://www.sufep.com
电子邮箱:webmaster@sufep.com
全国新华书店经销
上海天地海设计印刷有限公司印刷装订
2019 年 12 月第 1 版 2020 年 11 月第 2 次印刷

787mm×1092mm 1/16 18 印张 438 千字
印数:2 001—3 000 定价:56.00 元

# 前　言

为了适应社会经济发展和审计人才培养的需要，我们依据会计、审计等相关专业的人才培养目标和方案要求编写了此教材，以作为高等院校培养审计人才学习掌握审计基本理论、基本方法的入门教程。

本教材结合我国审计领域的新变化和新内容，在全面介绍财政部2010年公布新修订后的38项中国注册会计师执业准则的基础上，借鉴国际审计准则的理论与经验，认真贯彻我国2016年12月23日以来发布的《中国注册会计师审计准则第1504号——在审计报告中沟通关键审计事项》等12项审计准则的新精神、新规则与新要求，尽可能做到理论与实际相结合，重点阐述了注册会计师的审计程序、审计控制测试和实质性程序、审计报告编制的相关知识和技能，注重风险导向在审计实务中的运用，注重案例引入和分析。

本教材具有以下特色：

(1)案例导入，启发性强。本教材在每章开篇之前均安排案例导入，有利于开展案例教学。

(2)内容新颖，实务性强。本教材在编写过程中充分体现了最新审计准则和规范的修改内容，力图将审计学理论与实践结合起来，提高学生分析问题、解决问题的能力。

(3)重点突出，实用性强。本教材充分考虑教学需要，采用图表方式解析重点和难点问题，便于教师教学和学生对问题的理解。

(4)附有习题，操作性强。本教材每章后面都附有习题，难度适中，便于读者学习和巩固。

本教材由张立焕、李红艳任主编，张立焕负责对全书初稿进行修改总纂，李淑霞、王忠政任副主编。全书共十三章，第八、九、十、十一章由张立焕编写，第五、六、七章由李淑霞编写，第一、十二、十三章由王忠政编写，第二、三、四章由李红艳编写；各章的思考题和实训练习题均由相应的编写人员选编。

在本书编写过程中，我们借鉴了审计学研究领域最前沿的理论和实务。由于审计理论和实务在不断发展，加上作者水平有限，在编写过程中难免存在疏漏和错误，恳请同行和读者给予批评指正。

**作　者**

2019年10月

# 目　录

# 第一章 审计概论

## 【案例导入】

### 英国南海股份有限公司审计案例

——西方民间审计的产生

1710年，从事海外贸易业务的英国南海股份有限公司成立。公司最初10年经营业绩平平。公司董事会为了使股票达到预期价格，开始对外散布各种所谓的好消息，即南海公司在年底将有大量的利润可实现，并预计在1720年的圣诞节，可能要按面值的60%支付股利。这一消息促进了债券转换，进而带动了股价上升。1719年，南海公司股价为114英镑；到了1720年3月，股价劲升至300英镑以上；到了1720年7月，股票价格已高达1 050英镑。此时，南海公司老板又想出了新主意：以数倍于面额的价格，发行可分期付款的新股。同时，南海公司将获取的现金，转贷给购买股票的公众。这样，随着南海股价的扶摇直上，一场投机浪潮席卷全国。

英国议会为了制止国内"泡沫公司"的膨胀，于1720年6月通过了《泡沫公司取缔法》，随之一些公司被解散。许多投资者开始清醒，并抛售手中所持股票。随着投机热潮的冷却，南海公司股价一落千丈，从1720年8月25日到9月28日，其股票价格从900英镑下跌到190英镑，到12月份最终仅为124英镑。投资者因此遭受巨大损失。年底，英国政府对南海公司的资产进行清理，发现其实际资本所剩无几。后南海公司宣布破产。投资者要求英国议会严惩欺诈者，并赔偿损失。1720年9月，英国议会组织了特别委员会，对"南海泡沫"事件进行秘密查证，特邀了资深会计师查尔斯·斯奈尔对南海公司的会计账目进行检查。查尔斯·斯奈尔通过对南海公司账目的查询、审核，于1721年以会计师名义提交了一份会计账簿检查意见。在该份报告中，查尔斯指出了南海公司存在舞弊行为、会计记录严重不实等问题。英国议会根据这份查账报告，将南海公司董事之一的雅各希·布伦特及其合伙人的不动产全部予以没收。

1828年，英国政府根据国内经济发展对资金的高度需求，重新认识了股份公司的经济意义，撤销了1720年的《泡沫公司取缔法》，重新恢复了股份公司这一现代企业制度的形式。通过设立民间审计的方式，将股份公司中因所有权与经营权分离所产生的不足予以制约，完善了股份制这种现代企业制度。

**思考：**

(1)英国南海公司舞弊案对注册会计师世界民间审计的产生有什么样的影响？

(2)审计人员的主要职责是什么？

## 第一节 审计的产生与发展

审计是生产力发展到一定阶段的产物，其产生的根本原因是财产所有权与经营管理权的分离及委托和受托经济责任关系的形成。在生产力十分低下和社会经济不发达的时期，社会生产是小规模生产，生产资料的所有者亲自经营管理生产活动，生产资料的所有者和生产资料的经营者及监督者统一，不存在委托和受托经济责任关系，也不需要第三者进行审查和评价工作。随着生产力和社会经济的发展，物质财富日益丰富且逐渐集中，社会生产的规模不断扩大，经济活动日益复杂，生产资料的所有者已没有精力直接进行经营管理，于是就只好授权或委托他人代为经营管理，由此就导致了生产资料所有者与经营管理权的分离，形成了受托和委托的经济责任关系。在这种情况下，生产资料所有者需要了解经营管理者代理其从事经营管理的具体情况和履行经济职责的情况，这就有必要委托第三者对经营管理者提供的会计资料和其他资料进行审查，确定其是否真实、合法，从而评价经营管理者的工作效率和经济责任，以此决定奖惩，于是审计就应运而生了。

### 一、政府审计的产生与发展

#### （一）我国政府审计的起源与发展

1. 西周时期初步形成阶段

西周时期，朝廷设天、地、春、夏、秋、冬六官，天官又称冢宰，为百官之长、六官之首，“掌邦治，统百官，均四海”。国家财计管理方面，以地官为首的大司徒系统，掌管财政收入，负责钱粮税赋的征收及入库工作；以天官为首的冢宰系统，负责掌管财政支出，并设置中大夫司会，为计官之长，对财政收支进行记录与考核。同时，在天官之副职小宰之下设“宰夫”一职，由宰夫“岁终正岁会，月终正月要”，“掌治法以考百官府、郡、都、县、鄙之治，乘其财用之出入，凡失财用物辟名者，以官刑诏冢宰以诛之；其足用长财善物者赏之”，行使“考其出入，以定刑赏”之权。可见，宰夫司职百官及地方的业绩、政绩的审查工作，并将审查结果向冢宰或直接向周王报告，以决定对朝廷百官及地方官员的奖惩。从宰夫的工作来看，其独立于财计部门之外，具有审计的性质，是我国政府审计的起源。

2. 秦汉时期最终确立阶段

秦汉时期是我国审计的确立阶段，主要表现在以下三个方面：一是初步形成了统一的审计模式。秦汉时期是我国封建社会的建立和成长时期，封建社会经济的发展，促进了秦汉时期逐渐形成全国审计机构与监察机构相结合、经济法制与审计监督制度相统一的审计模式。秦朝，中央设“三公”“九卿”辅佐政务。御史大夫为“三公”之一，执掌弹劾、纠察之权，专司监察全国的民政、财政以及财物审计事项，并协助丞相处理政事。汉承秦制，西汉初中央仍设“三公”“九卿”，由御史大夫领掌监督审计大权。二是“上计”制度日趋完善。所谓“上计”，就是皇帝亲自听取和审核各级地方官吏的财政会计报告，以决定赏罚的制度。这种制度始于周朝，至秦汉时期日趋完善。制度是秦汉时期审计建制的重要组成部分，行使军事的监察之权，还行使经济的监督之权，反映财政收支情况。三是审计地位提高，职权扩大。御史制度是秦汉时期审计建制的重要组成部分，秦汉时期的御史大夫不仅行使政治、军事的监察之权，还行使经济的监督之权，控制和监督财政收支活动，勾稽总考财政收支情况。由此可见，秦汉时期的审计工作比西周时期进步了，但这个时期仍然属于审计初步发展时期。

3. 隋唐至宋日臻健全阶段

中央集权不断加强，官僚系统进一步完善，审计在制度方面也随之日臻健全。隋开创一代新制，设置比部，隶属于都官或刑部，掌管国家财计监督，行使审计职权。唐改设三省六部，六部之中，刑部掌天下律令、刑法、徒隶等政令，比部仍隶属于刑部，凡国家财计，不论军政内外，无不加以勾稽，无不加以查核审理。比部审计之权通达国家财经各领域，而且一直下伸到州、县。唐代的比部审查范围极广、项目众多，而且具有很强的独立性和较高的权威性。宋代审计，一度并无发展。元丰改制后，财计官制复唐之旧，审计之权重归刑部之下的比部执掌，审计机构重获生机。此外，还专门设置“审计司”，隶属于太府寺。北宋时又曾将这个机构改称为“审计院”。南宋时，湖、广还设有审计院，四川也设有审计院。宋审计司(院)的建立，是我国“审计”的正式命名。从此，“审计”一词便成为财政监督的专用名词，对后世中外审计建制具有深远的影响。

4. 元、明、清停滞不前阶段

元代取消比部，户部兼管会计报告的审核，独立的审计机构即告消亡。明清设置都察院，其行使审计职能有所削弱。

5.“中华民国”不断演进阶段

1912 年在国务院下设审计处，1914 年北洋政府改为审计院，同年颁布了《审计法》。国民党政府根据孙中山先生五权分立的理论，设审计部，各省(市)设审计处，分别对中央和地方各级行政机关以及企事业单位的财政和财务收支实行审计监督。国民党政府也于 1928 年颁布过《审计法》和实施细则，次年还颁布了《审计组织法》，审计人员有审计、协审、稽查等职称。与此同时，随着我国资本主义工商业的发展，民间审计应运而生。1918 年 9 月，北洋政府农商部颁布了《会计师暂行章程》，标志着我国民间审计的诞生。自 20 世纪 20 年代以后，在一些大城市中相继成立了“四大”会计师事务所，如：谢霖创办的正则会计师事务所(1921 年，北京)，潘序伦创办的立信会计师事务所(1927 年，上海)，奚玉书创办的公信会计师事务所(1927 年，北京)和徐永祚创办的徐永祚会计师事务所(1927 年，上海)。1925 年 3 月，我国最早的民间审计职业组织——上海会计师公会成立。

6. 新中国不断振兴阶段

中华人民共和国成立后在较长一段时期内未设专职的审计机构，对财政、财务收支的经济监督由财政、税务、银行等部门通过其业务在一定范围内进行。1982 年修改的《中华人民共和国宪法》规定在我国建立审计制度，1983 年 9 月成立了我国国家审计的最高机关——审计署，在县以上各级人民政府设置各级审计机关。1985 年 8 月发布了《国务院关于审计工作的暂行规定》；1998 年 11 月颁布了《中华人民共和国审计条例》；1995 年 1 月 1 日《中华人民共和国审计法》的实施，在法律上确立了政府审计的地位；2000 年 1 月，审计署发布《中华人民共和国国家审计基本准则》；2000 年 8 月，审计署发布《审计机关审计方案准则》等五项具体准则；2003 年 12 月，审计署发布《审计机关审计重要性与审计风险评价准则》等五项具体准则；2004 年 2 月，审计署发布《审计机关审计项目质量控制办法(试行)》；2006 年 2 月 28 日，八届人大九次会议通过了修正的《中华人民共和国审计法》并予以发布实施，为政府审计进一步发展奠定了良好基础。

### (二)国外政府审计发展概况

在西方国家，政府审计的产生和发展同样经历了一个漫长的过程，有着悠久的历史。据考证，早在奴隶制度下的古罗马、古埃及、古希腊时期，就已经有了官厅审计机构，但是从当时所处时代和经济发展状况来看，不论从审计组织机构设置上、人员配备上，还是审计方法选用上，都处于很不完善的阶段。随着经济的发展和资产阶级国家政权组织形式的完善，国家审计日趋健全、科学和规范化。目前世界上已有 160 多个国家建立了适应各自国情的国家审计机构，其隶属关系大体可以分为三种类型。其一，隶属于议会，即隶属于立法机构，由议会直接授权，如美国、英国、加拿大、西班牙、澳大利亚等国家均属此类型。这种类型的审计机构有很强的独立性和权威性。其二，隶属于政府，即隶属于行政机构，由政府直接授权领导，如罗马尼亚、菲律宾等国家均属此类型。这些国家的审计机构是依照国家赋予的权限，对各级政府机关、企事业单位的财政、财务收支及有关经济活动进行审计监督。这种类型的审计机构也有一定的独立性和权威性。其三，隶属于财政部，由财政部直接领导，如瑞典的政府审计就属于此种类型。这种类型的审计机构是依照国家的政策、法规和财经制度，对各部门、各单位的财政、财务收支及其有关经济活动进行审计。这种类型的审计机构与其他类型的审计机构相比，其独立性和权威性较小。政府审计机关不管属于哪一种类型，保证审计机构的独立性和权威性是最关键的。审计机关在行使审计监督权时，不应受到任何社会团体和个人的干涉，应客观、公正地实施审计，独立地出具审计报告。

## 二、民间审计的产生与发展

### (一)我国注册会计师审计的产生和发展

注册会计师审计又称社会审计、民间审计。我国注册会计师审计起步较晚。1918 年 9 月 7 日，北洋政府农商部颁布了《会计师暂行章程》。同年，谢霖领取了第一号会计师证书，并在北京创办了我国第一家会计师事务所——正则会计师事务所，这标志着我国注册会计制度正式诞生。1927 年以后，国民政府又先后颁布了《会计师注册章程》和《会计师条例》。

中华人民共和国成立后，国民经济中还存在着多种经济成分，与之相适应的注册会计师行业也被保留下来。1951 年，中央人民政府政务院财政经济委员会在《中央人民政府政务院财政经济委员会函》[(51)财经私人字第 29 号]中，专门就会计师的资格、执业范围、执业要求、收费以及职业责任问题做出了原则性规定。到 1957 年，随着对资本主义工商业的社会主义改造基本完成，我国开始实行高度集中的计划经济，注册会计师失去了服务对象，而且会计师事务所本身也是私有经济，被列入了改造对象，从此注册会计师行业悄然退出了历史舞台。

党的十一届三中全会以后，商品经济得到迅速发展，为注册会计师制度的恢复重建创造了客观条件。1980 年，财政部印发了《关于成立会计顾问处的暂行规定》，标志着我国注册会计师制度开始恢复，中国注册会计师重新登上历史舞台。1986 年 7 月，国务院颁布了《中华人民共和国注册会计师条例》，第一次确定了注册会计师的法律地位，使注册会计师行业建设进入了一个新时期。1991 年，我国恢复了全国注册会计师统一考试，1993 年 10 月颁布了《中华人民共和国注册会计师法》，1995 年 2 月财政部又发布了《中国注册会计师独立审计准则》等一系列法律、法规和制度，注册会计师审计逐渐得到各级政府和社会各界人士的重视和关注。为了加速我国注册会计师行业的发展及与国际同行的交流和合作，1996 年 10 月中国注册会计师协会加入亚太会计师联合会，1997 年 5 月又加入国际会计师联合会，这标志着我国注册会计师行业开始走上国际舞台，1997 年 7 月开展了全行业清理整顿工作，1998 年开始全面推行事务所脱钩改制工作，2006 年注册会计师协会公布了《中国注册会计师执业准则》。这一系列工作的落实，为我国注册会计师行业冲出亚洲、走向世界奠定了良好的基础。

### (二)国外注册会计师审计的产生和发展

国外社会审计起源较早，注册会计师审计起源于意大利合伙企业制度，形成于英国股份制企业制度，发展和完善于美国的资本市场。它是伴随着商品经济的发展而产生和发展起来的。其发展过程大体可以分为以下四个阶段：

1. 详细审计阶段

注册会计师审计起源于 16 世纪的意大利。1581 年的威尼斯会计协会是世界上第一个会计职业团体。16 世纪末期，地中海沿岸国家的商品贸易得到了发展，出现了为筹集大量资金进行贸易活动的合伙经营方式。在这种情况下，财产的所有权与经营权开始分离，出现了考核经营管理者受托责任履行情况的要求，这是早期的、处于萌芽状态的社会审计。18 世纪初期到 19 世纪中叶，工业革命的完成推动了资本主义商品经济大发展，相继出现了以发行股票筹集资金为特征的股份公司。股份公司这一企业形式的出现，促进了社会审计的产生。1721 年，英国的“南海公司事件”标志着注册会计师审计的产生。当时英国的查尔斯·斯耐尔(Charles Snell)以“会计师”名义提出了“查账报告书”，从而宣告了独立会计师——注册会计师的诞生。1844 年，英国政府为了保护广大股票持有者的利益，颁布了《股份公司法》，该法明确规定，股份公司必须设监察人，负责审查公司的账目。但是，这项规定并没有对监察人的资格提出要求，所以当时的监察人主要是由股东担任，由于这些监察人不熟悉会计业务，因此，监察人的审查只是流于形式，难以有效监督。此后，《股份公司法》一直处于不断地修订之中，修订后的《股份公司法》规定：股份公司可以聘请职业会计师办理此项业务，这项规定无疑对发展社会审计起到了推动作用。1853 年，在苏格兰的爱丁堡成立了“爱丁堡会计师协会”，这是世界上第一个职业会计师的专业团体。与此同时，英国各地职业会计师协会相继成立。1880 年，英格兰和威尔士地区的各会计师协会得到英国政府的特许，联合成立了“英格兰·威尔士特许会计师协会”，成为英国最大的职业会计师专业团体，致使民间审计队伍迅速扩大。

这个阶段注册会计师审计的特点是：注册会计师的地位得到法律确认；审计的目的主要是查错防弊，保证资产的安全、完整；审计报告的使用人主要为企业股东；审计的方法是对会计账目进行详细审计，即对有关的凭证、账簿、财务报表等资料进行周密、详尽的逐笔审查与稽核。由于详细审计产生于英国，所以又称为英国式审计。

2. 资产负债表审计阶段

19 世纪末 20 世纪初，美国的社会审计得到了迅猛发展。1887 年美国会计师公会成立，1916 年该会改组为美国会计师协会，后来发展为美国注册会计师协会(AICPA)，成为世界上最大的社会审计专业团体。初期的美国社会审计多采用英国式的详细审计。20世纪初，美国的短期信用发达，大部分企业依靠银行贷款从事生产经营活动，银行为了分析、判断企业的偿债能力，把资产负债表当作了解和调查企业信用状况的主要依据。由此，一种为了帮助贷款人和债权人正确评价被审计单位信用状况的资产负债表审计诞生了。

这个阶段注册会计师审计的特点是：审计对象由详细审计查账范围扩展到审查反映经营状况的资产负债表，审计的目标是对资产负债表内各项目的表达是否公允发表执业专家的意见。由于资产负债表审计是美国首先实施的，所以又称为美国式审计。

3. 财务报表审计阶段

20世纪30年代，随着资金市场的逐步完善，证券交易的业务量和规模都有了较大的发展，仅对资产负债表审计，已经不能满足证券市场和社会各方面的需要，此时，美国又率先进入了财务报表审计时代。美国政府为了加强对资金市场的管制，于1933年颁布了《证券法》，其中规定：在证券交易所上市有价证券的所有企业的财务报表都必须进行强制审计，其财务报表都必须经注册会计师出具报告。1934年，又颁布了《证券交易法》，进一步规定：所有出售股票的公司必须建立严格的会计制度、内部控制系统和内部审计机构。这些立法有力地促进了审计职业的迅速发展和企业内部控制制度的建设。

这个阶段注册会计师审计的特点是：审计的对象主要是财务报表（包括资产负债表、损益表等），此外，还对内部控制制度的健全性和有效性进行测试和评价。审计的目的在于对财务报表的公允性、正确性发表审计意见，这一时期更强调社会审计的鉴证职能。

4. 现代审计阶段

第二次世界大战以后，国际资本的流动带动了注册会计师审计的跨国界发展，形成了一批国际会计师事务所，时至今日仍有“四大”国际会计师事务所，即普华永道（PwC）、安永（EY）、毕马威（KPMG）、德勤（DTT）。

这个阶段注册会计师审计的特点是：审计组织机构不断发展壮大，开始呈现集中化的趋势；审计技术不断完善，制度基础审计和风险导向审计得到推广，抽样审计方法广泛运用；独立审计准则体系已经确立，形成了以独立审计准则制约的规范化、制度化的审计工作程序；社会审计业务范围不断拓宽，管理咨询业务异军突起。计算机辅助审计技术在审计中已被广泛采用。目前，以注册会计师审计为代表的社会审计在西方国家的社会经济中有着很重要的地位，发挥着重要的作用。

## 三、内部审计的产生和发展

### （一）我国内部审计的产生和发展

随着政府审计的产生和发展，内部审计也随之形成。据史料记载，早在西周时期就有了内部审计的雏形，当时设置的“司会”一职，除了负责财政经济的全面核算以外，还同时行使内部审计之权，对王朝内的财务收支要按日、按月、按年考核，监督王朝财务在各部门、各环节的动态，并定期向周王报告，以维护统治阶级的利益。这种做法可称之为原始意义上的内部审计，但在审计范围、方法和人员配备上只处于起步阶段，还谈不上系统的审计理论和完善的审计制度。

我国现在的内部审计是伴随政府审计的恢复和重建而产生和发展的。党的十一届三中全会以后，为了适应社会主义市场经济形势，强化各部门、各单位内部控制及管理，完善审计监督体系，中华人民共和国审计署于1984年提出在部门、单位内部成立专职的审计机构、配备专职的审计人员实施内部审计；1985年、1995年和2003年审计署相继颁布了《审计署关于内部审计工作的若干规定》；1987年4月，在北京正式成立了中国内部审计学会，同年底，学会加入了国际内部审计师协会，2002年，经民政部批准，学会更名为协会，使其成为对企业、事业行政机关和其他事业组织的内审机构进行行业自律管理的全国性社会团体组织。2003年4月，中国内部审计师协会发布了《内部审计基本准则》《内部审计人员职业道德》和10个具体准则，就我国内部审计的任务、职责、权限机构设置、审计范围、工作程序以及职业道德标准等作了明确规定，使我国内部审计日趋规范化。实践证明，内部审计已成为我国审计监督体系的重要组成部分，并且正在成为企事业单位自我发展和自我约束的重要机制，对加强内部经营管理和监督、遵守国家的财经法纪、促进廉政建设、维护单位的合法权益及提高效率发挥着重要作用。目前，我国已形成了政府审计、注册会计师审计和内部审计相结合的审计监督体系，它们既互相联系、互相依存、互相促进，又各司其职、各具特点，互相不可替代，分别在不同领域内实施审计。

**(二)国外内部审计的产生和发展**

国外内部审计产生和发展的历史源远流长，在内部审计发展的初期阶段，它主要进行一些有关审计和管理程序方面的遵循性审查工作，以揭露舞弊、保护财产、防止差错。所以，它的审计范围主要是在现金交易、支付工资和盘点资产方面。

随着西方国家经济的快速发展，企业的生产规模日益扩大，管理机构和层次增多，为了保证经营方针和管理制度的贯彻执行，保护财产的安全、完整，实现经营目标，内部审计随之获得了发展的契机并逐步健全完善。德国的克虏伯公司早于1875年就实行了内部审计制度；美国的铁道部门也在19世纪初期开始了对铁路系统的内部财务审计和经营审计。20世纪初期，出于对内部审计的日益强烈的呼声，美国最早建立了“内部审计师协会”。内部审计师协会的成立，标志着内部审计作为一项独立的职业开始确立。与此同时，布瑞克出版了《内部审计——它的性质、职能、程序和方法》一书，奠定了内部审计理论的基础。1947年，《内部审计师责任的意见书》指出，内部审计是通过判断和评价其他管理的有效性发挥作用的。此后，内部审计逐渐成为旨在审计会计、财务和其他业务活动的经营组织内部的一项独立的评价活动。

在内部审计的发展中，国际内部审计师协会发挥了巨大的推动作用。国际内部审计师协会章程指出，它是一个从事内部审计发展和实践的国际性组织。现在，它是唯一的一个专门致力于推进内部审计工作和发展的内部审计职业的国际性组织，其任务是对内部审计的实践提供全面的开发活动和标准，对包括内部控制和有关事项在内的内部审计知识和信息进行研究，充分传播并促进提高。

从内部审计机构的设置和隶属关系来看，国际上常采用以下几种模式：

(1)内部审计隶属于董事会，直接由董事会领导，向董事会报告工作，在这种设置方式下内部审计具有很高的独立性和权威性。

(2)内部审计隶属于董事会下面的监事会或相关类似委员会(如审计委员会)的领导，通过监事会向董事会或股东代表大会汇报工作，也具有较高的独立性和权威性。

(3)内部审计隶属于总经理，接受总经理的领导，并定期向总经理报告工作，可以代表总经理对下属的各生产经营单位和各管理部门进行经常性的审计监督，这种设置方式具有一定的独立性和权威性。

(4)内部审计隶属于财会部门，由财会部门的主要负责人领导并向其汇报工作。审计对象主要是会计凭证、账簿和报表等相关资料，这种设置方式对于财务控制系统具有较强的监督作用，有助于财务核算的规范化，但也有不足之处，即影响了内部审计人员能力的全面发挥，削弱了内部审计的独立性和权威性。

## 第二节　审计的概念、特征、职能、对象、作用和分类

### 一、审计的概念

关于审计定义的不同观点：

中国审计学会1989年定义："审计是由专职机构和人员，依法对被审单位的财政、财务收支及其有关经济活动的真实性、合法性和效益性进行审查，评价经济责任，用以维护财经法纪、改善经营管理、提高经济效益、促进宏观调控的独立性经济监督活动。"

中国审计学会1995年定义："审计是独立检查会计账目，监督财政、财务收支真实、合法、有效的行为。"

美国会计学会(简称AAA)在1972年给审计下了一个广义的定义："审计是一个客观地获取并评价与各种经济活动及事项的申明有关的系统过程，以便查明这些申明与既定标准之间的符合程度，并将其结果传达给各有关利害关系人。"

美国注册会计师协会(AICPA)在《审计准则公告第一号》中，给审计下了一个较为狭义的定义："独立人员对财务报表加以检查，搜集必要的证据。其目的是对这些报表是否按照公认会计原则公允地反映财务状况、经营成果和财务状况变化情况表示意见。"

上述各项定义所包括的共同含义是：

(1)独立性是审计监督的本质特征；

(2)审核检查反映经济活动的信息是审计工作的核心；

(3)审计对象必须明确；

(4)审计工作过程是收集和整理证据，以确定实际情况；

(5)审计工作必须有对照的标准和依据，才能从中引出审计结论；

(6)审计结果向各有关利害关系人报告。

我国《独立审计基本准则》关于独立审计的定义："独立审计是指注册会计师依法接受委托，对被审计单位的会计报表及其相关资料进行独立审查并发表意见。"

### 二、审计的特征

审计的性质也是审计的本质特征，是审计区别于其他工作的根本属性。审计是一种经济监督活动，与国家其他宏观经济管理部门一起共同构成我国社会主义市场经济条件下的经济

监督体系。但审计监督与其他经济监督有着本质的区别，其本质特征集中体现于独立性和权威性方面。

**(一)独立性**

所谓独立性，是指审计人员公正、不偏不倚地进行审查并表达意见的状态。独立性是审计的重要特征，审计的独立性是保证审计工作顺利进行的必要条件。正因为审计具有独立性，才得到社会的信任，才能保证审计人员依法进行的经济监督活动客观、公正。审计的独立性主要表现在以下几个方面：

1. 机构独立

机构独立是指审计机构不能受制于其他部门和单位，尤其是不能成为国家财政部门和各机构财务部门的下属机构；否则，对财政、财务收支进行审计就失去了意义。机构独立还表现在审计机构应独立于被审计单位之外，与被审计单位没有任何组织上的行政隶属关系。机构独立是保证审计工作独立性的关键。

2. 业务工作独立

业务工作独立首先是指审计工作不能受任何部门、单位和个人的干涉，应独立地对被审查的事项做出评价和鉴定；其次是指审计人员要保持精神上的独立，自觉抵制干扰，对审计事项做出客观、公正的结论。

3. 经济独立

经济独立是保证审计组织独立和业务工作独立的物质基础。如果审计机构没有一定的经费或收入，其业务活动就无法开展；如果其经费或收入受制于被审计单位或与其相关的其他单位，审计的独立性就无法保证。

**(二)权威性**

审计组织的权威性是与审计组织的独立性相关的，它是保证有效地行使审计监督权的必要条件。审计组织的权威性由以下两个方面决定：

1. 审计组织的地位和权力由法律明确规定

为了有效地保证审计组织独立地行使审计监督权，各国法律对实行审计制度、建立审计机关以及审计机构的地位和权力都做出了明确规定。这样就使得审计组织在地位上和权力上的权威性在法律上得到了体现。如我国的《宪法》《审计法》《注册会计师法》等对政府审计机关、民间审计组织的设立、职权范围都做出了明确规定。我国的内部审计机构也是根据有关法律设置的。这些都充分体现了审计组织的法定地位和权威性。

2. 审计人员依法履行职务，受法律保护

法律规定，审计人员依法履行职务时，任何组织和个人不得拒绝、阻碍审计人员依法履行职务，不得打击报复审计人员。审计组织或人员以独立于企业所有者和经营者的"第三者"身份进行工作，且取得审计人员资格必须通过国家统一规定的严格考试，因而他们具有较高的专业知识，这就保证了其所从事的审计工作具有准确性、科学性。正因为如此，审计人员的审计报告具有一定的社会权威性。

## 三、审计的职能

审计职能是指审计本身所固有的，体现审计本质的内在功能。它是由审计本身的特征和地位所决定的，是审计本质的客观反映，是不受人们主观意志支配的。但是，它也不是一成不变的，随着社会的进步、审计的发展，人们对审计职能的认识将会日益深化。目前，理论界对审计职能的论述多种多样，见解各异，通过总结历史和现代的审计实践，多数人认为审计具有经济监督、经济评价和经济鉴证的职能。

### (一)经济监督

监督是监察和督促的统称。经济监督是指有制约力的单位或机构监察和督促其他经济单位，使其全部或部分经济活动符合一定的标准和要求，按照预定的方向合理运行。经济监督是审计最基本的职能。要使审计发挥监督职能，必须具备两个条件：一是监督必须由权力机关实施；二是要有严格的客观标准和明确的是非界限。

### (二)经济评价

经济评价就是通过审核检查，评定被审计单位的计划、预算、决策、方案是否先进可行，经济活动是否按照既定的决策和目标进行，经济效益的高低优劣，以及内部控制制度是否健全、有效等，从而有针对性地提出意见和建议，以促使其改善经营管理，提高经济效益。经济评价是审计的另一个重要职能，是政府审计、内部审计和社会审计需要共同实现的职能。

在现代审计中，经济评价职能越来越重要，大多是在审计报告阶段进行，是在查明了真相后，依据国家的政策、法规和财经制度，按照一定的标准，进行对比分析，客观、公正地给出结论。要发挥经济评价职能，应当具备两个条件：一是不断提高审计人员的素质和构成；二是力求评价方法先进可行。

### (三)经济鉴证

鉴证是指鉴定和证明。经济鉴证是指通过对被审计单位的会计报表及有关经济资料所反映的财务收支和有关经济活动的公允性、合法性的审核检查，确定其可信赖程度，并做出书面证明，以取得审计委托人或其他有关方面的信任。经济鉴证是注册会计师审计的主要职能。一般情况下，公司的财务报表只有经过注册会计师审查鉴定后才能获得社会的承认。经济鉴证职能的发挥应当具备两个条件：一是审计组织的权威性；二是审计组织要有良好的信誉。权威和信誉是互为前提、相辅相成的。

审计的职能客观地存在于审计之中，但审计职能的实现是有条件的：第一，取决于审计单位的工作效率；第二，取决于审计人员的政治素质和业务素质；第三，取决于社会各界人士的支持和重视的程度；第四，取决于审计工作条件的保证。

## 四、审计的对象

描述审计的对象，必须明确与审计对象有关的基本问题：一是审计的主体。审计的主体是指审计机构和审计人员，即实施审计监督的执行者。二是审计的范围。审计的范围是指审计监督客体的外延，它是审计对象的组成部分，具体地说就是被审计单位。三是审计的主要内容。审计的主要内容构成审计对象的内涵，即财务收支及其经营管理活动。四是审计所依据的信息来源。审计所依据的信息是指形成审计证据的各种文字、数据以及电子计算机存储的信息等。

审计对象是指审计监督的范围和内容。正确认识审计的对象，有利于对审计概念的正确理解、审计方法的正确运用和审计监督职能的进一步发挥。

根据以上所述，审计的对象可以概括为被审计单位的财务收支及其经营管理活动。具体地说，审计对象包括下列两个方面的内容：

#### （一）被审计单位的财务收支及其有关的经营管理活动

不论是传统审计还是现代审计，不论是政府审计还是民间审计、内部审计，都要求以被审计单位客观存在的财务收支及其有关的经营管理活动为审计对象，对其是否公允、合法、合理进行审查和评价，以便对其所负受托经济责任是否认真履行进行确定、解除和监督。

#### （二）被审计单位的财务报表和其他有关资料

被审计单位的财务收支及其有关经营管理需要通过财务报表和其他有关资料等信息载体反映出来。因此，审计对象还包括记载和反映被审计单位财务收支、提供会计信息载体的会计凭证、账簿、报表等会计资料以及有关计划、预算、经济合同等其他资料。作为被审计单位的经营管理活动信息的载体，除上述会计资料、计划统计等资料以外，还有经营目标、预测、决策方案、经济活动分析资料、技术资料等其他资料，电子计算机存储的信息等信息载体。以上这些都是审计的具体对象。

综上所述，审计的对象是指被审计单位的财务收支及其有关的经营管理活动以及作为这些经济活动信息载体的财务报表和其他有关资料。因此，财务报表和其他有关资料是审计对象的现象，其所反映的被审计单位的财务收支及其有关的经营管理活动才是审计对象的本质。

### 五、审计的作用

审计的作用是指根据自身的功能去完成审计任务所产生的客观效果，就此而论，审计的作用和审计的职能是紧密相连的，是实现审计职能而取得的审计效果。实践证明，审计具有制约、促进和证明的作用。

#### （一）制约作用

审计的制约作用，就是通过对被审计单位的财务收支活动及经营管理活动的审核检查，进行经济监督和鉴证，揭发贪污舞弊、弄虚作假、损失浪费的不良行为，保证国家各项方针、政策和法规的贯彻执行，保证被审计单位报出的各种信息资料正确、可靠，保护国家财产的安全与完整，制约被审计单位的经济活动向歧途发展，维护社会主义经济秩序，确保市场经济正常运转。审计的制约作用具体表现在以下两个方面：

1. 揭示差错和弊端

通过审查和取证来揭示被审计单位的差错和弊端，不仅可以提高会计核算工作质量，还可以保护财产安全完整、堵塞漏洞、减少损失。

2. 维护财经法纪

在审查和取证、揭示各种违法行为的基础上，对过失人或犯罪进行查处，并提交司法、监察部门进行处理，有助于纠正错误，制止违纪行为，维护财经法纪。

**(二)促进作用**

审计的促进作用，就是通过对被审计单位的审核检查，做出客观、公正的评价，指出合理的方面，继续实施和推广，对于不合理的方面，提出意见和切实可行的建议，促进和提高经济效益和社会效益。审计的促进作用具体表现为以下三个方面：

1. 改善经营管理

通过审查取证，评价和揭示被审计单位经营管理中的问题和内部控制制度的薄弱环节，提出改进建议，促使被审计单位改善经营管理。

2. 提高经济效益

通过对被审计单位财务收支及其有关经营管理活动效益性的测试，评价受托经济责任，总结经验，找出经济效益低下的原因，改进生产和经营管理的方法，挖掘一切潜力促进经济效益。

3. 加强宏观调控

通过对财政、金融等综合经济部门的财政、财务收支及其有关经营管理活动的真实性、合法性、效益性的审查评价，揭示宏观调控方面存在的问题，促进国民经济的综合平衡。通过对企事业单位的财务收支及其有关经营管理活动的审查监督，揭露违法乱纪行为，运用科学的方法解决带有普遍性的问题，提高社会生产力和社会效益，促使各单位按照宏观调控的要求进行运转。

**(三)证明作用**

证明作用是指通过审计，证明被审计单位报出的各种信息资料的合法性、公允性，从而提高会计信息资料的真实性和可靠性。需要注意的是，审计对被审计单位会计信息的真实、可靠性有保证作用，但并不等于审计就是被审计单位会计信息的保证人，而是强调审计要以其经济监督和经济鉴证职能的发挥来达到使被审计单位信息资料真实、可靠的目的。

## 六、审计的分类

由于审计活动的主体、范围、时间、地点不同及对审计工作的要求不同，从而形成了不同类型的审计。科学地对审计进行分类，既有助于深刻了解各种审计的内容和特点，加深对审计的认识，又有利于审计人员合理组织不同类型的审计工作程序，从而提高审计工作的质量和效益，顺利完成审计任务。参照国际审计分类的惯例，结合我国的经济类型和审计监督的特点，我国的审计分类标准有基本分类和其他分类两种。

**(一)审计的基本分类**

审计的基本分类是说明审计本质的分类，审计主体、审计内容和目的作为审计的构成要素分别从不同的角度阐述了审计的本质属性，因而基本分类包括按照审计主体、审计内容和目的为基础的分类。

1. 按审计主体分类

审计主体，即审计的执行者，按审计主体分类，可以分为政府审计、内部审计和注册会计师审计三类。

(1)政府审计

政府审计是指国家审计机关依法进行的审计，又称为国家审计，是国家审计机关代表政府依法对国务院各部门、地方各级政府、财政、金融机构和企事业组织等的财政财务收支进行审计监督，在独立行使审计监督权的过程中不受其他行政机关、社会团体和个人的干涉。我国国家审计机关分为中央和地方两级，中央审计机关为中华人民共和国审计署，是我国最高的审计机关，在国务院总理领导下，主管全国的审计工作；地方审计机关为县级以上的地方各级人民政府设立的审计机关，在地方人民政府和上一级审计机关的领导下，负责本行政区域内的审计工作，对本级人民政府和上一级审计机关负责并报告工作。国家审计是一种法定审计，是对被审计单位实施的主动强制审计，对审计机关做出的审计结论和决定，被审计单位和有关人员必须照办执行，审计结论和决定涉及其他相关单位的，其他相关单位也应协助执行。

(2)内部审计

内部审计是指组织内部专职审计机构或人员实施的审计，是组织内部的一种独立、客观的监督和评价活动，它通过审查和评价经营活动及其内部控制的适当性、合法性和有效性来促进组织目标的实现。内部审计的主体是组织内部专职的审计机构或人员。国家机关、金融机构、企事业组织、社会团体及其他单位，应当按照国家规定设立专职的内部审计机构。内部审计的范围是组织的经营活动和内部控制，审计的目的是监督和评价本单位及所属单位的财政收支、财务收支及经济活动的真实性、合法性和效益性，内部控制及风险管理的有效性。

(3)注册会计师审计

注册会计师审计又称民间审计、社会审计，是指由中国注册会计师协会审核批准成立的会计师事务所进行的审计。会计师事务所可以接受政府审计机关、国家行政机关、企事业单位和个人等有关方面的委托，依法对被审计单位的财务收支活动、经营管理活动及经济效益进行审计；可以接受委托、承办注册资本验证、资产评估、经济案件鉴定、管理咨询服务等业务。

在审计监督体系中，注册会计师审计、内部审计和政府审计各司其职、各自在不同领域发挥作用，不存在主导与服从的关系，不能相互代替。

2. 按审计的内容和目的分类

按照审计的内容和目的分类，可以分为财政财务审计、财经法纪审计和经济效益审计三类。

(1)财政财务审计

财政财务审计是指审计机构对被审计单位的财务报表及有关资料的公允性及其所反映的财政、财务收支的合法性、合规性所进行的审计，主要包括财务报表审计、经济责任审计、离任审计、企业破产审计、企业兼并审计等。财政财务审计又可称为传统审计或常规审计。

(2)财经法纪审计

财经法纪审计是指审计机构对被审计单位和个人严重违反财经法纪和财经纪律行为所进行的一种专项审计，其目的是保护国家、集体和个人三者的利益。财经法纪审计的主要内容是审查严重侵占国家资财、严重损失浪费、贪污盗窃、行贿受贿，以及由于失职、渎职造成严重经济损失的重大经济案件。财经法纪审计也称专案审计。

(3)经济效益审计

经济效益审计是指审计机构对被审计单位的财政、财务收支及其经营管理活动的经济性和效益性所实施的审计。经济效益审计是在财务审计基础上发展起来的一种现代审计，明显区别于传统的财政、财务审计。审查的目标侧重于检查和评价被审计单位经济活动的效益性和合理性，具体包括两个方面：一是对被审计单位的预算、计划和预测、决策方案的效益性进行审查和分析；二是对被审计单位的预算或计划执行情况的效益性进行审查和分析。

3. 审计的其他分类

(1)按审计的范围分类

按审计的范围分类，可以分为全部审计和局部审计。

全部审计又称全面审计，是指对被审计单位一定时期的财政、财务收支及其经济活动的各个方面及其资料进行的全面审计。全部审计的内容较广泛，涉及被审计单位的各项财产物资、债权债务、成本费用、收入、利润及其分配等整个财务收支活动与结果，也会涉及财务、会计、生产、供销、技术等各个部门。全部审计的优点是审查详细、彻底，缺点是费时费力，适用于规模较小、业务较少的单位，以及内部控制和会计工作质量差的情况。

局部审计又称部分审计，是指对被审计单位一定期间的财务收支或经营管理活动的某些方面及其资料进行部分的、有目的的、有重点的审计，如对企业进行的利税审计、银行存款审计，对贪污盗窃、偷税漏税、违反合同进行的专案审计。其优点是时间短、耗费少，能及时发现和纠正问题，达到预定的目标；缺点是容易遗漏问题，具有一定的局限性。

(2)按审计实施时间分类

按审计及其与被审计单位经济业务发生的时间可以分为事前审计、事中审计和事后审计三类。

事前审计是指审计机构的专职人员在被审计单位的财政财务收支活动及其经济活动发生之前所进行的审计。其内容包括预测、决策方案、目标、计划预算等审计，如投资方案、固定资产更新改造方案、财务成本计划等的审计。进行事前审计的目的是加强预算、计划、预测和决策的准确性、合理性和可行性，可以防止错误和舞弊，起到防患于未然的作用，避免被审计单位出现重大的决策失误。

事中审计是指在被审计单位经济业务执行过程中进行的审计，通常是指对工期较长的基建项目和承包合同期中的执行情况等进行的审计。通过对被审计单位的费用预算、费用开支标准、材料消耗定额等执行过程中的有关经济业务进行事中审计，有利于及时发现并纠正偏差，保证经济活动的合法性、合理性和有效性。

事后审计是指在被审计单位经济业务完成以后所进行的审计。事后审计的范围非常广泛，财务活动的合法性、合规性、真实性、公允性，一般于事后才能进行检查、鉴证和评价。其主要目的是监督和评价被审计单位的财务收支及有关经济活动、会计资料和内部控制制度是否符合国家财经法规和财务会计制度的规定，是否符合会计准则的要求，从而确定或解除被审计单位的受托经济责任。政府审计和社会审计一般都是事后审计，内部审计也经常进行事后审计。

(3)按审计执行地点分类

审计按其执行地点分类,可以分为报送审计和就地审计。

报送审计又称送达审计,是指被审计单位按照审计机关的要求,将需要审查的全部资料送到审计机关所在地进行的审计。它是政府审计机关进行审计的重要方式。这种审计方法的优点是省时、省力;缺点是不易发现被审计单位的实际问题,不便于用观察的方法或盘点的方法进一步审查取证,使审计的质量受到一定的影响。

就地审计又称现场审计,是审计机构派出审计小组和专职人员到被审计单位现场进行的审计。它是国家审计机关、民间审计组织和内部审计部门进行审计的主要类型。

(4)按审计动机分类

审计按其动机分类,可以分为强制审计和委托审计。

强制审计又称法定审计,是指按照法律、法规的要求,被审计单位一定时期的经济活动必须接受审计的业务类型。强制审计又分为两类:一类是指审计机构根据法律、法规规定对被审计单位行使审计监督权而进行的审计,如我国政府审计机关根据《宪法》的规定对各级政府的财政收支进行的审计;另一类是指被审计单位的经济活动必须接受审计,但可以根据自身的需要,任意委托有资格的审计组织进行的审计,如上市公司可任意选择某一有资格的会计师事务所进行审计。

委托审计又称任意审计,是根据被审计单位自身的需要,委托审计机构对其进行审计。如企业为取得银行贷款委托会计师事务所进行的审计,就属于这种类型。

(5)按审计是否通知被审计单位分类

审计按照它在实施前是否预先告知被审计单位进行分类,可以分为预告审计和突击审计。

预告审计是指审计机构在审计工作开始前,预先通知被审计单位的一种审计形式。也就是说,在进行审计以前,把审计的目的、主要内容和日期预先通知被审计单位的审计方式。

突击审计是指审计人员在对被审单位实施审计前,不预先把审计的目的、内容和日期通知被审计单位,直接对其实施审计。

(6)按审计使用的技术和方法分类

审计按照它所使用的技术和方法进行分类,可以分为账项基础审计、制度基础审计和风险导向审计。

账项基础审计又称详细审计,是在被审计单位规模较小、业务较少、账目数量不多以及审计技术和方法不发达的特定审计环境下产生的,在审计发展的早期(19 世纪以前)应用得非常普遍。注册会计师审计的重点是资产负债表,旨在发现、防止错误和舞弊,注册会计师将大部分精力投向对会计凭证和账簿进行详细检查上。账项基础审计不对内部控制的存在和有效性进行了解和测试,只是围绕账表事项进行详细审查,费力、耗时,且无法验证账项、交易的完整性,很难得出可靠的审计意见,审计结论存在很大的局限性。

制度基础审计,19 世纪末 20 世纪初,由于企业规模的扩大,经济活动与交易事项的内容不断丰富、复杂,注册会计师的审计工作量迅猛增加、审计技术日益复杂,使得详细审计难以实施,职业界逐渐认识到设计合理并有效执行的内部控制可以保证财务报表的可靠性,防止重大错误和舞弊的发生,因而从 20 世纪 50 年代起,以控制测试为基础的抽样审计在西方国家得到广泛应用。

风险导向审计，由于审计风险受到企业固有风险因素的影响，如管理人员的品行和能力、行业所处环境、业务性质、容易产生错报的财务报表项目、容易受到损失或被挪用的资产等，又受到内部控制风险因素的影响，即账户余额或各类交易存在错报，内部控制未能防止或发现并纠正的风险，此外，还受到注册会计师实施审计程序未能发现账户余额或各类交易存在错报风险的影响，职业界很快发展了审计风险模型。审计风险模型的出现，从理论上解决了注册会计师以制度为基础采用抽样审计的随意性，又解决了审计资源的分配问题，要求注册会计师将审计资源分配到财务报表最容易出现错报的领域。从方法论的角度，注册会计师以审计风险模型为基础进行的审计，称为风险导向审计。

## 第三节 我国审计监督体系

我国的审计监督体系由三部分构成，即国家审计机关、部门或单位的内部审计机构和民间审计组织。国家审计、内部审计、民间审计三者之间，既相互联系，又各自独立、各司其职，泾渭分明地在不同领域开展审计工作。它们各有特点，相互不可替代，不存在主导和从属的关系。

### 一、政府审计机关

#### (一)政府审计机关和人员

政府审计机关是代表政府依法行使审计监督权的行政机关，它具有宪法赋予的独立性和权威性。现行《宪法》第 91 条规定："国务院设立审计机关，对国务院各部门和地方各级政府的财政收支，对国家的财政金融机构和企事业组织的财务收支进行审计监督。审计机关在国务院总理领导下，依照法律规定独立行使审计监督权，不受其他行政机关、社会团体和个人的干涉。"

政府审计机关实行统一领导、分级负责的原则。国务院设审计署，在总理领导下，负责组织领导全国的审计工作，对国务院负责并报告工作。审计署设审计长一人，副审计长若干人。审计长由国务院总理提名，全国人民代表大会决定，国家主席任命，副审计长由国务院任命。

县级以上各级人民政府设立审计机关。地方各级审计机关分别在省长、自治区主席、市长、州长、县长、区长和上一级审计机关的领导下，组织领导本行政区的审计工作，负责领导本级审计机关审计范围内的审计事项，对上一级审计机关和本级人民政府负责并报告工作。地方各级审计机关负责人的任免，应当事先征求上一级审计机关的意见。

审计机关根据工作需要，可以在重点地区、部门设立派出机构，进行审计监督。审计机关向重点地区、城市和计划单列市派出的代表人员，在该地区和城市组成审计特派员办事处，代表审计署执行审计业务，解决某些地方审计局难以解决的审计项目。

审计机关还可按工作内容和范围分设财政、金融、外贸外资、农林水利、基本建设、科教卫生等职能审计部门，对行政机关、企业、事业、团体、军队等开展各种专业性审计工作。另外，审计机关还可设置审计科研培训机构，开展审计科学研究和培训审计人员。

审计署对地方各级审计机关(包括审计特派员办事处)实行业务上的领导，主要包括：

(1)地方各级审计机关对本级人民政府和上一级审计机关负责并报告工作，审计业务以上级审计机关领导为主。

(2)审计将根据国家方针、政策做出的审计工作决定和颁发的审计规章,地方各级审计机关要遵照执行。

(3)审计署制订的工作计划,组织的全面性行业审计、专项审计,交办和委托办理的审计任务,地方各级审计机关要认真办理。

(4)各省、自治区、直辖市和计划单列市审计局的审计工作情况,查出的重要违纪问题以及其他有关文件资料,应及时向审计署报告和提供。

(5)审计署有权纠正地方审计机关做出的不适当的审计结论和处理决定。

(6)地方审计机关在审计监督中对涉及中央财政收支的审计项目以及办理审计署委托的审计项目所做出的审计结论、处理决定,必须报审计署备案,重大的,必须报经审计署同意。

**(二)政府审计机关的职责权限**

政府审计机关是依照宪法规定建立的,实行的是法定审计,承担着繁重的审计任务,为此,在审计法中,明确规定了其职责和权限。

1. 政府审计机关的主要职责

政府审计机关应按有关法律、法规规定的审计客体的范围,对各单位的下列事项进行审计监督:

(1)审计机关对本级各部门(含直属单位)和下级政府的预算执行情况和决算以及其他财政收支情况,进行审计监督。

(2)审计署在国务院总理的领导下,对中央预算执行情况和其他财政收支情况进行审计监督,向国务院总理提供审计结果报告。地方各级审计机关分别在省长、自治区主席、市长、州长、县长、区长和上一级审计机关的领导下,对本级预算执行情况和其他财政收支情况进行审计监督,向本级人民政府和上一级审计机关提供审计结果报告。

(3)审计署对中央银行的财务收支进行审计监督。审计机关对国有金融机构的资产、负债、损益进行审计监督。

(4)审计机关对国家的事业组织以及使用财政资金的其他事业组织的财务收支进行审计监督。

(5)审计机关对国有企业的资产、负债、权益进行审计监督。

(6)对国有资产占控股地位或者占主导地位的金融机构的审计监督,由国务院规定。

(7)审计机关对政府投资和以政府投资为主的建设项目的预算执行情况和决算,进行审计监督。

(8)审计机关对政府部门管理的和其他单位受政府委托管理的社会保障基金、社会捐赠资金以及其他有关资金、资金的财务收支进行审计监督。

(9)审计机关对国际组织和外国政府援助、贷款项目的财务收支,进行审计监督。

(10)审计机关按照国家有关规定,对国家机关和依法属于审计机关监督对象的其他单位的主要负责人,在其任职期间内由本地区、本部门或者本单位的财政收支、财务收支以及有关经济活动应负经济责任的履行情况,进行审计监督。

(11)除《审计法》规定的审计事项外,审计机关对其他法律、行政法规规定的应当由审计机关进行审计的事项，依照《审计法》和有关法律、行政法规的规定进行审计监督。

(12)审计机关有权对与国家财政收支有关的特定事项，向有关地方、部门、单位进行专项审计调查，并向本级人民政府和上一级审计机关报告审计调查结果。

(13)审计机关根据被审计单位的财政、财务隶属关系或者国有资产监督管理关系，确定审计管辖范围。

(14)依法属于审计机关审计监督对象的单位，应当按照国家有关规定建立健全内部审计制度，其内部审计工作应当接受审计机关的业务指导和监督。

社会审计机构审计的单位依法属于审计机关监督对象的，审计机关按照国务院的规定，有权对该社会审计机构出具的相关审计报告进行核查。

2. 政府审计机关的权限

政府审计机关在审计过程中行使下列权限：

(1)审计机关有权要求被审计单位按照审计机关的规定提供预算或者财务收支计划、预算执行情况、决算、财务会计报告，运用电子计算机储存、处理的财政收支、财务收支电子数据和必要的电子计算机技术文档，在金融机构开立账户的情况，社会审计机构出具的审计报告，以及其他与财政收支或者财务收支有关的资料，被审计单位不得拒绝、拖延、谎报。

(2)审计机关进行审计时有权检查被审计单位的会计凭证、会计账簿、财务会计报告和运用电子计算机管理财政收支、财务收支电子数据的系统，以及其他与财政收支或财务收支有关的资料和资产，被审计单位不得拒绝。

(3)审计机关进行审计时有权就审计事项的有关问题向有关单位和个人进行调查，并取得有关证明材料。有关单位和个人应当支持、协助审计机关工作，如实向审计机关反映情况，提供有关证明材料。

(4)审计机关进行审计时，被审计单位不得转移、隐匿、篡改、毁弃会计凭证、会计账簿、财务会计报告以及其他与财政收支或者财务收支有关的资料，不得转移、隐匿所持有的违反国家规定取得的资产。

审计机关对被审计单位正在进行的违反国家规定的财政收支、财务收支行为，有权予以制止；制止无效的，经县级以上审计机关负责人批准，通知财政部门和有关主管部门暂停拨付与违反国家规定的财政收支、财务收支行为直接有关的款项，已经拨付的，暂停使用。采取该项措施不得影响被审计单位的合法业务活动和生产经营活动。

(5)审计机关认为被审计单位所执行的上级主管部门有关财政收支、财务收支的规定与法律、行政法规相抵触的，应当建议有关主管部门纠正，有关主管部门不予纠正的，审计机关应该提请有权处理的机关依法处理。

(6)审计机关可以向政府有关部门通报或者向社会公布审计结果。

审计机关公布或者通报审计结果，应当依法保守国家秘密和被审计单位的商业秘密，遵守国务院的有关规定。

(7)审计机关履行审计监督职责，可以提请公安、监察、财政、税务、海关、价格、工商行政管理等机关予以协助。

对违反财经法规的被审计单位，应按下列规定处理：

(1)被审计单位违反《审计法》规定，拒绝或者拖延提供与审计事项有关的资料的，或者提供的资料不真实、不完整的，或者拒绝、阻碍检查的，审计机关责令改正，可以通报批评，给予警告，拒不改正的，依法追究责任。

(2)被审计单位违反《审计法》规定，转移、隐匿、篡改、毁弃会计凭证、会计账簿、财务会计报告以及其他与财政收支、财务收支有关的资料，或者转移、隐匿所持有的违反国家规定取得的资产，审计机关认为对直接负责的主管人员以及其他直接责任人员依法应当给予处分的，应当提出给予处分的建议，被审计单位或者其上级机关、监察机关应当依法及时做出决定，并将结果书面通知审计机关，构成犯罪的，依法追究刑事责任。

(3)对本级各部门(含直属单位)和下级政府违反预算的行为或者其他违反国家规定的财政收支行为，审计机关、人民政府或者有关主管部门在法定职权范围内，依照法律、行政法规的规定，区别情况采取下列处理措施：

①责令限期缴纳应当上缴的款项。

②责令限期退还被侵占的国有资产。

③责令限期退还违法所得。

④责令按照国家统一的会计制度的有关规定进行处理。

⑤其他处理措施。

(4)对被审计单位违反国家规定的财务收支行为，审计机关、人民政府或者有关主管部门在法定职权范围内依照法律、行政法规的规定，区别情况采取第(3)条规定的处理措施，并可以依法给予处罚。

(5)审计机关在法定职权范围内做出的审计决定，被审计单位应当执行。

审计机关依法责令被审计单位上缴应当上缴的款项，被审计单位拒不执行的，审计机关应当通报有关主管部门，有关主管部门应当依照有关法律、行政法规的规定予以扣缴或者采取其他处理措施，并将结果书面通知审计机关。

(6)被审计单位对审计机关做出的有关财务收支的审计决定不服的，可以依法申请行政复议或者提起行政诉讼。

被审计单位对审计机关做出的有关财政收支的审计决定不服的，可以提请审计机关的本级人民政府裁决，本级人民政府的裁决为最终决定。

(7)被审计单位的财政收支、财务收支违反国家规定，审计机关认为对直接负责的主管人员和其他直接责任人员依法应当给予处分的，应当提出给予处分的建议，被审计单位或者其上级机关、监察机关应当依法及时做出决定，并将结果书面通知审计机关。

(8)被审计单位的财政收支、财务收支违反法律、行政法规的规定，构成犯罪的，依法追究刑事责任。

(9)报复陷害审计人员的，依法给予处分；构成犯罪的，依法追究刑事责任。

(10)审计人员滥用职权、徇私舞弊、玩忽职守或者泄露所知悉的国家秘密、商业秘密的，依法给予处分，构成犯罪的，依法追究刑事责任。

3. 政府审计机关审计监督活动的原则

(1)合法性原则。审计工作从开始到送交审计报告整个过程应按照审计法规的规定进行；审计机关在审计时应按照法律规定的权限，依法取证，保证所取得审计证据的合法性；审计工作以国家法规、制度为监督依据；审计机关在法律规定的权限内，根据以事实为依据，以法律为准绳的原则,依法做出审计决定。

(2)独立性原则。审计机关不参加被审计单位的经济活动,与被审计单位没有任何经济利害关系,所处地位比较客观、公正,具有职能上的独立性。我国《宪法》第 91 条规定:"审计机关在国务院总理领导下,依照法律规定独立行使审计监督权,不受其他行政机关、社会团体和个人的干涉。"这就从组织上、法律上为政府审计的独立性提供了保证。

(3)强制性原则。审计机关的审计活动是具有强制性的国家经济监督活动,被审计单位和有关人员必须积极配合审计机关的工作;审计机关做出的审计结论和决定,被审计单位和有关人员必须执行;审计结论和决定涉及其他有关单位的,有关单位应当协助执行。

### (三)政府审计是高层次的经济监督

要使社会主义市场经济体制有序运行,必须建立和健全经济监督体系。在经济监督体系中,与财政、税务、金融、工商行政管理等经济监督相比,与民间审计、内部审计相比,政府审计是高层次的经济监督。这是因为:

1. 政府审计的对象决定了它是高层次的经济监督

长期以来,我国参照苏联模式,设立了财政、税务、金融、工商行政管理等经济监督,这些经济监督也确实发挥了一定的作用。但是,这些经济监督主要是从某一个侧面对微观经济活动进行的监督,无法对整个国民经济进行有效的监督。民间审计是接受委托的审计,没有强制性;内部审计是单位内部的经济监督,监督范围较窄。而政府审计监督则是根据法律、制度和国务院的决定,对国务院各部门和地方各级人民政府及其各部门的财政收支、银行信贷、重大投资决策、投资项目进行审计监督,否决、修改某些经济方案、计划、决策或中止某项经济活动,促使国家数以亿计的货币资金、财产物资以及宝贵的人力、物力资源得到合理有效的使用,从而保证在经济活动中有决定性影响的部门及企业的经济效益。可见,政府审计监督是高层次的经济监督。

2. 政府审计的地位和性质也决定了它是高层次的经济监督

财政、税务、金融等经济监督机构都有自身的目的和价值观,即都有本身的业务及由其决定的要求。民间审计是一种社会中介机构,有其自身的利益,实施审计是要收费的;内部审计是为本单位的业务和目标服务的,并不超越所在单位的利益;而政府审计则不是以本部门的收益为目标,它的唯一目标就是维护政府和全体人民的利益,这也决定了政府审计是高层次的经济监督。因此,政府审计对计划、预算、决算、信贷、重大项目的客观、公正的监督是任何其他经济监督部门和其他审计所不能替代的。在对中央与地方、国家与企业有关资金分配、使用等问题的监督、执法作用也胜于其他任何经济监督部门和其他审计形式。

3. 政府审计实施了对国民经济的全面经济监督

政府审计机关通过遍布全国的各级审计机构,依照法律、制度、规定,对一切影响国民经济正常运行的单位,分别做出没收其非法所得、处以罚款、停止财政拨款等处理方法,强行和及时制止一切损害政府利益的错误行为,解决那些普遍存在的,或者有重大影响的倾向性问题。

政府审计机关还向政府及有关部门提供预算执行情况和国民经济管理中有关各项资金的使用和来源的财政财务状况、财经法纪执行情况及经济效益的信息,使有关部门能够及时采取措施,防止造成重大损失。

## 二、民间审计组织

### (一)民间审计组织及人员

民间审计是商品经济发展到一定阶段的必然产物。只要商品经济发展到一定阶段,企业中存在经营权和所有权分离,存在不同利益的集团和阶层,民间审计就有存在和发展的必要。我国民间审计的振兴,始于1980年注册会计师制度的恢复和重建。目前,无论是从民间审计组织看,还是从民间审计人员的数量来看,我国民间审计都得到了飞速的发展。

1. 民间审计组织

民间审计组织是指根据国家法律或条例规定,经政府有关部门审核、注册登记的会计师事务所。

会计师事务所是指经国家批准、注册登记,依法独立承办审计业务和会计咨询业务的单位。会计师事务所由注册会计师组成,是其承办法定业务的工作机构。它不是国家机关的职能部门,经济上也不依赖于国家或其他任何单位。会计师事务所实行自收自支,独立核算,依法纳税,具有法人资格。但合伙设立的会计师事务所则不具有法人资格。注册会计师必须加入会计师事务所才能承办业务。按规定,成立会计师事务所应报经财政部或省级财政厅(局)审查批准,并向当地工商行政管理机关办理登记,领取执照后,方能开业。注册会计师和会计师事务所的管理机关,在全国为财政部,在各地区为省、自治区、直辖市财政厅(局)。为了掌握全国情况,财政厅(局)批准成立的会计师事务所应将其名称、章程、负责人等报财政部所属的中国注册会计师协会备案。

目前,我国会计师事务所的组织形式主要是有限责任会计师事务所、合伙会计师事务所、独资会计师事务所和有限责任合伙会计师事务所。

2. 中国注册会计师协会

中国注册会计师协会是在财政部领导下,经政府批准成立的注册会计师的职业组织,成立于1988年。一方面,它对会计师事务所和注册会计师进行自我教育和自我管理;另一方面,它又是联系政府机关和注册会计师的桥梁和纽带。中国注册会计师协会作为一个独立的社会团体,对外发展与外国和国际会计职业组织之间的相互交往,为我国注册会计师步入国际舞台发挥作用;对内拟订会计师事务所管理制度和注册会计师专业标准、组织注册会计师业务培训和考试等方面的工作。

中国注册会计师协会的宗旨是:以经济建设为中心,坚持四项基本原则,坚持改革开放,引导注册会计师在工作中正确执行国家的法律法规,不断完善注册会计师队伍的自身建设,维护合法的职业权益,交流工作经验,沟通业务信息,增进国内外交往,促进注册会计师事业的发展,为建设社会主义服务。

中国注册会计师协会的最高权力机构是全国会员代表大会,凡重大事项,必须经会员代表大会讨论决定。协会执行机构为理事会,理事会由全国会员代表大会选举若干名理事组成。协会的常设办事机构由秘书长、副秘书长若干人并配备必要数量的专职人员组成。

3. 民间审计人员

民间审计人员主要是注册会计师。目前,在我国,取得注册会计师资格主要通过考试途径。

根据《注册会计师法》及《注册会计师全国统一考试办法》的规定，具有下列条件之一的中国公民，可报名参加考试：(1)高等专科以上学历；(2)会计或者相关专业(指审计、统计、经济)中级以上专业技术职称。

目前，新制度注册会计师资格考试的科目有会计、审计、财务成本管理、经济法、税法和公司战略与风险管理。新制度考试划分为专业阶段考试和综合阶段考试，考生在通过专业阶段考试的全部科目后，才能参加综合阶段考试。专业阶段考试设会计、审计、财务成本管理、经济法、税法和公司战略与风险管理 6 个科目；综合阶段考试设职业能力综合测试 1 个科目。每年进行一次，部分科目合格者，取得由全国注册会计师考试委员会统一印制的单科合格证明，其合格成绩在取得单科成绩合格凭证后的连续 5 次考试中有效。考试全科合格者，取得由全国注册会计师考试委员会统一印制的全科合格证书。取得全科合格证书者，如在 5 年内未获准注册成为注册会计师，其合格成绩自取得全科合格证书的第 6 年起失效。

在我国，注册会计师考试合格者只取得成为注册会计师的资格，只有加入会计师事务所，从事审计业务工作两年以上的，并具备相应的业务能力，才能准予注册成为执业注册会计师。所以，经注册会计师考试合格的人员，应由其申请加入的会计师事务所报财政部或省级财政厅(局)批准注册。经批准注册的注册会计师，由财政部统一制发注册会计师证书。

#### (二)民间审计的业务范围

民间审计组织的业务范围十分广泛，触及经济生活的各个方面。根据《注册会计师法》的规定，注册会计师依法承办审计业务和会计咨询、会计服务业务。此外，注册会计师还根据委托人的委托，从事审计业务、审阅业务、其他鉴证业务和相关服务业务。

1. 审计业务

注册会计师的审计业务包括：审计企业财务报表，出具审计报告；验证资本，出具验资报告；办理企业合并、分立、清算事宜中的审计业务，并出具有关报告；办理法律法规规定的其他审计业务，并出具审计报告。

2. 审阅业务

审阅业务目前主要包括注册会计师运用审阅程序对财务报表进行审阅。审阅程序比审计程序简单得多，其主要采用询问、分析程序，其中提供有限程序的保证。

3. 其他鉴证业务

其他鉴证业务包括注册会计师执行财务报表审计或审阅业务以外的鉴证业务和注册会计师执行预测性信息审核业务，具体内容有：预测性财务信息的审核——预测性财务报表、盈利预测等；内部控制审核报告；基建预算、结算和决算审核报告。

4. 相关服务业务

相关服务业务主要包括管理咨询、税务服务、会计服务及其他服务等业务。

### 三、内部审计机构

内部审计是指由部门或单位内部相对独立的审计机构和审计人员对本部门或本单位的财政财务收支、经营管理活动及其经济效益进行审核和评价，查明其真实性、正确性、合法性、合规性和有效性，提出意见和建议的一种专门经济监督活动。其主要目的是通过审计健全内部控制系统，严肃财经纪律，查错揭弊，改善经营管理，提高经济效益。

### (一)内部审计机构的组成

我国的内部审计机构是根据审计法规和其他财经法规的规定设立的，主要包括部门内部审计机构和单位内部审计机构。

1. 部门内部审计机构

国务院和县级以上地方各级人民政府各部门，应当建立内部审计监督制度，根据审计业务需要，分别设立审计机构并配备审计人员，在本部门主要负责人的领导下，负责所属单位和本行业的财务收支及其经济效益的审计。

2. 单位内部审计机构

大中型企事业单位应当建立内部审计监督制度，设立审计机构，在本单位董事会下设的审计委员会或主要负责人的领导下，负责本单位的财务收支及其经济效益的审计。内部审计机构在董事会下设的审计委员会或本单位主要负责人领导下开展内部审计工作。审计业务少的单位和小型企事业单位，可设置专职的内部审计人员，而不设独立的内部审计机构。

不管是部门内部审计机构还是单位内部审计机构，都有其专职业务，其性质和会计检查并不相同，因此必须单独设立，并受董事会下设的审计委员会或本单位主要负责人的领导。内部审计机构不应设在财会部门之内，受财会负责人的领导，因为这样设置机构难以开展内部审计工作。

### (二)内部审计的特征

我国内部审计的特征，有些是与西方企业的内部审计基本相似的，有些则是社会主义市场经济体制下所特有的。我国内部审计一般具有如下特征：

1. 服务上的内向性

内部审计是为加强内部经济管理和控制服务的，内部审计人员是部门、单位领导在经济管理和经济监督方面的参谋和助手。服务上的内向性是国内外内部审计共同的基本特征。无论是西方企业的内部审计还是我国的内部审计，其主要职责是代表企业监督各部门贯彻管理层的意图，维护本单位的利益，为实现其企业目标服务。

2. 审查范围的广泛性

内部审计是作为部门、单位领导在经济管理和经济监督方面的参谋和助手来进行的，其审计报告不具有法律效力。它既可进行内部财务审计和经济效益审计，又可对下属单位进行财经法纪审计；既有制约作用，又有促进作用。而且，一般都能满足管理层的要求，管理层要求审查什么，内部审计人员就审查什么。与外部审计相比，这种业务范围的广泛性是国内和国外内部审计的共同特征。

3. 作用的稳定性

随着经济的发展，西方的内部审计已冲破只起制约作用的范围，扩展到改善经营管理和提高风险控制水平等的促进作用方面。我国内部审计亦如此，一方面，它必须以法律为准绳，履行财务审计的监督职能，发挥审计的制约作用；另一方面，它还要履行经济效益审计的评价职能，促使部门或单位改善经营管理，增强风险控制能力，提高经济效益，充分发挥审计的促进作用。我国内部审计的制约性和促进性两项作用在相当长的时间内会同时存在。所以，审计作用的稳定性又是我国内部审计的重要特征。

4. 微观监督与宏观监督的统一性

我国内部审计代表部门、单位的管理层执行经济监督，防止差错弊端，为加强内部管理服务，这是微观监督的性质，也是内部审计的主要工作内容。与此同时，内部审计还应从国家利益出发，对本部门、本单位是否遵守国家的政策、法律、法令和规章制度进行审查，又具有宏观监督的性质。所以，微观监督与宏观监督的统一是我国内部审计特有的重要特征。

### (三)内部审计机构的职责权限

我国的部门和单位内部审计机构是依据审计法规和其他财经法规而建立的，为了便于其行使审计监督权，在法规中对其职责权限也做了明确规定。

1. 内部审计机构的职责

内部审计机构按照本单位董事会下设的审计委员会、主要负责人或者权力机构的要求，履行下列职责：

(1)对本单位及所属单位(含占控股地位或者主导地位的单位，下同)的财政收支、财务收支及其有关的经济活动进行审计。

(2)对本单位及所属单位预算内、预算外资金的管理和使用情况进行审计。

(3)对本单位内设机构及所属单位领导人员的任期经济责任进行审计。

(4)对本单位及所属单位固定资产投资项目进行审计。

(5)对本单位及所属单位内部控制系统的健全性和有效性以及风险管理进行评审。

(6)对本单位及所属单位经济管理和效益情况进行审计。

(7)法律、法规规定以及本单位主要负责人或者权力机构要求办理的其他审计事项。

2. 内部审计机构的职权

单位董事会下设的审计委员会、主要负责人或者权力机构应当制定相应的规定，确保内部审计机构具有履行职责所必需的权限，主要有：

(1)要求被审计单位按时报送生产、经营、财务收支计划，预算执行情况，决算，财务会计报告和其他有关文件、资料。

(2)参加本单位的有关会议，召开与审计事项有关的会议。

(3)参与研究制定有关的规章制度，提出内部审计规章制度，由单位审定公布后施行。

(4)检查有关生产、经营和财务活动的资料、文件和现场勘察实物。

(5)检查有关的计算机系统及其电子数据和资料。

(6)对与审计事项有关的问题向有关单位和个人进行调查，并取得证明材料。

(7)对正在进行的严重违法违规、严重损失浪费行为做出临时制止决定。

(8)对可能转移、隐匿、篡改、毁弃会计凭证、会计账簿、财务会计报告以及与经济活动有关的资料，经本单位董事会下设的审计委员会、主要负责人或者权力机构批准，有权予以暂时封存。

(9)提出纠正、处理违法违规行为的意见以及改进经济管理、提高经济效益的建议。

(10)对违法违规以及造成损失浪费的单位和人员，给予通报批评或者提出追究责任的建议。

单位董事会下设的审计委员会、主要负责人或者权力机构在管理权限范围内，授予内部审计机构必要的处理、处罚权：

(1)被审计单位不配合内部审计工作、拒绝审计或者提供资料、提供虚假资料、拒不执行审计结论或者报复陷害内部审计人员的，单位董事会下设的审计委员会、主要负责人或者权力机构应当及时予以处理；构成犯罪的，移交司法机关追究刑事责任。

(2)被审计单位无正当理由拒不执行审计结论的，内部审计机构应当责令其限期改正；拒不改正的，报请本单位董事会下设的审计委员会或主要负责人依照有关规定予以处理。

(3)对被审计单位违反财经法规、造成严重损失浪费行为负有直接责任的主管人员和其他直接责任人员，构成犯罪的，依法追究刑事责任；不构成犯罪的，依照有关规定予以处理。

(4)报复陷害内部审计人员，构成犯罪的，依法追究刑事责任；不构成犯罪的，依照有关规定予以处理。

## 基本概念

审计　经济监督　国家审计　民间审计　内部审计　经济鉴证　经济评价

## 思考题

1. 什么是审计？审计的主体、对象和作用分别是什么？
2. 为什么说独立性是审计的灵魂？
3. 如何理解审计组织体系的构成？
4. 简述注册会计师审计的业务范围。

## 实训练习题

**一、单项选择题**

1. 最能体现审计鉴证职能的是(　　)。

A. 国家审计　　B. 内部审计　　C. 社会审计　　D. 政府审计

2. 注册会计师实施审计工作时依据的是(　　)。

A. 会计准则　　B. 会计制度　　C. 审计准则　　D. 审计法

3. 编制财务报表的责任在于(　　)。

A. 被审计单位管理层　　B. 被审计单位审计委员会

C. 被审计单位内部审计人员　　D. 注册会计师

4. 下列属于鉴证业务的是(　　)。

A. 代编财务报表　B. 管理咨询　C. 税务咨询　D. 验资

5. 注册会计师的服务是一种有偿服务，下列不能成为会计师事务所收费依据的是(　　)。

A. 审计意见的类型　B. 服务性质　C. 工作量大小　D. 参加人员层次的高低

6. 审计由三方关系人构成，他们依次是(　　)。

A. 审计委托人、审计人、被审计人　B. 审计人、审计委托人、被审计人

C. 审计人、被审计人、审计委托人　D. 被审计人、审计人、审计委托人

7. 审计是具有(　　)的经济监督活动。

A. 权威性　B. 独立性　C. 合法性　D. 客观性

8. 民间审计组织接受委托人的委托，按照委托人的要求对其进行的经济效益审计和其他业务审计属于(　　)。

A. 任意审计　B. 定期审计　C. 强制审计　D. 突击审计

9. 审计最基本的职能是(　　)。

A. 经济鉴证　B. 经济评价　C. 经济监督　D. 经济监察

10. 关于国家审计，下列说法中正确的是(　　)。

A. 国家审计关系是经过授权形成的　B. 国家审计是独立性最强的审计

C. 国家审计是我国审计监督体系的主体　D. 国家审计是有偿审计

**二、多项选择题**

1. 审计按目的和内容的不同可以划分为(　　)。

A. 财政财务审计　B. 财经法纪审计　C. 经济效益审计　D. 政府审计

E. 内部审计

2. 我国审计组织体系由(　　)构成。

A. 政府审计机关　B. 注册会计师审计组织

C. 内部审计机构　D. 资产评估机构

3. 我国会计师事务所的组织形式主要有(　　)。

A. 个人独资　B. 合伙制　C. 合营制　D. 有限责任制

4. 注册会计师的业务范围包括(　　)。

A. 审查企业财务报表，出具审计报告

B. 验证企业资本，出具验资报告

C. 办理企业合并、分离、清算事宜中的审计业务，出具有关的报告

D. 承办会计咨询、会计服务业务

5. 属于审计促进性作用的有(　　)。

A. 改善经营管理　B. 提高经济效益

C. 揭露错误和舞弊行为　D. 完善内部控制制度

6. 审计的职能包括(　　)。

A. 经济监督　B. 经济鉴证　C. 经济评价　D. 制约性

7. 审计主体的独立性主要表现在(　　)等方面。

A. 组织上的独立性　B. 人员上的独立性　C. 工作上的独立性　D. 经济上的独立性

8. 下列关于注册会计师审计的说法中，正确的有(　　)。

A. 注册会计师审计是有偿审计

B. 注册会计师审计可根据审计结果做出审计决定

C. 注册会计师审计是强制性审计

D. 注册会计师审计在独立性上体现为双向独立

9. 内部审计的特征包括(　　)。

A. 服务上的内向性
B. 审查范围的广泛性
C. 作用的稳定性
D. 微观监督与宏观监督的统一性

10. 审计对象主要包括(　　)。

A. 被审计单位的财务收支及其有关的经营管理活动
B. 被审计单位的全部经济活动
C. 被审计单位的会计活动
D. 被审计单位的财务报表和其他有关资料

## 三、判断题

1. 审计是经济发展到一定阶段的产物。(　　)
2. 现代审计就是查账,其主要目的就是查错揭弊。(　　)
3. 政府审计不具有强制性的特点。(　　)
4. 内部审计的主要目的是查错防弊,改善经营,以提高管理水平和工作效率及经济效益。(　　)
5. 注册会计师审计的主要特点是独立性、委托性和有偿性。(　　)
6. 经济评价是审计的基本职能。(　　)
7. 凡通过注册会计师全国统一考试,即全科均合格者,即能成为执业注册会计师。(　　)
8. 在我国审计监督体系中,政府审计是主导,内部审计是基础,而注册会计师审计是不可缺少的重要力量。(　　)
9. 只要注册会计师未查出被审计单位会计报表中的错报,则必须承担法律责任。(　　)
10. 按审计的目的和内容分类可以分为国家审计、内部审计和民间审计。(　　)

## 四、综合题

ABC公司为上市公司,设有内部审计部门,根据公司的机构设置,内部审计部门负责人由公司首席执行官任命并负责向公司管理层直接定期报告。另外,随着ABC公司管理层对内部控制重视程度的加深及对公司业务增长的需要,内部审计部门计划招聘更多的内部审计人员。

要求:

(1)判断ABC公司上述有关内部审计部门的人员设置是否恰当?并简要说明理由。

(2)假设你是该公司的内部审计部门负责人,你在招聘内部审计人员的过程中将从哪些方面考察候选人?

# 第二章　审计执业规范及法律责任

【案例导入】

**弥天大谎——中国安然事件**

2001年10月16日，安然公司突然宣布，该公司第三季度亏损6.38亿美元，净资产因受外部合伙关系影响减少12亿美元。

11月8日，安然公司修改过去5年的财务状况申明，宣布1997年以来通过非法手段虚报利润5.86亿美元，并未将内部巨额债务和损失如实报告。11月21日，安然宣布，延期偿还6.9亿美元的债务。此后，安然的股价一路下跌，到11月29日已跌至26美分，市值仅有2.68亿美元。

安达信会计公司作为安然公司的会计审计单位的同时，还为安然公司提供咨询服务，其年收入中的一半以上来自咨询服务。审计机构与被审计对象存在利益相依时，很难保证审计监督的公平与公正。这也是安然公司可以隐瞒大量债务的重要原因。

安然公司自1985年成立以来，其财务报表一直由安达信审计。2000年度，安达信为安然公司出具了两份报告：一份是无保留意见加解释性说明段（对会计政策变更的说明）的审计报告；另一份是对安然公司管理当局声称其内部控制能够合理保证其财务报表的可靠性予以认可的评价报告。这两份报告与安然公司存在的前述重大会计问题形成鲜明的反差。

换言之，安然公司经过安达信审计的财务报表并不能公允地反映其经营业绩、财务状况和现金流量，得到安达信认可的内部控制也不能确保安然公司财务报表的可靠性。安达信的报告所描述的财务图像和内部控制的有效性严重偏离了安然公司的实际情况。

丑闻曝光后，安达信迅速开除负责安然公司审计的大卫·邓肯，同时解除了休斯敦其他三位资深合伙人的职务。邓肯在接受司法部、联邦调查局和SEC的问讯时，拒不承认是擅自作出销毁审计底稿的决定，安达信销毁审计档案，是对会计职业道德的公然挑衅，也暴露出其缺乏守法意识。

**思考**：注册会计师的职业道德包括哪些内容？

## 第一节　职业道德基本原则

### 一、职业道德的含义

道德是为了调整人们之间及个人和社会之间的关系所提倡的行为规范的总称。它通过各种形式的教育和社会舆论的力量，使人们具有善和恶、荣誉和耻辱、正义和非正义等概念，并逐渐形成一定的习惯和传统，以指导或控制自己的行为。

所谓职业道德，是指某一职业组织以公约、守则等形式公布的，其会员自愿接受的职业行为标准。

所谓注册会计师的职业道德，是指注册会计师职业品德、职业纪律、专业胜任能力及职业责任等的总称。注册会计师的职业性质决定了他所担负的是对社会公众的责任。注册会计师行业之所以在现代社会中产生和发展，是因为它能够站在独立的立场对企业管理当局编制的财务报表进行审计，并提出客观、公正的审计意见，作为企业会计信息外部使用人进行决策的依据。

为使注册会计师切实担负起神圣的职责，为社会公众提供高质量的、可以信赖的专业服务，在社会公众中树立起良好的职业形象和职业信誉，就必须大力加强对注册会计师的职业道德教育，强化注册会计师的道德意识，提高注册会计师的道德水准。注册会计师的道德水平如何是关系到整个行业能否生存和发展的大事。我国注册会计师事业恢复与重建的历史不长，注册会计师行业的从业人员对注册会计师的职业性质尚缺乏全面的认识，尚未普遍树立起强烈的风险意识、责任意识和道德意识，而在建立社会主义市场经济体制的进程中强调注册会计师的职业道德，更有其深刻的现实意义和深远的历史意义。

## 二、职业道德的基本原则

注册会计师为实现执业目标，必须遵守一系列前提或一般原则。这些基本原则包括下列职业道德基本原则：诚信、独立、客观和公正、专业胜任能力和应有的关注、保密、良好的职业行为。

### （一）诚信

诚信，是指诚实、守信。也就是说，一个人的言行与内心思想一致，不虚假，能够履行与别人的约定而取得对方的信任。诚信原则要求注册会计师应当在所有职业关系和商业关系中保持正直和诚实，秉公处事、实事求是。注册会计师如果认为业务报告、申报资料或其他信息存在下列问题，则不得与这些有问题的信息发生牵连。

(1)含有严重的虚假或误导性的陈述；

(2)含有缺乏充分依据的陈述或信息；

(3)存在遗漏或含糊其词的信息。

注册会计师如果注意到已与有问题的信息发生牵连，应当采取措施消除牵连。

### （二）独立

独立，是指不受外来力量控制、支配，按照一定之规行事。独立原则通常是对注册会计师而非执业会员提出的要求。在执行鉴证业务时，注册会计师必须保持独立性。在市场经济条件下，投资者主要依赖财务报表判断投资风险，在投资机会中做出选择。如果注册会计师不能与客户保持独立性，而是存在经济利益、关联关系，或屈从于外界压力，就很难取信于社会公众。因此，独立性成为注册会计师的灵魂。注册会计师只有具备独立性，才可能做到客观、公正。独立原则又成为客观、公正原则的基础。

独立性包括实质上的独立和形式上的独立。实质上的独立是一种内心状态，使得注册会计师在提出结论时不受损害职业判断的因素影响，诚信行事，遵循客观和公正原则，保持职业怀疑态度。形式上的独立是一种外在表现，使得一个理性且掌握充分信息的第三方，在权衡所有相关事实和情况后，认为会计师事务所或审计项目组成员没有损害诚信原则、客观和公正原则或职业怀疑态度。

《中国注册会计师职业道德基本原则》对独立性的具体要求包括：注册会计师在执行审计、审阅业务以及其他鉴证业务时，应当从实质上和形式上保持独立性，不得因任何利益关系影响其独立性。会计师事务所在承接审计和审阅业务以及其他鉴证业务时，应当从整体层面和具体业务层面采取措施，以保持会计师事务所和项目组的独立性。

《中国注册会计师职业道德规范指导意见》指出：注册会计师和会计师事务所应当考虑经济利益、自我评价、关联方和外界压力等方面的因素对独立性的损害，以下事项需要回避：

(1)注册会计师与委托单位之间存在某种经济利益；

(2)注册会计师与委托单位的负责人和主管人员、董事或委托事项的当事人有近亲属关系；

(3)担任委托单位常年会计顾问或代为办理会计事项，即注册会计师亲自或指导、协助委托单位的管理部门进行会计核算，编制会计报表；

(4)对重要客户高度依赖，如收入主要来源于某一客户；

(5)外在压力等。

**(三)客观和公正**

客观，是指按照事物的本来面目去考察，不添加个人的偏见。公正，是指公平、正直，不偏袒。客观和公正原则要求注册会计师应当公正处事、实事求是，不得由于偏见、利益冲突或他人的不当影响而损害自己的职业判断。如果存在导致职业判断出现偏差，或对职业判断产生不当影响的情形，注册会计师不得提供相关专业服务。

**(四)专业胜任能力和应有的关注**

专业胜任能力和应有的关注原则要求注册会计师通过教育、培训和执业实践获取和保持专业胜任能力。注册会计师应当持续了解并掌握当前法律、技术和实务的发展变化，将专业知识和技能始终保持在应有的水平，确保为客户提供具有专业水准的服务。

注册会计师为专业人士，在许多方面都要履行相应的责任，保持和提高专业胜任能力就是其中的重要内容。专业胜任能力是指注册会计师具有专业知识、技能和经验，能够经济、有效地完成客户委托的业务。注册会计师如果不能保持和提高专业胜任能力，就难以完成客户委托的业务。事实上，如果注册会计师在缺乏足够的知识、技能和经验的情况下提供专业的服务，就构成了一种欺诈。一个合格的注册会计师，不仅要充分认识自己的能力，对自己充满信心，更重要的是，必须清醒地认识到自己在专业胜任能力方面存在的不足。如果注册会计师不能认识到这一点，承接了难以胜任的业务，就可能给客户乃至社会公众带来危害。

注册会计师在应用专业知识和技能时，应当合理运用职业判断。专业胜任能力可分为两个独立阶段：(1)专业胜任能力的获取；(2)专业胜任能力的保持。注册会计师应当持续了解和掌握相关的专业技术和业务的发展，以保持专业胜任能力。持续职业发展能够使注册会计师发展和保持专业胜任能力，使其能够胜任特定业务环境中的工作。

应有的关注，要求注册会计师遵守执业准则和职业道德规范要求，勤勉尽责，认真、全面、及时地完成工作任务。在审计过程中，注册会计师应当保持职业怀疑态度，运用专业知识、技能和经验，获取和评价审计证据。同时，注册会计师应当采取措施以确保在其授权下工作的人员得到适当的培训和督导。在适当情况下，注册会计师应当使客户、工作单位和专业服务及业务报告的其他使用者了解专业服务的固有局限性。

**(五)保密**

注册会计师能否与客户维持正常的关系，有赖于双方能否自愿而又充分地进行沟通和交流，不掩盖任何重要的事实和情况。只有这样，注册会计师才能有效地完成工作。注册会计师与客户的沟通，必须建立在为客户信息保密的基础上。这里所说的客户信息，通常是指涉密信息。一旦涉密信息被泄露或被利用，往往会给客户造成损失。因此，许多国家规定，在公众领域执业的注册会计师，在没有取得客户同意的情况下，不能泄露任何客户的涉密信息。

保密原则要求注册会计师应当对在职业活动中获知的涉密信息予以保密，不得有下列行为：

(1)未经客户授权或法律法规允许，向会计师事务所以外的第三方披露其所获知的涉密信息；

(2)利用所获知的涉密信息为自己或第三方谋取利益。

注册会计师在社会交往中应当履行保密义务，应当警惕无意泄密的可能性，特别是警惕无意中向近亲属或关系密切的人员泄密的可能性。近亲属是指配偶、父母、子女、兄弟姐妹、祖父母、外祖父母、孙子女、外孙子女。

注册会计师在下列情况下可以披露涉密信息：

(1)法律法规允许披露，并且取得客户或工作单位的授权；

(2)根据法律法规的要求，为法律诉讼、仲裁准备文件或提供证据，以及向有关监督机构报告发现的违法行为；

(3)法律法规允许的情况下，在法律诉讼、仲裁中维护自己的合法权益；

(4)接受注册会计师协会或监管机构的执业质量检查，答复其询问和调查；

(5)法律法规、执业准则和职业道德规范规定的其他情形。

**(六)良好的职业行为**

注册会计师应当遵守相关法律法规，避免发生任何损害职业声誉的行为。

注册会计师向公众传递信息以及推介自己和工作时，应当客观、真实、得体，不得损害职业形象，应当诚实、实事求是，不得有下列行为：

(1)夸大宣传提供的服务、拥有的资质或获得的经验；

(2)贬低或无根据地比较其他注册会计师的工作。

# 第二节　注册会计师的法律责任

## 一、会计责任与审计责任

在讨论注册会计师的法律责任之前，有必要明确被审计单位的会计责任和注册会计师的审计责任。

所谓会计责任，是指被审计单位管理层在治理层的监督下，按照适用的会计准则和相关会计制度的规定编制财务报表，具体包括：选择适用的会计准则和相关会计制度；选择和运用恰当的会计政策；根据企业的具体情况做出合理的会计估计。而被审计单位治理层的责任实际上就是对管理层编制财务报表的过程实施有效的监督。法律法规要求管理层和治理层对编制财务报表承担责任，这有利于从源头上保证财务信息质量。尽管在审计过程中注册会计师可能向管理层和治理层提出调整意见，甚至在不违反独立性的前提下为管理层编制财务报表提供一些帮助，但管理层仍然对编制财务报表承担责任，并通过签署财务报表确认这一责任。

所谓审计责任，是指注册会计师对委托人和被审计单位应尽的义务。按照中国注册会计师审计准则的规定对财务报表发表审计意见，这有利于提高财务报表的可信赖程度。为履行这一职责，注册会计师应当遵守职业道德规范，按照审计准则的规定计划和实施审计工作，获取充分、适当的审计证据，并根据获取的审计证据得出合理的审计结论，发表恰当的审计意见。注册会计师通过签署审计报告确认其责任。

注册会计师在审计过程中所负的审计责任不能替代、减轻或免除被审计单位管理层和治理层的责任。

## 二、注册会计师法律责任产生的成因

目前，注册会计师涉及法律诉讼的数量和金额呈上升趋势，其原因是多方面的，有被审计单位方面的责任，也有注册会计师方面的责任；有的是双方的责任，还有的是因为使用者的误解。其中，被审计单位方面的责任和注册会计师方面的责任是最重要的。注册会计师的法律责任，是指社会审计人员因违约、过失或欺诈对审计委托人、被审计单位或其他有利益关系的第三方造成损害，按照相关法律规定而应承担的法律后果。

### (一)被审计单位方面的责任

1. 错误、舞弊和违法行为

被审计单位存在错误、舞弊与违法行为是形成注册会计师法律责任的前提条件。因为，如果被审计单位不存在错误、舞弊与违法行为，则注册会计师就没有对其进行审计的必要，注册会计师的法律责任也就无从谈起。

被审计单位发生严重的错误、舞弊和违法行为而注册会计师未能查出，往往给他人造成损失，注册会计师可能遭受到委托单位及有关方面的控告。对于被审计单位的错误、舞弊与违法行为，被审计单位理应承担直接的会计责任，而注册会计师对由此而带来的法律责任承担审计责任。

2. 经营失败

经营失败，是指被审计单位发生债务危机甚至破产清算，无法持续经营的情况。被审计单位发生经营失败，会使其债权人和投资者蒙受损失。他们为了使损失得到补偿，往往会指责注册会计师有过失或欺诈行为。被审计单位在经营失败时，也可能会连累注册会计师。很多会计和法律专业人员认为，财务报表使用者控告会计师事务所的主要原因之一是不理解经营失败和审计失败之间的差别。审计失败是指注册会计师在审计过程中有过失甚至欺诈行为，被揭发后需要承担法律责任的情形。审计历史表明，绝大部分审计失败集中发生在宣告破产的被审计单位。因此，被审计单位的经营失败是导致审计诉讼、发生审计失败的主要导火线。被审计单位的经营失败还可能加重注册会计师的法律责任。审计总存在一定水平的审计风险，如果被审计单位发生经营失败，则这些审计风险就有可能显化为审计失败，使注册会计师承担一般情况下不会承担的法律责任。另一方面，可能发生经营失败的被审计单位，其固有风险和控制风险通常也较高，注册会计师发生过失的可能性也较高，因而发生审计失败、承担法律责任的可能性也较高。

**(二)注册会计师方面的责任**

导致注册会计师承担法律责任的根本原因是注册会计师自身的违约、过失和欺诈行为。

1. 违约

违约是指注册会计师在执业过程中未能达到审计业务约定书的要求，如未能按时提交审计报告，违反了与被审计单位订立的保密协议等，审计人员应负违约责任。

2. 过失

过失是指在一定条件下，注册会计师在执业时因缺少其应有的职业谨慎而导致审计失败的行为。过失的基本特征是非故意的。当过失给他人造成损害时，注册会计师应承担过失责任。评价注册会计师的过失，是以其他合格注册会计师在相同条件下可保持的谨慎为标准的。过失分为普通过失和重大过失。

普通过失即一般过失，是指没有保持职业上应有的合理的谨慎，没有完全遵循专业准则的要求而导致审计失败，如未能查出隐蔽性较强的错漏等。

重大过失是指连起码的职业谨慎都没有保持，对业务或事项不加考虑，满不在乎，根本没有遵守专业标准或严重违背审计准则而导致审计失败。例如，注册会计师在执行审计业务时根本没有遵循执业准则的要求，即为重大过失，如未发现审查样本中明显涂改的错漏等。

另外，还有一种过失叫“共同过失”，是指因注册会计师和客户双方共同的责任而导致的审计失败，即对他人过失，受害者自己未能保持合理的谨慎因而蒙受损失。比如，被审计单位未能向注册会计师提供编制纳税申报表所必要的信息，后来又指控注册会计师未能妥当地编制纳税申报表。在这种情况下，法律可能判定被审计单位有共同过失。

3. 欺诈

欺诈是指以欺骗或坑害他人为目的的一种故意的错误行为，是注册会计师为了达到欺骗他人的目的，明知委托单位的财务报表有重大错报，却加以虚假陈述，出具无保留意见的审计报告行为。与欺诈相关的另一个概念是“推定欺诈”，是指虽无故意欺诈或坑害他人的动机，却存在极端或异常的过失。推定欺诈和重大过失这两个概念往往很难界定，美国许多法院曾经将注册会计师的重大过失解释为推定欺诈，注册会计师的法律责任进一步加大。

4. 没有过失、普通过失、重大过失和欺诈的界定

注册会计师过失程度的大小并没有特别严格的界限，在实务中往往也难以界定。前面提到了它们之间的主要区别，具体到每一个案例则由法院根据具体情况给予解释。

### 三、注册会计师法律责任的种类

注册会计师因违约、过失或欺诈给被审计单位或其他利害关系人造成损失的，按照有关法律规定，可能被判承担行政责任、民事责任或刑事责任。这三种责任可单处，也可并处。行政责任，对注册会计师而言，包括警告、暂停执业、罚款、吊销注册会计师证书等；对会计师事务所而言，包括警告、没收违法所得、罚款、暂停执业、撤销等。民事责任主要是指赔偿受害人的损失。刑事责任是指触犯刑法所必须承担的法律后果，其种类包括罚金、有期徒刑以及其他限制人身自由的刑罚等。

1. 民事责任

我国《注册会计师法》第 42 条规定，会计师事务所违反本法规定，给委托人、其他利害关系人造成损失的，应当依法承担赔偿责任。

我国《证券法》第 202 条规定，为证券的发行、上市或者证券交易活动出具审计报告、资产评估报告或者法律意见书等文件的专业机构，就其所应负责的内容弄虚作假，造成损失的，承担连带赔偿责任。

2. 行政责任

我国《注册会计师法》第 39 条规定，会计师事务所违反本法第 20 条、第 21 条关于会计师事务所从事审计业务的禁止性规定时，由省级以上人民政府的财政部门给予警告，没收违法所得，可以并处违法所得 1 倍以上 5 倍以下的罚款；情节严重的，可以由省级以上人民政府的财政部门暂停其经营业务或者予以撤销。注册会计师违反本法第 20 条、第 21 条关于注册会计师从事审计业务的禁止性规定时，由省级以上人民政府财政部门给予警告，情节严重的，可以由省级以上人民政府财政部门暂停其执行业务或者吊销注册会计师证书。

我国《注册会计师法》第 40 条规定，对未经批准承办本法第 14 条规定的注册会计师业务的单位，由省级以上财政部门责令其停止违法活动，没收违法所得，可以并处违法所得 1 倍以上 5 倍以下的罚款。

我国《公司法》第 208 条第 1 款规定，承担资产评估、验资或者验证的机构提供虚假材料的，由公司登记机关没收违法所得，处以违法所得 1 倍以上 5 倍以下的罚款，并可以由有关主管部门依法责令该机构停业，吊销直接责任人员的资格证书，吊销营业执照。该条第 2 款规定，承担资产评估、验资或者验证的机构因过失提供有重大遗漏的报告的，由公司登记机关责令改正，情节较重的，处以所得收入 1 倍以上 5 倍以下的罚款，并可由有关主管部门依法责令该机构停业，吊销直接责任人员的资格证书，吊销营业执照。该条第 3 款规定，承担资产评估、验资或者验证的机构因其出具的评估结果、验资或者验证证明不实，给公司债权人造成损失的，除能够证明自己没有过错外，在其评估或者证明不实的金额范围内承担赔偿责任。

我国《证券法》第 182 条规定，为股票的发行或者上市出具审计报告、资产评估报告或者法律意见书等文件的专业机构和人员，违反本法第 39 条的规定买卖股票的，责令依法处理非法

获得的股票，没收违法所得，并处以所买卖的股票等值以下的罚款。

我国《证券法》第183条规定，证券交易内幕信息的知情人员，在涉及证券的发行、交易或者其他对证券的价格有重大影响的信息尚未公开前买入或者卖出该证券，或者泄露该信息或者建议他人买卖该证券的，责令依法处理非法获得的证券，没收违法所得，并处以违法所得1倍以上5倍以下或者非法买卖的证券等值以下的罚款。

我国《证券法》第202条规定，为证券的发行、上市或者证券交易活动出具审计报告、资产评估报告或者法律意见书等文件的专业机构，就其所应负责的内容弄虚作假的，没收违法所得，并处以违法所得1倍以上5倍以下的罚款，由有关部门责令该机构停业，吊销直接责任人员的从业资格证书。

3. 刑事责任

我国《注册会计师法》第39条第3款规定，会计师事务所和注册会计师违反本法第20条、第21条的规定，故意出具虚假的审计报告、验资报告，构成犯罪的，依法追究刑事责任。

我国《证券法》第183条规定，证券交易内幕信息的知情人员，在涉及证券的发行、交易或者其他对证券的价格有重大影响的信息尚未公开前，买入或者卖出该证券，或者泄露该信息或者建议他人买卖该证券构成犯罪的，依法追究刑事责任。

我国《证券法》第202条规定，为证券的发行、上市或者证券交易活动出具审计报告、资产评估报告或者法律意见书等文件的专业机构，就其所应负责的内容弄虚作假，构成犯罪的，依法追究刑事责任。

我国《刑法》第229条第1款规定，承担资产评估、验资、验证、会计、审计、法律服务等职责的中介组织的人员有意提供虚假证明文件，情节严重的，处5年以下有期徒刑或者拘役，并处罚金。该条第2款规定，前款规定的人员，索取他人财物或者非法收受他人财物，犯前款罪的，处5年以上10年以下有期徒刑，并处罚金。该条第3款规定，第1款规定的人员，严重不负责任，出具的证明文件有重大失实，造成严重后果的，处3年以下有期徒刑或者拘役，并处或者单处罚金。

我国《审计法》第44条规定，注册会计师滥用职权、徇私舞弊、玩忽职守，构成犯罪的，依法追究刑事责任；不构成犯罪的，给予行政处分。

我国《证券法》第189条规定，证券交易所、社会中介机构及其从业人员，在证券交易活动中作出虚假陈述或信息误导的，责令改正，处以3万元以上20万元以下的罚款，构成犯罪的，依法追究刑事责任。

## 四、注册会计师法律责任的防范

随着社会主义市场经济体制在我国的建立和发展，注册会计师在社会经济生活中的地位越来越重要，发挥的作用也越来越大，我国有关部门已充分认识到强化注册会计师的责任意识，严格注册会计师的法律责任，以保证其职业道德和执业质量的重要意义。因此，我国近年来颁布的不少重要的经济法规中都有专门规定注册会计师和会计师事务所所负法律责任的条款，其中比较重要的有《中华人民共和国注册会计师法》《中华人民共和国公司法》《中华人民共和国审计法》《关于惩治违反公司法的犯罪的决定》《中华人民共和国证券法》及《中华人民共和国刑法》等。

随着我国政府和公众对注册会计师责任及作用的深入了解，诉讼注册会计师的案件随之发生。如何避免法律诉讼，已成为我国注册会计师非常关注的问题。

1. 严格遵循职业道德和专业标准的要求

注册会计师是否要承担法律责任，关键在于注册会计师是否有过失或欺诈行为。而判别注册会计师是否具有过失的关键在于注册会计师是否遵循专业标准的要求执业。因此，保持良好的职业道德，严格遵循专业标准的要求执行业务，出具审计报告，对于避免法律诉讼或在已提起的法律诉讼中保护注册会计师是非常重要的。首先要加强职业道德教育。注册会计师协会应定期考核、评估以督促各事务所和注册会计师加强对自身职业道德的培养和提高，事务所也应定期组织相关培训和教育，不断强化相关人员的法律意识、责任意识和风险意识，使其具有强烈的敬业精神，不能只顾增加事务所的经济收入而忽视社会效益，给事务所带来巨大的审计风险；其次必须把执业质量放在事务所工作的首位。执业质量关系到社会审计事业的兴衰成败，绝不可掉以轻心，一定要按照市场规则独立、客观、公正地从事各项审计业务，坚决反对弄虚作假的行为。

2. 建立健全会计师事务所质量控制制度

质量控制是会计师事务所各项管理工作的核心和关键。因此，会计师事务所应建立健全一套严密、科学的内部质量控制制度，并把这套制度推行到每一个人、每一个部门和每一项业务，严格要求注册会计师按照专业标准执业，保证整个会计师事务所的质量，包括建立客户风险等级评价和管理制度；建立充分了解和评价被审计单位的制度；建立例外事项或重要事项的请示报告制度；建立质量考核评价与奖惩制度；落实三级复核制度；严格注册会计师签名制度；建立技术支持与咨询制度等。

3. 与委托人签订业务约定书

会计师事务所必须与委托人签订委托合同(即业务约定书)，通过业务约定书明确双方约定的事项，从而避免法律纠纷。

4. 审慎选择被审计单位

注册会计师若欲避免法律诉讼，则必须慎重地选择被审计单位。一是要选择正直的被审计单位。如果被审计单位对其顾客、职工、政府部门或其他方面没有正直的品格，也必然会蒙骗注册会计师，使注册会计师受到损害。二是要特别注意陷入法律和财务困境的被审计单位。周转不灵或面临破产的公司的股东或债权人总想为其损失寻找“替罪羊”，因此，对那些已经陷入财务困境的被审计单位要特别注意。

5. 深入了解被审计单位的业务

在众多诉讼中，注册会计师之所以未能发现错误，一个重要的原因就是他们不了解被审计单位所在行业的情况，即被审计单位的业务。会计是经济活动的综合反映，不熟悉被审计单位的经济业务和生产经营事务，仅局限于有关的会计资料，就有可能发现不了某些错误。

6. 提取风险基金或购买责任保险

投保充分的责任保险是会计师事务所一项极为重要的保护措施，尽管保险不能免除可能受到的法律诉讼，但这一措施能帮助注册会计师转嫁风险，避免遭受毁灭性的损失，同时还能够使会计师事务所受到保险公司的监督。我国《注册会计师法》也规定了会计师事务所应当按规定建立职业风险基金，办理职业保险。随着我国改革开放的不断深入，要求注册会计师为国内外客户提供高质量、全方位的服务，也将使注册会计师事务所面临的风险在范围上、深度上都不可与以往同日而语。为了更好地服务于国内外客户，会计师事务所必须以更高的执业质量和更有保障的资信条件来迎接新的挑战，而通过提取风险基金和投保的方式可以提高事务所的赔偿能力，从而取信于国内外客户，并提高社会信誉。

7. 聘请熟悉注册会计师法律责任的律师

会计师事务所应尽可能聘请熟悉相关法规及注册会计师法律责任的律师。在执业过程中，如遇重大法律问题，注册会计师应同本所的律师或外聘律师详细讨论所有存在的危险情况并仔细考虑律师的建议。一旦发生法律诉讼，也应聘请有经验的律师参与诉讼。

## 第三节　质量控制准则

### 一、会计师事务所质量控制的含义

会计师事务所质量控制是指会计师事务所为确保审计质量符合审计准则的要求而制定的政策和程序。这里所谓的“政策”是指会计师事务所为确保审计质量符合审计准则的要求而采取的基本方针及策略；“程序”是指会计师事务所为贯彻执行质量控制政策而采取的具体措施及方法。

### 二、会计师事务所质量控制的目的和要素

#### (一)质量控制的目的

会计师事务所进行业务质量控制的目的在于：合理保证会计师事务所及其人员遵守法律法规及中国注册会计师职业道德规范、审计准则、审阅准则、其他鉴证业务准则和相关服务准则的规定，合理保证会计师事务所和项目负责人根据具体情况出具恰当的报告。

#### (二)质量控制的要素

会计师事务所业务质量控制制度应当包括针对下列要素而制定的政策和程序：对业务质量承担的领导责任、职业道德规范、客户关系和具体业务的接受与保持、人力资源、业务执行、业务工作底稿、监控。会计师事务所的质量控制制度是由上述 7 个要素构成的一个完整的质量控制体系。在实务中，会计师事务所应当围绕上述 7 个方面制定质量控制制度，并针对每个方面制定具体的质量控制政策和程序。

1. 对业务质量承担的领导责任

会计师事务所应当制定政策和程序，培育以质量为导向的内部文化。这些政策和程序应当要求会计师事务所主任会计师对质量控制制度承担最终责任，明确质量控制制度的最终责任人，对会计师事务所的业务质量控制起着决定性作用。

主任会计师可针对下列方面制定政策和程序，以适当履行对质量控制制度承担的责任：在会计师事务所内部形成以质量为导向的文化；会计师事务所各级管理层树立质量至上的意识，通过言传身教发挥示范作用；合理保证会计师事务所及其人员遵守职业道德规范；在考虑客户

诚信、自身专业胜任能力和能否遵守职业道德规范等的基础上，接受或保持客户关系和具体业务；合理保证足够的、具有必要素质和专业胜任能力并遵守职业道德规范的人员；合理保证按照法律法规、职业道德规范和业务准则的规定执行业务，如计划、执行、督导、复核、记录和报告业务；能够及时地将业务工作底稿归档并按照规定期限与要求保管业务工作底稿，并对其内容保密，以保证其安全性和完整性，以及使用与检索的合规性和便利性；合理保证质量控制制度中的政策和程序相关、适当，并正在有效运行。

会计师事务所培育以质量为导向的内部文化，就是要在会计师事务所内形成和传播质量至上的内部文化。内部质量文化能否形成，有赖于会计师事务所各级管理层的努力。会计师事务所的领导层及其做出的示范对会计师事务所的内部文化有重大影响。会计师事务所各级管理层应当通过清晰、一致及经常的行动示范和信息传达，强调质量控制政策和程序的重要性及下列要求：按照法律法规、职业道德规范和业务准则的规定执行工作；根据具体情况出具恰当的报告。

会计师事务所的领导层应当树立质量至上的意识。会计师事务所应当通过下列措施实现质量控制的目标：合理确定管理责任，以避免重商业利益、轻业务质量；建立以质量为导向的业绩评价、薪酬及晋升的政策和程序。投入足够的资源以制定和执行质量控制政策和程序，并形成相关文件记录。

在实务中，主任会计师通常委派专门人员负责质量控制制度的集体运作。这些受委派承担质量控制制度运作责任的人员，应当具有足够、适当的经验和能力及必要的权限以履行其责任，但这不能减轻或替代主任会计师对质量控制制度承担的最终责任。

2. 职业道德规范

会计师事务所应当制定政策和程序，以合理保证会计师事务所及其人员遵守职业道德规范。会计师事务所如果不能合理保证职业道德规范得到遵守，就无法保证业务质量。遵守职业道德规范包括如下措施：

(1)会计师事务所领导层的规范

领导层应在会计师事务所内形成重视职业道德规范的氛围，并将相关政策和程序传达给会计师事务所员工。例如，领导层可通过电子邮件、信件和记录等，在专业发展会议上或在客户关系和具体业务的接受与保持以及业务执行过程中，强调客观、公正等职业道德基本原则。

(2)教育和培训

会计师事务所应向所有人员提供适用的专业文献和法律文献，并告知希望他们熟悉这些文献。会计师事务所还应要求所有人员定期接受职业道德培训，这种培训既可涵盖会计师事务所有关职业道德规范的政策和程序，也可涵盖所有适用的法律法规中有关职业道德的要求。

(3)监控

会计师事务所可以通过定期检查，监督会计师事务所有关职业道德规范的政策和程序设计是否合理、运行是否有效，并采取适当的行动，改进其设计和解决运行中存在的问题。

(4)对违反职业道德规范行为的处理

会计师事务所应当制定处理违反职业道德规范行为的政策和程序，指出违反职业道德规范的后果，并据此对违反职业道德规范的个人及时进行处理。会计师事务所可以为每位员工建立职业道德档案，记录个人违反职业道德规范的行为及处理结果。

3. 客户关系和具体业务的接受与保持

会计师事务所应当制定有关客户关系和具体业务接受与保持的政策和程序，以合理保证只有在下列情况下，才能接受或保持客户关系和具体业务：已考虑客户的诚信，没有信息表明客户缺乏诚信；具有执行业务必要的素质、专业胜任能力、时间和资源；能够遵守职业道德规范。

(1)考虑客户的诚信

针对有关客户的诚信，会计师事务所应当考虑以下主要事项：客户主要股东、关键管理人员、关联方及治理层的身份和商业信誉。客户的经营性质，客户主要股东、关键管理人员及治理层对内部控制环境和会计准则等的态度；客户是否过分考虑将会计师事务所的收费维持在尽可能低的水平，工作范围受到不适当限制的迹象；客户可能涉嫌洗钱或其他刑事犯罪行为的迹象；变更会计师事务所的原因。

(2)考虑执行业务的必要条件

在确定是否具有接受新业务所需的必要素质、专业胜任能力、时间和资源时，会计师事务所应当考虑下列事项，以评价新业务的特定要求和所有相关级别的现有人员的基本情况。

①会计师事务所人员是否熟悉相关行业或业务对象。

②会计师事务所人员是否具有执行类似业务的经验，或是否具备有效获取必要技能和知识的能力。

③会计师事务所是否拥有足够的具有必要素质和专业胜任能力的人员。

④在需要时，是否能够得到专家的帮助。

⑤如果需要项目质量控制复核，是否具备符合标准和资格要求的项目质量控制复核人员。

⑥会计师事务所是否能够在提交报告的最后期限内完成业务。

(3)客户关系的终止与业务约定的解除

在确定是否接受新业务时，会计师事务所还应当考虑接受该业务是否会导致现实或潜在的利益冲突。在确定是否保持客户关系时，会计师事务所应当考虑在本期或以前业务执行过程中发现的重大事项及其对保持客户关系可能造成的影响。

在确定是否保持客户关系时，会计师事务所应当考虑在本期或以前业务执行过程中发现的重大事项及其对保持客户关系可能造成的影响。如果在本期或以前业务执行过程中发现客户守法经营意识淡薄或内部控制环境恶劣，或者对业务范围施加重大限制，或者存在其他严重影响业务执行的情形等，会计师事务所应当考虑其对保持客户关系可能造成的影响；必要时，可终止该客户关系。此外，由于受到时间等因素的限制，会计师事务所在做出承接客户和业务决策时往往难以全面了解和掌握客户的情况；但会计师事务所在接受业务后可能获知了某项信息，而该信息若在接受业务前获知，可能导致会计师事务所拒绝该项业务。

在考虑解除业务约定或同时解除业务约定及其客户关系时，会计师事务所应当制定的政策和程序包括下列要求：

①与客户适当级别的管理层和治理层讨论会计师事务所根据有关事实和情况可能采取的适当行动。

②如果确定解除业务约定或同时解除业务约定及其客户关系是适当的，会计师事务所应当就解除的情况及原因，与客户适当级别的管理层和治理层讨论。

③考虑是否存在法律法规的规定,要求会计师事务所应当保持现有的客户关系,向监管机构报告解除的情况及原因。

④记录重大事项及其咨询情况、咨询结论和得出结论的依据。

4. 人力资源

会计师事务所应当制定政策和程序,合理保证拥有足够的具有必要素质和专业胜任能力并遵守职业道德规范的人员,以使会计师事务所和项目负责人能够按照法律法规、职业道德规范和业务准则的规定执行业务,并根据具体情况出具恰当的报告。

会计师事务所制定的人力资源政策和程序应当解决下列人事问题:招聘、业绩评价、人员素质、专业胜任能力、职业发展、晋升、薪酬、人员需求预测。招聘是人力资源管理的首要环节。会计师事务所应当制定招聘程序,以选择正直的、通过发展能够具备执行业务所需的必要素质和专业胜任能力的人员。

(1)人员素质、专业胜任能力和职业发展

由于执业环境和工作要求在不断地发生变化,会计师事务所应当采取措施保证人员保持必要的素质和专业胜任能力。会计师事务所提高人员素质和专业胜任能力的途径包括职业教育、职业发展(包括培训)、实务工作经验、由经验更丰富的员工提供辅导等。会计师事务所应当在人力资源政策和程序中强调对各级别人员进行继续培训的重要性,并提供必要的培训资源和帮助,以使人员能够发展且保持必要的素质和专业胜任能力。

(2)业绩评价、薪酬和晋升

会计师事务所应当制定业绩评价、薪酬及晋升程序,对发展和保持专业胜任能力并遵守职业道德规范的人员给予应有的肯定和奖励。业绩评价、薪酬及晋升程序应当强调:使人员知晓会计师事务所对业绩和遵守职业道德规范的期望;向人员提供业绩、工作进步及职业发展方面的评价和咨询;帮助人员了解提高业务质量及遵守职业道德规范是晋升更高职位的主要途径,而不遵守会计师事务所的政策和程序可能招致惩戒。

(3)项目组的工作委派

会计师事务所应当制定政策和程序,监控项目负责人的工作负荷及可供调配的项目负责人数目,以使项目负责人有足够的时间履行职责。会计师事务所应当委派具有必要素质、专业胜任能力和时间的员工,按照法律法规、职业道德规范和业务准则的规定执行业务,以使会计师事务所和项目负责人能够根据具体情况出具恰当的报告。

5. 业务执行

(1)指导、监督与复核

①指导。会计师事务所在制定指导、监督与复核政策和程序时,应当考虑的事项包括:如何将业务情况简要告知项目组,使项目组了解工作目标;保证适用的业务准则得以遵守的程序;业务监督、员工培训和辅导的程序;对已实施的工作、做出的重大判断以及拟出具的报告进行复核的方法;对已实施的工作及其复核的时间和范围做出适当记录;保证所有的政策和程序是合时宜的。

会计师事务所通常使用书面或电子手册、软件工具、标准化底稿及行业和特定业务对象的指南性材料等文件,记录和传达其制定的政策和程序,以使全体人员了解、掌握和贯彻执行这些政策和程序。

项目组的所有成员应当了解拟执行工作的目标。项目负责人应当通过适当的团队工作和培训,使经验较少的项目组成员清晰地了解所分派工作的目标。

②监督。项目负责人对业务的监督包括:追踪业务进程。考虑项目组各成员的素质和专业胜任能力,以及是否有足够的时间执行工作、是否理解工作指令、是否按照计划的方案执行工作;解决在执行业务过程中发现的重大问题,考虑其重要程度并适当修改原计划的方案;识别在执行业务过程中需要咨询的事项或需要由经验较丰富的项目组成员考虑的事项。

③复核。复核范围可能随业务的不同而不同。例如,执行高风险的业务、对金融机构执行的业务和为主要客户执行的业务可能需要进行更详细的复核。确定复核人员的原则是:由项目组内经验较多的人员复核经验较少的人员执行的工作。在复核项目组成员已执行的工作时,复核人员应当考虑:工作是否已按照法律法规、职业道德规范和业务准则的规定执行;重大事项是否已提请进一步考虑;相关事项是否已进行适当咨询,由此形成的结论是否得到记录和执行;是否需要修改已执行工作的性质、时间和范围;已执行的工作是否支持形成的结论,并得以适当记录;获取的证据是否充分、适当;业务程序的目标是否已经实现。

(2)咨询

项目组在业务执行中时常会遇到各种各样的疑难问题或者争议事项。当这些问题和事项在项目组内不能得到解决时,有必要向项目组之外的适当人员咨询。因此,会计师事务所应当建立政策和程序,以合理保证:就疑难问题或争议事项进行适当咨询;可获取充分的资料进行适当咨询;咨询的性质和范围得以记录;咨询形成的结论得到记录和执行。

对咨询的具体要求包括以下几个方面:

①形成良好的咨询文化。会计师事务所应当形成一种良好的咨询氛围,鼓励会计师事务所人员就疑难问题或争议事项进行咨询。

②合理确定咨询事项,适当确定被咨询者。项目组应当考虑就重大的技术、职业道德及其他事项,向会计师事务所内部或在适当情况下向会计师事务所外部具备适当知识、资历和经验的其他专业人士咨询,并适当记录和执行咨询形成的结论。

③充分提供相关事实。项目组在向会计师事务所内部或外部其他专业人士咨询时,应当提供所有相关事实,以使其能够对咨询的事项提出有见地的意见。

④考虑利用外部咨询。

⑤完整记录咨询情况并得到认可。咨询形成的记录应当完整、详细,包括寻求咨询的事项和咨询的结果,做出的决策、决策依据及决策的执行情况。项目组就疑难问题或争议事项向其他专业人士咨询所形成的记录应当经被咨询者认可。

(3)意见分歧

会计师事务所应当制定政策和程序,以处理和解决项目组内部、项目组与被咨询者之间及项目负责人与项目质量控制复核人员之间的意见分歧,所形成的结论应当得以记录和执行。只有意见分歧问题得到解决,项目负责人才能出具报告。

(4)项目质量控制复核

项目质量控制复核是指在出具报告前,对项目组做出的重大判断和在准备报告时形成的结论做出客观评价的过程。会计师事务所应当制定政策和程序,要求对特定业务实施项目质量控制复核,以客观评价项目组做出的重大判断及在准备报告时得出的结论。这些政策和程序应当包括下列要求：对所有上市公司财务报表审计实施项目质量控制复核；规定适当的标准，据此评价上市公司财务报表审计以外的历史财务信息审计和审阅、其他鉴证业务及相关服务业务，以确定是否应当实施项目质量控制复核；对符合适当标准的所有业务实施项目质量控制复核。

项目质量控制复核通常包括：与项目负责人进行讨论；复核财务报表或其他业务对象信息及报告，尤其考虑报告是否适当；选取与项目组做出重大判断及形成结论有关的工作底稿进行复核。

在确定项目质量控制复核人员时，会计师事务所应当避免下列情形：复核人员由项目负责人挑选、复核人员在复核期间以其他方式参与该业务、复核人员代替项目组进行决策。在业务执行过程中，项目负责人可以向项目质量控制复核人员进行咨询。当咨询问题的性质和范围十分重大时，项目组的复核人员应当谨慎从事，以使复核人员保持客观性。如果复核人员不能保持客观性，会计师事务所应当委派其他人员或聘请具有适当资格的外部人员，担当项目质量控制复核人员或该项业务的被咨询者。

6. 业务工作底稿

(1)业务工作底稿的归档要求与保存期限

会计师事务所应当制定政策和程序，以使项目组在出具业务报告后及时将工作底稿归整为最终业务档案。会计师事务所应当根据业务的具体情况，确定适当的业务工作底稿归档期限。对历史财务信息审计、审阅业务和其他鉴证业务，业务工作底稿的归档期限为业务报告日后 60 天内。如果针对客户的同一财务信息执行不同的委托业务，出具两个或多个不同的报告，会计师事务所应当将其视为不同的业务，根据制定的政策和程序，在规定的归档期限内分别将业务工作底稿归整为最终业务档案。

会计师事务所应当制定政策和程序，以使业务工作底稿保存期限满足法律法规的规定和会计师事务所的需要。对历史财务信息审计和审阅业务、其他鉴证业务，会计师事务所应当自业务报告日起对业务工作底稿至少保存 10 年。

(2)业务工作底稿的管理要求

会计师事务所应当制定政策和程序，以安全保管业务工作底稿并对业务工作底稿保密；保证业务工作底稿的完整性；便于使用和检索业务工作底稿；按照规定的期限保存业务工作底稿。

除下列情况外，会计师事务所应当对业务工作底稿包含的信息予以保密：取得客户的授权；根据法律法规的规定，会计师事务所为法律诉讼准备文件或提供证据，以及向监管机构报告发现的违反法规行为；接受注册会计师协会和监管机构依法进行的质量检查。

无论业务工作底稿存在于纸介质、电子还是其他介质，会计师事务所都应当针对业务工作底稿设计和实施适当的控制，以实现下列目的：使业务工作底稿清晰地显示其生成、修改及复核的时间和人员；在业务的所有阶段，尤其是在项目组成员共享信息或通过互联网将信息传递给其他人员时，保护信息的完整性；防止未经授权改动业务工作底稿；允许项目组和其经授权的人员为适当履行职责而接触业务工作底稿。

(3)业务工作底稿的所有权

业务工作底稿的所有权属于会计师事务所。会计师事务所可自主决定允许客户获取业务工作底稿部分内容或摘录部分工作底稿，但披露这些信息不得损害会计师事务所执行业务的有效性。对鉴证业务，披露这些信息不得损害会计师事务所及其人员的独立性。

在实务中，客户基于某种考虑和需要可能向会计师事务所提出获取业务工作底稿部分内容或摘录部分工作底稿的要求。会计师事务所应当在确保遵守职业道德规范、业务准则和质量控制制度规定的前提下，考虑具体业务的特点和分析客户要求的合理性，谨慎决定是否满足客户的要求。如果披露这些信息会损害会计师事务所执行业务的有效性，就不应当满足客户的要求。尤其要注意的是，如果披露这些信息会损害会计师事务所及其人员的独立性，就不得向客户提供相关工作底稿信息。

7. 监控

会计师事务所应当制定监控政策和程序，以合理保证质量控制制度中的政策和程序是相关的、适当的，并正在有效运行。这些监控政策和程序应当包括持续考虑和评价会计师事务所的质量控制制度，如定期选取已完成的业务进行检查。

对会计师事务所质量控制制度的监控应当由具有专业胜任能力的人员实施，监控内容包括质量控制制度设计的适当性和运行的有效性。会计师事务所可以委派主任会计师、副主任会计师或具有足够、适当经验和权限的其他人员履行监控责任。会计师事务所应当从下列方面对质量控制制度进行持续考虑和评价：

(1)确定质量控制制度的完善措施，包括要求对有关教育与培训的政策和程序提供反馈意见。

(2)与会计师事务所适当人员沟通已识别的质量控制制度在设计、理解或执行方面存在的缺陷。

(3)由会计师事务所适当人员采取追踪措施，以对质量控制政策和程序及时做出必要的修正。

(4)分析法律法规、职业道德规范和业务准则的新变化，以及会计师事务所的政策和程序如何适当反映这些变化。

(5)有关独立性政策和程序遵守情况的书面确认函。

(6)分析职业发展(包括培训)情况。

(7)分析与接受和保持客户关系及具体业务相关的决策。

会计师事务所应当周期性地选取已完成的业务进行检查，周期最长不得超过3年。在每个周期内，应对每个项目负责人的业务至少选取1项进行检查。

会计师事务所应当每年至少1次将质量控制制度的监控结果传达给项目负责人及会计师事务所内部的其他适当人员，以使会计师事务所及其相关人员能够在其职责范围内及时采取适当的行动。传达的信息应当包括已实施的监控程序、实施监控程序得出的结论，以及系统性的、反复出现的或其他重大的缺陷及其整改措施。

## 基本概念

注册会计师的职业道德　会计责任　审计责任　法律责任　违约　欺诈　经营失败　审计失败　质量

控制准则

## 思考题

1. 注册会计师职业道德基本原则包括哪些？
2. 会计师事务所质量控制制度的要素有哪些？
3. 在哪些情况下，注册会计师披露客户的有关信息不属于泄密？
4. 会计责任和审计责任有哪些区别？
5. 注册会计师如何避免法律诉讼？

## 实训练习题

**一、单项选择题**

1. A注册会计师担任某项审计业务的外勤负责人，若在执业过程中发现自己无法胜任，则应要求其所在会计师事务所（　　）。

A. 聘请相关专家　　B. 改派其他注册会计师
C. 终止该项审计业务约定　　D. 出具拒绝表示意见的审计报告

2. 一般审计准则无不对审计人员的业务技能和品德操行提出一个高的标准，视为审计工作的灵魂的是（　　）。

A. 独立性　　B. 客观性　　C. 权威性　　D. 真实性

3. 根据《中国注册会计师职业道德守则》，下列说法中正确的是（　　）。

A. 注册会计师在执业过程中一定要保持实质上的独立性，但是形式上的独立性可以不需要保持
B. 注册会计师可以夸大宣传提供的服务、拥有的资质或获得的经验
C. 会计师事务所任何情况下都不得以或有收费的形式为客户提供鉴证服务
D. 在审计过程中，注册会计师应当保持职业怀疑态度，运用专业知识、技能和经验，获取和评价审计证据

4. 对注册会计师而言，如果他没有完全按照专业准则的要求执业，则应当被认定为（　　）。

A. 普通过失　　B. 重大过失　　C. 欺诈　　D. 推定欺诈

5. 对质量控制制度承担责任的是（　　）。

A. 会计师事务所主任会计师　　B. 项目负责人
C. 项目质量复核人　　D. 注册会计师

6. 注册会计师的下列行为中，不违反职业道德规范的是（　　）。

A. 承接了主要工作需由事务所以外的专家完成的业务
B. 按服务成果的大小进行收费
C. 不以个人名义承接一切业务
D. 对自己的能力进行广告宣传

7. 对于注册会计师的欺诈行为，法院可判其承担（　　）。

A. 民事责任　　B. 刑事责任
C. 行政责任和刑事责任　　D. 民事责任和刑事责任

8. 下列各项中，属于注册会计师违反职业道德规范行为的是（　　）。

A. 注册会计师应按照业务约定和专业准则的要求完成委托业务

B. 注册会计师应当对执行业务过程中知悉的商业秘密保密，并不得利用其为自己或他人谋取利益

C. 除有关法规允许的情形外，会计师事务所不得以或有收费方式为客户提供各种鉴证服务

D. 注册会计师可以对其能力进行广告宣传，但不得诋毁同行

9. 会计师事务所给他人造成经济损失时，应予赔偿，这表明会计师事务所要承担（　　）。

A. 行政责任　　B. 刑事责任　　C. 民事责任　　D. 道德责任

10. 如果注册会计师的审计程序恰当，但因不够谨慎而要被追究法律责任，通常视为（　　）。

A. 一般过失　　B. 重大过失　　C. 欺诈　　D. 违约

## 二、多项选择题

1. 下列属于会计师事务所质量控制制度要素的有（　　）。

A. 对业务质量承担的领导责任　　B. 职业道德规范

C. 客户关系和具体业务的接受与保持　　D. 人力资源

2. 对注册会计师个人来说，行政处罚主要包括（　　）。

A. 警告　　B. 暂停执业

C. 吊销注册会计师证书　　D. 罚款

3. 注册会计师法律责任的表现形式有（　　）。

A. 诉讼爆炸　　B. 共同过失　　C. 涉嫌欺诈　　D. 保险危机

4. 注册会计师因为（　　）原因可能导致承担法律责任。

A. 重大过失　　B. 欺诈　　C. 行政责任　　D. 违约

5. 会计师事务所有可能承担以下（　　）的行政责任。

A. 暂停执业　　B. 没收违法所得并罚款

C. 撤销　　D. 警告

6. 职业道德基本原则包括（　　）。

A. 诚信　　B. 客观和公正　　C. 职业谨慎　　D. 良好的职业行为

7. 错误是指被审计单位会计报表中存在的非故意的错报或漏报，错误主要包括（　　）。

A. 原始记录和会计数据的计算、抄写错误

B. 虚假交易或事项的记录

C. 对事实的疏忽和误解

D. 对会计政策的误用

8. 注册会计师的法律责任按其性质分为（　　）。

A. 民事责任　　B. 行政责任　　C. 违约责任　　D. 刑事责任

9. 被审计单位方面的责任主要包括（　　）。

A. 违约　　B. 经营失败　　C. 过失　　D. 错误、舞弊和违法行为

10. 会计师事务所制定质量控制制度是为了合理保证下列哪个目标的实现？（　　）

A. 保持独立性和提高专业胜任能力

B. 评价注册会计师自身的执行能力

C. 会计师事务所及其人员遵守职业准则和适用的法律、法规的规定

D. 会计师事务所和项目合伙人出具适合具体情况的报告

### 三、判断题

1. 根据职业道德规范指导意见，经济利益、自我评价、关联关系和外界压力会损害注册会计师的独立性。 （ ）

2. 注册会计师如果未查出被审计单位财务报表中的错报，就应当承担法律责任。 （ ）

3. “推定欺诈”，又称“涉嫌欺诈”，是指虽无故意欺诈或坑害他人的动机，却存在极端或异常的过失。 （ ）

4. 会计师事务所及注册会计师因违约、过失或欺诈给被审计单位或其他利害关系人造成损失的，需要承担行政责任、民事责任或刑事责任。这三种责任可单处，也可并处。 （ ）

5. 具有行政处罚权的机构主要是财政部门和证监会。 （ ）

6. 注册会计师的刑事责任主要是指根据刑法规定注册会计师应接受的处罚，包括拘役、罚金、有期徒刑等。 （ ）

7. 注册会计师专业胜任能力可分为专业胜任能力的获取和专业胜任能力的保持两个方面。 （ ）

8. 中国注册会计师职业道德守则只适用于执业会员。 （ ）

9. 注册会计师对财务报表的责任包括选择适用的会计准则和相关会计制度。 （ ）

10. 应有的关注，要求注册会计师在审计过程中保持职业怀疑态度，运用专业知识、技能和经验，获取和评价审计证据。 （ ）

### 四、综合题

1. 李华是新诚会计师事务所的注册会计师。该事务所于 2012 年 1 月份接受委托，对华德公司 2011 年度的会计报表进行审计，假设出现以下几种情况：

(1)李华是华德公司 2010 年度的财务总监；

(2)李华的父亲持有华德公司数额不大的股票；

(3)李华的妻子拥有华德公司超过 5%的股权；

(4)华德公司 2011 年度会计报表是在李华的协助下编制的；

(5)李华的好朋友王刚是华德公司的总经理。

请回答：在以上各种情况下，李华是否需要回避？并说明理由。

2. 某会计师事务所助理审计人员王某，在得知同学李某是某电站集团(上市公司)财务部工作人员之后，找到李某请求其帮忙争揽该单位年度会计报表的审计业务，当李某指出，王某所在的事务所在规模和资格方面不存在承办此类业务的条件时，王某说：“没有资格好办，人手少也好办，我曾在某某会计师事务所实习时结识了许多朋友，我出面雇用几个有这方面资格的高手，跟着一起审理。另外，请你和财务主管说明，在收费上我们所一定低于其他会计师事务所，包你们满意，不满意不收费。”

要求：请指出助理审计人员王某的哪些言行违反了注册会计师职业道德准则？

# 第三章　审计目标与审计过程

## 【案例导入】

### 审计业务约定书范例

甲方：ABC有限公司
乙方：××会计师事务所

兹有甲方委托乙方进行20××年度会计报表审计，经双方协商，达成以下约定：

一、业务范围及目的

乙方接受甲方委托，对甲方20××年12月31日的资产负债表以及截至该日20××年度的损益表和财务状况变动表进行审计。

乙方将根据中国注册会计师独立审计原则，对甲方的内部控制制度进行研究和评价，对会计记录进行必要的抽查，以及在当时情况下乙方认为必要的其他审计程序，并在契约基础上对上述会计报表的合法性、公允性及会计处理方法的一贯性发表审计意见。

二、甲方的责任及义务

甲方的责任是：建立健全内部控制制度，保护资产的安全、完整，保证会计资料的真实、合法、完整，保证会计报表充分披露有关信息。

甲方的义务是：

1. 及时为乙方的审计工作提供有所要求的全部会计资料和其他有关资料。

2. 为乙方派出的有关工作人员提供必要的工作条件及合作，具体事项将由乙方审计工作人员于工作开始前提供清单。

3. 按本约定书之规定及时、足够地支付审计费用。

4. 有20××年×月×日之前提供审计所需要的全部资料。

三、乙方的责任和义务

乙方的责任是：按照中国注册会计师独立审计准则的要求进行审计，出具审计报告，保证审计报告的真实性、合法性。

乙方的义务是：

1. 按照约定时间完成审计业务，出具审计报告。由于注册会计师的审计采取事后重点抽查的方法，加上甲方内部控制制度固有的局限性和其他客观因素制约，难免存在会计报表在某些重要的方面反映失实，而注册会计师又可能在审计中未予发现的情况，因此，乙方的审计责任并不能替代、减轻或免除甲方的会计责任。

2. 对执行业务过程中知悉的甲方商业秘密严加保密。除非中国注册会计师协会执业准则另有规定,或经甲方同意,乙方不得将其知悉的商业秘密和甲方提供的资料对外泄露。

3. 审计工作结束后,乙方将根据情况对甲方的会计处理、内部控制制度及其他事项等提出改进意见。

4. 在20××年×月×日前出具审计报告。

四、审计收费

乙方应收本约定审计事项的费用,按照乙方实际参加本项审计业务的各级别工作人员所花费时间及《××收费规定》的计费标准确定,预计为人民币××元。

如因审计工作遇到重大问题,致使乙方实际花费审计工作时间有较大幅度的增加,甲方应在了解实情后酌情调增审计费用。

五、审计报告的使用责任

乙方向甲方出具的审计报告一式×份,这些报告由甲方分发、使用,使用不当的责任与乙方无关。

六、约定书的有效期间

本约定书一式两份,甲、乙方各执一份,并具有同等法律效力。

本约定自20××年×月×日起生效,并在本约定事项全部完成日之前有效。

七、约定事项的变更

由于出现不可预见的情况,影响审计工作如期完成,或需提前出具审计报告,甲、乙双方可要求变更约定事项,但应及时通知对方,并由双方协商解决。

八、违约责任

甲、乙双方按照《中华人民共和国经济合同法》的规定承担违约责任。

九、甲、乙双方对其他有关事项的约定

| | |
|---|---|
| 甲方:ABC有限公司 | 乙方:××会计师事务所 |
| (签章) | (签章) |
| 代表:(签章) | 代表:(签章) |
| 年 月 日 | 年 月 日 |

## 第一节 审计目标

审计目标是指在一定的历史环境下,人们通过审计实践活动所期望达到的理想境地或最终结果。它包括财务报表审计的总目标以及各类交易、账户余额、与披露相关的具体审计目标两个层次。审计目标的界定对注册会计师的审计工作发挥着导向作用。它界定了注册会计师的责任范围,直接影响注册会计师计划和实施审计程序的性质、时间和范围,决定了注册会计师如何发表审计意见,因此,必须要对审计目标有清晰的认识。

### 一、我国财务报表审计的总目标

审计总目标是将审计作为一项系统工作或活动所期望实现的目标。从发展的历史看,审计经历了由弊端审计向财务审计，又由财务审计向效益审计的历史变迁。所以，审计总目标也经历了不断演变的过程。尽管审计形式经历了由弊端审计向财务审计，又由财务审计向效益审计的转变，但其审计对象都离不开反映财务状况、经营成果和现金流量情况的财务报表。审计总目标也总是围绕财务报表审计而界定的。尤其是注册会计师审计，始终将财务报表审计作为其主要职责，财务报表审计是审计业务的基础。

《中国注册会计师审计准则第 1101 号——财务报表审计的目标和一般原则》规定，财务报表审计的目标是注册会计师通过执行审计工作，对财务报表的合法性、公允性发表审计意见。合法性是指被审计单位的财务报表是否按照适用的会计准则和相关会计制度的规定编制；公允性是指财务报表是否在所有重大方面公允反映了被审计单位的财务状况、经营成果和现金流量。

评价财务报表的合法性时，注册会计师应考虑：被审计单位选择和运用会计政策是否符合适用的会计准则和相关的会计制度，并适合于被审计单位的具体情况；管理层做出的会计估计是否合理；财务报表反映的信息是否具有相关性、可靠性和合理性；财务报表是否做出充分披露，使财务报表的使用者能够理解重大交易和事项对被审计单位财务状况、经营成果和现金流量的影响。

评价财务报表的公允性时，注册会计师应考虑：经管理层调整后的财务报表是否与注册会计师对被审计单位及其环境的了解一致；财务报表的列报、结构和内容是否合理；财务报表是否真实地反映了交易和事项的经济实质。

财务报表审计属于鉴证业务。注册会计师作为独立第三方，运用专业知识、技能和经验对财务报表进行审计并发表审计意见，旨在提高财务报表的可信赖程度。由于审计存在固有限制，审计工作不能对财务报表整体不存在重大错报提供绝对保证。虽然财务报表使用者可以根据财务报表和审计意见对被审计单位未来生存能力或管理层的经营效率、经营效果做出某种判断，但审计意见本身并不是对被审计单位未来生存能力或管理层经营效率、经营效果提供的保证。

## 二、认定与具体审计目标

### （一）认定的含义

认定是指管理层对财务报表中做出的明确或隐含的表达。认定与审计目标密切相关，注册会计师的基本职责就是确定被审计单位管理层对其财务报表的认定是否恰当。保证财务报表公允反映被审计单位的财务状况和经营情况等是管理层的责任。管理层声明财务报表已按照财务报告编制基础进行编制且在所有重大方面做出公允反映，就意味着管理层对财务报表各组成要素的确认、计量、列报以及相关的披露做出了认定。管理层在财务报表上的认定有些是明确表达的，有些则是隐含表达的。

例如：ABC 公司 2011 年 12 月 31 日资产负债表反映的存货资料如下：

| | |
|---|---|
| 存货余额 | 3 450 000 |
| 　　减：存货跌价准备 | 90 000 |
| 存货账面价值 | 3 360 000 |

分析：明确的认定包括：记录的存货是存在的；存货跌价准备正确估价为 90 000 元；存货的账面价值是 3 360 000 元，且计算是精确的；列示在报表上的存货数额是截至资产负债表日；在财务报表附注中列报的存货是恰当的。

隐含的认定包括：所有应列报的存货均已包括在财务报表中，记录的存货全部由本公司所拥有，存货的使用不受任何限制。

管理层对财务报表各组成要素均做出了认定，注册会计师的审计工作就是要确定管理层的认定是否恰当。

**(二)认定的类别**

注册会计师对审计期间的各类交易和事项运用的认定通常分为下列类型：

1. 与各类交易和事项相关的认定

(1)发生：记录的交易和事项已发生，且与被审计单位有关。

(2)完整性：所有应当记录的交易和事项均已记录，没有遗漏。

(3)准确性：与交易和事项有关的金额及其他数据已恰当记录。

(4)截止：交易和事项已记录于正确的会计期间。

(5)分类：交易和事项已记录于恰当的账户。

2. 与期末账户余额相关的认定

注册会计师对期末账户余额运用的认定主要有以下类别：

(1)存在。存在的认定是指包含在资产负债表内的资产、负债和所有者权益在资产负债表日确实存在。

(2)权利与义务。权利与义务的认定是指在某一特定日期，各项资产确属被审计单位的权利，各项负债确属被审计单位的义务。权利与义务认定只与资产负债表的构成要素有关。

(3)完整性：所有应当记录的资产、负债和所有者权益均已记录，没有遗漏。

(4)计价和分摊。资产、负债和所有者权益以恰当的金额包括在财务报表中，与之相关的计价或分摊调整已恰当记录。

3. 与列报相关的认定

注册会计师对列报运用的认定主要有以下类别：

(1)发生及权利和义务：披露的交易、事项和其他情况已发生，且与被审计单位有关。

(2)完整性：所有应当包括在财务报表中的披露均已包括。

(3)分类和可理解性：财务信息已被恰当地列报和描述，且披露内容表述清楚，能够被报表使用者理解。

(4)准确性和计价：财务信息和其他信息已公允披露，且金额恰当。

注册会计师可以按照上述分类运用认定，也可按其他方式表述认定，但应涵盖上述所有方面。例如，注册会计师可以选择将有关交易和事项的认定与有关账户余额的认定综合运用。又如，当发生和完整性认定包含了对交易是否记录于正确会计期间的恰当考虑时，就可能不存在与交易和事项截止相关的单独认定。

**(三)具体审计目标**

注册会计师了解认定后，就很容易确定每个项目的具体审计目标，并以此作为评估重大错报风险以及设计和实施进一步审计程序的基础。

1. 与各类交易和事项相关的认定

(1)发生:记录的交易和事项已发生,且与被审计单位有关。由发生认定推导的审计目标是确认已记录的交易是真实的。如果没有发生销售交易,但在销售账中记录了一笔销售交易,则已记录的销售交易是不真实的,属于发生认定错报。发生认定主要与对财务报表组成要素的高估有关。

(2)完整性:所有应当记录的交易和事项均已记录,没有遗漏。由完整性认定推导的审计目标是确认已发生的交易确实已经记录。如果销售交易发生了,但没有在销售账中记录,则已发生的销售交易被漏记了,属于完整性认定错报。完整性认定主要与对财务报表组成要素的低估有关。

(3)准确性:与交易和事项有关的金额及其他数据已恰当记录。由准确性认定推导的审计目标是确认已记录的交易按正确金额反映。如果销售交易中,发出商品的数量与账单上的数量不符,或是开具发票账单时使用了错误的销售价格,或是账单中的乘积或加总有误,或是在销售账中记录了不恰当的金额,则已记录的销售交易金额不正确,属于准确性认定错报。

准确性与发生、完整性之间存在区别。例如,若已记录的销售交易是不应当记录的(如发出的商品是寄销商品),则即使发票金额是准确计算的,仍违反了发生目标。再如,若已入账的销售交易是对正确发生商品的记录,但金额计算错误,则违反了准确性目标,但没有违反发生目标。在完整性与准确性之间也存在同样的关系。

(4)截止:交易和事项已记录于正确的会计期间。由截止认定推导的审计目标是确认接近于资产负债表日的交易记录于恰当的期间。如果本期交易推到下期或下期交易提到本期,均属于截止认定错报。

(5)分类:交易和事项已记录于恰当的账户。由分类认定推导的审计目标是确认被审计单位记录的交易经过适当分类。如果将现销记录为赊销,或者将出售经营性固定资产所得的收入记录为营业收入,或者将应予以资本化的利息计入财务费用,或者将应收账款计入其他应收款,则导致分类认定错报。

2. 与期末账户余额相关的认定

(1)存在:记录的资产、负债和所有者权益是存在的。如果不存在某顾客的应收账款,在应收账款明细表中却列入了对该顾客的应收账款,则违反了存在性目标。

(2)权利和义务:记录的资产是由本单位拥有或控制的,记录的负债是由本单位应当履行的义务。如果将他人寄销商品列入被审计单位的存货中,违反了权利目标;将不属于被审计单位的债务计入账内,违反了义务目标。

(3)完整性:所有应当记录的资产、负债和所有者权益均已记录,没有遗漏。如果存在某顾客的应收账款,而应收账款明细表中却没有列入,则违反了完整性目标。

(4)计价和分摊:资产、负债和所有者权益以恰当的金额包括在财务报表中,与之相关的计价或分摊调整已恰当记录。如果期末没有对应收账款计提坏账准备,致使高估应收账款金额,则违反了计价与分摊目标。

3. 与列报和披露相关的认定

(1)发生及权利和义务:披露的交易、事项和其他情况已发生,且与被审计单位有关。将没有发生的交易、事项，或与被审计单位无关的交易和事项包括在财务报表中，则违反该目标。如复核董事会会议记录中是否记载了固定资产抵押等事项，询问管理层固定资产是否被抵押，即是对列报的权利认定的运用。如果被审计单位拥有被抵押的固定资产，则需要将其在财务报表中列报，并说明与之相关的权利受到限制。

(2)完整性：所有应当包括在财务报表中的披露均已包括。如果应当披露的事项没有包括在财务报表中，则违反了该目标。如检查关联方和关联交易，以验证其在财务报表中是否得到充分披露，即是对列报的完整性认定的运用。

(3)分类和可理解性：财务信息已被恰当地列报和描述，且披露内容表述清楚，能够被报表使用者理解。如检查存货的主要类别是否已披露，是否将一年内到期的长期负债列为流动负债，即是对列报的分类和可理解性认定的运用。

(4)准确性和计价：财务信息和其他信息已公允披露，且金额恰当。如检查财务报表附注是否分别对原材料、在产品和产成品等存货成本核算方法做了恰当说明，即是对列报的准确性和计价认定的运用。

通过上面的介绍可知，认定是确定具体审计目标的基础。注册会计师通常将认定转化为能够通过审计程序予以实现的审计目标。针对财务报表每个项目所表现出的各项认定，注册会计师相应地确定一项或多项审计目标，然后通过执行一系列审计程序获取充分、适当的审计证据以实现审计目标。认定、审计目标和审计程序之间的关系如表 3—1 所示。

**表 3—1　　认定、审计目标和审计程序之间的关系**

| 认　定 | 审计目标 | 审计程序 |
| --- | --- | --- |
| 存在性 | 资产负债表列示的存货存在 | 实施存货监盘程序 |
| 完整性 | 销售收入包括了所有已发货的交易 | 检查发货单和销售发票的编号以及销售明细账 |
| 准确性 | 应收账款反映了销售业务是否基于正确的价格和数量，计算是否准确 | 比较价格清单与发票上的价格、发货单与销售订购单上的数量是否一致，重新计算发票上的金额 |
| 截止 | 销售业务记录在恰当的期间 | 比较上一年度最后几天和下一年度最初几天的发货单日期与记账日期 |
| 权利和义务 | 资产负债表中的固定资产确实为公司拥有 | 查阅所有权证书、购货合同、结算单和保险单 |
| 计价和分摊 | 以净值记录应收款项 | 检查应收账款账龄分析表，评估计提的坏账准备是否充足 |

## 第二节　审计过程与审计目标的实现

审计程序是指审计工作从开始到结束的整个过程。审计活动是一项有目的、有组织的活动。为了最大限度地实现既定的审计目的，保证工作质量，降低审计风险，审计工作必须遵循一定的标准和规范。审计程序的主要内容包括接受业务委托、计划审计工作、实施风险评估程序、实施控制测试和实质性程序以及完成审计工作和编制审计报告。

## 一、接受业务委托

会计师事务所应当按照执业准则的规定，谨慎决策是否接受或保持某客户关系和具体的审计业务。在接受委托前，注册会计师应当初步了解审计业务环境，包括业务约定事项、审计对象特征、使用的标准、预期使用者的需求、责任方及其环境的相关特征，以及可能对审计业务产生重大影响的事项、交易、条件和惯例等其他事项。

只有在了解后认为符合胜任能力、独立性和应有的关注等职业道德要求，并且拟承接的业务具备下列所有特征时，注册会计师才能将其作为审计业务予以承接：(1)考虑客户的诚信，没有信息表明客户缺乏诚信；(2)具有执行业务必要的素质、专业胜任能力、时间和资源；(3)能够遵守职业道德规范。

注册会计师需要做出的最重要的决策之一就是接受和保持客户关系。一项低质量的决策会导致不能准确确定计酬的时间或未被支付的费用，增加项目合伙人和员工的额外压力，使会计师事务所的声誉遭受损失，或者涉及潜在的诉讼。

一旦决定接受业务委托，注册会计师应当与客户就审计约定条款达成一致意见。对于连续审计，注册会计师应当根据具体情况确定是否需要修改业务约定条款，以及是否需要提醒客户注意现有的业务约定书。

## 二、计划审计工作

计划审计工作是整个审计工作的起点。为了保证审计目标的实现，注册会计师必须在具体执行审计程序前，制订审计计划，对审计工作进行科学、合理的计划与安排，使审计业务以有效的方式得到执行。一般来说，计划审计工作主要包括：在本期审计业务开始时开展的初步业务活动；制定总体审计策略；制订具体的审计计划等。计划审计工作不是审计业务的一个孤立阶段，而是一个持续的、不断修正的过程，贯穿于整个审计过程的始终。

## 三、实施风险评估程序

审计准则规定，注册会计师必须实施风险评估程序，以此作为评估财务报表层次和认定层次重大错报风险的基础。风险评估程序是指注册会计师为了解被审计单位及其环境，以识别和评估财务报表层次和认定层次的重大错报风险而实施的审计程序。风险评估程序是必要程序，了解被审计单位及其环境为注册会计师在许多关键环节做出职业判断提供了重要基础。了解被审计单位及其环境实际上是一个连续和动态地收集、更新与分析信息的过程，贯穿于整个审计过程的始终。

一般来说，实施风险评估程序的主要工作包括：了解被审计单位及其环境；识别和评估财务报表层次以及各类交易、账户余额、披露认定层次的重大错报风险，包括确定需要特别考虑的重大错报风险(即特别风险)以及仅通过实施实质性程序无法应对的重大错报风险等。

## 四、实施控制测试和实质性程序

控制测试是在了解内部控制结构的基础上，为了确定内部控制结构政策和程序的设计与执行是否有效而实施的审计程序，其目的是测试内部控制在防止、发现并纠正认定层次重大错报方面的运行有效性，从而支持或修正重大错报风险的评估结果，据以确定实质性测试的性质、时间和范围。有两种情况应当实施控制测试：一是在评估认定层次重大错报风险时，预期控制的运行是有效的，注册会计师应当实施控制测试以支持评估结果；二是仅实施实质性程序不足以提供认定层次充分、适当的审计证据，注册会计师应当实施控制测试，以获取内部控制运行有效性的审计证据。

实质性程序是指注册会计师针对评估的重大错报风险实施的直接用于发现认定层次重大错报的审计程序。它包括对各类交易、账户余额、披露的细节测试以及实质性分析程序。无论评估的重大错报风险结果如何，注册会计师均应当针对所有重大的各类交易、账户余额、列报实施实质性程序，以获取充分、适当的审计证据。

由此可见，风险评估程序和实质性程序是每次财务报表审计都应实施的必要程序，而控制测试则不是。在财务报表审计业务中，注册会计师必须通过实施风险评估程序、控制测试（必要时或决定测试时）和实质性程序，才能获取充分、适当的审计证据，得出合理的审计结论，作为形成审计意见的基础。

### 五、完成审计工作和编制审计报告

注册会计师在完成财务报表所有循环的进一步审计程序后，还应当按照有关审计准则的规定做好审计完成阶段的工作，并根据所获取的各种证据，合理运用专业判断，形成适当的审计意见。本阶段的主要工作有：审计期初余额、比较数据、期后事项和或有事项；考虑持续经营问题和获取管理层声明；汇总审计差异，并提请被审计单位调整或披露；复核审计工作底稿和已审财务报表；与管理层和治理层沟通；评价所有审计证据，形成审计意见；编制审计报告等。

## 基本概念

认定　审计目标　审计程序　实质性程序

## 思考题

1. 什么是认定？它包括哪些类别？
2. 财务报表审计的目标是什么？
3. 审计程序分为哪几个阶段？
4. 如何理解认定、审计目标和审计程序之间的关系？
5. 如何理解细节测试和实质性分析程序？

## 实训练习题

### 一、单项选择题

1.(　　)的责任是按照适用的财务报告编制基础编制财务报表的。

A. 管理层　　B. 治理层　　C. 注册会计师　　D. 内部审计部门

2. 作为财务报表审计目标,(　　)是指被审计单位的财务报表是否在所有重大方面公允地反映其财务状况、经营成果和现金流量。

A. 合法性　　B. 公允性　　C. 一贯性　　D. 认定

3. 下列各项中,确认(　　)是为了实现注册会计师具体审计目标中的“准确性”目标。

A. 明细账合计数与总账合计数是否相符　　B. 固定资产预计使用年限是否恰当

C. 应付账款是否有所隐瞒　　D. 已贴现的票据是否在附注中单独列示

4. 下列事项中违反被审计单位“计价和分摊”认定的是(　　)。

A. 将应付账款 100 万元记为 1 000 万元　　B. 将营业收入 100 万元记入营业外收入

C. 将销售费用 200 万元记入管理费用　　D. 将营业成本 30 万元记为营业外支出

5. 注册会计师发现被审计单位当年建造完工的设备已投入使用并办理了固定资产竣工决算手续,但厂房的工程成本中有多笔不恰当广告费开支项目,此种情况下,注册会计师应界定其违反了固定资产项目的(　　)认定。

A. 权利和义务　　B. 存在　　C. 计价和分摊　　D. 完整性

6. 下列各项中,违反了分类认定的是(　　)。

A. 把外单位寄存的商品记录在库存商品会计账簿中

B. 将已发生的销售业务不登记入账

C. 将属于本年度的接近资产负债日的交易记录于下年度

D. 将现销记录为赊销,将出售固定资产(并不是企业的日常活动)所得的收入记入主营业务收入

7. 如果被审计单位的存货存在漏记,则财务报表的以下认定会发生错误的是(　　)。

A. 完整性　　B. 存在性　　C. 分类　　D. 截止

8. ABC 公司将 2010 年度的主营业务收入列入 2009 年度的财务报表,则其 2009 年度财务报表存在错误的认定是(　　)。

A. 权利和义务　　B. 准确性　　C. 发生　　D. 完整性

9. 注册会计师在对上市公司的财务报表审计时,一般会将“发生”认定作为重点证明的认定项目的是(　　)。

A. 应付账款　　B. 营业收入　　C. 预收账款　　D. 预付账款

10.“存在或发生”认定与“完整性”认定,分别与(　　)有关。

A. 会计报表数据的低估和高估

B. 会计报表数据的高估和低估

C. 会计报表数据的分类错误和计算错误

D. 会计报表数据的舞弊和违法行为

### 二、多项选择题

1. 注册会计师财务报表审计目标对财务报表的(　　)发表审计意见。

A. 合法性　　　　B. 公允性　　　　C. 重大错报风险　　　　D. 重要性水平

2. 注册会计师对上市公司进行审计时，将“完整性”作为重点证明认定的是(　　)。

A. 预付账款　　　　B. 短期借款　　　　C. 应付账款　　　　D. 应收账款

3. 审计目标分为(　　)两个层次。

A. 审计总目标　　　　B. 一般审计目标　　　　C. 审计具体目标　　　　D. 项目审计目标

4. 某公司2010年12月31日资产负债表流动资产项下列示货币资金800 000万元，则明确的认定包括(　　)。

A. 记录的货币资金是存在的

B. 记录的货币资金的正确余额是800 000万元

C. 所有应列报的货币资金都包括在财务报表中

D. 记录的货币资金全部由本公司所拥有且使用不受任何限制

5. 注册会计师对于被审计单位存货的分类和可理解性，应提请其做到(　　)。

A. 账簿中登记的存货均是真实存在的

B. 存货的主要种类和估价基础已揭示

C. 存货项目以恰当的金额在财务报表中反映

D. 存货的抵押已作揭示

6. 注册会计师通过审计发现的下列情况中，被审计单位没有违反权利和义务认定的有(　　)。

A. 将经营租入的设备作为自有固定资产

B. 将融资租入的设备作为自有固定资产

C. 将已经营出租的专利权作为自有无形资产

D. 将受托代销的商品作为企业的存货

7. 与各类交易和事项相关的认定有(　　)。

A. 发生　　　　B. 完整性　　　　C. 准确性　　　　D. 权利和义务

8. 下列各项中，属于注册会计师需要确认的应收账款“计价和分摊”认定的审计程序有(　　)。

A. 应收账款确实为被审计单位拥有　　　　B. 计提和冲销的坏账金额是正确的

C. 应收账款总账与明细账是一致的　　　　D. 应收账款均已记录

9. 被审计单位已将固定资产抵押，但未在财务报表附注中披露，则注册会计师针对该认定的审计目标是(　　)。

A. 发生及权利和义务　　B. 分类和可理解性　　C. 准确性和计价　　D. 完整性

10. 审计目标分为(　　)两个层次。

A. 审计总目标　　　　B. 一般审计目标　　　　C. 审计具体目标　　　　D. 项目审计目标

### 三、判断题

1. 财务报表审计目标的导向作用决定了注册会计师是否能够承接该被审计单位的财务报表审计。(　　)

2. 财务报表审计能减轻被审计单位管理层和治理层的责任。(　　)

3. 注册会计师的责任是按照中国注册会计师审计准则的规定对财务报表发表审计意见。(　　)

4. 认定是指管理层在财务报表中做出的明确或隐含的表达。(　　)

5. 发生认定可能存在的问题是漏记交易(低估)。(　　)

6. 完整性认定可能存在的问题是管理层把那些不曾发生的项目计入财务报表，它主要与对财务报表组成要素的低估有关。(　　)

7. 若已入账的销售交易是对正确发出商品的记录，但金额计算错误，则属于准确性认定错误。(　　)

8. 截止目标是确定交易是否已计入恰当的会计期间。　（　　）

9. 计划审计工作是一个持续的、不断修正的过程，贯穿于整个审计过程的始终。　（　　）

## 四、综合题

请根据下表中财务报表审计时发现的事项，说明被审计单位违反了哪项认定，并完成下表。

| 财务报表审计时分别发现的事项 | 被审计单位违反的认定 |
|---|---|
| 本期交易推迟至下期记账，或者将下期应当记录的交易提前到本期记录 | |
| 期末少计提累计折旧错误 | |
| 在销售明细账中记录了并没有发生的一笔销售业务 | |
| 不存在某顾客，在应收账款明细表中却列入了对该顾客的应收账款 | |
| 财务报表附注没有分别对原材料、在产品和产成品等存货成本核算方法做恰当的说明 | |
| 将不属于被审计单位的债务计入账内 | |
| 将出售某经营性固定资产（并非企业的日常交易事项）所得收入记录为主营业务收入 | |
| 没有将一年内到期的长期负债列为一年内到期的非流动负债 | |
| 发生了一项销售交易，但没有在销售明细账和总账中记录 | |
| 在销售交易中有如下情况：①发出商品的数量与账单上的数量不符；②开具账单时运用了错误的销售价格；③账单中乘积或加总有误；④在销售明细账中记录了错误的金额 | |
| 存在对某客户的应收账款，在应收账款明细表中却没有列入对该客户的应收账款 | |
| 关联交易类型、金额没有在财务报表附注中作恰当披露 | |
| 关联方和关联方交易没有在财务报表中充分披露 | |
| 将现销记录为赊销 | |

# 第四章　计划审计工作及其重要性和审计风险

【案例导入】

**南方保健财务舞弊案**

2003 年 3 月 18 日，美国最大的医疗保健公司——南方保健会计造假丑闻败露。这是《萨班斯—奥克斯利法案》颁布后，美国上市公司曝光的第一大舞弊案，倍受各界瞩目。为其财务报表进行审计，并连续多年签发"干净"审计报告的安永会计师事务所，也将自己置于风口浪尖上。

南方保健使用的最主要造假手段是通过"契约调整"(Contractual Adjustment)这一收入备抵账户进行利润操纵。公司在 1997 至 2002 年上半年期间，虚构了 24.69 亿美元的利润，虚假利润相当于该期间实际利润(－1 000 万美元)的约 247 倍。25 亿美元的虚假利润，使南方保健成为仅次于世界通信的第二大"会计造假大王"。

我们研究南方保健公司财务舞弊案，有以下思考重点：

(1)南方保健公司的财务舞弊手段；

(2)安永会计师事务所对南方保健公司的审计的失败之处；

(3)基于南方保健公司审计失败案例，对注册会计师实施审计的启示。

## 第一节　计划审计工作

计划审计工作是审计工作的起点，也是审计工作中最重要的环节。计划审计工作的结果直接影响审计工作的实施效率及效果。注册会计师在这个审计环节中应严格按照审计准则的要求，明确财务报表的审计目标、与被审计单位签订审计约定书、进行风险评估、确定重要性水平、制定总体审计策略和具体审计计划。

### 一、计划审计工作的作用

计划审计工作通常由审计项目负责人在接受审计委托后开始审计工作之前进行，是对审计工作的一种预先规划。其作用主要有以下几个方面：

(1)充分的审计计划有助于注册会计师关注重点审计领域。

(2)充分的审计计划有助于注册会计师及时发现和解决潜在问题。

(3)充分的审计计划有助于注册会计师合理地分配工作和提供指导，进行监督和复核。

(4)充分的审计计划有助于注册会计师协调其他注册会计师和专家的工作。

(5)充分的审计计划有助于注册会计师提高审计工作的有效性。

因此,对于任何一个审计项目,对于任何一家会计师事务所,计划审计工作都是至关重要的,很多关键的决策往往在这个阶段做出。值得注意的是,由于存在被审计单位的规模及审计业务复杂程度的不同,注册会计师应结合实际,确定审计计划的详略程度;此外,在审计过程中,情况还会发生变化,比如说出现一些原本没有预料到的事项、条件发生变化或在实施审计过程中获取的审计证据等原因,注册会计师应及时对审计计划进行必要的更新和修改。

## 二、计划审计工作的内容

计划审计工作包括针对审计业务制定总体审计策略和具体审计计划,以将审计风险降低至可接受的低水平。具体有以下内容:

### (一)初步业务活动

1. 初步业务活动的时间

注册会计师在计划审计工作前需要开展初步业务活动。

2. 初步业务活动的目的

(1)注册会计师已具备执行业务所需要的独立性和专业胜任能力;

(2)不存在因管理层诚信问题而影响注册会计师保持该项业务意愿的情况;

(3)与被审计单位不存在对业务约定条款的误解。

3. 初步业务活动的内容

(1)针对保持客户关系和具体审计业务实施相应的质量控制程序;

(2)评价遵守职业道德规范的情况,包括评价独立性;

(3)就审计业务约定条款达成一致意见。

### (二)审计业务约定书

1. 审计业务约定书的概念及作用

审计业务约定书,是指会计师事务所与被审计单位签订的,用以记录和确认审计业务的委托与受托关系、审计目标和范围、双方的责任以及报告的格式等事项的书面协议。

会计师事务所承接任何审计业务,都应当与被审计单位签订审计业务约定书。根据《中国注册会计师审计准则第1111号——审计业务约定书》第四条的规定,注册会计师应当在审计业务开始前与被审计单位就业务约定条款达成一致意见,并签订审计业务约定书,以避免双方对审计业务的理解产生分歧。

签订审计业务约定书的目的是为了明确约定各方的权利和责任义务,最大限度地消除签约各方在以后工作中产生的误解,促使各方遵守约定事项并加强合作,保护签约各方的正当利益。在注册会计师的审计实践中,审计业务约定书具有十分重要的作用,主要体现在以下几个方面:

(1)可以增进会计师事务所与委托人之间的了解,尤其使被审计单位更加明确自身所承担的会计责任,了解审计人员的审计责任及需要提供的合作。

(2)可以作为被审计单位鉴定会计师事务所审计业务完成情况的依据,也可以作为会计师事务所检查被审计单位约定义务履行情况的依据。

(3)假设出现法律诉讼,审计业务约定书是确定会计师事务所和被审计单位双方应负责任的重要证据。

审计业务约定书具有经济合同的性质,一经约定,各方签字认可,即成为法律上生效的契约,对各方均具有法定约束力。

2. 审计业务约定书的基本内容

审计业务约定书的具体内容和格式可能因被审计单位的不同而存在差异,但应当包括下列主要内容:

(1)财务报表审计的目标与范围;

(2)注册会计师的责任;

(3)管理层的责任;

(4)指出用于编制财务报表所适用的财务报告编制基础;

(5)提及注册会计师拟出具的审计报告的预期形式和内容,以及对在特定情况下出具的审计报告可能不同于预期形式和内容的说明。

3. 审计业务约定书的特殊考虑

(1)详细说明审计工作的范围,包括提及适用的法律法规、审计准则,以及注册会计师协会发布的职业道德守则和其他公告;

(2)对审计业务结果的其他沟通形式;

(3)说明由于审计和内部控制的固有限制,即使审计工作按照审计准则的规定得到恰当的计划和执行,仍不可避免地存在某些重大错报未被发现的风险;

(4)计划和执行审计工作的安排,包括审计项目组的构成;

(5)管理层确认将提供书面声明;

(6)管理层同意向注册会计师及时提供财务报表草稿和其他所有附带信息,以使注册会计师能够按照预定的时间表完成审计工作;

(7)管理层同意告知注册会计师在审计报告日至财务报表报出日之间注意到的可能影响财务报表的事实;

(8)收费的计算基础和收费安排;

(9)管理层确认收到审计业务约定书并同意其中的条款;

(10)在某些方面对利用其他注册会计师和专家工作的安排;

(11)对审计涉及的内部审计人员和被审计单位其他员工工作的安排;

(12)在首次审计的情况下,与前任注册会计师沟通的安排;

(13)说明对注册会计师责任可能存在的限制;

(14)注册会计师与被审计单位之间需要达成进一步协议的事项;

(15)向其他机构或人员提供审计工作底稿的义务。

会计师事务所就上述事项与被审计单位协商一致后,即可指派人员起草审计业务约定书。起草完毕的审计业务约定书一式两份,应由双方法定代表人或授权代表签署并加盖约定双方单位印章。任何一方如需修改、补充约定书,均应以适当的方式获得对方的确认。审计业务约定书在审计约定事项完成后,归入审计业务档案。

4. 连续审计业务中的考虑

根据《中国注册会计师审计准则第1111号——审计业务约定书》第八条和第九条的规定，对于连续审计，注册会计师应当考虑是否需要根据具体情况修改业务约定条款，以及是否需要提醒被审计单位注意现有的业务约定条款。

会计师事务所或被审计单位（或委托人）如需修改、补充审计业务的约定内容，应当以适当的方式获得对方的确认。注册会计师可以与被审计单位签订长期审计业务约定书，但如果出现下列情况，则应当考虑重新签订审计业务约定书：

(1)有迹象表明被审计单位误解审计目标和范围；

(2)需要修改约定条款或增加特别条款；

(3)被审计单位高级管理人员近期发生变化；

(4)被审计单位所有权发生重大变动；

(5)被审计单位业务的性质或规模发生重大变化；

(6)法律法规的规定发生变化；

(7)编制财务报表采用的财务报告编制基础发生变更；

(8)其他报告要求发生变化。

5. 审计业务约定书的变更

对于连续审计，注册会计师并不需要在每一期间都与客户签订新的审计业务约定书。但如果审计业务出现原约定事项或背景发生变化的情况，注册会计师则应当考虑重新签订审计业务约定书。

如果没有合理的理由，注册会计师不应同意变更业务。如果注册会计师不同意变更审计业务约定条款，而管理层又不允许继续执行原审计业务，注册会计师则应当：

(1)在适用的法律、法规允许的情况下，解除审计业务约定书；

(2)确定是否有约定义务或其他义务向治理层、所有者或监管机构等报告该事项。

6. 审计业务约定书范例

若某会计师事务所与明达股份有限公司签订2012年度的财务报表审计业务约定书。其业务约定书的格式如下：

**审计业务约定书**

甲方：明达股份有限公司

乙方：××会计师事务所

兹由甲方委托乙方进行2012年度财务报表审计，经双方协商，达成以下约定。

一、业务范围与审计目标

1. 乙方接受甲方委托，对甲方按照适用的财务报告编制基础编制的2012年12月31日的资产负债表以及该年度的利润表、股东权益变动表和现金流量表以及财务报表附注进行审计。

2. 乙方通过执行审计工作，对财务报表的下列方面发表审计意见：

(1)财务报表是否按照适用的财务报告编制基础编制；

(2)财务报表是否在所有重大方面公允反映被审计单位的财务状况、经营成果和现金流量。

二、甲方的责任与义务

1. 甲方的责任

在被审计单位治理层的监督下，按照适用的会计准则和相关会计制度的规定编制财务报表是被审计单位管理层的责任。

2. 甲方的义务

(1)及时为乙方的审计工作提供所要求的全部会计资料和其他有关资料，并保证所提供资料的真实性和完整性。

(2)确保乙方不受限制地接触任何与审计有关的记录、文件和所需的其他信息；

(3)为乙方派出的有关工作人员提供必要的条件及合作，具体事项将由乙方审计工作人员于工作开始前提供清单。

(4)按约定书的规定及时足额支付审计费用。

(5)管理层对其做出的与审计有关的声明需书面确认。

三、乙方的责任和义务

1. 乙方的责任

按照中国注册会计师审计准则的规定对财务报表发表审计意见是注册会计师的责任。

2. 乙方的义务

(1)按照约定时间完成审计业务，出具审计报告。由于审计中存在的固有限制影响注册会计师发现重大错报的能力，注册会计师不能对财务报表整体不存在重大错报获取绝对保证。

(2)乙方应对在执行业务过程中知悉的甲方商业秘密保密。

(3)乙方在2013年3月30日之前出具审计报告。审计报告格式为标准格式，以书面形式提交。在出具报告前，审计意见将以书面形式与管理层沟通。

四、审计收费

乙方应收本项业务的费用，按照乙方实际参加本项审计业务的各级职别工作人员所花费时间及《××收费规定》的计费标准确定，预计为人民币3万元。甲方应在本约定书签订后预付上述费用的50%，其余50%在乙方提交审计报告时一并付清。如因审计工作遇到重大问题致使乙方实际花费审计工作时间有较大幅度的增加，甲方应在了解实情后，酌情提高审计费用。

五、约定书的有效期间

本约定书一式两份，甲乙双方各执一份。

本约定书自2012年2月15日起生效并在约定事项全部完成日之前有效。

六、约定事项的变更

由于出现不可预见的情况，影响审计工作如期完成，或者需提前出具审计报告，甲乙双方可要求变更约定事项，但应及时通知对方并由双方协商解决。

七、争议的解决及违约责任

八、甲乙双方对其他有关事项的约定

| | |
|---|---|
| 甲方：明达股份有限公司(盖章) | 乙方：××会计师事务所(盖章) |
| 授权代表：(签章) | 授权代表：(签章) |
| 20××年×月×日 | 20××年×月×日 |

## 第二节 总体审计策略和具体审计计划

### 一、总体审计策略

总体审计策略是对审计的预期范围和实施方式所做的规划，是注册会计师从接受审计委托到出具审计报告整个过程基本工作内容的综合计划。它是规划整个审计工作的蓝图。为了顺利完成审计任务，注册会计师应当为审计工作制定总体审计策略。总体审计策略用以确定审计范围、时间和方向，并指导制订具体审计计划。在制订总体审计策略时，注册会计师应当考虑下列主要事项，同时这些事项也会影响具体审计计划。

#### (一)制定总体审计策略时考虑的事项

1. 审计范围

注册会计师应当确定审计业务的特征，包括采用的会计准则和相关会计制度、特定行业的报告要求以及被审计单位组成部分的分布等，以界定审计范围。

2. 报告目标、时间安排及所需沟通

总体审计策略的制定应当包括明确审计业务的报告目标，以及计划审计的时间安排和所需沟通的性质，包括提交审计报告的时间要求，预期与管理层和治理层沟通的重要日期等。

3. 审计方向

总体审计策略的制定应当包括考虑影响审计业务的重要因素，以确定项目组的工作方向，包括确定适当的重要性水平，初步识别可能存在较高的重大错报风险的领域，初步识别重要的组成部分和账户余额，评价是否需要针对内部控制的有效性获取审计证据，识别被审计单位、所处行业、财务报告要求及其他相关方面最近发生的重大变化等。

另外，在制订总体审计策略时，注册会计师还应考虑初步业务活动的结果，以及为被审计单位提供其他服务时所获得的经验。

#### (二)总体审计策略的内容

总体审计策略应能恰当地反映注册会计师考虑审计范围、报告目标和审计方向的结果。注册会计师应当在总体审计策略中清楚地说明下列内容：

(1)向具体审计领域调配的资源，包括向高风险领域分派有适当经验的项目组成员，就复杂的问题利用专家工作等；

(2)向具体审计领域分配资源的数量，包括安排到重要存货存放地观察存货盘点的项目组成员的数量，对其他注册会计师工作的复核范围，对高风险领域安排的审计时间预算等；

(3)何时调配这些资源，包括是在期中审计阶段还是在关键的截止日期调配资源等；

(4)如何管理、指导、监督这些资源的利用，包括预期何时召开项目组预备会和总结会，预期项目负责人和经理如何进行复核，是否需要实施项目质量控制复核等。注册会计师应当根据实施风险评估程序的结果对上述内容予以调整。

总体审计策略一经制定，注册会计师应当针对总体审计策略中所识别的不同事项，制订具体审计计划,并考虑通过有效利用审计资源以实现审计目标。

总体审计策略的详略程度应当随着被审计单位的规模及该项审计业务的复杂程度的不同而变化。在小型被审计单位审计中,全部审计工作可能由一个很小的审计项目组执行,项目组成员之间容易沟通和协调,总体审计策略可以相对简单。

## 二、具体审计计划

具体审计计划是依据总体审计策略制订的、对实施总体审计策略所需要的审计程序的性质、时间和范围等所作的详细规划与说明。为了实现预期的审计目标,注册会计师应当为审计工作制订具体审计计划。具体审计计划比总体审计策略更加详细,其内容包括为获取充分、适当的审计证据以及将审计风险降至可接受的最低水平,项目组成员拟实施的审计程序的性质、时间和范围。具体审计计划应当包括风险评估程序、计划实施的进一步审计程序和其他审计程序。

### (一)风险评估程序

具体审计计划应当包括按照《中国注册会计师审计准则第 1211 号——通过了解被审计单位及其环境识别和评估重大错报风险》的规定,为了足够识别和评估财务报表重大错报风险,注册会计师计划实施的风险评估程序的性质、时间和范围。

### (二)计划实施的进一步审计程序

具体审计计划应当包括按照《中国注册会计师审计准则第 1231 号——针对评估的重大错报风险实施的程序》的规定,针对评估的认定层次的重大错报风险,注册会计师计划实施的进一步审计程序的性质、时间和范围。

需要强调的是,随着审计工作的推进,对审计程序的计划会逐步深入,并贯穿于整个审计过程。例如,计划风险评估程序通常在审计开始阶段进行,计划进一步审计程序则需要依据风险评估程序的结果进行。因此,为达到编制具体审计计划的要求,注册会计师需要完成风险评估程序,识别和评估重大错报风险,并针对评估的认定层次的重大错报风险,计划实施进一步审计程序的性质、时间和范围。

通常情况下,注册会计师计划的进一步审计程序可以分为进一步审计程序的总体方案和拟实施的具体审计程序(包括进一步审计程序的性质、时间和范围)两个层次。进一步审计程序的总体方案主要是指注册会计师针对各类交易、账户余额和列报决定采用的总体方案(包括实质性方案或综合性方案)。具体审计程序则是对进一步审计程序的总体方案的延伸和细化,它通常包括控制测试和实质性程序的性质、时间和范围。在实务中,注册会计师通常单独编制一套包括这些具体程序的"进一步审计程序表",待具体实施审计程序时,注册会计师将基于所计划的具体审计程序,进一步记录所实施的审计程序及结果,并最终形成有关进一步审计程序的审计工作底稿。

另外,完整、详细的进一步审计程序的计划包括对各类交易、账户余额和列报实施的具体审计程序的性质、时间和范围,包括抽取的样本量等。在实务中,注册会计师可以统筹安排进一步审计程序的先后顺序,如果对某类交易、账户余额或列报已经做出计划,则可以安排先行开展工作，与此同时，再制定其他交易、账户余额和列报的进一步审计程序。

**（三）计划实施的其他审计程序**

具体审计计划应当包括根据中国注册会计师审计准则的规定，注册会计师针对审计业务需要实施的其他审计程序。计划的其他审计程序可以包括上述进一步审计程序的计划中没有涵盖的、根据其他审计准则的要求注册会计师应当执行的既定程序。例如，阅读含有已审计财务报表的文件中的其他信息，与被审计单位律师直接沟通等。

## 第三节　审计重要性和审计风险

独立审计准则规定，注册会计师在编制审计计划时应当对重要性水平做出初步判断，以确定所需审计证据的数量。对重要性进行适当的评估，是审计人员在计划阶段要实施的一项重要的专业判断。

### 一、对审计重要性的理解

**（一）重要性的含义**

审计准则规定，如果一项错报单独或连同其他错报可能影响财务报表使用者依据财务报表做出的经济决策，则该项错报是重大的。重要性是指被审计单位财务报表中错报或漏报的严重程度，这一程度在特定环境下可能影响财务报表使用者的判断或决策。理解这一定义，必须注意以下几点：

1. 重要性概念中的错报包含漏报

判断一项业务重要与否，应视其在财务报表中的错报或漏报对财务报表使用者所做决策的影响程度而定。若一项业务在报表中的错报或漏报足以改变或影响报表使用者的判断，则该项业务就是重要的，否则就是不重要的。

2. 重要性概念必须从财务报表使用者的角度来考察

因为财务报表是为了满足财务报表使用者的信息需求而编制的。财务报表的使用者包括企业的投资者、债权人、政府、社会公众等，他们需要利用财务报表提供的信息做出各种经济决策。这里，财务报表使用者是指具有一定的理解能力并能够理性地做出判断和决策的使用者。

3. 重要性包括对数量和性质两个方面的考虑

所谓数量方面，是指错报的金额大小，性质方面则指错报的性质。一般来说，金额大的错报比金额小的错报更重要。但在某些情况下，有些错报从金额上来看并不重要，但从性质上来看则是重要的，如某些舞弊形成的错报。

4. 重要性的判断离不开特定的环境

不同企业面临不同的环境，因而判断重要性的标准也不相同。例如，某一金额对某个企业的财务报表来说是重要的，而对另一个具有不同规模、不同性质的企业的财务报表来说，可能并不重要。即使是对某一特定企业而言，重要性也会因时间的不同而改变。

5. 对重要性的评估需要运用职业判断

审计重要性实质上是注册会计师所审计财务报表中存在的差错对财务报表使用者进行决策判断产生影响的最高界限。由于财务报表使用者决策时，对财务报表的依赖程度不同，也不难看出这个差错的"最高界限"对不同的财务报表使用者(或同一个决策者在不同的决策时间)的决策来说是不可能永远恒定不变的。所以，审计重要性水平的高低，很大程度上取决于决策者的主观判断。为了提高审计效率、保证审计质量，在审计过程中注册会计师要充分运用重要性原则，必须对重要性做出谨慎的判断。

### (二)确定审计重要性水平时考虑的因素

1. 以往的审计经验

以往审计中所运用的重要性水平，如果较为适当，则可以作为本次确定重要性水平的重要依据。审计人员可以根据这一重要性水平，考虑被审计单位经营环境和经营业务的变化，对其加以纠正。

2. 有关法规的要求

如果被审计单位有权自由处理会计事项，审计人员则必须从严确定重要性水平。

3. 被审计单位经营规模的大小及业务性质

规模不同的企业，所在不同行业的企业，其重要性水平也可以不同。

4. 内部控制的可信赖程度

如果内部控制较为健全，可信赖程度高，重要性水平可以定得高一点，以节约审计成本。

5. 会计报表各项目及其相互关系

会计报表项目的重要程度是存在差别的，会计报表使用者对某些报表项目要比另外的一些报表项目更为关心。会计报表使用者更关心流动性高的项目，因而审计人员对那些流动性高的会计报表应当从严确定重要性水平。由于会计报表各基本项目之间是相互联系的，审计人员在确定重要性水平时要考虑它们之间的相互关系。

6. 会计报表各项目的金额及其波动幅度

会计报表项目的金额及其波动幅度可能成为会计报表使用者做出反应的信号。因此，审计人员应当深入研究这些项目的金额及其波动幅度。审计人员在编制审计计划时必须对重要性水平做出初步的判断，以便为检查报表中的重大错报确定一个可接受的重要性水平，这种判断的结果通常称为初定的重要性限额。会计报表中存在的错报或漏报低于这个水平，可对会计报表出具无否定意见的审计报告，否则审计人员就需要考虑其他类型的审计意见。由于客观情况可能发生变化和随着审计工作的深入将不断获得更多的信息，审计人员可能会发现有必要修改初定的重要性水平。

### (三)考虑重要性的层次

在编制审计计划时审计人员需要从两个层次来评价重要性：一个是财务报表层次的重要性水平；二是各类交易、账户余额、列报认定层次的重要性水平。由于财务报表审计的目标是注册会计师通过执行审计工作对财务报表发表审计意见，因此，注册会计师应当考虑财务报表层次的重要性。只有这样，才能得出财务报表是否公允反映的结论。注册会计师在制订总体审计策略时，应当确定财务报表层次的重要性水平。又由于财务报表提供的信息是由各类交易、账户余额、列报认定层次的信息汇集加工而成，注册会计师只有通过各类交易、账户余额、列报认定层次实施审计，才能得出财务报表是否公允反映的结论。因此，注册会计师还应当考虑各类交易、账户余额、列报认定层次的重要性。

**(四)重要性水平的确定**

在确定计划的重要性水平时，注册会计师应了解被审计单位及其环境，明确审计目标和特定的报告要求，了解财务报表各项目的性质及相互联系，并研究报表项目的金额及波动情况。

1. 从数量方面考虑重要性

审计准则要求注册会计师在运用重要性原则时，应当从金额和性质两方面来考虑重要性。因此，首先需要从数量方面来考虑重要性。重要性水平是一个经验值，在审计中，注册会计师应当从财务报表层次和各类交易、账户余额、列报层次确定重要性水平。

(1)财务报表层次的重要性水平

由于独立审计的目的是对财务报表的合法性、公允性发表意见，因此，注册会计师必须考虑财务报表层次的重要性，只有这样，才能形成对财务报表整体的意见。

在确定报表层次的重要性水平时，通常需要确定判断基础和计算比率。重要性水平的判断基础主要有资产总额、净资产、营业收入、费用总额、毛利、净利润等汇总财务指标，注册会计师应当合理选用。例如，被审计单位净利润接近于零时，不应将净利润作为重要性水平的判断基础；被审计单位净利润波动幅度较大时，不应将当年的净利润作为重要性水平的判断基础，而应选择近年的平均净利润；被审计单位属于劳动密集型企业时，不应将资产总额、净资产作为重要性水平的判断基础。计算重要性主要采用固定比率，但这个百分比是多少，世界各国的审计准则和会计准则都没有做出规定，也无法做出规定。以下是审计准则中列示的一些指南：

①对以盈利为目的的企业，可以采用来自经常性业务的税前利润或税后净利润的5%，或总收入的0.5%；

②对非营利组织，可以采用费用总额或总收入的0.5%；

③对共同基金公司，可以采用净资产的0.5%。

在确定财务报表层次的重要性水平时，注册会计师应当先对每张财务报表确定一个重要性水平。例如，将损益表的重要性水平确定为100万元，将资产负债表的重要性水平确定为200万元。但由于财务报表彼此相互关联，并且许多审计程序经常涉及两个以上的报表，比如，用以确定年底赊销是否正确记录在适当期间的审计程序，不仅为资产负债表上的应收账款提供审计证据，而且还为损益表上的销售提供审计证据。因此，在编制审计计划时，应使用被认为对任何一张财务报表都重要的最小的错报或漏报总体水平，也就是说，注册会计师应当选择最低的重要性水平作为财务报表层次的重要性水平。

(2)各类交易、账户余额、列报认定层次的重要性水平

由于财务报表提供的信息由各类交易、账户余额、列报认定层次的信息汇集加工而成，注册会计师只有通过对各类交易、账户余额、列报认定层次实施审计，才能得出财务报表是否公允反映的结论。因此，注册会计师还应当考虑各类交易、账户余额、列报认定层次的重要性。

各类交易、账户余额、列报认定层次的重要性水平称为“可容忍错报”。可容忍错报的确定以注册会计师对财务报表层次重要性水平的初步评估为基础。它是在不导致财务报表存在重

大错报的情况下，注册会计师对各类交易、账户余额、列报确定的可接受的最大错报。

在确定各类交易、账户余额、列报认定层次的重要性水平时，注册会计师应当考虑以下主要因素：第一，各类交易、账户余额、列报的性质及错报的可能性；第二，各类交易、账户余额、列报的重要性水平与财务报表层次重要性水平的关系。由于各类交易、账户余额、列报确定的重要性水平即可容忍错报，对审计证据数量有直接的影响，因此，注册会计师应当合理确定可容忍错报。

需要强调的是，在制订总体审计策略时，注册会计师应当对那些金额本身就低于所确定的财务报表层次重要性水平的特定项目做额外的考虑。注册会计师应当根据被审计单位的具体情况，运用职业判断，考虑是否能够合理地预计这些项目的错报将影响使用者依据财务报表做出的经济决策（如果存在这种情况）。注册会计师在做出这一判断时，应当考虑的因素包括：

（1）会计准则、法律法规是否影响财务报表使用者对特定项目计量和披露的预期（如关联方交易、管理层及治理层的报酬）；

（2）与被审计单位所处行业及其环境相关的关键性披露（如制药业的研究与开发成本）；

（3）财务报表使用者是否特别关注财务报表中单独披露的特定业务部分（如新近购买的业务）的财务业绩。

了解治理层和管理层对上述问题的看法和预期，可能有助于注册会计师根据被审计单位的具体情况做出这一判断。

各类交易、账户余额、列报的重要水平的确定方法，既可以采用分配的方法，也可以采用不分配的方法。

（1）分配的方法：在量化财务报表层次的重要性水平后，将财务报表层次的重要性水平分配到各账户或各类交易，得出每个账户或各类交易的重要性水平；

（2）不分配的方法：根据各类交易或账户的性质及错报或漏报的可能性，确定各类交易、账户余额、列报确定的重要性水平，而不是将财务报表层次的重要性分配到各账户或各类交易。

2. 从性质方面考虑重要性

金额不重要的错报从性质上看有可能是重要的。注册会计师在判断错报的性质是否重要时应该考虑的具体情况包括：

（1）对财务报表使用者需求的感知。财务报表使用者对财务报表的哪一方面最感兴趣。

（2）获得能力趋势。

（3）因没有遵守贷款契约、合同约定、法规条款和法定的或常规的报告要求而产生错报的影响。

（4）计算管理层报酬（奖金等）的依据。

（5）由于错误或舞弊而使一些账户项目对损失的敏感性。

（6）重大或有负债。

（7）通过一个账户处理大量的、复杂的和相同性质的个别交易。

（8）关联方交易。

（9）可能的违法行为、违约和利益冲突。

（10）财务报表项目的重要性、性质、复杂性和组成。

（11）可能包含了高度主观性的估计、分配或不确定性。

(12)管理层的偏见。管理层是否有动机将收益最大化或者最小化。

(13)管理层一直不愿意纠正已报告的与财务报告相关的内容控制的缺陷。

(14)与账户相关联的核算与报告的复杂性。

(15)自前一个会计期间以来账户特征发生的改变(例如,新的复杂性、主观性或交易的种类)。

(16)个别极其重大但不同的错报抵销产生的影响。

需要指出的是,这些因素只是举例,不可能包括所有情况,也并非所有审计都会出现上述全部因素。注册会计师不能以存在这些因素为由而必然认为错报是重大的。这些因素仅供注册会计师参考。

## 二、审计风险

审计风险是财务报表存在重大错报而注册会计师发表不恰当审计意见的可能性。审计业务是一种保证程度高的鉴证业务,可接受的审计风险应当足够低,以使注册会计师能够合理保证所审计财务报表不含有重大错报。审计风险取决于重大错报风险和检查风险。

### (一)重大错报风险

重大错报风险(*MMR*)是指财务报表在审计前存在重大错报的可能性。注册会计师应从两个层次考虑重大错报风险。

1. 两个层次的重大错报风险

(1)财务报表层次的重大错报风险

财务报表层次的重大错报风险与财务报表整体存在广泛联系,可能影响多项认定。此类风险通常与控制环境有关,但也可能与其他因素有关,如经济萧条。此类风险难以界定某类交易、账户余额和披露的具体认定;相反,此类风险增大了任何数目的不同认定发生重大错报的可能性,对注册会计师考虑由舞弊引起的风险特别相关。

注册会计师应对财务报表层次的重大错报风险的措施包括:考虑审计项目组承担重要责任的人员的学识、技术和能力,是否需要专家介入;考虑给予业务助理人员适当程度的监督指导;考虑是否存在导致注册会计师怀疑被审计单位持续经营假设合理性的事项或情况。

(2)各类交易、账户余额、披露认定层次的重大错报风险

认定层次的重大错报风险与特定的各类交易、账户余额、披露相关,如被审计单位存在复杂的联营或合营,这一事项表明长期股权投资账户的认定可能存在重大错报风险。

2. 固有风险(*IR*)和控制风险(*CR*)

认定层次的重大错报风险又可以进一步细分为固有风险和控制风险。

固有风险是指在考虑相关的内部控制之前,某类交易、账户余额或披露的某一认定易于发生错报(该错报单独或连同其他错报可能是重大的)的可能性,如会计人员在记录金额过程中多写或少写一个零。

控制风险是指某类交易、账户余额或披露的某一认定发生错报,该错报单独或连同其他错报是重大的,但没有被内部控制及时防止或发现并纠正的可能性。控制风险取决于与财务报表编制有关的内部控制的设计和运行的有效性,如记录的金额多写了一个零却没有被复核人员发现。由于控制的固有局限性,因而某种程度的控制风险始终存在。

需要特别说明的是，由于固有风险和控制风险不可分割地交织在一起，有时无法单独进行评估，因此，经常将这两者合称为“重大错报风险”，但这并不意味着注册会计师不可以单独对固有风险和控制风险进行评估；相反，注册会计师既可以对两者进行单独评估，也可以对两者进行合并评估。

**（二）检查风险**

检查风险（*DR*）是指某一认定存在错报，该错报单独或连同其他错报是重大的，注册会计师为将审计风险降至可接受的低水平而实施审计程序后没有发现这种错报的可能性。检查风险取决于审计程序设计的合理性和执行的有效性。由于注册会计师通常并不对所有交易、账户余额和披露进行检查以及其他原因，检查风险不可能降低为零。如记录的金额多写了一个零，复核没有发现、纠正，审计也未能检查出来。

在审计风险的两个构成要素中，重大错报风险为“客户风险”，直接受被审计单位经营活动及内部控制的影响，审计人员对此无能为力。但是，审计人员可以通过加深对被审计单位的了解，对其重大错报风险的高低做出合理的评估，并在此基础上确定实质性测试的性质、时间和范围，以便将重大错报风险降到可接受的水平。

**（三）检查风险与重大错报风险的反向关系及运用**

1. 检查风险与重大错报风险的反向关系

在既定的审计风险水平下，可接受的检查风险与认定层次重大错报风险的评估结果呈反向关系。评估的重大错报风险越高，可接受的检查风险越低；评估的重大错报风险越低，可接受的检查风险越高。检查风险与重大错报风险的反向关系用数学模型表示如下：

$$审计风险=重大错报风险\times检查风险$$

或

$$AR=MMR\times DR$$

这个模型也就是审计风险模型。实务中，注册会计师不一定用绝对数量表达这些风险水平，而选用“高”“中”“低”等文字描述。

**【例4－1】** 注册会计师在对某公司进行审计时，评估某项认定的重大错报风险为18%，他们认为所执行的审计程序不能发现该项认定重大错报的风险为40%，分析该项认定的审计风险是多少。

分析要点：

审计风险＝0.18×0.4＝0.072

此结果表明，客户存在重大错报，而内部控制和审计程序未能发现的风险为7.2%。

2. 运用

（1）在计划阶段，运用审计风险模型确定可接受的检查风险水平。

$$可接受的检查风险水平=\frac{可接受的审计风险}{重大错报风险}\times100\%$$

**【例4－2】** 注册会计师确定存货存在重大错报的可接受的审计风险水平为3%，确定存货余额存在重大错报的风险水平为15%，计算可接受的检查风险水平。

分析要点：

可接受的检查风险水平为$\frac{3\%}{15\%}\times100\%=20\%$，即应将检查风险控制在20%以下。

(2)在终结阶段，运用审计风险模型评估实际审计风险水平，并将实际审计风险水平与可接受的审计风险水平相比较，若前者高出后者，就需要重新确定审计范围、调整审计程序或者重新考虑准备发表的审计意见类型。审计风险模型的这种运用延续于整个审计过程。审计风险各要素之间存在如表4—1所示的变动关系。

**表4—1　审计风险各要素之间的变动关系及与审计证据之间的关系**

| 审计人员对报表层次重大错报风险的评估 | 审计人员对认定重大错报风险的评估 | | | 审计证据需要的数量 |
|---|---|---|---|---|
| | 高 | 中 | 低 | |
| | 审计人员可接受的检查风险 | | | |
| 高 | 最低 | 较低 | 中等 | 多 |
| 中 | 较低 | 中等 | 较高 | 中 |
| 低 | 中等 | 较高 | 最高 | 少 |

可以看出，在既定的审计风险水平下，可接受的检查风险水平与重大错报风险的评估结果呈反向关系。

(1)评估的重大错报风险越高，可接受的检查风险越低，为此必须扩大审计程序的范围，获取更多的审计证据，从而降低检查风险的实际水平，以将实际审计风险控制在可接受的水平，确保审计效果。

(2)评估的重大错报风险越低，可接受的检查风险越高，则可适当缩小审计程序的范围，获取较少的审计证据，以提高审计效率。

审计人员对重大错报风险估计水平同所需审计证据的数量之间成同向变动。也就是说，对重大错报风险的评估水平不能偏离其实际水平，估计水平偏高或偏低都是不利的；偏高，会导致审计成本的加大，偏低，则会导致审计风险加大。审计人员应该保持应有的职业怀疑态度，合理地估计重大错报风险水平，从而合理地设计审计程序的性质、时间和范围并有效执行，将检查风险降低到可接受的水平。

## 三、重要性、审计风险和审计证据之间的关系

### (一)重要性与审计风险之间存在反向关系

重要性水平越高，审计风险越低；重要性水平越低，审计风险越高。这里所说的重要性水平高低指的是金额的大小。通常，10 000元的重要性水平比2 000元的重要性水平高。在理解两者之间的关系时，必须注意，重要性水平是注册会计师从财务报表使用者的角度进行判断的结果。如果重要性水平是10 000元，则意味着低于10 000元的错报不会影响财务报表使用者的决策，此时注册会计师需要通过执行有关审计程序合理保证能发现高于10 000元的错报。如果重要性水平是2 000元，则金额在2 000元以上的错报就会影响财务报表使用者的决

策，此时注册会计师需要通过执行有关审计程序合理保证能发现金额在 2 000 元以上的错报。显然，重要性水平为 2 000 元时审计不出这样的重大错报的可能性即审计风险，要比重要性水平为 10 000 元时的审计风险高。二者的关系见表 4—2。

**表 4—2　　重要性与审计风险的关系**

| 审计证据的实际量→ | 实际审计重要性水平→ | 实际审计风险水平 |
| --- | --- | --- |
| 不变 | 低 | 高 |
| 不变 | 高 | 低 |

值得注意的是，注册会计师不能通过不合理地人为调高重要性水平来降低审计风险，因为重要性是依据重要性概念中所述的判断标准确定，而不是由主观期望的审计风险水平决定。

**(二)重要性与审计证据之间存在反向关系**

重要性水平越低，应获取的审计证据越多。例如，为了合理保证存货账户的错报不超过 20 000 元，所需收集的审计证据比为合理保证该账户错报不超过 200 000 元所需收集的审计证据多。在理解这一关系时，必须注意，重要性水平不同于重要的审计项目。审计项目越重要，所需收集的审计证据越多。例如，占资产总额 40%的审计项目比占 10%的审计项目需要更多的审计证据。

## 基本概念

审计业务约定书　审计重要性　审计风险　审计计划　重大错报风险　检查风险

## 思考题

1. 总体审计策略包括哪些内容？
2. 具体审计计划包括哪些主要内容？
3. 什么是审计重要性？如何理解重要性的含义？
4. 如何确定重要性水平？
5. 审计风险的构成要素有哪些？
6. 试分析审计重要性、审计风险与审计证据之间的关系。

## 实训练习题

**一、单项选择题**

1. 注册会计师需要获取的审计证据的数量受错报风险的影响，下列表述中正确的是(　　)。

A. 评估的错报风险越高，则可接受的检查风险越低，需要的审计证据可能越多
B. 评估的错报风险越高，则可接受的检查风险越高，需要的审计证据可能越少
C. 评估的错报风险越低，则可接受的检查风险越低，需要的审计证据可能越少
D. 评估的错报风险越低，则可接受的检查风险越高，需要的审计证据可能越多

2. 下列程序涉及“截止”审计目标的是（ ）。
A. 检查被审计单位记录的固定资产的所有权情况
B. 检查被审计单位记录的主营业务收入是否应计入营业外收入
C. 检查被审计单位记录的主营业务收入合计是否准确
D. 检查被审计单位记录的2008年12月31日前后几日的销售收入的归属年度

3. 在控制检查风险时，注册会计师应当采取的有效措施是（ ）。
A. 调高重要性水平
B. 测试内部控制的有效性，以降低控制风险
C. 进行穿行测试，以降低固有风险
D. 合理设计和有效实施进一步审计程序

4. 下列各项目中，不属于审计业务约定书的内容是（ ）。
A. 业务范围与审计目标
B. 审计收费
C. 违约责任
D. 被审计单位采用的会计政策、会计估计及其变更等

5. 在审计风险要素中，（ ）是客观存在的，注册会计师无能为力。
A. 审计风险　　B. 检查风险
C. 重大错报风险　　D. 被审计单位的经营风险

6. 对以下各项目中的（ ）来说，注册会计师应以核实其是否发生为主。
A. 应收账款　　B. 所有者权益
C. 固定资产　　D. 主营业务收入

7. 注册会计师对重大错报风险的估计水平与所需审计证据数量之间（ ）。
A. 成同向变动　　B. 成反向变动
C. 成比例变化　　D. 不存在关系

8. 在确定重要性水平时，下列各项中通常不宜作为计算重要性水平基准的是（ ）。
A. 持续经营产生的利润　　B. 非经常性收益
C. 资产总额　　D. 营业收入

9. 如果同一期间不同财务报表的审计重要性水平不同，作为财务报表层次的重要性水平，注册会计师应取其（ ）。
A. 最高者　　B. 最低者
C. 平均数　　D. 加权平均数

10. 如果某一审计项目可接受的审计风险为4%，重大错报风险为75%，则可接受的检查风险为（ ）。
A. 12%　　B. 5.3%　　C. 8.92%　　D. 13%

## 二、多项选择题

1. 注册会计师在运用重要性原则时，应从错报的（ ）两个方面去考虑。
A. 行业状况　　B. 内部控制状况
C. 数量　　D. 性质

2. 下列情形中,注册会计师应当考虑追加或扩大审计程序的有(　　)。
A. 尚未更正错报略低于重要性
B. 尚未更正错报略高于重要性
C. 评价结果时的重要性水平高于初步评估的重要性水平
D. 评价结果时的重要性水平低于初步评估的重要性水平
3. 下列选项中正确的有(　　)。
A. 注册会计师对审计重要性水平估计得越高,所需收集的审计证据的数量就越少
B. 注册会计师对审计重要性水平估计得越高,所需收集的审计证据的数量就越多
C. 在特定的审计风险水平下,评估的重大错报风险越低,可接受的检查风险水平就越高
D. 在特定的审计风险水平下,评估的重大错报风险越高,可接受的检查风险水平就越高
4. 审计风险的构成要素包括(　　)。
A. 重大错报风险　　B. 合理保证
C. 检查风险　　D. 审计重要性
5. 下列属于审计业务约定书内容的是(　　)。
A. 财务报表审计的目标　　B. 管理层对财务报表的责任
C. 违约责任　　D. 审计收费
6. 审计人员不能控制的风险有(　　)。
A. 固有风险　　B. 检查风险
C. 控制风险　　D. 重大错报风险
7. 对于特定的被审计单位而言,审计风险和审计证据的关系可以表述为(　　)。
A. 要求的审计风险越低,所需的审计证据数量就越多
B. 要求的检查风险越高,所需的审计证据数量就越少
C. 评估的重大错报风险越低,所需的审计证据数量就越少
D. 评估的重大错报风险越高,所需的审计证据数量就越多
8. 审计人员不能控制的风险有(　　)。
A. 固有风险　　B. 检查风险
C. 控制风险　　D. 重大错报风险
9. 制定总体审计策略时考虑的事项有(　　)。
A. 审计范围　　B. 特定环境
C. 报告目标、时间安排及所需沟通　　D. 审计方向
10. 下列关于重要性的论述中,正确的有(　　)。
A. 无论是笔误还是舞弊,金额小于重要性水平时均不重要
B. 恰当运用重要性有助于提高审计效率和保证审计质量
C. 重要性有数量和质量两个方面的特征
D. 注册会计师应从财务报表和账户余额两个层次来考虑重要性

## 三、判断题

1. 审计重要性水平确定得越高,需要注册会计师收集的审计证据就越多。(　　)
2. 随着审计工作的推进,对审计程序的计划会一步步深入,并贯穿于整个审计过程。(　　)
3. 审计业务约定书具有经济合约性质,一经签署则具有法律效力,所以它应受《合同法》约束。(　　)
4. 审计业务约定书双方中,一方是注册会计师,另一方是委托单位的法人代表可授权代表。(　　)
5. 审计业务约定书既可以采用书面形式,也可以采用口头形式。(　　)

6. 在审计过程中，对计划审计工作进行的任何重大更改都要记录在审计工作底稿中。 （ ）

7. 注册会计师执行财务报表审计时，运用重要性原则的主要目的是保证审计效果和提高审计效率。 （ ）

8. 注册会计师可以就总体审计策略和具体审计计划的某些内容与治理层和管理层沟通，但是制定总体审计策略和具体审计计划仍然是注册会计师的责任。 （ ）

9. 注册会计师设计和实施进一步审计程序应当与评估的认定层次重大错报风险具备明确的对应关系。 （ ）

10. 审计证据与审计风险成正方向变动。 （ ）

**四、综合题**

1. 某注册会计师在评估被审计单位的审计风险时，分别设计了如下表所示的 4 种情况，以帮助决定可接受的检查风险水平。

| 风险类别 | 情况一 | 情况二 | 情况三 | 情况四 |
| --- | --- | --- | --- | --- |
| 可接受的审计风险（%） | 5 | 1 | 2 | 3 |
| 重大错报风险（%） | 30 | 100 | 50 | 100 |

请回答：

（1）上述 4 种情况下的可接受检查风险水平分别是多少？

（2）哪种情况需要注册会计师获取最多的审计证据？为什么？

2. A 和 B 注册会计师对 C 股份有限公司 2011 年度财务报表进行审计，其未经审计的有关会计报表项目金额见下表（单位：万元）。

| 财务报表项目名称 | 金 额 |
| --- | --- |
| 资产总计 | 170 000 |
| 股东权益合计 | 85 000 |
| 主营业务收入 | 250 000 |
| 利润总额 | 38 000 |
| 净利润 | 24 000 |

要求：（1）如以资产总额、净资产、主营业务收入和净利润作为判断基础，采用固定比率法，并假定资产总额、净资产、主营业务收入和净利润的固定百分比数值分别为 0.5%、1%、0.5%和 5%，请代 A 和 B 注册会计师计算确定 C 公司 2011 年度财务报表层次的重要性水平（请列示计算过程）。

（2）简要说明重要性水平与审计风险之间的关系。

# 第五章　审计证据与审计工作底稿

## 【案例导入】

**审计工作底稿案例**

2017 年 12 月 31 日，助理人员小张经注册会计师王红的安排，前去 A 公司验证存货的账面余额。盘点前，小张在过道上听几个工人在议论，得知存货中可能存在不少无法出售的变质产品。对此，小张对存货进行实地抽点，并比较库存量与最近销量。抽点结果表明，存货数量合理，收发亦较为有序。由于该产品技术含量较高，小张无法鉴别出存货中是否有变质产品，于是，他不得不询问该公司的存货部高级主管。高级主管的答复是，该产品绝无质量问题。

小张在盘点工作结束后开始编制工作底稿。在备注中，小张将听说有变质产品的事填入其中，并建议在下阶段的存货审计程序中，应特别注意是否存在变质产品。王红在复核工作底稿时，再一次向小张详细地了解存货盘点情况，特别是有关变质产品的情况。对此，还特别对当时议论此事的工人进行询问。但这些工人矢口否认了此事。于是，王红与存货部高级主管商讨后，得出结论，认为“存货价值公允且均可出售”。底稿复核后，王红在备注栏后填写了“变质产品问题经核实尚无证据，但下次审计时应加以考虑”。由于 A 公司总经理抱怨王红前几次出具了保留意见的审计报告，使得他们贷款时遇到了不少麻烦。审计结束后，注册会计师王红对该年的财务报表出具了无保留意见的审计报告。

两个月后，A 公司资金周转不灵，主要是存货中存在大量的变质产品无法出售，致使到期的银行贷款无法偿还。银行拟向会计师事务所索赔，认为注册会计师在审核存货时具有重大过失。债权人在法庭上出示了王红的工作底稿，认为注册会计师明知存货高估，但迫于总经理的压力，没有揭示财务报表中存在的问题，因此，应该承担银行的贷款损失。

**思考：**

(1)引述工人在过道上关于变质产品的议论是否应列入工作底稿？

(2)注册会计师王红是否已尽到了责任？

(3)对于银行的指控，这些工作底稿能否作为支持或不利于注册会计师的抗辩立场？

(4)银行的指控是否具有充分证据？请说明理由。

## 第一节　审计证据

### 一、审计证据的含义

审计证据是指注册会计师为了得出审计结论、形成审计意见而使用的所有信息。审计证据包括构成财务报表基础的会计记录所含有的信息和其他信息。审计证据是由注册会计师收集并由其根据审计证据做出判断。在审计过程中，什么可作为证据，如何取得适当的证据，应由注册会计师根据审计目标与自己的专业经验加以判定。会计记录中含有的信息，注册会计师应当测试会计记录以获取审计证据，主要包括原始凭证、记账凭证、总分类账和明细分类账、未在记账凭证中反映的对财务报表的其他调整，以及支持成本分配、计算、调节和披露的手工计算表和电子数据表。其他信息指注册会计师从被审计单位内部或外部获取的会计记录以外的信息，如被审计单位会议记录、内部控制手册、询证函的回函、分析师的报告、与竞争者的比较数据等；通过询问、观察和检查等审计程序获取的信息，如通过检查存货获取存货存在性的证据等；以及自身编制或获取的可以通过合理推断得出结论的信息，如注册会计师编制的各种计算表、分析表等。

注册会计师应当获取充分、适当的审计证据，以得出合理的审计结论，作为形成审计意见的基础。

## 二、审计证据的特征

注册会计师应当获取充分、适当的审计证据，以得出合理的审计结论，作为形成审计意见的基础。注册会计师应当保持职业怀疑态度，运用职业判断，评价审计证据的充分性和适当性。这里的充分性和适当性正是审计证据的两大特征。

### (一)审计证据的充分性

审计证据的充分性是对审计证据数量的衡量，即审计证据的数量足以支持注册会计师形成审计意见。审计证据的充分性主要与注册会计师确定的样本量有关。例如，对某个审计项目实施某一选定的审计程序，从100个样本中获得的证据要比从50个样本中获得的证据更充分。获取的审计证据应当充分，足以将与每个重要认定相关的审计风险限制在可接受的水平。

注册会计师需要获取的审计证据的数量受其对重大错报风险评估的影响(评估的重大错报风险越高，需要的审计证据可能越多)，并受审计证据质量的影响(审计证据质量越高，需要的审计证据可能越少)。然而，注册会计师仅靠获取更多的审计证据可能无法弥补其质量上的缺陷。

例如，注册会计师对某电脑公司进行审计，经过分析认为，受被审计单位行业性质的影响，存货陈旧的可能性相当高，存货计价的错报可能性就比较大。为此，注册会计师在审计中就要选取更多的存货样本进行测试，以确定存货陈旧的程度，从而确认存货的价值是否被高估。

### (二)审计证据的适当性

审计证据的适当性是对审计证据质量的衡量，即审计证据在支持各类交易、账户余额、列报的相关认定，或发现其中存在错报方面具有相关性和可靠性。相关性和可靠性是审计证据适当性的核心内容，只有相关且可靠的审计证据才是高质量的。

1. 审计证据的相关性

相关性是指审计证据要有证明力，必须与注册会计师的审计目标相关。例如，注册会计师在审计过程中怀疑被审计单位发出存货却没有给顾客开具发票，需要确认销售是否完整。注册会计师应当从发货单中选取样本，追查与每张发货单相应的销售发票副本，以确定是否每张发货单均已开具发票。如果注册会计师从销售发票副本中选取样本，并追查至与每张发票相应的发货单，由此所获得的证据与完整性目标就不相关。

审计证据是否相关必须结合具体的审计目标来考虑。在确定审计证据的相关性时，注册会计师应当考虑以下几点：

(1)特定的审计程序可能只为某些认定提供相关的审计证据，而与其他认定无关。例如，检查期末应收账款收回的记录和文件可以提供有关存在和计价的审计证据，但是不一定与期末截止是否适当相关。

(2)针对同一项认定可以从不同来源获取审计证据或获取不同性质的审计证据。例如，注册会计师可以分析应收账款的账龄和应收账款的期末收款情况，以获取与坏账准备计提有关的审计证据。

(3)只与特定认定相关的审计证据并不能替代与其他认定相关的审计证据。例如，有关存货实物存在的审计证据并不能够替代与存货计价相关的审计证据。

2. 审计证据的可靠性

可靠性是指证据的可信程度。例如，注册会计师亲自检查存货所获得的证据，就比被审计单位管理层提供给注册会计师的存货数据更可靠。

审计证据的可靠性受其来源和性质的影响，并取决于获取审计证据的具体环境。注册会计师在判断审计证据的可靠性时，通常会考虑下列原则：

(1)从外部独立来源获取的审计证据比从其他来源获取的审计证据更可靠。从外部独立来源获取的审计证据未经被审计单位有关人员之手，从而减少了伪造、更改凭证或业务记录的可能性，因而其证明力最强。此类证据如银行询证函回函、应收账款询证函回函、保险公司等机构出具的证明等。相反，从其他来源获取的审计证据，由于证据提供者与被审计单位存在经济或行政关系等原因，其可靠性应受到质疑。此类证据如被审计单位内部的会计记录、会议记录等。

(2)内部控制有效时内部生成的审计证据比内部控制薄弱时内部生成的审计证据更可靠。如果被审计单位有着健全的内部控制且在日常管理中得到一贯的执行，其会计记录的可信赖程度将会增加。如果被审计单位的内部控制薄弱，甚至不存在任何内部控制，其内部凭证记录的可靠性就大为降低。

(3)直接获取的审计证据比间接获取或推论得出的审计证据更可靠。例如，注册会计师观察某项内部控制的运行得到的证据比询问被审计单位某项内部控制的运行得到的证据更可靠。间接获取的证据有被涂改及伪造的可能性，降低了可信赖程度。推论得出的审计证据，其主观性较强，人为因素较多，可信赖程度也受到影响。

(4)以文件记录形式(无论是纸质、电子或其他介质)存在的审计证据比口头形式的审计证据更可靠。例如，会议的同步书面记录比对讨论事项事后的口头表述更可信。口头证据本身并不足以证明事实的真相，但可提供一些重要线索，有利于做进一步的调查，以收集到更为可靠的证据。如注册会计师在对应收账款进行账龄分析后，可以向应收账款负责人询问逾期应收账款收回的可能性。如果该负责人的意见与注册会计师自行估计的坏账损失基本一致，则这一口头证据就可成为证实注册会计师对有关坏账损失的判断的重要证据。但在一般情况下，口头证据往往需要得到其他相应证据的支持。

(5)从原件获取的审计证据比通过传真件或复印件获取的审计证据更可靠。注册会计师可审查原件是否有被涂改或伪造的迹象，排除伪证，提高证据的可信赖程度。而传真件或复印件容易成为变造或伪造的结果，可靠性较低。

注册会计师在按照上述原则评价审计证据的可靠性时，还应当注意可能出现的重要例外情况。例如，审计证据虽然是从独立的外部来源获得，但如果该证据是由不知情者或不具备资格者提供，审计证据也可能是不可靠的。同样，如果注册会计师不具备评价证据的专业能力，那么即使是直接获取的证据，也可能不可靠。

### (三)充分性和适当性之间的关系

充分性和适当性是审计证据的两个重要特征，两者缺一不可，只有充分且适当的审计证据才是最有证明力的。

注册会计师需要获取的审计证据的数量也受审计证据质量的影响。审计证据质量越高，需要的审计证据数量可能越少。也就是说，审计证据的适当性会影响审计证据的充分性。例如，被审计单位内部控制健全时生成的审计证据更可靠，注册会计师只需获取适量的审计证据，就可以为发表审计意见提供合理的基础。

需要注意的是，尽管审计证据的充分性和适当性相关，但如果审计证据的质量存在缺陷，那么注册会计师仅靠获取更多的审计证据可能无法弥补其质量上的缺陷。例如，注册会计师应当获取与销售收入完整性相关的证据，实际获取到的却是有关销售收入真实性的证据，审计证据与完整性目标不相关，即使获取的证据再多，也证明不了收入的完整性。同样地，如果注册会计师获取的证据不可靠，那么证据数量再多也难以起到证明作用。

### (四)评价充分性和适当性时的特殊考虑

1. 对文件记录可靠性的考虑

审计工作通常不涉及鉴定文件记录的真伪，注册会计师也不是鉴定文件记录真伪的专家，但应当考虑用作审计证据的信息的可靠性，并考虑与这些信息生成与维护相关的控制的有效性。

如果在审计过程中识别出的情况使其认为文件记录可能是伪造的，或文件记录中的某些条款已发生变动，注册会计师应当做进一步调查，包括直接向第三方询证，或考虑利用专家的工作以评价文件记录的真伪。

2. 使用被审计单位生成信息时的考虑

如果在实施审计程序时使用被审计单位生成的信息，注册会计师应当就这些信息的准确性和完整性获取审计证据。例如，在审计收入项目时，注册会计师应当考虑价格信息的准确性以及销售量数据的完整性和准确性。

3. 证据相互矛盾时的考虑

如果针对某项认定从不同来源获取的审计证据或获取的不同性质的审计证据能够相互印证，与该项认定相关的审计证据则具有更强的说服力，例如，注册会计师通过检查委托加工协议发现被审计单位有委托加工材料，且委托加工材料占存货的比重较大，经发函询证后证实委托加工材料确实存在。委托加工协议和询证函回函这两个不同来源的审计证据相互印证，证明委托加工材料真实存在。

如果从不同来源获取的审计证据或获取的不同性质的审计证据不一致，可能表明某项审计证据不可靠，注册会计师应当追加必要的审计程序。

4. 获取审计证据时对成本的考虑

注册会计师可以考虑获取审计证据的成本与所获取信息的有用性之间的关系，但为了保证得出的审计结论、形成的审计意见是恰当的，注册会计师不应将获取审计证据的成本高低和难易程度作为减少不可替代的审计程序的理由。例如，在某些情况下，存货监盘是存货存在性认定的不可替代的审计程序，注册会计师在审计中不得以检查成本高和难以实施为由而不执行该程序。

## 三、审计证据的种类

### （一）按照审计证据来源分类

1. 外部证据

外部证据是指产生于被审计单位外部的审计证据，包括未经过被审计单位的外部证据和经过被审计单位的外部证据，其中，未经过被审计单位的外部证据是指由被审计单位以外的组织机构和人员编制，并由其直接交给审计人员的审计证据，如应收账款的函证回函，被审计单位的律师或其他独立专家出具的关于被审计单位或有负债、或有资产所有权等的证明函件等。经过被审计单位的外部证据是指由被审计单位以外的机构或人员编制，但为被审计单位持有并提交给审计人员的审计证据，如银行对账单、购货发票、应收票据、有关的契约合同等。

2. 内部证据

内部证据是指产生于被审计单位的审计证据，如各类会计凭证、会计账簿、被审计单位编制的各种试算平衡表和汇总表、管理当局声明书、重要的计划、重要的合同等。

3. 审计人员亲自获得的证据

审计人员亲自获得的证据是指审计人员亲自进行实地检查、观察、计算等程序直接获得的证据，如审计人员亲自参与盘点或监督盘点编制的盘点表、审计人员重新计算的被审计单位的成本数据等。

### （二）按照审计证据形态分类

1. 实物证据

实物证据是指通过实际观察或盘点所取得的、用以确定某些实物资产是否确实存在的证据。实物证据通常适合库存现金、有价证券、应收票据、存货和固定资产的核实，如通过盘点存货来验证存货的存在性及其数量。实物证据通常是证明实物资产是否存在的有说服力的证据，但是不能确定被审计单位是否对该实物资产具有所有权，对其质量好坏无法判断。获取实物证据的审计程序是检查，包括观察和监盘。

2. 书面证据

书面证据是指审计人员获得的各种以书面文件为记录形式的证据。书面证据是审计证据的主要组成部分，也称为基本证据，其中包括：从被审计单位内部取得的书面证据，如会计记录、支持这些会计记录的原始凭证以及其他重要书面材料；从被审计单位以外其他单位或个人取得的书面证据；审计人员自行编制的书面材料等。

3. 口头证据

口头证据是指被审计单位的有关人员对于审计人员提出的问题所做的口头答复所形成的证据。口头证据证明能力较弱，但可以提供重要线索。例如，在研究和评价企业的内部控制时，审计人员要询问被审计单位的部分职员在内部控制系统中的具体工作及其责任与义务。此外，审计人员还可能询问或有负债、存货是否废旧过时、合同条款、债务担保、关联方、违法行为及期后事项等。

4. 环境证据

环境证据是指对被审计单位产生影响的各种情况，具体包括：被审计单位面临的外部环境、被审计单位的内部状况。其中，被审计单位的内部状况包括企业内部控制状况、企业管理人员的素质、各种管理条件和管理水平。环境证据有助于了解被审计单位的状况，但其证明力较弱。

**(三)按照取得审计证据的方法分类**

1. 监盘证据

监盘证据是指审计人员通过监督盘点获得的证据。监盘是指审计人员在现场监督被审计单位对各种实物资产、有价证券、应收票据、存货和固定资产的核实，如通过监盘存货来验证存货的存在性及其数量。

2. 观察证据

观察证据是指审计人员运用观察的方法获得的证据。观察是指审计人员在现场对被审计单位的经济活动及其管理、内部控制制度的执行、仓库保管情况等所进行的查看和调查。观察证据与监盘证据也合称为检查证据。

3. 询证证据

询证证据是指审计人员运用向被审计单位以外的第三方发询证函取得的审计证据。询证函提供了有关报表项目的存在和发生、权利与义务以及估价的证据，获取该证据的途径是函证。询证函的证明力来源于其独立性，因为询证函是直接由审计人员从被审计单位以外的第三方取得的。

4. 计算证据

计算证据是指审计人员通过自己的计算获得证据。计算证据是审计人员在实施计算、重新计算和对账等审计程序时所产生的证据，是审计人员直接进行计算的结果。如审计人员重新计算担保费用、存货的可变现净值、资产减值准备、折旧费用、预付费用及应交税费等金额以获得证据。

5. 分析性证据

分析性证据是指审计人员运用分析性方法获得的证据。审计人员获得分析性证据的审计程序是分析程序，审计人员需要对被审计单位重要的比率或趋势进行分析和评价，包括查阅这些比率或趋势的异常变动及其预期数额和相关信息的差异。常用的方法是比较分析法、比率分析法、趋势分析法三种。例如,审计人员对被审计单位财务报表和其他会计资料中的重要比率及其变动趋势进行分析性复核,以发现其异常变动项目。

## 四、审计证据的收集

注册会计师为获取充分、适当的审计证据而实施的审计程序包括风险评估程序、控制测试(必要时或决定测试时)和实质性程序。在实施风险评估程序、控制测试和实质性程序时,注册会计师可根据需要单独或综合运用以下具体审计程序,以获取充分、适当的审计证据。

### (一)检查

检查是指注册会计师对被审计单位内部或外部生成的,以纸质、电子或其他介质形式存在的记录或文件进行审查,检查记录或文件的目的是对财务表所包含或应包含的信息进行验证。例如,被审计单位通常对每一笔销售交易都保留一份顾客订单、一张发货单和一份销售发票副本。这些凭证对于注册会计师验证被审计单位记录的销售交易的正确性是有用的证据。检查记录或文件可提供可靠程度不同的审计证据,审计证据的可靠性取决于记录或文件的来源和性质。外部记录或文件通常被认为比内部记录或文件可靠。

检查有形资产是指注册会计师对资产实物进行审查。检查有形资产程序主要适用于存货和现金,也适用于有价证券、应收票据和固定资产等。检查有形资产可为其存在性提供可靠的审计证据,但不一定能够为权利和义务或计价认定提供可靠的审计证据。对个别存货项目进行的检查,可与存货监盘一同实施。

### (二)观察

观察是指注册会计师查看相关人员正在从事的活动或执行的程序。例如,注册会计师对被审计单位人员执行的存货盘点或控制活动进行观察。观察提供的审计证据仅限于观察发生的时点,并且在相关人员已知被观察时,相关人员从事活动或执行程序可能与日常的做法不同,从而影响注册会计师对真实情况的了解。因此,注册会计师有必要获取其他类型的佐证。

### (三)询问

询问是指注册会计师以书面或口头方式,向被审计单位内部或外部的知情人员获取财务信息和非财务信息,并对答复进行评价的过程。知情人员对询问的答复可能为注册会计师提供尚未获悉的信息或佐证,也可能提供与已获悉信息存在重大差异的信息。注册会计师应当根据询问结果考虑修改审计程序或实施追加的审计程序。询问本身不足以发现认定层次存在的重大错报,也不足以测试内部控制运行的有效性,注册会计师还应实施其他审计程序以获取充分、适当的审计证据。

### (四)函证

函证是指注册会计师为了获取影响财务报表或相关披露认定的项目的信息,通过直接来自第三方对有关信息和现存状况的声明,获取和评价审计证据的过程,如对应收账款余额或银行存款的函证。通过函证获取的证据可靠性较高,是一种经常被使用的重要程序。

### (五)重新计算

重新计算是指注册会计师以人工方式或使用计算机辅助审计技术,对记录或文件中的数据计算的准确性进行核对。重新计算通常包括计算销售发票和存货的总金额、加总日记账和明细账、检查折旧费用和预付费用的计算、检查应纳税额的计算等。

### (六)重新执行

重新执行是指注册会计师以人工方式或使用计算机辅助审计技术,重新独立执行作为被审计单位内部控制组成部分的程序或控制。例如,注册会计师利用被审计单位的银行存款日记账和银行对账单,重新编制银行存款余额调节表,并与被审计单位编制的银行存款余额调节表进行比较。

### (七)分析程序

分析程序是指注册会计师通过研究不同财务数据之间以及财务数据与非财务数据之间的内在关系,对财务信息做出评价。分析程序还包括调查识别出与其他相关信息不一致或与预期数据严重偏离的波动和关系。

此外,审计程序的性质和时间可能受会计数据和其他相关信息的生成和储存方式的影响,注册会计师应当提请被审计单位保存某些信息以供查阅,或在可获得该信息的期间实施审计程序。

## 五、审计证据的整理、分析与评价

注册会计师为了使所收集到的分散的、个别的审计证据变成充分、适当的、具有证明力的证据,以正确评价被审计单位会计报表等有关会计资料是否恰当地反映了其财务状况、经营成果及现金流量情况,就必须按照一定的方法对审计证据进行分类整理与分析,使之条理化、系统化。只有这样,注册会计师才能对各种审计证据合理地进行审计小结,并且在此基础上恰当地形成整体的审计意见。

审计证据的收集与审计证据的整理、分析并非是互不相关的独立的环节,相反,它们经常是交叉进行的。

### (一)审计证据的整理、分析

审计证据的整理、分析没有一个固定的模式,审计的目的不同,审计证据的种类不同,其整理、分析方法也不相同。一般而言,审计证据整理、分析的方法有如下几种:

1. 分类

所谓分类,是指将各种审计证据按其证明力的强弱,或者按与审计目标的关系是否直接等标准分门别类排列成序。

2. 计算

所谓计算,是指按照一定的方法对数据形式的审计证据进行计算,并且从计算中得出所需的新的证据。

3. 比较

所谓比较，包括两方面的内容：一方面，要将各种审计证据进行反复比较，从中分析出被审计单位经济业务的变动趋势及其特征；另一方面，还要与审计目标进行比较，判断其是否符合要求（如不符合要求，则需补充收集有关的审计证据）。

4. 小结

所谓小结，是指对审计证据在上述分类、计算和比较的基础上，注册会计师对审计证据进行归纳、总结，得出具有说服力的局部的审计结论。

5. 综合

所谓综合，是指注册会计师对各类审计证据及所形成的局部的审计结论进行综合分析，最终形成整体的审计意见。

**（二）审计证据的评价**

（1）审计人员应当根据实施的程序和获取的审计证据，评价对认定层次重大错报风险的评估是否仍然适当。

（2）在形成审计意见时，审计人员应当确定是否已经获取充分、适当的审计证据，以将会计报表的重大错报风险降低至可接受的低水平。

（3）在评价审计证据的充分性和适当性时，审计人员应当运用职业判断，并考虑下列因素的影响：

①认定发生潜在错报的重大性，以及潜在错报单独或连同其他潜在错报对会计报表产生重大影响的可能性；

②管理当局应对和控制风险的有效性；

③在以前审计中获取的关于类似潜在错报的经验；

④实施审计程序的结果，包括审计程序是否识别出舞弊或错误的具体情况；

⑤可获得信息的来源和可靠性；

⑥审计证据的说服力；

⑦对被审计单位及其环境（包括内部控制）的了解。

如果对重大的会计报表认定没有获取充分、适当的审计证据，审计人员应当尽量获取进一步的审计证据。如果不能获取充分、适当的审计证据，则审计人员应当发表保留意见或无法表示意见。

**（三）审计证据整理与分析应注意的事项**

1. 审计证据的取舍

注册会计师不必也不可能把审计证据所反映的内容全部包括到审计报告中。在编写审计报告之前，注册会计师必须对反映不同内容的审计证据作适当的取舍，舍弃那些无关紧要的、不必在审计报告中反映的次要证据，只选择那些具有代表性的、典型的审计证据在审计报告中加以反映。审计证据取舍的标准大体有：

（1）金额的大小。对于金额较大、足以对被审计单位的财务状况或经营成果的反映产生重大影响的证据，应当作为重要的审计证据。

(2)问题性质的严重程度。有的审计证据本身所揭露问题的金额也许并不很大,但这类问题的性质较为严重,它可能导致其他重要问题的产生或与其他可能存在的重要问题有关,则这类审计证据也应作为重要的证据。

2. 分清事实的现象与本质

某些审计证据所反映的可能只是一种假象,注册会计师必须对其加以认真地分析研究,透过现象找出它所反映的事物的本质,而不能被表面的假象所迷惑。

3. 排除伪证

所谓伪证,是指被审计单位等审计证据的提供者出于某种动机而伪造的证据,或是有关方面基于主观或客观原因而提供的假证。这些证据或因精心炮制而貌似真证据,或者与被审计事实之间存在某种巧合,如不认真排除,往往就会鱼目混珠,以假乱真。

## 第二节　审计工作底稿

### 一、审计工作底稿的概述

#### (一)审计工作底稿的含义

审计工作底稿是指注册会计师对制订的审计计划、实施的审计程序、获取的相关审计证据,以及得出的审计结论做出的记录。审计工作底稿是审计证据的载体,是指审计人员在执行审计业务过程中形成的全部审计工作记录和获取的资料。它形成于审计过程,也反映整个审计过程。

#### (二)审计工作底稿的编制目的

1. 提供充分、适当的记录,作为审计报告的基础

审计工作底稿是注册会计师形成审计结论、发表审计意见的直接依据。及时编制审计工作底稿,有助于提高审计工作的质量,便于在出具审计报告之前,对取得的审计证据和得出的审计结论进行有效复核与评价。如果时间拖延过久,注册会计师可能会遗忘某些事项或使得审计工作底稿的记录不能全面反映注册会计师所执行的审计工作。

2. 提供证据

证明注册会计师已按照审计准则和相关法律法规的规定计划和执行了审计工作。

#### (三)审计工作底稿的分类

审计工作底稿根据其性质和作用,可分为综合类工作底稿、业务类工作底稿和备查类工作底稿三类。

1. 综合类工作底稿

综合类工作底稿是指注册会计师在审计计划和审计报告阶段,为规划、控制和总结整个审计工作,以及为发表审计意见所形成的审计工作底稿。该类工作底稿主要包括审计业务约定书、审计计划、审计报告书未定稿、审计总结及审计调整分录汇总表等综合性的审计工作记录。

2. 业务类工作底稿

业务类工作底稿是指注册会计师在审计实施阶段执行具体审计程序所编制和取得的工作底稿。该类工作底稿主要包括注册会计师在执行预备调查、符合性测试和实质性测试等审计程序时所形成的工作底稿。

3. 备查类工作底稿

备查类工作底稿是指注册会计师在审计过程中形成的,对审计工作仅具有备查作用的审计工作底稿。该类工作底稿主要包括与审计约定事项有关的重要法律性文件、重要会议记录与纪要、重要经济合同与协议、企业营业执照、公司章程等原始资料的副本或复印件。

### (四)审计工作底稿的作用

(1)审计工作底稿是联结整个审计工作的纽带。

(2)审计工作底稿是审计人员形成审计结论、发表审计意见的直接依据。

(3)审计工作底稿是解脱或减轻审计人员的审计责任、评价或考核审计人员专业能力与工作业绩的依据。

(4)审计工作底稿为审计质量控制与质量检查提供了可能。

(5)审计工作底稿对未来的审计业务具有参考备查价值。

## 二、审计工作底稿的要素和编制要求

### (一)审计工作底稿的要素

审计工作底稿的形成方式主要有两种:一种是直接编制的,另一种是取得的。编制形成的审计工作底稿,尤其是业务类工作底稿,根据《独立审计具体准则第 6 号——审计工作底稿》的规定,一般包括下列基本要素:

(1)审计工作底稿的标题;

(2)审计过程记录;

(3)审计结论;

(4)审计标识及其说明;

(5)索引号及页次;

(6)编制者姓名及编制日期;

(7)复核者姓名及复核日期;

(8)其他应说明事项。

### (二)审计工作底稿的编制要求

1. 编制审计工作底稿的基本要求

注册会计师在编制审计工作底稿时应当做到内容完整、格式规范、标识一致、记录清晰、结论明确,以便使其他注册会计师或有关人员在复核、检查或使用审计工作底稿时,能够理解和接受审计工作底稿的内容。

2. 获取审计工作底稿的基本要求

注册会计师可直接从被审计单位或其他有关单位取得审计工作底稿，也可以要求被审计单位有关人员代为编制有关会计账项的明细分类或汇总底稿，甚至可以要求被审计单位就有关事项提供声明。对于上述审计资料，注册会计师必须做到：(1)注明资料来源；(2)实施必要的审计程序，如对有关法律性文件的复印审阅并同原件核对一致；(3)形成相应的审计记录，审计人员在审阅或核对后，应形成相应的文字记录并签名，方能形成审计工作底稿。

## 三、审计工作底稿的复核

### (一)审计工作底稿复核制度

在审计工作中，一张审计工作底稿往往由一名专业人员独立完成，编制者对有关资料的引用、对有关事项的判断、对会计数据的加计复算等都可能出现误差，因此，在审计工作底稿编制完成后，通过一定的程序，经过多层次的复核显得十分必要。会计师事务所应结合本所实际情况制定出实用有效的复核制度。所谓审计工作底稿复核制度，就是会计师事务所对有关复核人的级别、复核程序与要点、复核人的职责等所作的明文规定。

### (二)审计工作底稿复核的作用

(1)减少或消除人为的审计误差，以降低审计风险，提高审计质量；

(2)及时发现和解决问题，保证审计计划顺利执行，并能够不断地协调审计进度、节约审计时间、提高审计效率；

(3)便于上级管理人员对审计人员进行审计质量监控和工作业绩考评。

### (三)审计工作底稿的复核要点

(1)所引用的有关资料是否翔实、可靠；

(2)所获取的审计证据是否充分、适当；

(3)审计判断是否有理可据；

(4)审计结论是否恰当。

### (四)审计工作底稿复核的基本要求

复核是会计师事务所进行审计项目质量控制的一项重要程序，必须有严格和明确的规则，一般来说，复核时应做好以下几项工作：

(1)做好复核记录，对审计工作底稿中存在的问题和疑点要明确指出并以文字记录于审计工作底稿中；

(2)复核人签名和签署日期，这样有利于划清审计责任，也有利于上级复核人对下级复核人的监督；

(3)书面表示复核意见；

(4)督促编制人及时修改、完善审计工作底稿。

### (五)审计工作底稿三级复核制度

所谓审计工作底稿三级复核制度，就是会计师事务所制定的以主任会计师、部门经理(或签字注册会计师)和项目经理为复核人,对审计工作底稿进行逐级复核的一种制度。

项目经理(或项目负责人)复核是三级复核制度中的第一级复核,称为详细复核,发现问题,及时指出,并督促审计人员及时修改完善。部门经理(或签字注册会计师)是三级复核制度中的第二级复核,称为一般复核。它是在项目经理完成了详细复核之后,再对审计工作底稿中重要会计账项的审计、重要审计程序的执行,以及审计调整事项等进行复核。部门经理复核既是对项目经理复核的一种再监督,也是对重要审计事项的重点把关。主任会计师(或首席合伙人)复核是三级复核中的最后一级复核,又称重点复核。它是对审计过程中的重大会计审计问题、重大审计调整事项及重要的审计工作底稿所进行的复核。主任会计师复核既是对前面两级复核的监督,也是对整个审计工作的计划、进度和质量的重点把握。

## 四、审计工作底稿的归档

审计工作底稿形成后,注册会计师应按照一定的标准将其归档。归档时,注册会计师可以按照审计循环或会计报表项目以及审计工作底稿的使用期限长短,先对审计工作底稿进行分类,再编上相应的标识号和页次后分别存档。审计工作底稿的归档期限为审计报告日后 60 天内。如果注册会计师未能完成审计业务,审计工作底稿的归档期限为审计业务中止后的 60 天内。

审计工作底稿是注册会计师对其执行的审计工作所做的完整记录。从一般意义上讲,审计档案的所有权应属于执行该项业务的注册会计师。但是,我国注册会计师不能独立于会计师事务所之外承揽审计业务,审计业务必须以会计师事务所的名义承接。因此,我国现行准则规定审计档案的所有权属于承接该项业务的会计师事务所。

会计师事务所应当制定审计档案保管制度,对审计档案妥善管理,以保证审计档案的安全、完整。审计档案的保管期限可视不同档案类别有所不同。对于永久性档案,应当长期保存。若会计师事务所中止了对被审计单位的后续审计服务,那么其永久性档案的保管年限与最近一年当期档案的保管年限相同。对当期档案,会计师事务所应当自审计报告签发之日起,至少保存 10 年。即使会计师事务所中止了对被审计单位的后续审计服务,其当期档案的保存年限也不得任意缩减。对于最低保存年限届满的审计档案,会计师事务所可以决定将其销毁。但在销毁之前,应当按规定履行必要的手续,对将要销毁的审计档案进行最后一次检查,然后报主任会计师批准。销毁时,有关人员应进行现场监督或检查,以保证被销毁的审计档案彻底销毁干净。

### (一)审计档案的分类

1. 永久性档案

永久性档案是指那些记录内容相对稳定,具有长期使用价值,并对以后审计工作具有重要影响和直接作用的审计档案,如被审计单位的组织结构、批准证书、营业执照、章程、重要资产的所有权或使用权的证明文件复印件等。如果永久性档案中的某些内容已经发生变化,注册会计师应当及时予以更新。为保持资料的完整性以便满足日后查阅历史资料的需要,永久性档案中被替换下来的资料一般也需要保留。

2. 当期档案

当期档案是指那些记录内容经常变化，主要供当期和下期审计使用的审计档案，如审计策略、具体审计计划等。

**（二）审计档案的保密与调阅**

（1）法院、检察院及其他部门因工作需要，在按规定办理了手续后，可依法查阅审计档案中的有关审计工作底稿。

（2）注册会计师协会对执业情况进行检查时，可查阅审计档案。

（3）不同会计师事务所的审计人员，因审计工作的需要，并经委托人同意，在下列情况下办理了有关手续后，可以要求查阅审计档案：一是被审计单位更换了会计师事务所，后任注册会计师可以调阅前任注册会计师的审计档案；二是基于合并会计报表审计业务的需要，母公司所聘的审计人员可以调阅子公司所聘审计人员的审计档案；三是联合审计；四是会计师事务所认为合理的其他情况。

## 基本概念

审计证据　函证　实物证据　书面证据　口头证据　环境证据　审计工作底稿

## 思考题

1. 审计证据的获取方法有哪些？
2. 审计证据有哪些特性？相互关系如何？
3. 审计工作底稿的作用如何？
4. 审计工作底稿包含的要素有哪些？
5. 怎样复核审计工作底稿？

## 实训练习题

**一、单项选择题**

1. 实物证据对证明（　　）认定具有很强的说服力。

A. 存在　　B. 完整性

C. 权利和义务　　D. 计价和分摊

2. 在获取的下列审计证据中，可靠性最强的通常是（　　）。

A. 被审计单位连续编号的采购订单　　B. 被审计单位提供的银行对账单

C. 被审计单位编制的成本分配计算表　　D. 被审计单位管理层提供的声明书

3. 审计证据的可靠性受其来源和性质的影响，以下关于可靠性的说法中，不正确的是（　　）。

A. 以纸质形式存在的证据比口头方式的证据更可靠

B. 从原件获取的证据比通过复印件及传真获取的证据更可靠

C. 电子文件形式的审计证据比口头方式的审计证据更为可靠

D. 询问内部人员的证据比被审计单位网页上下载的文件更可靠

4. 下列审计证据中，既属于书面证据，又属于内部证据的是(　　)。

A. 应收账款的函证回函　　B. 存货盘点表

C. 注册会计师编制的折旧计算表　　D. 材料入库单

5. 审计证据的适当性是指审计证据的相关性和可靠性。相关性是指证据应与(　　)相关。

A. 审计范围　　B. 审计目标

C. 被审计单位的会计报表　　D. 客观事实

6. 审计工作底稿的归档期限为(　　)。

A. 审计报告日后的 60 天内　　B. 审计报告日后的 30 天内

C. 审计业务中止后的 30 天内　　D. 会计报表日后的 60 天内

7. 审计人员通常使用(　　)方法取得环境证据。

A. 询问　　B. 观察

C. 重新执行　　D. 检查有形资产

8. 审计人员形成审计结论、发表审计意见的直接依据是指(　　)。

A. 审计证据　　B. 审计计划

C. 审计过程　　D. 审计工作底稿

9. 审计工作底稿的所有权属于(　　)。

A. 被审计单位财务部门　　B. 被审计单位董事会

C. 执行该项目的会计师事务所　　D. 负责该项目的项目经理

10. 属于内部证据的是(　　)。

A. 火车票　　B. 购货发票

C. 函证信回函　　D. 材料出库单

**二、多项选择题**

1. 注册会计师通常认为从外部独立来源获取的证据比从其他来源获取的证据更可靠。除此之外，还可以运用下列哪个原则考虑证据的可靠性？(　　)

A. 直接获取的证据比间接获取或推论得出的证据更可靠

B. 内部控制有效时内部生成的证据比内部控制薄弱时内部生成的证据更可靠

C. 从原件获取的证据比通过传真或复印件获取的证据更可靠

D. 以文件记录形式存在的证据比口头形式的证据更可靠

2. 注册会计师所需获取的审计证据数量受各种因素的影响。以下关于审计证据数量的说法中，正确的有(　　)。

A. 错报风险越大，需要的审计证据可能越多

B. 审计证据质量越高，需要的审计证据可能越少

C. 证据的质量存在的缺陷越多，所需的证据越多

D. 获取的证据不可靠，所需的证据越多

3. 按照审计准则对审计工作底稿概念的描述，审计工作底稿是指注册会计师对(　　)做出的记录。

A. 制订的审计计划及实施的审计程序

B. 获取的相关审计证据

C. 得出的审计结论

D. 确定的审计意见

4. 注册会计师通过实施下列(　　)审计程序,获取审计证据,得出结论,形成审计意见。

A. 风险评估程序　　B. 了解内部控制

C. 控制测试　　D. 实质性程序

5. 下列各项审计证据中,属于内部证据的有(　　)。

A. 被审计单位已对外报送的会计报表

B. 被审计单位提供的销售合同

C. 被审计单位提供的供应商开具的发票

D. 被审计单位管理层声明书

6. 审计证据最基本的分类按基本形态分为(　　)。

A. 实物证据　　B. 书面证据　　C. 口头证据　　D. 环境证据

7. 审计证据的质量特征有(　　)。

A. 客观性　　B. 相关性　　C. 充分性　　D. 可靠性

8. 可以实施函证的项目有(　　)。

A. 应收票据　　B. 其他应收款　　C. 预付账款　　D. 应付账款

9. 下列各项中属于永久性档案的有(　　)。

A. 被审计单位背景资料　　B. 审计完成阶段工作底稿

C. 法律事项资料　　D. 审计计划阶段工作底稿

10. 可以运用(　　)获取书面证据。

A. 存在性　　B. 计算

C. 分析程序　　D. 函证

**三、判断题**

1. 审计人员在审计过程中收集的所有资料,均应列示在审计工作底稿中。(　　)

2. 审计人员可以将直接从被审计单位取得的有关法律文件、合同与章程等作为审计工作底稿。(　　)

3. 审计人员为证明某一事项而自己动手编制的分析表属于内部证据。(　　)

4. 原始凭证、记账凭证和会计账簿等会计记录中所含有的信息,是注册会计师执行财务报表审计业务所需获取的审计证据的重要部分。(　　)

5. 为了保证审计证据的充分性,审计人员应尽可能地多收集审计证据。(　　)

6. 从某种意义上讲,审计过程就是收集、评价、鉴定审计证据,最后形成审计结论和审计意见的过程。(　　)

7. 部门经理或签字注册会计师复核是审计工作底稿三级复核中的二级复核。(　　)

8. 审计证据的相关性是指审计证据应与审计目标相关。(　　)

9. 审计人员亲自获得的审计证据要比由被审计单位提供的证据可靠。(　　)

10. 内部证据和外部证据是按照审计来源分类的。(　　)

**四、综合题**

1. 注册会计师在对某企业现金业务审查时,发现出纳员在审计期间有一张未经批准而私自借出现金的白条,现金金额合计为 6 000 元。注册会计师经过盘点证明白条所列现金 6 000 元确实不在库。注册会计师由此认定该出纳员挪用库存现金 6 000 元,该出纳员也承认这一事实。该审计事项的审计证据有哪些？各属何种证据？运用了哪些审计程序？

2. 注册会计师在对 ABC 公司 2011 年度财务报表进行审计时,收集到以下审计证据:

(1)收料单与购货发票;
(2)销货发票副本与产品出库单;
(3)领料单与材料成本计算表;
(4)工薪计算单与工薪发放单;
(5)存货盘点表与存货监盘记录;
(6)银行询证函回函与银行对账单;
(7)收回的应收账款函证回函与询问客户应收账款负责人的记录。

要求:请分别指出每组审计证据中哪项审计证据较为可靠,并简要说明理由。

# 第六章　审计方法

**【案例导入】**

**审计方法**

假定某公司有500个某材料明细账，其账面价值总额为486 500元，注册会计师采用随机抽取的80个明细账作为样本进行审查，发现这些样本的总账面价值为6 200元，经审查，确定的正确值为5 650元，设定所要求的可靠程度为96%，精确限度为4 860元。

**思考：**

试采用差额估计抽样法推断总估的正确值，并判断总体账面价值是否存在重大差错。

## 第一节　审计的基本方法

审计方法是注册会计师检查和分析审计对象，收集审计证据，并对照审计依据，形成审计结论和意见的各种专门手段的总称。现代审计方法体系，一般由审查书面资料的方法和证实客观事物的方法两大类组成。

### 一、审查书面资料的方法

审查书面资料的方法是审计最基本的方法。

#### (一)按审查书面资料的技术分类

1. 审阅法

审阅法是指仔细地审查和翻阅会计凭证、会计账簿、财务报表以及计划、预算、决策方案、合同等书面资料，以查明资料及经济业务的公允性、合法性、合规性，从中发现错弊或疑点，收集书面证据的一种审查方法。

2. 核对法

核对法就是把两个或两个以上相互连接的不同会计记录之间的有关数据相互验证、对比，以确定会计记录是否正确的一种技术核算方法。采用核对法可以证实各种会计资料之间衔接是否正确、有无差错和弊端。核对法包括证证、账证、账账、账表、表表等核对内容。

3. 验算法

验算法是指注册会计师对被审计单位书面资料的有关数据进行重新计算，以验证原计算结果是否正确的一种方法。验算法可以取得书面证据。

**【例6—1】** ABC公司的材料采用计划成本核算方式。注册会计师在审查“生产成本”“原材料”和“材料成本差异”明细账时，发现甲材料8月初材料成本差异为借差5 400元，库存材料计划成本为150 000元。8月份购入甲材料计划成本为1 200 000元，其实际成本为1 178 400元。8月份基本生产车间耗用甲材料的计划成本为240 000元，结转耗用材料的实际成本为244 800元。

分析要点：

注册会计师抽查有关耗用材料汇总表和材料成本差异计算表，验算其材料实际成本如下：

材料成本差异率＝[5 400＋(1 178 400－1 200 000)]/(150 000＋1 200 000)

＝－1.2%

发出材料实际成本＝240 000＋240 000×(－1.2%)＝237 120(元)

多转材料成本＝244 800－237 120＝7 680(元)

验算结果表明，ABC公司8月份多转材料成本7 680元。注册会计师向有关会计人员查询后证实：由于材料会计计算错误，将本期购入材料的节约差异额21 600元(1 178 400－1 200 000)计算为超支差异额，使本期材料成本差异率计算错误，导致应结转节约差异额2 880元，错计为超支差异额4 800元。

4. 分析法

分析法是通过对会计资料的有关指标的观察推理、分解和综合，揭示其本质和了解其构成要素的相互关系的审计方法，在审计工作中运用较为广泛。通过分析发现存在的差距和问题以后，需进一步分析原因，提出改进的方法。

**(二)按审查书面资料的顺序分类**

1. 顺查法

顺查法是注册会计师按照会计业务处理的先后顺序依次进行审查的方法。这种方法按照业务处理的顺序逐一核对、依次审查，操作简单，审查结果能够做到全面、系统、准确，但机械的审查核对费时费力，不易抓住重点，同时也不便于按照业务类别进行审查，不便于注册会计师分工。由于早期的被审计单位规模较小、业务较少、管理制度和内部控制制度较差，存在的违纪事项需要逐一查实，因此，这种方法的运用有着必要性和重要性。随着审计对象的不断复杂及对审计效率和质量的更高要求，顺查法逐渐演进为逆查法。

2. 逆查法

逆查法是按照与会计核算相反的处理程序，依法对报表、账簿、凭证的各个环节进行审查的一种方法。这种方法能从全局出发、大处着手，只审查有问题的内容，抓住实质，主攻方向明确，能够节约一定的人力、物力，提高审计效率。

**(三)按审查书面资料所涉及的数量分类**

1. 抽查法

抽查法是有选择地抽取某一段时间某些业务或某一部分会计资料进行审查的一种审计方法。如果抽查没有发现任何问题，那么其他业务和其他期间内的会计资料就可以不必进行审查；反之，如果抽查发现有问题，则须根据具体情况，适当扩大抽查范围；如果抽查结果发现有性质严重的问题，或者发现有较多的问题，则宜改为详查法，以便把问题彻底清查出来。

2. 详查法

详查法通常又称精查法或细查法，就是指对被查单位一定范围内的会计凭证、会计账簿、会计报表等会计资料以及计划、合同等其他资料进行全面、详细的检查的一种会计检查方法。

## 二、证实客观事物的方法

### (一)盘点法

盘点法包括直接盘点法和间接盘点法。直接盘点法是由注册会计师亲自到现场盘点实物以确定其实有数额的方法。间接盘点法是注册会计师通过观察盘点以确定实物实有数额的方法。现金和贵重的原材料应突击性盘点，固定资产、大宗的原材料及产成品应抽查性盘点。

### (二)调节法

调节法主要应用于证实财产物资账实是否相符，证实相关数据是否趋于一致。调节法公式为：

被查日存量＝盘点日存量＋被查日至盘点日发出量－被查日至盘点日收入量

调节法常用于财产物资和银行存款余额的调节。

**【例 6－2】** ABC 公司 2011 年 12 月 31 日账面结存甲材料 2 000 千克，注册会计师通过审阅和核对并无错弊。2012 年 1 月 1 日至 15 日期间收入 35 000 千克，发出 34 500 千克。1 月 1 日期初余额及收发数额均经核对、审阅和验算无误。2012 年 1 月 15 日下班后监督盘点实存量为 2 800 千克。

分析要点：

调节计算如下：结存日数量＝2 800＋34 500－35 000＝2 300(千克)

经过上述调节计算，2011 年 12 月 31 日的实存数为 2 300 千克，与账面记录的甲材料 2 000 千克不一致。注册会计师则应要求有关人员说明原因并进行核实。

### (三)观察法

观察法是注册会计师亲临审计现场对被审计单位的经济管理及业务活动进行实地观察，以查明被审查事项的事实真相的一种审计方法。它适用于观察内部控制制度的执行情况及经济业务的运作过程。

### (四)鉴定法

鉴定法是通过物理、化学技术鉴别等手段来确定实物资产的性能、质量和书面资料真伪的一种审计方法。

### (五)查询法

查询法是指注册会计师通过询问、调查等方式，取得必要的审计资料，以证实某些事实的审计方法。查询法分为面询法和函询法。面询是注册会计师对有关人员进行的书面或口头询问;函询是注册会计师为印证被审计单位会计记录所载事项而向第三者发函询证。如果没有回函或注册会计师对回函结果不满意,注册会计师则应实施替代审计程序,以获取必要的审计证据。

## 第二节 审计抽样方法

### 一、审计抽样的含义

审计抽样是指注册会计师对具有审计相关性的总体中低于百分之百的项目实施审计程序,使所有抽样单元都有被选取的机会,为注册会计师针对总体得出结论提供合理基础。

审计抽样应当具备三个基本特征:(1)对某类交易或账户余额中低于百分之百的项目实施审计程序;(2)所有抽样单元都有被选取的机会;(3)审计测试的目的是为了评价该账户余额或交易类型的某一特征。

注册会计师获取审计证据时可能使用三种目的的审计程序:(1)风险评估程序;(2)控制测试(必要时或决定测试时);(3)实质性程序。注册会计师拟实施的审计程序将对运用审计抽样产生重要影响。有些审计程序可以使用审计抽样,有些审计程序则不宜使用审计抽样。

### 二、抽样风险和非抽样风险

使用审计抽样时,存在两方面的不确定性因素:一种因素直接与抽样相关,称为抽样风险;另一种因素与抽样无关,称为非抽样风险。审计风险可能受到抽样风险和非抽样风险的影响。

#### (一)抽样风险

抽样风险是指注册会计师根据样本得出的结论,可能不同于如果对总体实施与样本相同的审计程序得出的结论的风险。

1. 控制测试时的抽样风险

(1)信赖过度风险是指推断的控制有效性高于其实际有效性的风险,也就是说,尽管样本结果支持注册会计师计划信赖内容控制的程度,但实际偏差率不支持该信赖程度的风险。信赖过度风险与审计的效果有关。如果注册会计师评估的控制有效性高于其实际有效性,从而导致评估的重大错报风险水平偏低,注册会计师可能不适当地减少从实质性程序中获取的证据,因此审计的有效性下降。对于注册会计师而言,信赖过度风险是指推断的控制有效性低于其实际有效性的风险,也可以予以关注。

(2)信赖不足风险是指推断的控制有效性低于其实际有效性的风险,也就是说,尽管样本结果不支持注册会计师计划信赖内部控制制度的程度,但实际偏差率支持该信赖程度的风险。信赖不足风险与审计的效率有关。当注册会计师评估的控制有效性低于其实际有效性时,评估的重大错报风险水平高于实际水平,注册会计师可能会增加不必要的实质性程序。在这种情况下,审计效率可能降低。

2. 实质性细节测试时的抽样风险

(1)误受风险是指注册会计师推断某一重大错报不存在而实际上存在的风险。如果账面金额实际上存在重大错报而注册会计师认为其不存在重大错报，注册会计师通常会停止对该账面金额的测试，并根据样本结果得出账面金额无重大错报的结论。与信赖过度风险类似，误受风险影响审计效果，容易导致注册会计师发表不恰当的审计意见，因此注册会计师更应予以关注。

(2)误拒风险是指注册会计师推断某一重大错报存在而实际上不存在的风险。如果账面金额不存在重大错报而注册会计师认为其存在重大错报，注册会计师会扩大细节测试的范围并考虑获取其他审计证据，最终得出恰当的结论。在这种情况下，审计效率可能降低。

无论在控制测试还是在实质性细节测试中，抽样风险都可以分为两种类型：一类是影响审计效果的抽样风险，包括控制测试中的信赖过度风险和细节测试中的误受风险；另一类是影响审计效率的抽样风险，包括控制测试中的信赖不足风险和细节测试中的误拒风险。

#### (二)非抽样风险

非抽样风险是指注册会计师由于任何与抽样无关的原因而得出错误结论的风险。可能导致非抽样风险的原因主要有：

(1)选择的总体不适合测试目标；

(2)未能适当地定义控制偏差或错报，导致注册会计师未能发现样本中存在的偏差或错报；

(3)选择了不适于实现特定目标的审计程序；

(4)未能恰当地评价审计发现的情况；

(5)其他原因。

非抽样风险对审计工作的效率和效果都有一定的影响。非抽样风险是人为错误造成的，因而可以防范、降低或消除。

### 三、审计抽样的种类

审计抽样的种类很多，其常用的分类方法是：按抽样决策的依据不同，将审计抽样划分为统计抽样和非统计抽样；按照审计抽样所了解的总体特征的不同，将审计抽样划分为属性抽样和变量抽样。

#### (一)统计抽样与非统计抽样

在对某类交易或账户余额使用审计抽样时，注册会计师可以使用统计抽样方法，也可以使用非统计抽样方法。统计抽样是指同时具备下列特征的抽样方法：(1)随机选取样本；(2)运用概率论评价样本结果，包括计量抽样风险。

统计抽样的样本必须具备这两个特征，不同时具备这两个特征的抽样方法为非统计抽样。一方面，即使注册会计师严格按照随机原则选取样本，如果没有对样本结果进行统计评估，就不能认为使用了统计抽样；另一方面，基于非随机选样的统计评估也是不符合统计抽样特征的。

注册会计师应当根据具体情况并运用职业判断，确定使用统计抽样或非统计抽样方法，以最有效率地获取审计证据。例如，在控制测试中，与仅仅对偏差的发生进行定量分析相比，对偏差的性质和原因进行定性分析通常更为重要。在这种情况下，使用非统计抽样可能更为适当。

注册会计师在统计抽样与非统计抽样方法之间进行选择时主要考虑成本效益。统计抽样的优点在于能够客观地计量抽样风险，并通过调整样本规模精确地控制风险，这是与非统计抽样最重要的区别。另外，统计抽样还有助于注册会计师高效地设计样本，计量所获取证据的充分性，以及定量评价样本结果。但统计抽样又可能发生额外的成本。首先，统计抽样需要特殊的专业技能，因此，使用统计抽样需要增加额外的支出，培训注册会计师；其次，统计抽样要求单个样本项目符合统计要求，这些也可能需要发生额外的费用。非统计抽样如果设计适当，也能提供与设计适当的统计抽样方法同样有效的结果。注册会计师使用非统计抽样时，必须考虑抽样风险并将其降至可接受水平，但不能精确地测定出抽样风险。

不管是统计抽样还是非统计抽样，两种方法都要求注册会计师在设计、实施抽样和评价样本时运用职业判断。另外，使用的抽样方法通常也不影响对选取的样本项目实施的审计程序。

### （二）属性抽样与变量抽样

1. 属性抽样

属性抽样是一种用来对总体中某一事件发生率得出结论的统计抽样方法。属性抽样在审计中最常用的用途是测试某一控制的偏差率，以支持注册会计师评估的控制有效性。在属性抽样中，设定控制的每一次发生或偏离都被赋予同样的权重，而不管交易金额的大小。

2. 变量抽样

变量抽样是一种用来对总体金额得出结论的统计抽样方法。变量抽样通常回答下列问题：金额是多少，账户是否存在错报。变量抽样在审计中的主要用途是进行实质性细节测试，以确定记录金额是否合理。

## 四、审计抽样的基本步骤

注册会计师在控制测试和实质性细节测试中使用审计抽样方法，主要分为三个阶段进行：第一阶段是样本设计阶段，旨在根据测试的目标和抽样总体，制订选取样本的计划；第二阶段是选取样本阶段，旨在按照适当的方法从相应的抽样总体中选取所需的样本；第三阶段是评价样本结果阶段，旨在根据对误差的性质和原因的分析，将样本结果推至总体，形成对总体的结论。

### （一）样本设计

在设计审计样本时，注册会计师应当考虑审计程序的目标和抽样总体的属性。换言之，注册会计师首先应考虑拟实现的具体目标，并根据目标和总体的特点确定能够最好地实现该目标的审计程序组合，以及如何在实施审计程序时运用审计抽样。审计抽样中样本设计阶段的工作主要包括以下步骤：

1. 确定测试目标

审计抽样必须紧紧围绕审计测试的目标展开，因此，确定测试目标是样本设计阶段的第一项工作，一般而言，控制测试是为了获取关于某项控制的设计或运行是否有效的证据，而细节测试的目的是确定某类交易或账户余额的金额是否正确，以提供与存在的错报有关的证据。

2. 定义总体与抽样单元

(1)总体。在实施抽样之前，注册会计师必须仔细定义总体，确定抽样总体的范围。总体可以包括构成某类交易或账户余额的所有项目，也可以只包括某类交易或账户余额中的部分项目。例如，如果应收账款中没有个别重大项目，注册会计师直接对应收账款账面余额进行抽样，则总体包括构成应收账款期末余额的所有项目。如果注册会计师已使用选取特定项目的方法将应收账款中的个别重大项目挑选出来单独测试，只对剩余的应收账款余额进行抽样，则总体只包括构成应收账款期末余额的部分项目。

注册会计师应当确保总体的适当性和完整性。也就是说，注册会计师所定义的总体应具备以下两个特征：

第一，适当性。注册会计师应确保总体适合于特定的审计目标，包括适合于测试的方向。例如，在控制测试中，如果要测试用以保证所有发运商品都已开单的控制是否有效运行，注册会计师从已开单的项目中抽取样本不能发现误差，因为该总体不包含那些已发运但未开单的项目，为发现这种误差，将所有已发运的项目作为总体通常比较适当。又如，在细节测试中，如果注册会计师的目标是测试应付账款的高估，总体可以定义为应付账款清单。但在测试应付账款的低估时，总体就不是应付账款清单，而是后来支付的证明、未付款的发票、供货商的对账单、没有销售发票对应的收货报告，或能提供低估应付账款的审计证据的其他总体。

第二，完整性。注册会计师应当从总体项目内容和涉及时间等方面确定总体的完整性。例如，如果注册会计师从档案中选取付款证明，除非确信所有的付款证明都已归档，否则注册会计师不能对该期间的所有付款证明作出结论。又如，如果注册会计师对某一控制活动在财务报告期间是否有效运行作出结论，总体应包括来自整个报告期间的所有相关项目。注册会计师也可采用其他方法，如对总体进行分层，然后只对一年中前 10 个月的控制活动使用审计抽样作出结论，对剩余的两个月则使用替代审计程序或单独选取样本。

注册会计师通常从代表总体的实物中选取样本项目。例如，如果注册会计师将总体定义为特定日期的所有应收账款余额，代表总体的实物就是打印的该客户应收账款余额明细表。又如，如果总体是某测试期间的销售收入，代表总体的实物就可能是记录在销售日记账中的销售交易，也可能是销售发票。由于注册会计师实际上是从该实物中选取样本，所有根据样本得出的结论只与该实物有关。如果代表总体的实物和总体不一致，注册会计师就可能对总体做出错误的结论。因此，注册会计师必须详细了解代表总体的实物，确定代表总体的实物是否包括整个总体。注册会计师通常通过加总或计算来完成这一工作。例如，注册会计师可将发票金额总数与已计入总账的销售收入金额总数进行核对。如果注册会计师将选择的实物和总体比较之后，认为代表总体的实物遗漏了应包含在最终评价中的总体项目，注册会计师应选择新的实物，或对被排除在实物之外的项目实施替代程序。

(2)定义抽样单元。在定义抽样单元时，注册会计师应当使其与审计测试的目标保持一致。注册会计师在定义总体时通常都指明了适当的抽样单元。在控制测试中，抽样单元通常是能够提供控制运行证据的资料；而在细节测试中，抽样单元可能是一个账户余额、一笔交易或交易中的一项记录，甚至为每个货币单位。

(3)分层。如果总体项目存在重大的变异性，注册会计师应当考虑分层。分层是指将一个总体划分为多个子总体的过程，每个子总体由一组具有相同特征(通常为货币金额)的抽样单元组成。分层可以降低每一层中项目的变异性，从而在抽样风险没有成比例增加的前提下减小样本规模。注册会计师可以考虑将总体分为若干个离散的具有识别特征的子总体(层)，以提高审计效率。注册会计师应当仔细界定这些子总体，以使每一抽样单元只能属于一个层。

在实施细节测试时，注册会计师通常按照货币金额对某类交易或账户余额进行分层，以将更多的审计资源投入大额项目中。例如，在对被审计单位的财务报表进行审计时，为了函证应收账款，注册会计师可以将应收账款账户按其金额大小分为三层，即账户金额在 10 000 元以上的，账户金额为 5 000～10 000 元的，账户金额在 5 000 元以下的。然后，根据各层的重要性分别采取不同的选样方法。对于金额在 10 000 元以上的应收账款账户，可进行全部函证；对于金额在 5 000～10 000 元以及 5 000 元以下的应收账款账户，则可采用适当的选样方法选取进行函证的样本。注册会计师也可以按照显示较高误差风险的某一特定特征对总体进行分层。例如，在测试应收账款坏账准备时，余额可以根据账龄分层。

对某一层中的样本项目实施审计程序的结果，只能用于推断构成该层的项目。如果对整个总体做出结论，注册会计师应当考虑与构成整个总体的其他层有关的重大错报风险。例如，在对某一账户余额进行测试时，占总体数量 20%的项目，其金额可能占该账户余额的 90%，注册会计师只能根据该样本的结果推断至上述 90%的金额。对于剩余 10%的金额，注册会计师可以抽取另一个样本或使用其他收集审计证据的方法，单独做出结论，或者认为其不重要而不实施审计程序。

3. 定义误差构成条件

注册会计师必须事先准确定义构成误差的条件，否则，执行审计程序时就没有识别误差的标准。在控制测试中，误差是指控制偏差。注册会计师应仔细定义所要测试的控制及可能出现偏差的情况；在细节测试中，误差是指错报，注册会计师要确定什么构成错报。

注册会计师在定义误差构成条件时要考虑审计程序的目标。清楚地了解误差构成条件，对于确保在推断误差时仅将所有与审计目标相关的条件包括在内至关重要。例如，在对应收账款存在性的细节测试中(如函证)，客户在函证日之前支付、被审计单位在函证日之后不久收到的款项不构成误差。而且，被审计单位在不同客户之间误登明细账并不影响应收账款账户的总额。因此，即使该情况可能对审计的其他方面(如对舞弊的可能性或坏账准备的适当性的评估)产生重要影响，也不应在评价该程序的样本结果时将其判定为误差。

**(二)选取样本**

1. 确定样本规模

样本规模是指从总体中选取样本项目的数量。在审计抽样中，如果样本规模过小，不能反映出总体的特征，注册会计师就无法获取充分的审计证据，其审计结论的可靠性就会大打折扣，甚至可能得出错误的审计结论；相反，如果样本规模过大，则会增加审计工作量，造成不必要的时间和人力的浪费，降低审计效率，失去审计抽样的意义。在确定样本规模时，注册会计师应当考虑能否将抽样风险降至可接受的低水平。

注册会计师确定样本规模受到多种因素的影响，且在控制测试和细节测试中有所不同。

(1)可接受的抽样风险。样本规模受注册会计师可接受的抽样风险水平的影响；可接受的风险水平越低,需要的样本规模越大。

在控制测试中,注册会计师更多地关注抽样风险中的信赖过度风险。可接受的信赖过度风险与样本规模成反比。注册会计师愿意接受的信赖过度风险越低,样本规模通常越大;注册会计师愿意接受的信赖过度风险越高,样本规模通常越小。

在细节测试中,注册会计师主要关注抽样风险中的误受风险。在细节测试中,误受风险就是测试中的检查风险。根据审计风险模型,注册会计师应恰当评估重大错报风险,并确定检查风险,以将某类交易或账户余额的审计风险控制在适当的水平。

(2)可容忍误差。可容忍误差是指注册会计师能够容忍的最大误差。在其他因素既定的条件下,可容忍误差越大,所需的样本规模越小。

在控制测试中,可容忍误差是指可容忍偏差率。可容忍偏差率是指注册会计师不改变其计划评估的控制有效性,从而不改变其计划评估的重大错报风险水平的前提下,愿意接受的对于设定控制的最大偏差率。在确定可容忍偏差率时,注册会计师应考虑计划评估的控制有效性。计划评估的控制有效性越低,注册会计师确定的可容忍偏差率通常越高,所需的样本规模就越小;反之,计划评估的控制有效性越高,注册会计师确定的可容忍偏差率通常越低,所需的样本规模就越大。

在细节测试中,可容忍误差是指可容忍错报。可容忍错报是指在不导致财务报表存在重大错报的情况下,注册会计师对各类交易、账户余额、列报确定的可接受的最大错报金额。可容忍错报的确定是以注册会计师对财务报表层次重要性水平的初步评估为基础的。一个账户的可容忍错报实际上就是该账户的重要性水平。对特定的账户而言,当抽样风险一定时,如果注册会计师确定的可容忍错报率降低,所需的样本规模就增加。

(3)预计总体误差。预计总体误差即注册会计师预期在审计过程中发现的误差。在控制测试中,预计总体误差是指预计总体偏差率。《中国注册会计师审计准则第 1314 号——审计抽样和其他选取测试项目的方法》第二十四条第二款规定,在实施控制测试时,注册会计师通常根据对相关控制的设计和执行情况的了解,或根据从总体中抽取少量项目进行检查的结果,对拟测试总体的预计误差率进行评估。注册会计师可以根据上年测试结果和控制环境等因素对预计总体偏差率进行估计。考虑上年测试结果时,应考虑被审计单位内部控制和人员的变化。在实务中,如果以前年度的审计结果无法取得或认为不可靠,注册会计师可以在抽样总体中选取一个较小的初始样本,以初始样本的偏差率作为预计总体偏差率的估计值。如果预计总体偏差率很高,意味着控制有效性很低,这时注册会计师应考虑不进行控制测试,而实施更多的实质性程序。

在细节测试中,预计总体误差是指预计总体错报额。在既定的可容忍误差下,当预计总体误差增加时,所需的样本规模更大。

(4)总体变异性。总体变异性是指总体的某一特征(如金额)在各项目之间的差异程度。在控制测试中,注册会计师在确定样本规模时一般不考虑总体变异性。在细节测试中,注册会计师确定适当的样本规模时要考虑特征的变异性。总体项目的变异性越低,通常样本规模越小。注册会计师可以通过分层,将总体分为相对同质的组,以尽可能降低每一组中变异性的影响,从而减小样本规模。

(5)总体规模。除非总体非常小,一般而言,总体规模对样本规模的影响几乎为零。注册会计师通常将抽样单元超过 5 000 个的总体视为大规模总体。对大规模总体而言,总体的实际容量对样本规模几乎没有影响;对小规模总体而言,审计抽样比其他选择测试项目方法的效率低。

表 6—1 列示了审计抽样中影响样本规模的因素,并分别说明了这些影响因素在控制测试和细节测试中的表现形式。

**表 6—1　　影响样本规模的因素**

| 影响因素 | 控制测试 | 细节测试 | 与样本规模的关系 |
| --- | --- | --- | --- |
| 可接受的抽样风险 | 可接受的信赖过度风险 | 可接受的误受风险 | 反向变动 |
| 可容忍误差 | 可容忍偏差率 | 可容忍错报 | 反向变动 |
| 预计总体误差 | 预计总体偏差率 | 预计总体错报 | 同向变动 |
| 总体变异性 | — | 总体变异性 | 同向变动 |
| 总体规模 | 总体规模 | 总体规模 | 影响很小 |

使用统计抽样方法时,注册会计师必须对影响样本规模的因素进行量化,并利用根据统计公式开发的专门的计算机程序或专门的样本量表来确定样本规模。在非统计抽样中,注册会计师可以只对影响样本规模的因素进行定性估计,并运用职业判断确定样本规模。

2. 选取样本

在选取样本项目时,注册会计师应当使总体中的所有抽样单元均有被选取的机会。使所有抽样单元都有被选取的机会是审计抽样的基本特征之一。因此,不管使用统计抽样或非统计抽样方法,所有的审计抽样均要求注册会计师选取的样本对总体来讲具有代表性;否则,就无法根据样本结果推断总体。

选取样本的基本方法,包括使用随机数表或计算机辅助审计技术选样、系统选样和随意选样等。

(1)使用随机数表或计算机辅助审计技术选样,又称随机数选样。使用随机数选样需以总体中的每个项目都有不同的编号为前提。注册会计师可以使用计算机生成的随机数,如电子表格程序、随机数码生成程序、通用审计软件程序等计算机程序产生的随机数,也可以使用随机数表获得所需的随机数。

随机数是一组从长期来看出现概率相同的数码,且不会产生可识别的模式。随机数表也称乱数表,它是由随机生成的从 0 到 9 十个数字所组成的数表,每个数字在表中出现的次数是大致相同的,它们出现在表上的顺序是随机的。表 6—3 就是五位随机数表的一部分。应用随机数表选样的步骤如下:

①对总体项目进行编号,建立总体中的项目与表中数字的一一对应关系。一般情况下,编号可利用总体项目中原有的某些编号,如凭证号、支票号、发票号等。在没有事先编号的情况下,注册会计师需按一定的方法进行编号。如由 40 页、每页 50 行组成的应收账款明细表,可采用四位数字编号,前两位由 01 到 40 的整数组成,表示该记录在明细表中的页数,后两位数字由 01 到 50 的整数组成,表示该记录的行次。这样,编号 0534 表示第 5 页第 34 行的记录。所需使用的随机数的位数一般由总体项目数或编号位数决定。

②确定连续选取随机数的方法。即从随机数表中选择一个随机起点和一个选号路线，随机起点和选号路线可以任意选择，但一经选定就不得改变。从随机数表中任选一行或任何一栏开始，按照一定的方向（上下左右均可）依次查找，符合总体项目编号要求的数字，即为选中的号码，与此号码相对应的总体项目即为选取的样本项目，一直到选足所需的样本量为止。例如，从前述应收账款明细表的 2 000 个记录中选择 10 个样本，总体编号规则如前所述，即前两位数字不能超过 40，后两位数字不能超过 50。如从表 6－2 第 1 行第 1 列开始，使用前四位随机数，逐行向右查找，则选中的样本为编号 3204、0741、0903、0041、3815、2216、0141、3723、0550、3748 10 个记录。

随机数选样不仅使总体中每个抽样单元被选取的概率相等，而且使相同数量的抽样单元组成的每种组合被选取的概率相等。这种方法在统计抽样和非统计抽样中均适用。由于统计抽样要求注册会计师能够计量实际样本被选取的概率，这种方法尤其适合于统计抽样。

**表 6－2**　　**随机数表**

| 行＼列 | 1 | 2 | 3 | 4 | 5 | 6 | 7 | 8 | 9 | 10 |
|---|---|---|---|---|---|---|---|---|---|---|
| 1 | 32044 | 69037 | 29655 | 92114 | 81034 | 40582 | 01584 | 77184 | 85762 | 46505 |
| 2 | 23821 | 96070 | 82592 | 81642 | 08971 | 07411 | 09037 | 81530 | 56195 | 98425 |
| 3 | 82383 | 94987 | 66441 | 28677 | 95961 | 78346 | 37916 | 09416 | 42438 | 48432 |
| 4 | 68310 | 21792 | 71635 | 86089 | 38157 | 95620 | 96718 | 79554 | 50209 | 17705 |
| 5 | 94856 | 76940 | 22165 | 01414 | 01413 | 37231 | 05509 | 37489 | 56459 | 52983 |
| 6 | 95000 | 61958 | 83430 | 98250 | 70030 | 05436 | 74814 | 45978 | 09277 | 13827 |
| 7 | 20764 | 64638 | 11359 | 32556 | 89822 | 02713 | 81293 | 52970 | 25080 | 33555 |
| 8 | 71401 | 17964 | 50940 | 95753 | 34905 | 93566 | 36318 | 79530 | 51105 | 26952 |
| 9 | 38464 | 75707 | 16750 | 61371 | 01523 | 69205 | 32122 | 03436 | 14489 | 02086 |
| 10 | 59442 | 59247 | 74955 | 82835 | 98378 | 83513 | 47870 | 20795 | 01352 | 89906 |

（2）系统选样。系统选样也称等距选样，是指按照相同的间隔从审计对象总体中等距离地选取样本的一种选样方法。采用系统选样法，首先要计算选样间距，确定选样起点，然后再根据间距顺序地选取样本。选样间距的计算公式如下：

选样间距＝总体规模÷样本规模

例如，如果销售发票的总体范围是 652～3 151，设定的样本量是 125，那么选样间距为 20［（3 152－652）÷125］。注册会计师必须从 0 到 19 中选取一个随机数作为抽样起点。如果随机选择的数码是 9，那么第一个样本项目是发票号码为 661（652＋9）的那一张，其余的 124 个项目是 681（661＋20），701（681＋20）……以此类推，直至第 3141 号。

系统选样方法的主要优点是使用方便，比其他选样方法节省时间，并可用于无限总体。此外，使用这种方法时，对总体中的项目不需要编号，注册会计师只要简单数出每一个间距即可。但是，使用系统选样方法要求总体必须是随机排列的，否则容易发生较大的偏差，造成非随机的、不具代表性的样本。如果测试项目的特征在总体内的分布具有某种规律性，则选择的样本的代表性就可能较差。例如,应收账款明细表每页的记录均以账龄的长短按先后次序排列,则选中的200个样本可能多数是账龄相同的记录。为克服系统选样法的这一缺点,可采用两种办法:一是增加随机起点的个数;二是在确定选样方法之前对总体特征的分布进行观察。如发现总体特征的分布呈随机分布,则采用系统选样法;否则,可考虑使用其他选样方法。系统选样可以在非统计抽样中使用,在总体随机分布时也可适用于统计抽样。

(3)随意选样。随意选样也称任意选样,是指注册会计师不带任何偏见地选取样本,即注册会计师不考虑样本项目的性质、大小、外观、位置或其他特征而选取总体项目。随意选样的主要缺点在于很难完全无偏见地选取样本项目,即这种方法难以彻底排除注册会计师的个人偏好对选取样本的影响,因而很可能使样本失去代表性。由于文化背景和所受训练等的不同,每个注册会计师都可能无意识地带有某种偏好。例如,从发票柜中取发票时,某些注册会计师可能倾向于抽取柜子中间位置的发票,这样就会使柜子上面部分和下面部分的发票缺乏相等的选取机会。因此,在运用随意选样方法时,注册会计师要避免由于项目性质、大小、外观和位置等的不同所引起的偏见,尽量使所选取的样本具有代表性。用三种基本方法均可选出代表性样本。但随机数选样和系统选样属于随机基础选样方法,即对总体的所有项目按随机规则选取样本,因而可以在统计抽样中使用,当然也可以在非统计抽样中使用。而随意选样虽然也可以选出代表性样本,但它属于非随机基础选样方法,因而不能在统计抽样中使用,只能在非统计抽样中使用。

3. 对样本实施审计程序

注册会计师应当针对选取的每个项目,实施适合于具体审计目标的审计程序。对选取的样本项目实施审计程序旨在发现并记录样本中存在的误差。如果选取的项目不适合实施审计程序,注册会计师通常使用替代项目。例如,注册会计师在测试付款是否得到授权时选取的付款单据中可能包括一个空白的付款单。如果注册会计师确信该空白付款单是合理的且不构成误差,可以适当选择一个替代项目进行检查。如果因凭证缺失等原因导致注册会计师无法对所选取的项目实施已设计的审计程序,且不能针对该项目实施适当的替代审计程序,注册会计师通常考虑将该项目视作误差。

注册会计师通常对每一样本项目实施适合于特定审计目标的审计程序。有时,注册会计师可能无法对选取的抽样单元实施计划的审计程序(如由于原始单据丢失等原因)。注册会计师对未检查项目的处理取决于未检查项目对评价样本结果的影响。如果注册会计师对样本结果的评价不会因为未检查项目可能存在错报而改变,就不需对这些项目进行检查。如果未检查项目可能存在的错报会导致该类交易或账户余额存在重大错报,注册会计师就要考虑实施替代程序,为形成结论提供充分的证据。例如,对应收账款的积极式函证没有收到回函时,注册会计师必须审查期后收款的情况,以证实应收账款的余额。注册会计师也要考虑无法对这些项目实施检查的原因是否会影响计划的重大错报风险评估水平或对舞弊风险的评估。如果注册会计师无法或者没有执行替代审计程序,则应将该项目视为一项误差。

### (三)评价样本结果

1. 分析样本误差

注册会计师应当考虑样本的结果、已识别的所有误差的性质和原因及其对具体审计目标和审计的其他方面可能产生的影响。

无论是统计抽样还是非统计抽样，对样本结果的定性评估和定量评估一样重要。即使样本的统计评价结果在可以接受的范围内，注册会计师也应对样本中的所有误差（包括控制测试中的控制偏差和细节测试中的金额错报）进行定性分析。

2. 推断总体误差

在实施控制测试时，由于样本的误差率就是整个总体的推断误差率，注册会计师无须推断总体误差率。

在控制测试中，注册会计师将样本中发现的偏差数除以样本规模，就计算出样本偏差率。无论是使用统计抽样还是非统计抽样方法，样本偏差率都是注册会计师对总体偏差率的最佳估计，但注册会计师必须考虑抽样风险。

当实施细节测试时，注册会计师应当根据样本中发现的误差金额推断总体误差金额，并考虑推断误差对特定审计目标及审计的其他方面的影响。

3. 形成审计结论

注册会计师应当评价样本结果，以确定对总体相关特征的评估是否得到证实或需要修正。

（1）控制测试中样本结果评价。在控制测试中，注册会计师应当将总体偏差率与可容忍偏差率进行比较，但必须考虑抽样风险。

①统计抽样。在统计抽样中，注册会计师通常使用表格或计算机程序计算抽样风险。经量化的抽样风险被称为抽样风险允许限度，它代表抽样风险对样本评价结果的影响，用来对推断的总体误差进行调整。在控制测试中，抽样风险允许限度用百分数表示，用以评价抽样结果的大多数计算机程序都能根据样本规模、样本结果，计算在注册会计师确定的信赖过度风险条件下可能发生的偏差率上限的估计值。该偏差率上限的估计值即为总体偏差率与抽样风险允许限度之和。

如果估计的总体偏差率上限低于可容忍偏差率，则总体可以接受。这时注册会计师对总体作出结论，样本结果支持计划评估的控制有效性，从而支持计划的重大错报风险评估水平。

如果估计的总体偏差率上限大于或等于可容忍偏差率，则总体不能接受。这时注册会计师对总体作出结论，样本结果不支持计划评估的控制有效性，从而不支持计划的重大错报风险评估水平。注册会计师应当修正重大错报风险评估水平，并增加实质性程序的数量。注册会计师也可以对影响重大错报风险评估水平的其他控制进行测试，以支持计划的重大错报风险评估水平。

如果推断误差总额与异常误差之和低于但接近可容忍误差，注册会计师应当根据其他审计程序考虑样本结果的说服力，并考虑是否需要获取更多的审计证据。在控制测试中，如果估计的总体偏差率上限低于但接近可容忍偏差率，注册会计师应当结合其他审计程序的结果，考虑是否接受总体，并考虑是否需要扩大测试范围，以进一步证实计划评估的控制有效性和重大错报风险水平。

②非统计抽样。在非统计抽样中，抽样风险无法直接计量。注册会计师通常将样本偏差率（即估计的总体偏差率）与可容忍偏差率相比较，以判断总体是否可以接受。

如果样本偏差率大于可容忍偏差率，则总体不能接受。这时注册会计师对总体作出结论，样本结果不支持计划评估的控制有效性，从而不支持计划的重大错报风险评估水平。因此，注册会计师应当修正重大错报风险评估水平,并增加实质性程序的数量。注册会计师也可以对影响重大错报风险评估水平的其他控制进行测试,以支持计划的重大错报风险评估水平。

如果样本偏差率低于总体的可容忍偏差率,注册会计师要考虑即使总体实际偏差率高于可容忍偏差率时仍出现这种结果的风险。如果样本偏差率大大低于可容忍偏差率,注册会计师通常认为总体可以接受。如果样本偏差率虽然低于可容忍偏差率,但两者很接近,注册会计师通常认为总体实际偏差率高于可容忍偏差率的抽样风险很高,因而总体不可接受。如果样本偏差率与可容忍偏差率之间的差额不是很大,也不是很小,以至于不能认定总体是否可以接受时,注册会计师则要考虑扩大样本规模,以进一步收集证据。

(2)细节测试中样本结果评价。在细节测试中,注册会计师首先必须根据样本中发现的实际错报要求被审计单位调整账面记录金额。将被审计单位已更正的错报从推断的总体错报金额中减掉后,注册会计师应当将调整后的推断总体错报与该类交易或账户余额的可容忍错报相比较,但必须考虑抽样风险。

①统计抽样。在统计抽样中,注册会计师利用计算机程序或数学公式计算出总体错报上限,并将计算的总体错报上限与可容忍错报比较。计算的总体错报上限等于推断的总体错报(调整后)与抽样风险允许限度之和。

如果计算的总体错报上限低于可容忍错报,则总体可以接受。这时注册会计师对总体作出结论,所测试的交易或账户余额不存在重大错报。如果计算的总体错报上限大于或等于可容忍错报,则总体不能接受。这时注册会计师对总体作出结论,所测试的交易或账户余额存在重大错报。在评价财务报表整体是否存在重大错报时,注册会计师应将该类交易或账户余额的错报与其他审计证据一起考虑。通常,注册会计师会建议被审计单位对错报进行调查,且在必要时调整账面记录。

②非统计抽样。在非统计抽样中,注册会计师运用其经验和职业判断评价抽样结果。如果调整后的总体错报大于可容忍错报,或虽小于可容忍错报但两者很接近,注册会计师通常作出总体实际错报大于可容忍错报的结论。也就是说,该类交易或账户余额存在重大错报,因而总体不能接受。如果对样本结果的评价显示,对总体相关特征的评估需要修正,注册会计师可以单独或综合采取下列措施:a. 提请管理层对已识别的误差和存在更多误差的可能性进行调查,并在必要时予以调整;b. 修改进一步审计程序的性质、时间和范围;c. 考虑对审计报告的影响。

如果调整后的总体错报远远小于可容忍错报,注册会计师可以作出总体实际错报小于容忍错报的结论,即该类交易或账户余额不存在重大错报,因而总体可以接受。如果调整后的总体错报小于可容忍错报但两者之间的差距很接近(既不是很小又不是很大),注册会计师必须特别仔细地考虑,总体实际错报超过可容忍错报的风险是否能接受,并考虑是否需要扩大细节测试的范围,以获取进一步的证据。

## 第三节　审计抽样在控制测试中的应用

在控制测试中应用审计抽样有两种方法:一种是发现抽样。这种方法在注册会计师预计控制高度有效时可以使用,以证实控制的有效性。在发现抽样中,注册会计师使用的预计总体偏差率是0。在检查样本时，一旦发现偏差就立即停止抽样。如果在样本中没有发现偏差，则可以得出总体偏差率可以接受的结论。另一种属于估计抽样，用以估计被测试控制的偏差发生率，或控制未有效运行的频率。

在控制测试中使用审计抽样可以分为样本设计、选取样本和评价样本结果三个阶段。

## 一、样本设计阶段

### (一)确定测试目标

实施控制测试的目标是提供关于控制运行有效性的审计证据，以支持计划的重大错报风险评估水平。例如，注册会计师拟测试客户2011年度的外购存货的"验收手续"这一控制是否有效执行，可把具体目标定为检查存货验收单与购货发票是否相符。

### (二)定义总体和抽样单元

总体应与特定的审计目标相关，并具有完整性。如前例，可将抽样总体确定为2011年度的所有购货发票。抽样单元是构成总体的个体项目。注册会计师应根据所测试的控制定义抽样单元。按前例，抽样单元可被定义为每一张购货发票。

### (三)定义误差

在控制测试中，误差是指控制偏差，即控制失效的事件。注册会计师要根据对内部控制的理解，确定哪些特征能够显示所测试控制的运行情况，然后据此定义控制偏差。接前例，若发现下列情况之一，即可界定为一个偏差：(1)发票未附验收单据；(2)发票附有不属于它本身的验收单据；(3)发票和验收单据记载的数量不符。

### (四)定义测试期间

注册会计师通常在期中实施控制测试。由于期中测试获取的证据只与控制截止期中测试时点的运行有关，注册会计师需要确定如何获取关于剩余期间的证据。接前例，客户前10个月取得了1 000张发票，注册会计师可以根据客户的经营期估计剩下两个月客户还会取得250张发票，因此，对前1 000个样本项目在期中审计时进行检查，剩余的样本项目将在期末审计时进行检查。

## 二、选取样本阶段

### (一)确定样本规模

1. 影响样本规模的因素

(1)可接受的信赖过度风险

在实施控制测试时，注册会计师主要关注抽样风险中的信赖过度风险。可接受的信赖过度风险与样本规模反向变动。控制测试中选取的样本旨在提供关于控制运行有效性的证据。由于控制测试是控制是否有效运行的主要证据来源，因此，可接受的信赖过度风险应确定在相对较低的水平上。

通常，相对较低的水平在数量上是指 5%～10%的信赖过度风险。注册会计师一般将信赖过度风险确定为 10%，特别重要的测试则可以将信赖过度风险确定为 5%。在实务中，注册会计师通常对所有控制测试确定一个统一的可接受信赖过度风险水平，然后对每一测试根据计划的重大错报风险评估水平和控制有效性分别确定其可容忍偏差率。本例中，注册会计师确定的可接受信赖过度风险为 10%。

(2)可容忍偏差率

可容忍偏差率与样本规模反向变动。在确定可容忍偏差率时，注册会计师应考虑计划评估的控制有效性。计划评估的控制有效性越低，注册会计师确定的可容忍偏差率通常越高，所需的样本规模就越小。一个很高的可容忍偏差率通常意味着，控制的运行不会大大降低相关实质性程序的程度。在这种情况下，由于注册会计师预期控制运行的有效性很低，特定的控制测试可能不需进行；反之，如果注册会计师在评估认定层次重大错报风险时预期控制的运行是有效的，注册会计师则必须实施控制测试。换言之，注册会计师在风险评估时越依赖控制运行的有效性，确定的可容忍偏差率越低，进行控制测试的范围越大，因而样本规模增加。

在实务中，注册会计师通常认为，当偏差率为 3%～7%时，控制有效性的估计水平较高；可容忍偏差率最高为 20%。偏差率超过 20%时，由于估计控制运行无效，注册会计师不需进行控制测试。当估计控制运行有效时，如果注册会计师确定的可容忍偏差率较高就被认为不恰当。表 6—3 列示了可容忍偏差率与计划评估的控制有效性之间的关系。

**表 6—3　　可容忍偏差率和计划评估的控制有效性之间的关系**

| 计划评估的控制有效性 | 可容忍偏差率(近似值,%) |
|---|---|
| 高 | 3～7 |
| 中 | 6～12 |
| 低 | 11～20 |
| 最低 | 不进行控制测试 |

本例中注册会计师预期现金支付授权控制运行有效，确定的可容忍偏差率为 7%。

(3)预计总体偏差率

对于控制测试，注册会计师在考虑总体特征时需要根据对相关控制的了解或对总体中少量项目的检查来评估预期偏差率。注册会计师可以根据上年测试结果和控制环境等因素对预计总体偏差率进行评估。在考虑上年测试结果时，应考虑被审计单位内部控制和人员的变化。在实务中，如果以前年度的审计结果无法取得或认为不可靠，注册会计师可以在抽样总体中选取一个较小的初始样本，以初始样本的偏差率作为预计总体偏差率的估计值。如果预期总体偏差率高得无法接受，则意味着控制有效性很低，注册会计师通常决定不实施控制测试，而实施更多的实质性程序。本例中，注册会计师根据上年测试结果和对控制的初步了解，预计总体的偏差率为 1.75%。

(4)总体规模

在使用统计抽样时，注册会计师应当对影响样本规模的因素进行量化。

2. 确定样本规模

实施控制测试时，注册会计师可能使用统计抽样，也可能使用非统计抽样。在统计抽样中，可以建立基于泊松分布的统计模型，使用统计公式计算样本容量。样本量的计算公式如下：

$$样本量(n)=\frac{可接受的信赖过度风险系数}{可容忍偏差率}$$

其中，可接受的信赖过度风险系数取决于特定的信赖过度风险和预期将出现偏差的个数。控制测试中常用的风险系数见表6—4。

**表6—4　　控制测试中常用的风险系数**

| 预期发生偏差的数量 | 信赖过度风险 | |
|---|---|---|
| | 5% | 10% |
| 0 | 3.0 | 2.3 |
| 1 | 4.8 | 3.9 |
| 2 | 6.3 | 5.3 |
| 3 | 7.8 | 6.7 |
| 4 | 9.2 | 8.0 |
| 5 | 10.5 | 9.3 |
| 6 | 11.9 | 10.6 |
| 7 | 13.2 | 11.8 |
| 8 | 14.5 | 13.0 |
| 9 | 15.7 | 14.2 |
| 10 | 17.0 | 15.4 |

**【例6—3】** 假设注册会计师确定的可接受信赖过度风险为10%，可容忍偏差率为7%，并预期至多发生一例偏差。根据偏差1，信赖过度风险为10%，从表6—4中查出风险系数为3.9。

分析要点：所需样本量$(n)=\frac{3.9}{7\%}=56$

**【例6—4】** 上例中，根据可接受信赖过度风险10%、预期的偏差1、可容忍偏差率7%、预计总体偏差率1.75%，查表6—5，二者交叉处为55，即所需的样本规模为55。这与用公式法计算的样本量56相近。

**表6—5　　控制测试中统计抽样样本规模——信赖过度风险10%(括号内是可接受的偏差数)**

| 预计总体偏差率(%) | 可容忍偏差率 | | | | | | | | | | |
|---|---|---|---|---|---|---|---|---|---|---|---|
| | 2% | 3% | 4% | 5% | 6% | 7% | 8% | 9% | 10% | 15% | 20% |
| 0.00 | 114<br>(0) | 76<br>(0) | 57<br>(0) | 45<br>(0) | 38<br>(0) | 32<br>(0) | 28<br>(0) | 25<br>(0) | 22<br>(0) | 15<br>(0) | 11<br>(0) |

续表

| 预计总体偏差率(%) | 可容忍偏差率 | | | | | | | | | | |
|---|---|---|---|---|---|---|---|---|---|---|---|
| | 2% | 3% | 4% | 5% | 6% | 7% | 8% | 9% | 10% | 15% | 20% |
| 0.25 | 194 (1) | 129 (1) | 96 (1) | 77 (1) | 64 (1) | 55 (1) | 48 (1) | 42 (1) | 38 (1) | 25 (1) | 18 (1) |
| 0.50 | 194 (1) | 129 (1) | 96 (1) | 77 (1) | 64 (1) | 55 (1) | 48 (1) | 42 (1) | 38 (1) | 25 (1) | 18 (1) |
| 0.75 | 265 (1) | 129 (1) | 96 (1) | 77 (1) | 64 (1) | 55 (1) | 48 (1) | 42 (1) | 38 (1) | 25 (1) | 18 (1) |
| 1.00 | * | 176 (1) | 96 (1) | 77 (1) | 64 (1) | 55 (1) | 48 (1) | 42 (1) | 38 (1) | 25 (1) | 18 (1) |
| 1.25 | * | 221 (3) | 132 (2) | 77 (1) | 64 (1) | 55 (1) | 48 (1) | 42 (1) | 38 (1) | 25 (1) | 18 (1) |
| 1.50 | * | * | 132 (2) | 10 (2) | 64 (1) | 55 (1) | 48 (1) | 42 (1) | 38 (1) | 25 (1) | 18 (1) |
| 1.75 | * | * | 166 (3) | 10 (2) | 88 (2) | 55 (1) | 48 (1) | 42 (1) | 38 (1) | 25 (1) | 18 (1) |
| 2.00 | * | * | 198 (4) | 13 (3) | 88 (2) | 75 (2) | 48 (1) | 42 (1) | 38 (1) | 25 (1) | 18 (1) |
| 2.25 | * | * | * | 13 (3) | 88 (2) | 75 (2) | 65 (2) | 42 (2) | 38 (2) | 25 (1) | 18 (1) |
| 2.50 | * | * | * | 15 (4) | 110 (3) | 75 (2) | 65 (2) | 58 (2) | 38 (2) | 25 (1) | 18 (1) |
| 2.75 | * | * | * | 209 (6) | 132 (4) | 94 (3) | 65 (2) | 58 (2) | 52 (2) | 25 (1) | 18 (1) |
| 3.00 | * | * | * | * | 132 (4) | 94 (3) | 65 (2) | 58 (2) | 52 (2) | 25 (1) | 18 (1) |
| 3.25 | * | * | * | * | 153 (5) | 113 (4) | 82 (3) | 58 (2) | 52 (2) | 25 (1) | 18 (1) |
| 3.50 | * | * | * | * | 194 (7) | 113 (4) | 82 (3) | 73 (3) | 52 (2) | 25 (1) | 18 (1) |
| 3.75 | * | * | * | * | * | 131(5) | 98 (4) | 73 (3) | 52 (2) | 25 (1) | 18 (1) |
| 4.00 | * | * | * | * | * | 149(6) | 98 (4) | 73 (3) | 65 (3) | 25 (1) | 18 (1) |
| 5.00 | * | * | * | * | * | * | 160 (8) | 115 (6) | 78 (4) | 34 (2) | 18 (1) |
| 6.00 | * | * | * | * | * | * | * | 182 (11) | 116 (7) | 43 (3) | 25 (2) |
| 7.00 | * | * | * | * | * | * | * | * | 199 (14) | 52 (4) | 25 (2) |

注：* 样本规模太大，因而在多数情况下不符合成本效益原则。

### (二)选取样本

在控制测试中使用统计抽样方法时,注册会计师必须在随机数表或计算机辅助审计技术选样和系统选样中选择一种方法。原因在于,这两种方法能够产生随机样本,而其他选样方法虽然也可能提供代表性的样本,但却不是随机的。

### (三)实施审计程序

在对选取的样本项目实施审计程序时可能出现以下几种情况:

(1)无效单据;

(2)未使用或不适用单据;

(3)对总体的估计出现错误;

(4)在结束之前停止测试;

(5)无法对选取的项目实施检查。

## 三、评价样本结果阶段

### (一)计算总体偏差率

将样本中发现的偏差数除以样本规模,就计算出样本偏差率。样本偏差率就是注册会计师对总体偏差率的最佳估计,因而在控制测试中无须另外推断总体偏差率,但注册会计师还必须考虑抽样风险。

### (二)分析偏差的性质和原因

控制测试中,不仅要考虑偏差的次数,还需要考虑偏差的性质和原因。若发现被审计单位有舞弊情况或相关控制无效,无论其偏差率是高还是低,可能都要提高重大错报风险评估水平并相应调整实质性程序。

### (三)推断总体结论

在实务中,注册会计师使用统计抽样方法时通常使用公式、表格或计算机程序直接计算在确定的信赖过度风险水平下可能发生的偏差率上限,即估计的总体偏差率与抽样风险允许限度之和。

1. 使用统计公式评价样本结果

计算公式如下:

$$\text{总体偏差率上限}(MDR)=\frac{\text{风险系数}(R)}{\text{样本量}(n)}\times 100\%$$

**【例 6—5】** 假定注册会计师对 56 个项目实施了既定的审计程序,且未发现偏差,则在既定的可接受信赖过度风险下,根据样本结果计算总体最大偏差率如下:

$$\text{总体偏差率上限}(MDR)=\frac{\text{风险系数}(R)}{\text{样本量}(n)}\times 100\%=\frac{2.3}{56}\times 100\%=4.1\%$$

这意味着，如果样本量为56且无一例偏差，总体实际偏差率超过4.1%的风险为10%，即有90%的把握保证总体实际偏差率不超过4.1%。由于注册会计师确定的可容忍偏差率为7%，因此可以得出结论，总体的实际偏差率超过可容忍偏差率的风险很小，总体可以接受。也就是说，样本结果证实注册会计师对控制运行有效性的估计和评估的重大错报风险水平是适当的。

**【例6—6】** 如果在56个样本中有两个偏差，则在既定的可接受信赖过度风险(10%)下，按照公式计算的总体偏差率上限如下：

$$总体偏差率上限(MDR)=\frac{风险系数(R)}{样本量(n)}\times100\%=\frac{5.3}{56}\times100\%=9.5\%$$

这意味着，如果样本量为56且有两个偏差，总体实际偏差率超过9.5%的风险为10%。在可容忍偏差率为7%的情况下，注册会计师可以作出结论，总体的实际偏差率超过可容忍偏差率的风险很大，因而不能接受总体。也就是说，样本结果不支持注册会计师对控制运行有效性的估计和评估的重大错报风险水平。注册会计师应当扩大控制测试范围，以证实初步评估结果，或提高重大错报风险评估水平，并增加实质性程序的数量，或者对影响重大错报风险评估水平的其他控制进行测试，以支持计划的重大错报风险评估水平。

2. 样本结果评价表法

注册会计师可以使用样本结果评价表评价统计抽样的结果。

**【例6—7】** 注册会计师应当选择可接受的信赖过度风险为10%的表(见表6—6)评价样本结果。样本规模为56，注册会计师可以选择样本规模为55的那一行。当样本中未发现偏差时，应选择偏差数为0的那一列，两者交叉处的4.1%即为总体的偏差率上限，与利用公式计算的结果4.1%相同。此时，由于总体偏差率上限小于本例中的可容忍偏差率7%，总体可以接受。也就是说，样本结果证实注册会计师对控制运行有效性的估计和评估的重大错报风险水平是适当的。

**表6—6　　控制测试中统计抽样结果评价——信赖过度风险为10%时的偏差率上限**

| 样本规模 | 实际发现的偏差数 | | | | | | | | | | |
|---|---|---|---|---|---|---|---|---|---|---|---|
| | 0 | 1 | 2 | 3 | 4 | 5 | 6 | 7 | 8 | 9 | 10 |
| 20 | 10.9 | 18.1 | * | * | * | * | * | * | * | * | * |
| 25 | 8.8 | 14.7 | 19.9 | * | * | * | * | * | * | * | * |
| 30 | 7.4 | 12.4 | 16.8 | * | * | * | * | * | * | * | * |
| 35 | 6.4 | 10.7 | 14.5 | 18.1 | * | * | * | * | * | * | * |
| 40 | 5.6 | 9.4 | 12.8 | 16.0 | 19.0 | * | * | * | * | * | * |
| 45 | 5.0 | 8.4 | 11.4 | 14.3 | 17.0 | 19.7 | * | * | * | * | * |
| 50 | 4.6 | 7.6 | 10.3 | 12.9 | 15.4 | 17.8 | 8 | * | * | * | * |
| 55 | 4.1 | 6.9 | 9.4 | 11.8 | 14.1 | 16.3 | 18.4 | * | * | * | * |
| 60 | 3.8 | 6.4 | 8.7 | 10.8 | 12.9 | 15.0 | 16.9 | 18.9 | * | * | * |
| 70 | 3.3 | 5.5 | 7.5 | 9.3 | 11.1 | 12.9 | 14.6 | 16.3 | 17.9 | 19.6 | * |
| 80 | 2.9 | 4.8 | 6.6 | 8.2 | 9.8 | 11.3 | 12.8 | 14.3 | 15.8 | 17.2 | 18.6 |
| 90 | 2.6 | 4.3 | 5.9 | 7.3 | 8.7 | 10.1 | 11.5 | 12.8 | 14.1 | 15.4 | 16.6 |

续表

| 样本规模 | 实际发现的偏差数 | | | | | | | | | | |
|---|---|---|---|---|---|---|---|---|---|---|---|
| | 0 | 1 | 2 | 3 | 4 | 5 | 6 | 7 | 8 | 9 | 10 |
| 100 | 2.3 | 3.9 | 5.3 | 6.6 | 7.9 | 9.1 | 10.3 | 11.5 | 12.7 | 13.9 | 15.0 |
| 120 | 2.0 | 3.3 | 4.4 | 5.5 | 6.6 | 7.6 | 8.7 | 9.7 | 10.7 | 11.6 | 12.6 |
| 160 | 1.5 | 2.5 | 3.3 | 4.2 | 5.0 | 5.8 | 6.5 | 7.3 | 8.0 | 8.8 | 9.5 |
| 200 | 1.2 | 2.0 | 2.7 | 3.4 | 4.0 | 4.6 | 5.3 | 5.9 | 6.5 | 7.1 | 7.6 |

*表示超过20%。

注：本表以百分比表示偏差率上限。本表假设总体足够大。

当样本中发现两个偏差时，应选择偏差数为2的那一列，两者交叉处的9.4%即为总体的偏差率上限，与利用公式计算的结果9.5%相近。此时，总体偏差率上限大于可容忍偏差率，因此不能接受总体。也就是说，样本结果不支持注册会计师对控制运行有效性的估计和评估的重大错报风险水平。注册会计师应当扩大控制测试范围，以证实初步评估结果，或提高重大错报风险评估水平，并增加实质性程序的数量，或者对影响重大错报风险评估水平的其他控制进行测试，以支持计划的重大错报风险评估水平。

## 第四节　审计抽样在实质性程序中的应用

实施细节测试时，注册会计师可能使用统计抽样的方法，也可能使用非统计抽样的方法。本节主要介绍统计抽样在细节测试中的运用。注册会计师在细节测试中使用的统计抽样方法主要包括变量抽样和概率比例规模抽样法（以下简称PPS抽样）。这里只介绍变量抽样的具体方法。变量抽样主要包括三种具体的方法：均值估计抽样、差额估计抽样和比率估计抽样，每种方法推断总体错报的方法各不相同。

### 一、均值估计抽样

均值估计抽样是指通过抽样审查确定样本的平均值，再根据样本平均值推断总体的平均值和总值的一种变量抽样方法。使用这种方法时，注册会计师先计算样本中所有项目审定金额的平均值，然后用这个样本平均值乘以总体规模，得出总体金额的估计值。总体估计金额和总体账面金额之间的差额就是推断的总体错报。

**【例6—8】**　注册会计师从总体规模为1 000、账面金额为100 000元的存货项目中选择了200个项目作为样本。在确定了正确的采购价格并重新计算了价格与数量的乘积之后，注册会计师将200个样本项目的审定金额加总后除以200，确定样本项目的平均审定金额为980元，然后计算估计的存货余额为980 000元（980 ×1 000），推断的总体错报就是20 000元（1 000 000—980 000）。

### 二、差额估计抽样

差额估计抽样是以样本实际金额与账面金额的平均差额来估计总体实际金额与账面金额的平均差额，然后再以这个平均差额乘以总体规模，从而求出总体的实际金额与账面金额的差额(即总体错报)的一种方法。差额估计抽样的计算公式如下：

平均错报＝样本实际金额与账面金额的差额÷样本规模

推断的总体错报＝平均错报×总体规模

使用这种方法时，注册会计师先计算样本项目的平均错报，然后根据这个样本平均错报推断总体。

**【例 6－9】** 注册会计师从总体规模为 1 000 的存货项目中选取了 200 个项目进行检查。总体的账面金额总额为 1 040 000 元。注册会计师逐一比较 200 个样本项目的审定金额和账面金额，并将账面金额(208 000 元)和审定金额(196 000 元)之间的差额加总，金额为 12 000 元。12 000 元的差额除以样本项目个数 200，得到样本平均错报 60 元。然后注册会计师用这个平均错报乘以总体规模，计算出总体错报为 60 000 元(60×1 000)。

### 三、比率估计抽样

比率估计抽样是指以样本的实际金额与账面金额之间的比率关系来估计总体实际金额与账面金额之间的比率关系，然后再以这个比率去乘总体的账面金额，从而求出估计的总体实际金额的一种抽样方法。比率估计抽样法的计算公式如下：

比率＝样本审定金额÷样本账面金额

估计的总体实际金额＝总体账面金额×比率

推断的总体错报＝估计的总体实际金额－总体账面金额

**【例 6－10】** 如果上例中注册会计师使用比率估计抽样，样本审定金额合计与样本账面金额的比例则为 0.94(196 000÷208 000)。注册会计师用总体的账面金额乘以该比例 0.94，得到估计的存货余额 977 600 元(1 040 000×0.94)。推断的总体错报则为 62 400 元(1 040 000－977 600)。

如果未对总体进行分层，注册会计师通常不使用均值估计抽样，因为此时所需的样本规模可能太大，以至于对一般的审计而言不符合成本效益原则。比率估计抽样和差额估计抽样都要求样本项目存在错报。如果样本项目的审定金额和账面金额之间没有差异，则这两种方法使用的公式所隐含的机理就会导致错误的结论。如果注册会计师决定使用统计抽样，且预计只发现少量差异，就不应使用比率估计抽样和差额估计抽样，而考虑使用其他的替代方法，如均值估计抽样或 PPS 抽样。

设计传统变量抽样所需的数学计算，包括样本规模的计算，对于手工应用来说显得复杂且困难。注册会计师在使用传统变量抽样时通常运用计算机程序确定样本规模，一般不需懂得这些方法所用的数学公式。注册会计师在确定样本规模时要考虑可容忍错报和误受风险，有时也需要考虑误拒风险。

## 基本概念

审计方法　审阅法　核对法　验算法　顺查法　逆查法　盘点法　审计抽样　信赖过度风险　信赖不足风险　误受风险　误拒风险　可容忍误差　属性抽样　变量抽样　预计总体误差

## 思考题

1. 审计的基本方法有哪些?
2. 审计抽样风险具体包括哪几种类型?
3. 简述设计样本的步骤。
4. 影响审计抽样样本规模的因素有哪些?

## 实训练习题

**一、单项选择题**

1. 下列各项风险中,对审计工作效率和效果都有影响的是(　　)。

A. 信赖过度风险　　B. 信赖不足风险

C. 误受风险　　D. 非抽样风险

2. 审计人员决定抽查 3、8、13、18、…号凭证进行审查,这种选样方法称为(　　)。

A. 分层选样　　B. 随机选样

C. 系统选样　　D. 随意选样

3. 在控制测试中,信赖过度风险与样本规模之间是(　　)。

A. 反向变动关系　　B. 同向变动关系

C. 同比例变动关系　　D. 反比例变动关系

4. 下列四种情形中,(　　)属于审计抽样中的信赖过度风险。

A. 将实际上有效的内部控制推断为失效的

B. 将实际上有效的内部控制推断为有效的

C. 将实际上失效的内部控制推断为失效的

D. 将实际上失效的内部控制推断为有效的

5. 在控制测试中,影响注册会计师审计效率的抽样风险是(　　)。

A. 信赖过度风险　　B. 误受风险

C. 误拒风险　　D. 信赖不足风险

6. 注册会计师确定某账户的可容忍误差为 800 元,依据抽样结果推断的差错额为 1 200 元,而该账户的实际差错额仅为 1 000 元,这种情况属于(　　)。

A. 误拒风险　　B. 信赖不足风险

C. 误受风险　　D. 未引起抽样风险

7. 根据控制测试的目的和特点所采用的审计抽样称为(　　)。

A. 属性抽样　　B. 变量抽样

C. 统计抽样　　D. 非统计抽样

8. 下列各项中,(　　)的高低与所需审计证据的数量成反向变动关系。

A. 总体变异性　　B. 可接受的抽样风险

C. 预期总体误差　　D. 非抽样风险

9. 注册会计师欲使用系统抽样法从 3 000 张编号为 0 001 至 3 000 的支票中抽取 100 张进行审计,随机确定的抽样起点为2866，那么抽取的第六张支票的编号为（　　）。

A. 3006　　B. 3016　　C. 0016　　D. 2986

10. 进行存货计价测试时，由于依据样本结果推断总体特征而导致注册会计师审计效率低下的抽样风险是（　　）。

A. 信赖过度风险　　B. 误受风险

C. 误拒风险　　D. 信赖不足风险

## 二、多项选择题

1. 影响审计效率的抽样风险包括（　　）。

A. 信赖过度风险　　B. 信赖不足风险

C. 误受风险　　D. 非抽样风险

2. 非抽样风险可能来自（　　）。

A. 控制偏差或错报定义不恰当　　B. 选择总体不适和测试目标

C. 审计程序不当　　D. 对审计发现的评价不当

3. 按抽样决策的依据不同，将审计抽样划分为（　　）。

A. 属性抽样　　B. 变量抽样　　C. 统计抽样　　D. 非统计抽样

4. 注册会计师设计样本时所确定的样本量与（　　）成正比关系。

A. 预期总体误差　　B. 可信赖程度　　C. 可容忍误差　　D. 抽样风险

5. 在编制审计计划时，注册会计师需考虑影响样本量大小的有关事项，对审计抽样工作进行规划。以下各项表述中，正确的是（　　）。

A. 可信赖程度要求越高，需选取的样本量越大

B. 划分的次数总体越多，需选取的样本量越大

C. 可容忍误差越小，需选取的样本量越大

D. 预期误差越小，需选取的样本量越大

6. 在抽样风险的种类中，（　　）是最危险的风险，因为它们将导致注册会计师无法达到审计目的、无法达到预期的审计效果。

A. 信赖过度风险　　B. 信赖不足风险

C. 误受风险　　D. 非抽样风险

7. 只要使用审计抽样，总会存在抽样风险，但不同类型的抽样风险对审计工作的影响是不同的。在以下各类抽样风险中，影响审计效果，即可能导致注册会计师发表不恰当的审计意见的审计风险是（　　）。

A. 在实施控制测试时，注册会计师推断的控制有效性高于其实际有效性的风险

B. 在实施控制测试时，注册会计师推断的控制有效性低于其实际有效性的风险

C. 在实施细节测试时，注册会计师推断某一重大错报存在而实际上不存在的风险

D. 在实施细节测试时，注册会计师推断某一重大错报不存在而实际上存在的风险

8. 变量抽样方法主要有（　　）三种方法。

A. 估计变量抽样　　B. 比率估计抽样

C. 差额估计抽样　　D. 均值估计抽样

9. 属性抽样中，样本规模受到下列（　　）因素的影响。

A. 可容忍的偏差率　　B. 可接受的过度信赖风险

C. 估计的总体偏差率　　D. 总体规模

10. 下列选项中属于统计抽样方法的有（　　）。

A. 随机抽样　　B. 判断抽样　　C. 系统抽样　　D. 区域抽样

**三、判断题**

1. 现代审计已建立和运用了完善的抽样技术，因此，详查法已不再适用。（　）

2. 审计抽样不同于抽查，抽样作为一种技术，用来取得审计依据，使用中并无严格要求。（　）

3. 注册会计师如果选择一个 90%的可信赖程度，那么说明确定的可容忍误差为 10%。（　）

4. 可信赖程度与注册会计师设计样本时所确定的样本量存在反向变动关系；可容忍误差、预期总体误差均与注册会计师设计样本时所确定的样本量存在同向变动关系。（　）

5. 注册会计师愿意接受的抽样风险越低，样本规模通常越大；但是如果可容忍误差越大，所需的样本规模也越大。（　）

6. 在实质性测试中运用审计抽样时，如果推断的总体误差超过可容忍误差，评估的抽样风险不能接受，应增加样本量或修改实质性测试程序。（　）

7. 在统计抽样中会存在抽样风险，而在非统计抽样中会存在非抽样风险。（　）

8. 样本规模与可信赖程度之间是同向变动关系。（　）

9. 注册会计师不论先选用统计抽样还是非统计抽样，只要运用得当，都能获取充分、适当的审计证据。（　）

10. 样本规模与可信赖程度之间是同向变动关系。（　）

**四、综合题**

属性抽样在审计中普遍用于测试一项特定控制程序的偏差率，从而确定控制风险的计划评估水平是否恰当。

要求：(1)假定所有其他因素保持不变，说明下列各因素的增加将对样本规模产生什么影响？

①可接受的过度信赖风险水平；

②可容忍的偏差率；

③估计的总体偏差率。

(2)总体由 2 500 张支票组成，可容忍的偏差率为 8%，可接受的过度信赖风险水平为 5%。如果在 100 个被测试的支票样本中发现有 7 张支票未经授权(经查样本结果评估表，可接受的过度信赖风险水平为 5%时，样本容量为 100，发现的实际偏差数量为 7，对应的属性抽样评估样本结果为 12.7%，即为计算总体偏差率上限)，利用统计抽样帮助注册会计师评价抽样的结果。

# 第七章　风险评估和风险应对

【案例导入】

### 美国林肯储蓄信贷银行审计失败案

林肯储蓄信贷银行(Lincoln Savings and Loan,LSL)案是美国20世纪80年代末至90年代初轰动一时而又较为复杂的一个审计案例。该行通过欺诈性的房地产关联交易,肆意虚构利润,并借此出售大量的垃圾债券,导致公众蒙受巨额损失。先后担任其审计师的安达信、安永和杜罗斯三家会计公司急于拓展审计业务,获取高额审计费用,结果却发生了严重的审计失败,为独立审计职业界留下了高风险最后未必能带来高收益的深刻教训。

1978年,小查尔斯·凯汀在俄亥俄州创建了美洲大陆公司。6年后,该公司收购了总部设在亚利桑那州凤凰城的LSL,并将其贷款重心从住宅抵押贷款转向风险较大的土地开发项目。可见,美洲大陆公司的收购动机明显是利用LSL作为其房地产开发的资金来源。1986年和1987年,被该公司操纵的LSL利用非货币性房地产交易和其他会计手段,虚构了1.53亿美元的利润,并借此出售了许多垃圾债券,使公众蒙受了巨大损失。而且,LSL在房地产项目上报告的收益,使美洲大陆公司能从被联邦政府保险的存款中提取大笔现金。当土地购买者不能偿付无追索权票据时,LSL被迫确认损失,并通过其他所谓"可盈利"的房地产交易冲抵。这一周期性循环最终导致LSL破产。1989年4月14日,联邦政府住宅贷款银行委员会没收了LSL的控制权。当日,该行资产负债表显示,53亿美元的总资产中住宅抵押贷款仅占23%,高达2/3的资产直接或间接地分布在高风险的土地开发和其他商业开发项目上。据估计,该行的倒闭至少消耗了美国纳税人20亿美元的税款。三家会计公司也为此支付了135亿美元的庭外和解赔偿金。

**思考:**

(1)舞弊案暴露公司内部管理存在哪些问题?

(2)审计人员应如何对被审计单位进行风险评估?

## 第一节　风险评估

### 一、风险评估程序

风险导向审计是当今主流的审计方法,它要求注册会计师评估财务报表重大错报风险,设计和实施进一步审计程序以应对评估的错报风险。注册会计师为了解被审计单位及其环境而实施的程序称为“风险评估程序”。注册会计师应当依据实施这些程序所获取的信息，评估重大错报风险。

注册会计师应当实施下列风险评估程序，以了解被审计单位及其环境。

**(一)询问管理层和被审计单位内部其他人员**

注册会计师可以向管理层和财务负责人询问下列事项：

(1)管理层所关注的主要问题，如新的竞争对手、主要客户和供应商的流失、新的税收法规的实施以及经营目标或战略的变化等。

(2)被审计单位最近的财务状况、经营成果和现金流量。

(3)可能影响财务报告的交易和事项，或者目前发生的重大会计处理问题，如重大的并购事宜等。

(4)被审计单位发生的其他重要变化，如所有权结构、组织结构的变化以及内部控制的变化等。注册会计师还应当询问内部注册会计师、采购人员、生产人员、销售人员等其他人员，并考虑询问不同级别的员工，以获取识别重大错报风险的有用信息。

**(二)实施分析程序**

分析程序是指注册会计师通过研究不同财务数据之间以及财务数据与非财务数据之间的内在关系，对财务信息做出的评价。分析程序还包括调查识别出的与其他相关信息不一致或与预期数据严重偏离的波动和关系。分析程序既可用于风险评估程序和实质性程序，也可用于对财务报表的总体复核。在实施分析程序时，注册会计师应当预期可能存在的合理关系，并与被审计单位记录的金额、依据记录金额计算的比率或趋势相比较；如果发现异常或未预期到的关系，注册会计师应当在识别重大错报风险时考虑这些比较结果。

**(三)观察和检查**

观察和检查可以印证对管理层和其他相关人员的询问结果，并可提供有关被审计单位及其环境的信息，一般实施下列程序：

(1)观察被审计单位的生产经营活动。

(2)检查文件、记录和内部控制手册。

(3)阅读由管理层和治理层编制的报告。

(4)实地察看被审计单位的生产经营场所和厂房设备。

(5)追踪交易在财务报告信息系统中的处理过程(穿行测试)。通过追踪某笔或某几笔交易在业务流程中如何生成、记录、处理和报告，以及相关控制如何执行，注册会计师可以确定被审计单位的交易流程和相关控制是否与之前通过其他程序所获得的了解一致，并确定相关控制是否得到执行。

## 二、了解被审计单位及其环境

**(一)行业状况、法律环境及监管环境以及其他外部因素**

1. 行业状况

注册会计师需要了解被审计单位所处的行业状况，主要包括：被审计单位所处行业的总体发展趋势；所处市场的需求、容量和价格竞争如何；该行业是否受经济周期波动的影响，以及采取哪种行动使波动产生的影响最小化；该行业受技术发展影响的程度；等等。

2. 法律环境及监管环境

注册会计师应当了解被审计单位所处的法律环境及监管环境，主要包括：适用的会计准则、会计制度和行业特定惯例，对经营活动产生重大影响的法律、法规及监督活动，对开展业务产生重大影响的政府政策，与被审计单位所处行业和所从事的经营活动相关的环保要求；等等。

3. 其他外部因素

注册会计师应当了解影响被审计单位经营的其他外部因素，主要包括宏观经济的景气度、利率和资金供求状况、通货膨胀水平及币值变动状况、国际经济环境和汇率变动状况。

**(二)被审计单位的性质**

1. 所有权结构

对被审计单位所有权结构的了解有助于注册会计师识别关联方关系并了解被审计单位的决策过程。注册会计师应当了解所有权结构以及所有者与其他人员或单位之间的关系，考虑关联方关系是否已经得到了识别以及关联方交易是否得到恰当的核算。同时，注册会计师可能需要对其控股母公司（股东）的情况做进一步的了解。

2. 治理结构

良好的治理结构可以对被审计单位的经营和财务运作实施有效的监督，从而降低财务报表发生重大错报的风险。注册会计师应当了解被审计单位的治理结构，例如，董事会的构成情况，董事会内部是否有独立董事，治理结构中是否设有审计委员会或监事会及其运作情况。

3. 组织结构

复杂的组织结构可能导致某些特定的重大错报风险。注册会计师应当了解被审计单位的组织结构，考虑复杂组织结构可能导致的重大错报风险，包括财务报表合并、商誉减值以及长期股权投资核算等问题。

另外，注册会计师还应当了解被审计单位的经营活动、投资活动、筹资活动和财务报告等，从而对被审计单位的性质进行全面的评价。

**(三)被审计单位对会计政策的选择和运用**

(1)重大和异常交易的会计处理方法。

(2)在缺乏权威性标准或共识、有争议的或新兴领域采用重要会计政策产生的影响。

(3)会计政策的变更。

(4)新颁布的财务报告准则、法律和法规，以及被审计单位何时采用、如何采用这些规定。

除上述与会计政策的选择和运用相关的事项外，注册会计师还应对被审计单位其他与会计政策运用相关的情况予以关注，例如，是否采用激进的会计政策、方法、估计和判断，财会人员是否拥有足够的运用会计准则的知识、经验和能力等。

**（四）被审计单位的目标、战略以及相关经营风险**

注册会计师应当了解被审计单位与下列方面有关的目标和战略，包括行业发展、开发新产品或提供新服务、业务扩张、新的会计要求、监督要求、本期及未来的融资条件、信息技术的运用及实施战略的影响等，并要考虑相应的经营风险。

**（五）对被审计单位财务业绩的衡量和评价**

注册会计师应当关注下列信息：关键业绩指标、关键比率、趋势和经营统计数据，同期财务业绩比较分析，预算、预测、差异分析，分部信息与分部、部门或其他不同层次的业绩报告，员工业绩考核与激励性报酬政策，被审计单位与竞争对手的业绩比较。

## 三、了解与描述被审计单位内部控制

**（一）内部控制概述**

1. 内部控制的含义

内部控制是指被审计单位为了合理保证财务报告的可靠性，经营的效率和效果以及对法律、法规的遵循，由治理当局、管理当局和其他人员设计和执行的政策和程序。

2. 内部控制的目标

内部控制的目标是合理保证：(1)财务报告的可靠性，这一目标与管理层履行财务报告编制责任密切相关；(2)经营的效率和效果，即经济、有效地使用企业资源，以最优方式实现企业的目标；(3)在所有经营活动中遵守法律法规的要求，即在法律法规的框架下从事经营活动。

3. 内部控制的要素

内部控制包括下列要素：(1)控制环境；(2)风险评估过程；(3)信息系统与沟通；(4)控制活动；(5)对控制的监督。内部控制包括上述五项要素，控制包括上述的一项或多项要素，或要素表现出的各个方面。

4. 内部控制的局限性

内部控制存在固有局限性，无论如何设计和执行，只能对财务报告的可靠性提供合理的保证。内部控制存在的固有局限性包括：在决策时人为判断可能出现错误和由于人为失误而导致内部控制失效，控制可能由于两个或更多的人员进行串通或管理层凌驾于内部控制之上而被规避，内部行使控制职能的人员素质不适应岗位要求，被审计单位实施内部控制的成本效益问题也会影响其效能，对不经常发生或未预计到的业务原有控制可能不适用。

5. 内部控制的评价

企业内部控制基本规范规定：企业应当结合内部监督情况，围绕内部环境、风险评估、控制活动、信息系统与沟通、内部监督等要素，确定内部控制评价的具体内容，定期对内部控制的设计与运行情况进行全面的自我评价，并出具内部控制自我评价报告。

内部控制评价，是指企业董事会或类似权力机构对内部控制的有效性进行全面评价，形成评价结论，出具评价报告的过程。企业内部控制评价有助于促进全面评价内部控制的设计与运行情况，及时发现企业内部控制缺陷，提出和实施改进方案，确保内部控制有效运行，揭示和防范经营风险。企业可以授权内部审计部门或专门机构负责内部控制评价的具体组织实施工作。企业内部控制评价程序一般包括：制定评价工作方案、组成评价工作组、实施现场测试、认定控制缺陷、汇总评价结果、编报评价报告等环节。

**（二）了解被审计单位内部控制**

1. 对内部控制了解的定位和深度

注册会计师需要了解和评价的内部控制只是与财务报表审计相关的内部控制，并非被审计单位所有的内部控制。与审计相关的控制，主要是被审计单位为实现财务报告可靠性目标而设计和实施的控制。

对内部控制了解的深度，是指在了解被审计单位及其环境时对内部控制了解的程度，包括评价控制的设计并确定其是否得到执行，但不包括对控制是否得到一贯执行的测试。

2. 了解控制环境

控制环境是对企业控制的建立和实施有重大影响的因素的统称。控制环境包括治理职能和管理职能，以及治理层和管理层对内部控制及其重要性的态度、认识和措施。控制环境奠定了被审计单位的内部控制基调，影响员工对内部控制的认识和态度。良好的控制环境是实施有效内部控制的基础。实际上，在审计业务承接阶段，注册会计师就需要对控制环境做出初步了解和评价。

注册会计师应当了解被审计单位对诚信和道德价值观念的沟通与落实、对胜任能力的重视、治理层的参与程度、管理层的理念和经营风格、组织结构及职权与责任的分配及人力资源政策与实施等状况。

3. 了解风险评估过程

被审计单位的风险评估过程包括识别与财务报告相关的经营风险以及针对这些风险所采取的措施。可能产生风险的事项和情形包括以下几个方面：

（1）监管及经营环境的变化；

（2）新员工的加入；

（3）新信息系统的使用或对原系统进行的升级；

（4）业务的快速发展；

（5）新技术；

（6）企业重组；

（7）发展海外经营；

（8）新的会计准则。

4. 了解信息系统与沟通

与财务报告相关的信息系统，包括用以生成、记录、处理和报告交易、事项的情况，对相关资产、负债和所有者权益履行经营管理责任的程序和记录。与财务报告相关的信息系统所生成信息的质量，对管理层能否做出恰当的经营管理决策以及编制可靠的财务报告具有重大影响。

与财务报告相关的沟通，包括使员工了解各自在与财务报告有关的内部控制方面的角色和职责、员工之间的工作联系以及向适当级别的管理层报告例外事项的方式。

注册会计师应当了解与财务报告相关的信息系统及与财务报告相关的沟通情况。

5. 了解控制活动

控制活动是指有助于确保管理层的指令得以执行的政策和程序，包括与授权、业绩评价、信息处理、实物控制和职责分离等相关的活动。

（1）授权。注册会计师应当了解与授权有关的控制活动，包括一般授权和特别授权。

授权的目的在于保证交易在管理层授权范围内进行。一般授权是指管理层制定的、要求组织内部遵守的普遍适用于某类交易或活动的政策。特别授权是指管理层针对特定类别的交易或活动逐一设置的授权，如重大资本支出和股票发行等。特别授权也可能用于超过一般授权限制的常规交易。例如，同意因某些特别原因，对某个不符合一般信用条件的客户赊购商品。

（2）业绩评价。注册会计师应当了解与业绩评价有关的控制活动，主要包括被审计单位分析评价实际业绩与预算（或预测、前期业绩）的差异，综合分析财务数据与经营数据的内在关系。将内部数据与外部信息来源相比较，评价职能部门、分支机构或项目活动的业绩（如银行客户信贷经理复核各分行、地区和各种贷款类型的审批和收回），以及对发现的异常差异或关系采取必要的调查与纠正措施。

（3）信息处理。注册会计师应当了解与信息处理有关的控制活动，包括信息技术的一般控制和应用控制。

被审计单位通常执行各种措施，检查各种类型信息处理环境下交易的准确性、完整性和授权。信息处理控制可以是人工的、自动化的，或是基于自动流程的人工控制。

（4）实物控制。注册会计师应当了解实物控制，主要包括了解对资产和记录采取适当的安全保护措施，对访问计算机程序和数据文件设置授权，以及定期盘点并将盘点记录与会计记录相核对。例如，现金、有价证券和存货的定期盘点控制。实物控制的效果影响资产的安全，从而对财务报表的可靠性及审计产生影响。

（5）职责分离。注册会计师应当了解职责分离，主要包括了解被审计单位如何将交易授权、交易记录以及资产保管等职责分配给不同员工，以防范同一员工在履行多项职责时可能发生的舞弊或错误。当信息技术运用于信息系统时，职责分离可以通过设置安全控制来实现。

6. 了解对控制的监督

对控制的监督是指被审计单位评价内部控制在一段时间内运行有效性的过程，该过程包括及时评价控制的设计和运行，以及根据情况的变化采取必要的纠正措施。例如，管理层对是否定期编制银行存款余额调节表进行复核，内部审计人员评价销售人员是否遵守公司关于销售合同条款的政策。

7. 在整体层面了解内部控制

在整体层面对被审计单位内部控制的了解和评估，通常由项目组中对被审计单位比较了解且较有经验的成员负责，同时需要项目组成员的参与和配合。注册会计师可以考虑将询问被审计单位人员、观察特定控制的应用、检查文件和报告以及执行穿行测试等风险评估程序相结合，以获取审计证据。在了解内部控制的各构成要素时，注册会计师应当对被审计单位整体层面的内部控制的设计进行评价，并确定其是否得到执行。这一评价过程并没有固定的公式或指标可参考，需要大量的职业判断。注册会计师应当将对被审计单位整体层面内部控制各要素的了解要点和实施的风险评估程序及其成果等形成审计工作记录。

8. 在业务流程层面了解内部控制

在初步计划审计工作时，注册会计师需要确定在被审计单位财务报表中可能存在重大错报风险的重大账户及其相关认定。为实现目的，通常采取下列步骤：

(1)确定被审计单位的重要业务流程和重要交易类别；

(2)了解重要交易流程并记录；

(3)确定可能发生错报的环节；

(4)识别和了解相关控制；

(5)执行穿行测试，证实对交易流程和相关控制的了解；

(6)进行初步评价和风险评估；

(7)对财务报告流程的了解。

**(三)内部控制制度的描述**

在了解和掌握了内部控制制度的详情以后，注册会计师应当采用适当的方法将内部控制制度描述出来，供制订和修改审计计划和程序之用或日后查考。内部控制制度描述的方法通常有三种：文字说明法、调查表法和流程图法。

1. 文字说明法

文字说明法是指注册会计师对被审计单位内部控制健全程度和执行情况的书面叙述。对内部控制进行书面叙述时，注册会计师应按照不同的经济业务循环编写，阐明各项工作的负责人、经办人以及由他们编写和记录的文件凭证等。

文字说明法的优点是比较灵活，能够对调查对象做出比较深入和具体的描述，不受任何限制。缺点是文字表述过显冗赘，不便于抓住重点和清楚地表达复杂业务的内部控制。

2. 调查表法

调查表法就是以相关事项作为调查对象，由注册会计师自行设计有针对性的模式化的问题式调查表，要求被调查者做出“是”“否”或“不适用”的回答，以了解被审计单位内部控制的一种方法。调查表法大多采用问答式，一般要按调查对象分别设计，问题设计是否得当非常关键。

调查表法的优点是简便易行，省时省力，可操作性强；利于指导初级审计人员；能给调查对象提供一个简括的说明。缺点是缺乏弹性；不适用于一些特殊的情况；容易把各业务的内部控制孤立看待。此外，调查人员机械地照表提问，往往会使被调查人员漫不经心，易流于形式，失去调查表的意义。

3. 流程图法

流程图使用符号和图形来表示被审计单位经济业务和文件凭证在组织机构内部有序流动的文件。

流程图法的优点是能从整体的角度，以简明的形式描述内部控制的实际情况，便于较快地检查出内部控制在逻辑上的薄弱环节，也便于评审和修改。缺点是编制流程图需要具备较为娴熟的技术和较为丰富的工作经验，费时费力；而且流程图法不能将内部控制中的弱点明显地标示出来，故评价时，往往需要与调查表法相结合。

## 四、评估重大错报风险

评估重大错报风险是风险评估阶段的最后一个步骤。

### (一)评估重大错报风险的审计程序

(1)注册会计师应当运用各项风险评估程序，在了解被审计单位及其环境的整个过程中识别风险，并将识别的风险与各类交易、账户余额和列报相联系。

(2)结合对拟测试的相关控制的考核，将识别的风险与认定层次可能发生错报的领域相联系。

(3)评估识别出的风险，并评价其是否更广泛地与财务报表整体相关，进而潜在地影响多项认定。

(4)考虑发生重大错报的可能性，以及潜在错报的重大程度是否足以导致重大错报。

注册会计师应当利用实施风险评估程序获取的信息，包括在评价控制设计和确定其是否得到执行时获取的审计证据，作为支持风险评估结果的审计证据。注册会计师应当根据风险评估结果，确定实施进一步审计程序的性质、时间和范围。

### (二)识别两个层次的重大错报风险

在对重大错报风险进行识别和评估后，注册会计师应当确定，识别的重大错报风险是与特定的某类交易、账户余额、列报的认定相关，还是与财务报表整体广泛相关，进而影响多项认定。

(1)某些重大错报风险可能与特定的各类交易、账户余额、列报的认定相关。例如，被审计单位存在复杂的联营或合资，这一事项表明长期股权投资账户的认定可能存在重大错报风险。

(2) 某些重大错报风险可能与财务报表整体广泛相关，进而影响多项认定。例如，管理层缺乏诚信或承受异常的压力可能引发舞弊风险，这些风险与财务报表整体相关。

### (三)控制环境对评估财务报表层次重大错报风险的影响

财务报表层次的重大错报风险很可能源于薄弱的控制环境。薄弱的控制环境带来的风险可能对财务报表产生广泛的影响，难以限于某类交易、账户余额、列报，注册会计师应当采取总体应对措施。例如，被审计单位治理层、管理层对内部控制的重要性缺乏认识，没有建立必要的制度和程序，这个缺陷源于薄弱的控制环境，可能对财务报表产生广泛的影响，需要注册会计师采取总体应对措施。

### (四)控制对评估认定层次重大错报风险的影响

在评估重大错报风险时，注册会计师应当将所了解的控制与特定认定相联系。这是由于控制有助于防止或发现并纠正认定层次的重大错报。在评估重大错报发生的可能性时，除了考虑可能的风险外，还要考虑控制对风险的抵消和遏制作用。有效的控制会减少错报发生的可能性，而控制不当或缺乏控制，错报就会由可能变成现实。

控制可能与某一认定直接相关，也可能与某一认定间接相关。关系越间接，控制在防止或发现并纠正认定中错报的作用越小。

注册会计师可能会识别出有助于防止或发现并纠正特定认定发生重大错报的控制，在确定这些控制是否能够实现上述目标时，注册会计师应当将控制活动和其他要素综合考虑。如将销售和收款的控制置身于其所在的流程和系统中考虑，以确定其能否实现控制目标。因为单个的控制活动(如将发货单与销售发票相核对)本身并不足以控制重大错报风险，只有多种控制活动和内部控制的其他要素综合作用才足以控制重大错报风险。

当然，也有某些控制活动可能专门针对某类交易或账户余额的个别认定。例如，被审计单位建立的、以确保盘点工作人员能够正确地盘点和记录存货的控制活动，直接与存货账户余额的存在性和完整性认定相关。注册会计师只需要对盘点过程和程序进行了解，就可以确定控制能否实现目标。

注册会计师应当考虑对识别的各类交易、账户余额和列报认定层次的重大错报风险予以汇总和评估，以确定进一步审计程序的性质、时间和范围。

**(五)考虑财务报表的可审计性**

注册会计师在了解被审计单位内部控制后可能对被审计单位财务报表的可审计性产生怀疑。如果通过对内部控制的了解发现下列情况，并对财务报表局部或整体的可审计性产生疑问，注册会计师应当考虑出具保留意见或无法表示意见的审计报告：(1)被审计单位会计记录的状况和可靠性存在重大问题，不能获取充分、适当的审计证据以发表无保留意见；(2)对管理层的诚信存在严重疑虑。必要时，注册会计师应当考虑解除业务约定。

## 第二节 风险应对

### 一、针对财务报表层次重大错报风险的总体应对措施

在财务报表重大错报风险的评估过程中，注册会计师应当确定，识别的重大错报风险是与特定的某类交易、账户余额、列报的认定相关，还是与财务报表整体广泛相关，进而影响多项认定。如果是后者，则属于财务报表层次的重大错报风险。

注册会计师应当针对评估的财务报表层次重大错报风险确定下列总体应对措施：

(1)向项目组强调在收集和评价审计证据过程中保持职业怀疑态度的必要性。

(2)分派更有经验或具有特殊技能的审计人员，或利用专家的工作。

(3)提供更多的督导。

(4)在选择进一步审计程序时，应当注意使某些程序不被管理层预见或事先了解。

在实务中，注册会计师可以通过以下方式提高审计程序的不可预见性：①对某些未测试过的低于设定的重要性水平或风险较小的账户余额和认定实施实质性程序；②调整实施审计程序的时间，使被审计单位不可预期；③采取不同的审计抽样方法，使当期抽取的测试样本与以前有所不同；④选取不同的地点实施审计程序，或预先不告知被审计单位所选定的测试地点。

(5)对拟实施审计程序的性质、时间和范围做出总体修改。

财务报表层次重大错报风险难以限于某类交易、账户余额、列报的特点，意味着此类风险

可能对财务报表的多项认定产生广泛影响，并相应增加注册会计师对认定层次重大错报风险的评估难度。因此，注册会计师评估的财务报表层次重大错报风险以及采取的总体应对措施，对拟实施进一步审计程序的总体方案具有重大影响。

拟实施进一步审计程序的总体方案包括实质性方案和综合性方案。其中，实质性方案是指注册会计师实施的进一步审计程序以实质性程序为主；综合性方案是指注册会计师在实施进一步审计程序时，将控制测试与实质性程序结合使用。当评估的财务报表层次重大错报风险属于高风险水平（并相应采取更强调审计程序的不可预见性，重视调整审计程序的性质、时间和范围等总体应对措施）时，拟实施进一步审计程序的总体方案往往更倾向于实质性方案。

## 二、针对认定层次重大错报风险的进一步审计程序

### （一）进一步审计程序的总体要求

进一步审计程序相对于风险评估程序而言，是指注册会计师针对评估的各类交易、账户余额、列报（包括披露，下同）认定层次重大错报风险实施的审计程序，包括控制测试和实质性程序。

注册会计师应当针对所评估的认定层次重大错报风险来设计和实施进一步审计程序，包括审计程序的性质、时间和范围。需要说明的是，尽管在应对评估的认定层次重大错报风险时，拟实施的进一步审计程序的性质、时间和范围都应当确保其具有针对性，但其中进一步审计程序的性质是最重要的。

### （二）设计进一步审计程序时应当考虑的因素

1. 风险的重要性

风险的重要性是指风险造成的后果的严重程度。由风险带来的后果越严重，就越需要注册会计师关注和重视，越需要精心设计有针对性的进一步审计程序。

2. 重大错报发生的可能性

重大错报发生的可能性越大，同样越需要注册会计师精心设计进一步审计程序。

3. 涉及的各类交易、账户余额和列报的特征

不同的交易、账户余额和列报，产生的认定层次的重大错报风险也会存在差异，适用的审计程序也有差别，需要注册会计师区别对待，并设计有针对性的进一步审计程序予以应对。

4. 被审计单位采用的特定控制的性质

不同性质的控制（不论是人工控制还是自动化控制）对注册会计师设计进一步的审计程序具有重要影响。

5. 注册会计师是否拟获取审计证据，以确定内部控制在防止或发现并纠正重大错报方面的有效性

如果注册会计师在风险评估时预期内部控制运行有效，随后拟实施的进一步审计程序必须包括控制测试，且实质性程序自然会受到之前控制测试结果的影响。

综合上述几方面因素，注册会计师对认定层次重大错报风险的评估为确定进一步审计程序的总体方案奠定了基础。因此，注册会计师应当根据对认定层次重大错报风险的评估结果，

恰当地选用实质性方案或综合性方案。通常情况下，注册会计师出于成本效益的考虑可以采用综合性方案设计进一步审计程序，即将测试控制运行的有效性与实质性程序结合使用。但在某些情况下（如仅通过实质性程序无法应对的重大错报风险），注册会计师必须通过实施控制测试，才可能有效应对评估出的某一认定的重大错报风险；而在另一些情况下（如注册会计师的风险评估程序未能识别出与认定相关的任何控制，或注册会计师认为控制测试很可能不符合成本效益原则），注册会计师可能认为仅实施实质性程序就是适当的。

小型被审计单位可能不存在能够被注册会计师识别的控制活动，注册会计师实施的进一步审计程序可能主要是实质性程序。但是，注册会计师始终应当意识到在缺乏控制的情况下，仅通过实施实质性程序是否能够获取充分、适当的审计证据。

**（三）进一步审计程序的性质**

进一步审计程序的性质是指进一步审计程序的目的和类型。其中，进一步审计程序的目的包括通过实施控制测试以确定内部控制运行的有效性，通过实施实质性程序以发现认定层次的重大错报。进一步审计程序的类型包括检查、观察、询问、函证、重新计算、重新执行和分析程序。

如前所述，在应对评估的风险时，合理确定审计程序的性质是最重要的。这是因为不同的审计程序应对特定认定错报风险的效力不同。

在确定进一步审计程序的性质时，注册会计师首先需要考虑的是认定层次重大错报风险的评估结果。因此，注册会计师应当根据认定层次重大错报风险的评估结果选择审计程序。评估的认定层次重大错报风险越高，对通过实质性程序获取的审计证据的相关性和可靠性的要求越高，从而可能影响进一步审计程序的类型及其综合运用。

除了从总体上把握认定层次重大错报风险的评估结果对选择进一步审计程序的影响外，在确定拟实施的审计程序时，注册会计师接下来应当考虑评估的认定层次重大错报风险产生的原因，包括考虑各类交易、账户余额、列报的具体特征以及内部控制的可靠性。例如，注册会计师可能判断某特定类别的交易即使在不存在相关控制的情况下发生重大错报的风险仍较低，此时注册会计师可能认为仅实施实质性程序就可以获取充分、适当的审计证据。再如，对于经由被审计单位信息系统日常处理和控制的某类交易，如果注册会计师预期此类交易在内部控制运行有效的情况下发生重大错报的风险较低，且拟在控制运行有效的基础上设计实质性程序，注册会计师就会决定先实施控制测试。

需要说明的是，如果在实施进一步审计程序时拟利用被审计单位信息系统生成的信息，注册会计师应当就信息的准确性和完整性获取审计证据。例如，注册会计师在实施实质性分析程序时，使用了被审计单位生成的非财务信息或预算数据。再如，注册会计师在对被审计单位的存货期末余额实施实质性程序时，拟利用被审计单位的信息系统生成的各个存货存放地点及其余额清单。注册会计师应当获取关于这些信息的准确性和完整性的审计证据。

**（四）进一步审计程序的时间**

进一步审计程序的时间是指注册会计师何时实施进一步审计程序，或审计证据适用的期间或时点。因此，当提及进一步审计程序的时间时，在某些情况下指的是审计程序的实施时间，在另一些情况下指的是需要获取的审计证据适用的期间或时点。

有关进一步审计程序的时间的选择问题，第一个层面是注册会计师选择在何时实施进一步审计程序的问题，第二个层面是选择获取什么期间或时点的审计证据的问题。第一个层面的选择问题主要集中在如何权衡期中与期末实施审计程序的关系；第二个层面的选择问题分别集中在如何权衡期中审计证据与期末审计证据的关系、如何权衡以前审计获取的审计证据和本期审计获取的审计证据的关系。这两个层面的最终落脚点都是如何确保获取审计证据的效率和效果。

注册会计师可以在期中或期末实施控制测试或实质性程序，这就引出了注册会计师应当如何选择实施审计程序的时间的问题。一项基本的考虑因素应当是注册会计师评估的重大错报风险，当重大错报风险较高时，注册会计师应当考虑在期末或接近期末实施实质性程序；或采用不通知的方式，或在管理层不能预见的时间实施审计程序。

虽然在期末实施审计程序在很多情况下非常必要，但仍然不排除注册会计师在期中实施审计程序可能发挥的积极作用。在期中实施进一步审计程序，可能有助于注册会计师在审计工作初期识别重大事项，并在管理层的协助下及时解决这些事项；或针对这些事项制定有效的实质性方案或综合性方案。当然，在期中实施进一步审计程序也存在很大的局限性。首先，注册会计师往往难以仅凭在期中实施的进一步审计程序获取有关期中以前的充分、适当的审计证据（如某些期中以前发生的交易或事项在期中审计结束时尚未完结）；其次，即使注册会计师在期中实施的进一步审计程序能够获取有关期中以前的充分、适当的审计证据，但从期中到期末这段剩余期间往往还会发生重大的交易或事项（包括期中以前发生的交易、事项的延续，以及期中以后发生的新的交易、事项），从而对所审计期间的财务报表认定产生重大影响；再次，被审计单位管理层也完全有可能在注册会计师于期中实施了进一步审计程序之后对期中以前的相关会计记录做出调整甚至篡改，注册会计师在期中实施了进一步审计程序所获取的审计证据已经发生了变化。为此，如果在期中实施了进一步审计程序，注册会计师还应当针对剩余期间获取审计证据。

注册会计师在确定何时实施审计程序时应当考虑以下几项重要因素：

1. 控制环境

良好的控制环境可以抵消在期中实施进一步审计程序的局限性，使注册会计师在确定实施进一步审计程序的时间时有更大的灵活度。

2. 何时能得到相关信息

例如，某些控制活动可能仅在期中（或期中以前）发生，而之后可能难以再被观察到；再如，某些电子化的交易和账户文档如未能及时取得，可能被掩盖。在这些情况下，注册会计师如果希望获取相关信息，则需要考虑能够获取相关信息的时间。

3. 错报风险的性质

例如，被审计单位可能为了保证盈利目标的实现，而在会计期末以后伪造销售合同以虚增收入，此时注册会计师需要考虑在期末（即资产负债表日）这个特定时点获取被审计单位截至期末所能提供的所有销售合同及相关资料，以防范被审计单位在资产负债表日后伪造销售合同、虚增收入的做法。

4. 审计证据适用的期间或时点

注册会计师应当根据需要获取的特定审计证据确定何时实施进一步审计程序。例如,为了获取资产负债表日的存货余额证据,显然不宜在与资产负债表日间隔过长的期中时点或期末以后时点实施存货监盘等相关审计程序。

需要说明的是,虽然注册会计师在很多情况下可以根据具体情况选择实施进一步审计程序的时间,但也存在着一些限制选择的情况。某些审计程序只能在期末或期末以后实施,包括将财务报表与会计记录相核对,检查财务报表编制过程中所做的会计调整等。如果被审计单位在期末或接近期末发生了重大交易,或重大交易在期末尚未完成,注册会计师应当考虑交易的发生或截止等认定可能存在的重大错报风险,并在期末或期末以后检查此类交易。

### (五)进一步审计程序的范围

进一步审计程序的范围是指实施进一步审计程序的数量,包括抽取的样本量、对某项控制活动的观察次数等。

确定进一步审计程序的范围时考虑的因素有以下几个方面:

1. 确定的重要性水平

确定的重要性水平越低,注册会计师实施的进一步审计程序的范围越广。

2. 评估的重大错报风险

评估的重大错报风险越高,对拟获取审计证据的相关性、可靠性的要求越高,因此注册会计师实施的进一步审计程序的范围也越广。

3. 计划获取的保证程度

计划获取的保证程度越高,对测试结果的可靠性要求越高,注册会计师实施的进一步审计程序的范围越广。

需要说明的是,随着重大错报风险的增加,注册会计师应当考虑扩大审计程序的范围。但是,只有当审计程序本身与特定风险相关时,扩大审计程序的范围才是有效的。

# 第三节　控制测试

## 一、控制测试的含义及要求

控制测试,是指用于评价内部控制在防止或发现并纠正认定层次重大错报方面的运行有效性的审计程序。这一概念需要与"了解内部控制"进行区分,"了解内部控制"包括两层含义:一是评价控制的设计;二是确定控制是否得到执行。测试控制运行的有效性与确定控制是否得到执行所需获取的审计证据是不同的。

在实施风险评估程序以获取控制是否得到执行的审计证据时,注册会计师应当确定某项控制是否存在、被审计单位是否正在使用。

在测试控制运行的有效性时,注册会计师应当从以下四个方面获取关于控制是否有效运行的审计证据:

(1)控制在所审计期间的不同时点是如何运行的;

(2)控制是否得到一贯执行;

(3)控制由谁执行；

(4)控制以何种方式运行(如人工控制或自动化控制)。

从这四个方面来看，控制运行有效性强调的是控制能够在各个不同时点按照既定设计得以一贯执行。因此，在了解控制是否得到执行时，注册会计师只需抽取少量的交易进行检查或观察某几个时点。但在测试控制运行的有效性时，注册会计师需要抽取足够数量的交易进行检查或对多个不同时点进行观察。

控制测试的要求：作为进一步审计程序的类型之一，控制测试并非在任何情况下都需要实施。当存在下列情形之一时，注册会计师应当实施控制测试：(1)在评估认定层次重大错报风险时，预期控制的运行是有效的；(2)仅实施实质性程序不足以提供认定层次充分、适当的审计证据。

如果在评估认定层次重大错报风险时预期控制的运行是有效的，注册会计师应当实施控制测试，就控制在相关期间或时点的运行有效性获取充分、适当的审计证据。

有时，对有些重大错报风险，注册会计师仅通过实质性程序无法予以应对。如果认为仅实施实质性程序获取的审计证据无法将认定层次重大错报风险降至可接受的低水平，注册会计师应当实施相关的控制测试，以获取控制运行有效性的审计证据。

此外需要说明的是，被审计单位在所审计期间内可能由于技术更新或组织管理变更而更换了信息系统，从而导致在不同时期使用了不同的控制。如果被审计单位在所审计期间内的不同时期使用了不同的控制，注册会计师应当考虑不同时期控制运行的有效性。

## 二、控制测试的性质

### (一)控制测试的性质的含义

控制测试的性质是指控制测试所使用的审计程序的类型及其组合。计划从控制测试中获取的保证水平是决定控制测试性质的主要因素之一。注册会计师应当选择适当类型的审计程序以获取有关控制运行有效性的保证。计划的保证水平越高，对有关控制运行有效性的审计证据的可靠性要求越高。当拟实施的进一步审计程序主要以控制测试为主，尤其是仅实施实质性程序获取的审计证据无法将认定层次重大错报风险降至可接受的低水平时，注册会计师应当获取有关控制运行有效性的更高的保证水平。

虽然控制测试与了解内部控制的目的不同，但两者采用审计程序的类型通常相同，包括询问、观察、检查、重新执行和穿行测试。此外，控制测试的程序还包括重新执行。

1. 询问

注册会计师可以向被审计单位适当员工询问，获取与内部控制运行情况相关的信息。

虽然询问是一种有用的手段，但它必须和其他测试手段结合使用才能发挥作用。在询问过程中，注册会计师应当保持职业怀疑态度。

2. 观察

观察是测试不留下书面记录的控制(如职责分离)的运行情况的有效方法。通常情况下，注册会计师通过观察直接获取的证据比间接获取的证据更可靠。但是，注册会计师还要考虑其所观察到的控制在注册会计师不在场时可能未被执行的情况。

3. 检查

对运行情况留有书面证据的控制,检查非常适用。书面说明、复核时留下的记号,或其他记录在偏差报告中的标志都可以被当作控制运行情况的证据。

4. 重新执行

通常只有当询问、观察和检查程序结合在一起仍无法获得充分的证据时,注册会计师才考虑通过重新执行来证实控制是否有效运行。如果需要进行大量的重新执行,注册会计师就要考虑通过实施控制测试以缩小实质性程序的范围是否有效。

5. 穿行测试

除了上述四类控制测试常用的审计程序以外,实施穿行测试也是一种重要的审计程序。值得注意的是,穿行测试不是单独的一种程序,而是将多种程序按特定审计需要进行结合运用的方法。穿行测试是通过追踪交易在财务报告信息系统中的处理过程,来证实注册会计师对控制的了解、评价控制设计的有效性以及确定控制是否得到执行。可见,穿行测试更多地在了解内部控制时运用。但在执行穿行测试时,注册会计师可能会获取部分控制运行有效性的审计证据。

询问本身并不足以测试控制运行的有效性,注册会计师应将询问与其他审计程序结合使用,以获取有关控制运行有效性的审计证据。观察提供的证据仅限于观察发生的时点,本身也不足以测试控制运行的有效性;将询问与检查或重新执行结合使用,通常能够比仅实施询问和观察获取更高的保证。例如,被审计单位针对处理收到的邮政汇款单设计和执行了相关的内部控制,注册会计师通过询问和观察程序往往不足以测试此类控制的运行有效性,还需要检查能够证明此类控制在所审计期间的其他时段有效运行的文件和凭证,以获取充分、适当的审计证据。

**(二)确定控制测试的性质时的要求**

1. 考虑特定控制的性质

注册会计师应当根据特定控制的性质选择所需要实施审计程序的类型。

2. 考虑测试与认定直接相关和间接相关的控制

在设计控制测试时,注册会计师不仅应当考虑与认定直接相关的控制,还应当考虑这些控制所依赖的与认定间接相关的控制,以获取支持控制运行有效性的审计证据。

3. 如何对一项自动化的应用控制实施控制测试

对于一项自动化的应用控制,由于信息技术处理过程的内在一贯性,注册会计师可以利用该项控制得以执行的审计证据和信息技术一般控制(特别是对系统变动的控制)运行有效性的审计证据,作为支持该项控制在相关期间运行有效性的重要审计证据。

**(三)实施控制测试时对双重目的的实现**

控制测试的目的是评价控制是否有效运行,细节测试的目的是发现认定层次的重大错报。尽管两者目的不同,但注册会计师可以考虑针对同一交易同时实施控制测试和细节测试,以实现双重目的。例如,注册会计师通过检查某笔交易的发票可以确定其是否经过适当授权,也可以获取关于该交易的金额、发生时间等细节证据。当然如果拟实施双重目的的测试,注册会计师应当仔细设计和评价测试程序。

**(四)实施实质性程序的结果对控制测试结果的影响**

如果通过实施实质性程序未发现某项认定存在错报，这本身并不能说明与该认定有关的控制是有效运行的；但如果通过实施实质性程序发现某项认定存在错报，注册会计师则应当在评价相关控制的运行有效性时予以考虑。因此，注册会计师应当考虑实施实质性程序发现的错报对评价相关控制运行有效性的影响(如降低对相关控制的信赖程度、调整实质性程序的性质、扩大实质性程序的范围等)。如果实施实质性程序发现被审计单位没有识别出重大错报，通常表明内部控制存在重大缺陷，注册会计师应当就这些缺陷与管理层和治理层进行沟通。

## 三、控制测试的时间

**(一)控制测试的时间的含义**

如前所述，控制测试的时间包括两层含义：一是何时实施控制测试；二是测试所针对的控制适用的时点或期间。一个基本的原理是，如果测试特定时点的控制，注册会计师仅得到该时点控制运行有效性的审计证据；如果测试某一期间的控制，注册会计师可获取控制在该期间有效运行的审计证据。因此，注册会计师应当根据控制测试的目的确定控制测试的时间，并确定拟信赖的相关控制的时点或期间。

关于根据控制测试的目的确定控制测试的时间，如果仅需要测试控制在特定时点的运行有效性(如对被审计单位期末存货盘点进行控制测试)，注册会计师只需要获取该时点的审计证据。如果需要获取控制在某一期间有效运行的审计证据，仅获取与时点相关的审计证据是不充分的，注册会计师应当辅以其他控制测试，包括测试被审计单位对控制的监督。换言之，关于控制在多个不同时点的运行有效性的审计证据的简单累加并不能构成控制在某期间的运行有效性的充分、适当的审计证据；而所谓的“其他控制测试”应当具备的功能是能提供相关控制在所有相关时点都运行有效的审计证据；被审计单位对控制的监督起到的就是一种检验相关控制在所有相关时点是否都有效运行的作用，因此注册会计师测试这类活动能够强化控制在某期间运行有效性的审计证据效力。

**(二)如何考虑期中审计证据**

前已述及，注册会计师可能在期中实施进一步审计程序。对于控制测试，注册会计师在期中实施此类程序具有更积极的作用。但需要说明的是，即使注册会计师已获取有关控制在期中运行有效性的审计证据，仍然需要考虑如何能够将控制在期中运行有效性的审计证据合理延伸至期末，一个基本的考虑是针对期中至期末这段剩余期间获取充分、适当的审计证据。因此，如果已获取有关控制在期中运行有效性的审计证据并拟利用该证据，注册会计师则应当实施下列审计程序：(1)获取这些控制在剩余期间变化情况的审计证据；(2)确定针对剩余期间还需获取的补充审计证据。

上述两项审计程序中，第一项是针对期中已获取审计证据的控制，考察这些控制在剩余期间的变化情况(包括是否发生了变化以及如何变化)；如果这些控制在剩余期间没有发生变化，注册会计师可能决定信赖期中获取的审计证据；如果这些控制在剩余期间发生了变化（如信息系统、业务流程或人事管理等方面发生变动），注册会计师则需要了解并测试控制的变化对期中审计证据的影响。

上述两项审计程序中，第二项是针对期中证据以外的、剩余期间的补充证据。在执行该项规定时，注册会计师应当考虑下列因素：

（1）评估的认定层次重大错报风险的重大程度。评估的重大错报风险对财务报表的影响越大，注册会计师需要获取的剩余期间的补充证据越多。

（2）在期中测试的特定控制。例如，对自动化运行的控制，注册会计师更可能测试信息系统一般控制的运行有效性，以获取控制在剩余期间运行有效性的审计证据。

（3）在期中对有关控制运行有效性获取的审计证据的程度。如果注册会计师在期中对有关控制运行有效性获取的审计证据比较充分，则可以考虑适当减少需要获取的剩余期间的补充证据。

（4）剩余期间的长度。剩余期间越长，注册会计师需要获取的剩余期间的补充证据越多。

（5）在信赖控制的基础上拟减少进一步实质性程序的范围。注册会计师对相关控制的信赖程度越高，通常在信赖控制的基础上拟减少进一步实质性程序的范围就越大。在这种情况下，注册会计师需要获取的剩余期间的补充证据越多。

（6）控制环境。在注册会计师总体上拟信赖控制的前提下，控制环境越薄弱（或把握程度越低），注册会计师需要获取的剩余期间的补充证据越多。

除了上述的测试剩余期间控制的运行有效性，测试被审计单位对控制的监督也能够作为一项有益的补充证据，以便更有把握地将控制在期中运行有效性的审计证据延伸至期末。如前所述，被审计单位对控制的监督起到的是一种检验相关控制在所有相关时点是否都有效运行的作用，因此，通过测试剩余期间控制的运行有效性或测试被审计单位对控制的监督，注册会计师可以获取补充审计证据。

### （三）如何考虑以前审计获取的审计证据

注册会计师考虑以前审计获取的有关控制运行有效性的审计证据，其意义在于：一方面，内部控制中的诸多要素对于被审计单位往往是相对稳定的（相对于具体的交易、账户余额和列报），因此注册会计师在本期审计时还是可以适当考虑利用以前审计获取的有关控制运行有效性的审计证据；另一方面，内部控制在不同期间可能发生重大变化，注册会计师在利用以前审计获取的有关控制运行有效性的审计证据时需要格外慎重，充分考虑各种因素，《中国注册会计师审计准则》也规定了很多限制条件。

关于如何考虑以前审计获取的有关控制运行有效性的审计证据，基本思路是考虑拟信赖的以前审计中测试的控制在本期是否发生变化，因为考虑与控制变化有关的审计证据有助于注册会计师决定合理调整拟在本期获取的有关控制运行有效性的审计证据。

1. 基本思路：考虑拟信赖的以前审计中测试的控制在本期是否发生变化

如果拟信赖以前审计获取的有关控制运行有效性的审计证据，注册会计师应当通过实施询问并结合观察或检查程序，获取这些控制是否已经发生变化的审计证据。注册会计师可能面临两种结果：控制在本期发生变化；控制在本期没有发生变化。

2. 当控制在本期发生变化时注册会计师的做法

如果控制在本期发生变化，注册会计师应当考虑以前审计获取的有关控制运行有效性的审计证据是否与本期审计相关。例如，如果系统的变化仅仅使被审计单位从中获取新的报告，这种变化通常不影响以前审计所获取证据的相关性；如果系统的变化引起数据累积或计算发生改变，这种变化可能影响以前审计所获取证据的相关性。如果拟信赖的控制自上次测试后已发生变化，注册会计师则应当在本期审计中测试这些控制的运行有效性。

3. 当控制在本期未发生变化时注册会计师的做法

如果拟信赖的控制自上次测试后未发生变化，且不属于旨在减轻特别风险的控制，注册会计师应当运用职业判断确定是否在本期审计中测试其运行有效性，以及本次测试与上次测试的时间间隔，但两次测试的时间间隔不得超过两年。

在确定利用以前审计获取的有关控制运行有效性的审计证据是否适当以及再次测试控制的时间间隔时，注册会计师应当考虑的因素或情况如下：

(1)内部控制其他要素的有效性，包括控制环境、对控制的监督以及被审计单位的风险评估过程。例如，当被审计单位控制环境薄弱或对控制的监督薄弱时，注册会计师应当缩短再次测试控制的时间间隔或完全不信赖以前审计获取的审计证据。

(2)控制特征(人工控制还是自动化控制)产生的风险。当相关控制中人工控制的成分较大时，考虑到人工控制一般稳定性较差，注册会计师可能决定在本期审计中继续测试该控制的运行有效性。

(3)信息技术一般控制的有效性。当信息技术一般控制薄弱时，注册会计师可能更少地依赖以前审计获取的审计证据。

(4)控制设计及其运行的有效性，包括在以前审计中测试控制运行有效性时发现的控制运行偏差的性质和程度。例如，当审计期间发生了对控制运行产生重大影响的人事变动时，注册会计师可能决定在本期审计中不依赖以前审计获取的审计证据。

(5)由于环境发生变化而特定控制缺乏相应变化导致的风险。当环境的变化表明需要对控制做出相应的变动，但控制却没有做出相应变动时，注册会计师应当充分意识到控制不再有效，从而导致本期财务报表发生重大错报的可能性，此时不应再依赖以前审计获取的有关控制运行有效性的审计证据。

(6)重大错报的风险和对控制的拟信赖程度。如果重大错报风险较大或对控制的拟信赖程度较高，注册会计师应当缩短再次测试控制的时间间隔或完全不信赖以前审计获取的审计证据。

如果拟信赖以前审计获取的某些控制运行有效性的审计证据，注册会计师应当在每次审计时从中选取足够数量的控制，测试其运行有效性；不应将所有拟信赖控制的测试集中于某一次审计，而在之后的两次审计中不进行任何测试。这一规定的考虑主要是为了尽量降低审计风险，毕竟注册会计师可能难以充分识别以前审计中测试过的控制在本期是否发生变化。此外，在每一次审计中选取足够数量的部分控制进行测试，除了能够提供这些以前审计中测试过的控制在当期运行有效性的审计证据外，还可提供控制环境持续有效性的旁证，从而有助于注册会计师判断其信赖以前审计获取的审计证据是否恰当。

### (四)不得依赖以前审计所获取证据的情形

鉴于特别风险的特殊性,对于旨在减轻特别风险的控制,不论该控制在本期是否发生变化,注册会计师都不应依赖以前审计获取的证据。因此,如果确定评估的认定层次重大错报风险是特别风险,并拟信赖旨在减轻特别风险的控制,注册会计师不应依赖以前审计获取的审计证据,而应在本期审计中测试这些控制的运行有效性。也就是说,如果注册会计师拟信赖针对特别风险的控制,那么所有关于该控制运行有效性的审计证据必须来自当年的控制测试。相应地,注册会计师应当在每次审计中都测试这类控制。

## 四、控制测试的范围

对于控制测试的范围,其含义主要是指某项控制活动的测试次数。注册会计师应当设计控制测试,以获取控制在整个拟信赖期间有效运行的充分、适当的审计证据。

### (一)确定控制测试范围的一般考虑因素

注册会计师在确定某项控制的测试范围时通常考虑以下因素:

(1)在整个拟信赖期间,被审计单位执行控制的频率。控制执行的频率越高,控制测试的范围越广。

(2)在审计期间,注册会计师拟信赖控制运行有效性的时间长度。拟信赖控制运行有效性的时间长度不同,在该时间长度内发生的控制活动次数也不同。注册会计师需要根据拟信赖控制的时间长度确定控制测试的范围。拟信赖期间越长,控制测试的范围越广。

(3)为证实控制能够防止或发现并纠正认定层次重大错报,所需获取审计证据的相关性和可靠性。对审计证据的相关性和可靠性要求越高,控制测试的范围越广。

(4)通过测试与认定相关的其他控制获取的审计证据的范围,针对同一项认定,可能存在不同的控制。当针对其他控制获取审计证据的充分性和适当性较高时,测试该控制的范围可适当缩小。

(5)在风险评估时拟信赖控制运行有效性的程度。注册会计师在风险评估时对控制运行有效性的拟信赖程度越高,需要实施控制测试的范围越广。

(6)控制的预期偏差。预期偏差可以用控制未得到执行的预期次数占控制应当得到执行次数的比率加以衡量(也可称作预期偏差率)。考虑该因素,是因为在考虑测试结果是否可以得出控制运行有效性的结论时,不可能只要出现任何控制执行偏差就认定控制运行无效,所以需要确定一个合理水平的预期偏差率。控制的预期偏差率越高,需要实施控制测试的范围越大。如果控制的预期偏差率过高,注册会计师则应当考虑控制可能不足以将认定层次的重大错报风险降至可接受的低水平,从而针对某一认定实施的控制测试可能是无效的。

### (二)对自动化控制的测试范围的特别考虑

除非系统(包括系统使用的表格、文档或其他永久性数据)发生变动,否则注册会计师通常不需要增加自动化控制的测试范围。

信息技术处理具有内在一贯性,除非系统发生变动,一项自动化应用控制应当一贯运行。

对于一项自动化应用控制，一旦确定被审计单位正在执行该控制，注册会计师通常无须扩大控制测试的范围，但需要考虑执行下列测试以确定该控制持续有效运行：

(1)测试与该应用控制有关的一般控制的运行有效性；

(2)确定系统是否发生变动，如果发生变动，是否存在适当的系统变动控制；

(3)确定对交易的处理是否使用授权批准的软件版本。

# 第四节　实质性程序

## 一、实质性程序的含义、性质、时间和范围

### (一)实质性程序的含义

实质性程序是指注册会计师针对评估的重大错报风险实施的直接用以发现认定层次重大错报的审计程序。因此，注册会计师应当针对评估的重大错报风险设计和实施实质性程序，以发现认定层次的重大错报。实质性程序包括对各类交易、账户余额、列报的细节测试以及实质性分析程序。

注册会计师实施的实质性程序应当包括下列与财务报表编制完成阶段相关的审计程序：

(1)将财务报表与其所依据的会计记录相核对或调节；

(2)检查财务报表编制过程中做出的重大会计分录和其他会计调整。

注册会计师对会计分录和其他会计调整检查的性质和范围，取决于被审计单位财务报告过程的性质和复杂程度以及由此产生的重大错报风险。

由于注册会计师对重大错报风险的评估是一种判断，可能无法充分识别所有的重大错报风险，并且由于内部控制存在固有局限性，无论评估的重大错报风险结果如何，注册会计师都应当针对所有重大的各类交易、账户余额、列报实施实质性程序。

### (二)针对特别风险实施的实质性程序

如果认为评估的认定层次重大错报风险是特别风险，注册会计师应当专门针对该风险实施实质性程序。

如果针对特别风险仅实施实质性程序，注册会计师应当使用细节测试，或将细节测试和实质性分析程序结合使用，以获取充分、适当的审计证据。作此规定的考虑是，为应对特别风险需要获取具有高度相关性和可靠性的审计证据，仅实施实质性分析程序不足以获取有关特别风险的充分、适当的审计证据。

## 二、实质性程序的性质

### (一)实质性程序的性质的含义

实质性程序的性质是指实质性程序的类型及其组合。前已述及，实质性程序的两种基本类型包括细节测试和实质性分析程序。

细节测试是对各类交易、账户余额、列报的具体细节进行测试，目的在于直接识别财务报表认定是否存在错报。

实质性分析程序从技术特征上仍然是分析程序，主要是通过研究数据间关系评价信息，只是将该技术方法用作实质性程序，即用以识别各类交易、账户余额、列报及相关认定是否存在错报。

### （二）细节测试和实质性分析程序的适用性

由于细节测试和实质性分析程序的目的、技术手段存在一定差异，因此各自具有不同的适用领域。注册会计师应当根据各类交易、账户余额、列报的性质选择实质性程序的类型。细节测试适用于对各类交易、账户余额、列报认定的测试，尤其是对存在或发生、计价认定的测试；对在一段时期内存在可预期关系的大量交易，注册会计师可以考虑实施实质性分析程序。

### （三）细节测试的方向

对于细节测试，注册会计师应当针对评估的风险设计细节测试，获取充分、适当的审计证据，以达到认定层次所计划的保证水平。该规定的含义是，注册会计师需要根据不同的认定层次的重大错报风险设计有针对性的细节测试。例如，在针对存在或发生认定设计细节测试时，注册会计师应当选择包含在财务报表金额中的项目，并获取相关审计证据；又如，在针对完整性认定设计细节测试时，注册会计师应当选择有证据表明应包含在财务报表金额中的项目，并调查这些项目是否确实包括在内。如为应对被审计单位漏记本期应付账款的风险，注册会计师可以检查期后付款记录。

### （四）设计实质性分析程序时考虑的因素

注册会计师在设计实质性分析程序时应当考虑的因素包括：(1)对特定认定使用实质性分析程序的适当性；(2)对已记录的金额或比率做出预期时，所依据的内部或外部数据的可靠性；(3)做出预期的准确程度是否足以在计划的保证水平上识别重大错报；(4)已记录金额与预期值之间可接受的差异额。考虑到数据及分析的可靠性，当实施实质性分析程序时，如果使用被审计单位编制的信息，注册会计师应当考虑测试与信息编制相关的控制，以及这些信息是否在本期或前期经过审计。

## 三、实质性程序的时间

实质性程序的时间选择与控制测试的时间选择有共同点，也有很大差异。两者的共同点在于，两类程序都面临着对期中审计证据和对以前审计获取的审计证据的考虑。两者的差异在于：(1)在控制测试中，期中实施控制测试并获取期中关于控制运行有效性审计证据的做法更具有一种“常态”；而由于实质性程序的目的在于更直接地发现重大错报，在期中实施实质性程序时更需要考虑其成本效益的权衡。(2)在本期控制测试中拟信赖以前审计获取的有关控制运行有效性的审计证据，已经受到了很大的限制；而对于以前审计中通过实质性程序获取的审计证据，则采取了更加慎重的态度和更严格的限制。

### (一)如何考虑是否在期中实施实质性程序

如前所述,在期中实施实质性程序,一方面消耗了审计资源,另一方面期中实施实质性程序获取的审计证据又不能直接作为期末财务报表认定的审计证据,注册会计师仍然需要消耗进一步的审计资源使期中审计证据能够合理延伸至期末。于是这两部分审计资源的总和是否能够显著小于完全在期末实施实质性程序所需消耗的审计资源,是注册会计师需要权衡的。注册会计师在考虑是否在期中实施实质性程序时应当考虑下列因素:

(1)控制环境和其他相关的控制。控制环境和其他相关的控制越薄弱,注册会计师越不宜在期中实施实质性程序。

(2)实施审计程序所需信息在期中之后的可获得性。如果实施实质性程序所需信息在期中之后可能难以获取(如系统变动导致某类交易记录难以获取),注册会计师应考虑在期中实施实质性程序;但如果实施实质性程序所需信息在期中之后的可获得性并不存在明显困难,则该因素不应成为注册会计师在期中实施实质性程序的重要影响因素。

(3)实质性程序的目标。如果针对某项认定实施实质性程序的目标中就包括获取该认定的期中审计证据(从而与期末比较),注册会计师则应在期中实施实质性程序。

(4)评估的重大错报风险。注册会计师评估的某项认定的重大错报风险越高(如审计准则第六十五条提到的舞弊导致的重大错报风险),针对该认定所需获取的审计证据的相关性和可靠性要求也就越高,注册会计师越应当考虑将实质性程序延伸至期末(或接近期末)实施。

(5)各类交易或账户余额以及相关认定的性质。例如,某些交易或账户余额以及相关认定的特殊性质(如收入截止认定、未决诉讼)决定了注册会计师必须在期末(或接近期末)实施实质性程序。

(6)针对剩余期间,能否通过实施实质性程序或将实质性程序与控制测试相结合,降低期末存在错报而未被发现的风险。如果针对剩余期间注册会计师可以通过实施实质性程序或将实质性程序与控制测试相结合,较有把握地降低期末存在错报而未被发现的风险(如注册会计师在 10 月份实施预审时考虑是否使用一定的审计资源实施实质性程序,从而形成的剩余期间不是很长),注册会计师可以考虑在期中实施实质性程序;但如果针对剩余期间注册会计师认为还需要消耗大量的审计资源才有可能降低期末存在错报而未被发现的风险,甚至没有把握通过适当的进一步审计程序降低期末存在错报而未被发现的风险(如被审计单位于 8 月份发生管理层变更,注册会计师接受后由管理层邀请实施预审时,考虑是否使用一定的审计资源实施实质性程序),注册会计师就不宜在期中实施实质性程序。

### (二)如何考虑期中审计证据

如果在期中实施了实质性程序,注册会计师应当针对剩余期间实施进一步的实质性程序,或将实质性程序和控制测试结合使用,以将期中测试得出的结论合理延伸至期末。该规定指出了在如何将期中实施的实质性程序得出的结论合理延伸至期末时,注册会计师有两种选择:其一是针对剩余期间实施进一步的实质性程序;其二是将实质性程序和控制测试结合使用。

如果拟将期中测试得出的结论延伸至期末,注册会计师应当考虑针对剩余期间仅实施实质性程序是否足够。如果认为实施实质性程序本身不充分,注册会计师则还应测试剩余期间相关控制运行的有效性或针对期末实施实质性程序。

对于舞弊导致的重大错报风险(作为一类重要的特别风险),被审计单位存在故意错报或操纵的可能性,那么注册会计师更应慎重考虑能否将期中测试得出的结论延伸至期末。因此,如果已识别出由于舞弊导致的重大错报风险,为将期中得出的结论延伸至期末而实施的审计程序通常是无效的,注册会计师应当考虑在期末或者接近期末实施实质性程序。

如果已在期中实施了实质性程序,或将控制测试与实质性程序相结合,并拟信赖期中测试得出的结论,注册会计师应当将期末信息和期中的可比信息进行比较、调节、识别和调查出现的异常金额,并针对剩余期间实施实质性分析程序或细节测试。在确定针对剩余期间拟实施的实质性程序时,注册会计师应当考虑是否已在期中实施控制测试,并考虑与财务报告相关的信息系统能否充分提供与期末账户余额及剩余期间交易有关的信息。在针对剩余期间实施实质性程序时,注册会计师应当重点关注并调查重大的异常交易或分录、重大波动以及各类交易或账户余额在构成上的重大或异常变动。如果拟针对剩余期间实施实质性分析程序,注册会计师应当考虑某类交易的期末累计发生额或账户期末余额在金额、相对重要性及构成方面能否被合理预期。

如果在期中检查出某类交易或账户余额存在错报,注册会计师应当考虑修改与该类交易或账户余额相关的风险评估以及针对剩余期间拟实施实质性程序的性质、时间和范围,或考虑在期末扩大实质性程序的范围或重新实施实质性程序。

#### (三)如何考虑以前审计获取的审计证据

在以前审计中实施实质性程序获取的审计证据,通常对本期只有很弱的证据效力或没有证据效力,不足以应对本期的重大错报风险。只有当以前获取的审计证据及其相关事项未发生重大变动时(如以前审计通过实质性程序测试过的某项诉讼在本期没有任何实质性进展),以前获取的审计证据才可能用作本期的有效审计证据。但即便如此,如果拟利用以前审计中实施实质性程序获取的审计证据,注册会计师则应当在本期实施审计程序,以确定这些审计证据是否具有持续相关性。

### 四、实质性程序的范围

评估的认定层次重大错报风险和实施控制测试的结果是注册会计师在确定实质性程序的范围时的重要考虑因素。因此,在确定实质性程序的范围时,注册会计师应当考虑评估的认定层次重大错报风险和实施控制测试的结果。注册会计师评估的认定层次的重大错报风险越高,需要实施实质性程序的范围越广。如果对控制测试结果不满意,注册会计师则应当考虑实质性程序的范围。

在设计细节测试时,注册会计师除了从样本量的角度考虑测试范围外,还要考虑选样法的有效性等因素。例如,从总体中选取大额或异常项目,而不是进行代表性抽样或分层抽样。

实质性分析程序的范围有两层含义:第一层含义是对什么层次上的数据进行分析,注册会计师可以选择在高度汇总的财务数据层次进行分析,也可以根据重大错报风险的性质和水平调整分析层次。例如,按照不同产品线、不同季节或月份、不同经营地点或存货存放地点等实施实质性分析程序。第二层含义是需要对什么幅度或性质的偏差展开进一步调查。实施分析程序可能会发现偏差，但并非所有的偏差都值得展开进一步调查。可容忍或可接受的偏差（即预期偏差）越大，作为实质性分析程序一部分的进一步调查的范围就越小，于是确定适当的预期偏差幅度同样属于实质性分析程序的范畴。因此，在设计实质性分析程序时，注册会计师应当确定已记录金额与预期值之间可接受的差异额。在确定该差异额时，注册会计师应当主要考虑各类交易、账户余额、列报及相关认定的重要性和计划的保证水平。

## 基本概念

控制测试　实质性测试　控制程序　内部控制　控制环境　风险评估

## 思考题

1. 内部控制的组成要素主要有哪些？
2. 了解内部控制的程序有哪些？
3. 描述内部控制的方法有哪些？各自有哪些优、缺点？
4. 如何理解控制活动的内容？
5. 控制测试与实质性测试之间有哪些区别？

## 实训练习题

**一、单项选择题**

1. 控制测试是为了确定（　　）而实施的审计测试。

A. 财务报表认定是否正确　　B. 内部控制执行的有效性

C. 内部控制是否得到执行　　D. 内部控制设计的合理性

2. 下列各项中，不属于内部控制组成部分的是（　　）。

A. 监督　　B. 风险评估　　C. 信息系统和沟通　　D. 授权和批准

3. 描述内部控制的方法不包括（　　）。

A. 文字叙述　　B. 调查问卷　　C. 分析法　　D. 流程图

4. 了解内部控制和控制测试的程序大体相同，属于控制测试程序但不属于了解内部控制的程序的是（　　）。

A. 询问　　B. 观察和检查　　C. 穿行测试　　D. 重新执行

5. 注册会计师针对评估的重大错报风险实施的直接用以发现认定层次的重大错报而实施的审计程序是（　　）。

A. 重新执行　　B. 了解内部控制　　C. 控制测试　　D. 实质性程序

6. 在了解控制环境时，注册会计师应当关注的内容不包括（　　）。

A. 公司治理层相对管理层的独立　　B. 公司管理层的理念和经营风格

C. 公司员工整体的道德价值观　　D. 公司对控制的监督

7. 下列选项中不属于控制活动的是(　　)。

A. 授权　　B. 实物控制　　C. 对控制的监督　　D. 职责分离

8. 内部控制一般都是针对(　　)而设置的。

A. 常规业务　　B. 非常规业务

C. 判断事项　　D. 易出现错弊的业务

9. 管理层建议书是注册会计师针对(　　)提出的书面建议。

A. 内部控制所有缺陷　　B. 管理状况

C. 会计处理薄弱环节　　D. 内部控制重大缺陷

10. (　　)设定了被审计单位的内部控制基调,影响员工对内部控制的认识和态度,是实施有效内部控制的基础。

A. 控制环境　　B. 风险评估过程

C. 信息系统和沟通　　D. 控制活动

**二、多项选择题**

1. 下列程序中,(　　)是每次审计时必须实施的。

A. 风险评估程序　　B. 实质性程序　　C. 穿行测试　　D. 控制测试

2. 控制测试程序的类型包括(　　)。

A. 询问和观察　　B. 分析程序

C. 检查　　D. 穿行测试和重新执行

3. 在实施控制测试时,注册会计师主要应当获取(　　)方面的证据。

A. 控制在不同时点如何运行　　B. 控制是否得到一贯执行

C. 控制是否得到执行　　D. 控制由谁执行及以何种方式运行

4. 注册会计师针对评估的财务报表层次的重大错报风险,应当实施的总体应对措施有(　　)。

A. 选择不被管理层预见或事先了解的进一步审计程序

B. 分派更有经验或具有特殊技能的注册会计师,或利用专家的工作

C. 提供更多的督导

D. 对拟实施审计程序的性质、时间和范围做出总体修改

5. 下列关于三种审计程序的说法中,正确的是(　　)。

A. 在评估认定层次重大错报风险时,预期控制的运行是有效的,注册会计师应当实施控制测试以支持评估结果

B. 在某些情况下,仅通过控制测试就可提供认定层次充分、适当的审计证据

C. 注册会计师可以通过实施风险评估程序获取充分、适当的审计证据,作为发表审计意见的基础

D. 无论评估的重大错报风险结果如何,注册会计师均应针对所有重大的各类交易、账户余额、列报实施实质性程序,以获取充分、适当的审计证据

6. 控制测试的程序类型包括(　　)。

A. 风险评估程序　　B. 控制测试　　C. 实质性分析程序　　D. 细节测试

7. 描述内部控制的方法有(　　)。

A. 文字叙述法　　B. 调查问卷法　　C. 流程图法　　D. 顺查法

8. 在确定控制测试的范围时,注册会计师通常考虑的因素有(　　)。

A. 控制的执行频率

B. 控制的预期偏差

C. 在风险评估时拟信赖控制运行的有效性程度

D. 总体变异性

9. 实质性程序的两种基本类型包括(　　)。

A. 风险评估程序　　B. 控制测试　　C. 细节测试　　D. 实质性分析程序

10. 下列各项中，属于控制环境要素的内容有(　　)。

A. 治理层和管理层对内部控制及其重要性的态度、认识和措施

B. 治理职能

C. 职责分离

D. 管理职能

**三、判断题**

1. 内部控制的建立也要考虑成本效益原则。(　　)

2. 内部控制的目标是为了合理保证财务报告的可靠性、经营的效率和效果以及对法律法规的遵守。(　　)

3. 风险评估程序足以为发表审计意见提供充分、适当的审计证据。(　　)

4. 内部控制是被审计单位而非注册会计师制定的政策和程序。(　　)

5. 对会计报表审计过程中注意到的内部控制重大缺陷，注册会计师应在审计报告意见段之后增加说明段予以说明。(　　)

6. 内部控制存在固有局限性，无论如何设计和执行，只能对财务报告的可靠性提供合理保证。(　　)

7. 对被审计单位内部控制的了解可以完全替代控制测试。(　　)

8. 控制环境本身能防止或发现并纠正各类交易、账户余额、列报认定层次的重大错报。(　　)

9. 管理建议书指出了注册会计师在审计过程中注意到的内部控制重大缺陷，不应视为对被审计单位内部控制整体发表的鉴证意见，所以建议不具有强制性和公正性。(　　)

10. 无论内控多合理、运行多有效，注册会计师都应对会计报表的重要账户余额和交易实施实质性程序。(　　)

**四、综合题**

东方公司就员工职责分工问题寻求咨询服务。该公司三位员工必须分担下列工作：

(1)记录并保管总账；

(2)记录并保管应付账款明细账；

(3)记录并保管应收账款明细账；

(4)记录货币资金明细账；

(5)保管、填写支票；

(6)发出销货退回及折让的货款通知单；

(7)调节银行存款日记账与银行存款对账单；

(8)保管并送存现金收入。

上述工作中，除(6)、(7)两项工作量较小外，其余各项工作量大体相当。

要求：假如三位员工都具备相当能力，而且只需要他们做上述所列工作。请根据资料，说明应如何将这八项工作分配给三位员工才能达到内部控制制度的要求。

# 第八章　销售与收款循环审计

【案例导入】

**销售与收款循环审计案例**

审计人员对某公司2006年资产负债表中的“应收账款”进行审计，该公司应收账款总计250万元，有40个明细账，审计人员决定抽样函证。在检查回函情况时，发现以下现象：

(1)A公司欠款80万元，对方回函称2006年12月30日由银行汇出80万元；

(2)B公司欠款5万元，未收到回函；

(3)C公司欠款50万元，对方回函称2006年11月已预付5万元；

(4)D公司欠款15万元，对方称所购货物并未收到。

要求：对于上述情况，审计人员应如何实施审计程序验证。

## 第一节　销售与收款循环概述

销售与收款循环是指企业向顾客销售商品或提供劳务并收回款项的过程。销售是工商企业的主要经营活动之一，而销售又与收取货款过程密切相关。一个企业的销售与收款循环是由同客户交换商品或劳务，以及收到现金收入等有关业务活动组成的。销售与收款循环的审计，通常可以相对独立于其他业务循环而进行。根据财务报表项目与业务循环的相关程度，销售与收款循环涉及的资产负债表项目主要包括应收票据、应收账款、长期应收款、预收账款、应交税费；所涉及的利润表项目主要包括营业收入、营业税金及附加、销售费用等。

销售与收款循环的特征主要体现在两个方面：一是该循环所涉及的主要凭证和账户；二是该循环中的主要业务活动。

### 一、业务循环与审计

#### (一)业务循环的含义

业务循环是指处理某类经济业务的程序和先后顺序。运用业务循环法了解、审查和评价被审计单位内部控制系统及其执行情况，从而对被审计单位会计报表的合法性和公允性进行审计，即为业务循环审计。采用业务循环审计的目的在于保证审计质量，提高审计效率。因为业务循环审计不仅可与按业务循环进行的内部控制直接联系，加深审计人员对被审计单位经济业务的理解，而且便于审计人员合理分工。将特定业务循环所涉及的会计报表项目分配给一个或若干个审计人员，能够使他们对不同会计报表项目进行交叉复核，从而提高审计工作的效率和效果。

### (二)业务循环的划分

在审计中，通常把被审计单位的业务活动划分为以下四个循环：销售与收款循环、购货与付款循环、生产循环和筹资与投资循环。

由于货币资金与上述各业务循环均有着密切的联系，且具有鲜明的特征，因此，将其单独作为一部分在第十二章予以介绍。

## 二、销售与收款循环

### (一)销售与收款循环的主要业务活动

1. 接受顾客订单

顾客提出订货要求是整个销售与收款循环的起点。从法律上讲，这是购买某种货物或接受某种劳务的一项申请。顾客的订单只有在符合企业管理层的授权标准时，才能被接受。管理层一般都列出了已批准销售的顾客名单。销售单管理部门在决定是否同意接受某顾客的订单时，应追查该顾客是否被列入这张名单。如果该顾客未被列入，则通常需要由销售单管理部门的主管来决定是否同意销售。很多企业在批准了顾客订单之后，下一步就应编制一式多联的销售单。销售单是证明管理层有关销售交易的“发生”认定的凭据之一，也是此笔销售的交易轨迹的起点。

2. 批准赊销信用

对于赊销业务，赊销批准是由信用管理部门根据管理层的赊销政策在每个顾客的已授权的信用额度内进行的。信用管理部门的职员在收到销售单管理部门的销售单后，应将销售单与该顾客已被授权的赊销信用额度以及至今尚欠的账款余额加以比较。执行人工赊销信用检查时还应合理划分工作职责，以切实避免销售人员为扩大销售而使企业承受不适当的信用风险。企业的信用管理部门应对每个新顾客进行信用调查，包括获取信用评审机构对顾客信用等级的评定报告。无论批准赊销与否，都要求被授权的信用管理部门人员在销售单上签署意见，然后再将已签署意见的销售单送回销售单管理部门。设计信用批准控制的目的是为了降低坏账风险，因此，这些控制与应收账款账面余额的“计价和分摊”认定有关。

3. 按销售单供货

企业管理层通常要求商品仓库只有在收到经过批准的销售单时才能供货。设立这项控制程序的目的是为了防止仓库在未经授权的情况下擅自发货。因此，已批准销售单的一联通常应送达仓库，作为仓库按销售单供货和发货给装运部门的授权依据。

4. 按销售单装运货物

将按批准的销售单供货与按销售单装运货物职责相分离，有助于避免负责装运货物的职员在未经授权的情况下装运产品。此外，装运部门职员在装运之前还必须进行独立验证，以确定从仓库提取的商品都附有经批准的销售单，并且所提取商品的内容与销售单一致。

装运凭证是指一式多联的、连续编号的提货单，可由计算机或人工编制。按序归档的装运凭证通常由装运部门保管。装运凭证提供了商品确实已装运的证据。因此，它是证实销售交易“发生”认定的另一种形式的凭据。而定期检查以确定在编制的每张装运凭证后均已附有相应的销售发票，则有助于保证销售交易“完整性”认定的正确。

5. 开具账单(包括编制和向顾客寄送事先连续编号的销售发票)

这项功能所针对的主要问题是：(1)是否对所有装运的货物都开具了账单(即“完整性”认定问题)；(2)是否只对实际装运的货物才开具账单，有无重复开具账单或虚构交易(即“发生”认定问题)；(3)是否按已授权批准的商品价目表所列价格计价开具账单(即“准确性”认定问题)。

6. 记录销售

在手工会计系统中，记录销售的过程包括赊销和现销，按销售发票编制转账记账凭证或现金、银行存款收款凭证，再据以登记销售明细账和应收账款明细账或库存现金、银行存款日记账。对这项活动，注册会计师主要关心的问题是销售发票是否记录正确，并归属适当的会计期间。

7. 办理和记录现金、银行存款收入

这项活动涉及的是有关货款收回，现金、银行存款增加以及应收账款减少的活动。在办理和记录现金、银行存款收入时，最应关心的是货币资金失窃的可能性。货币资金失窃可能发生在货币资金收入登记入账之前或登记入账之后。处理货币资金收入时最重要的是要保证全部货币资金都必须如数、及时地计入库存现金、银行存款日记账或应收账款明细账，并如数、及时地将现金存入银行。在这方面，汇款通知单起着很重要的作用。

8. 办理和记录销售退回、折扣与折让

顾客如果对商品不满意，销售企业一般都会同意接受退货，或给予一定的销售折让；顾客如果提前支付货款，销售企业则可能会给予一定的销售折扣。发生此类事项时，必须经授权批准并应确保办理此事的部门和职员各司其职，分别控制实物流和会计处理。在这方面，严格使用贷项通知单无疑会起到关键的作用。

9. 注销坏账

不管赊销部门的工作如何谨慎，顾客因经营不善、宣告破产、死亡等原因而不支付货款的事仍时有发生。销售企业若认为某项货款再也无法收回，就必须注销这笔货款。对这些坏账，正确的处理方法应该是获取货款无法收回的确切证据，经适当审批后及时做出会计调整。

10. 提取坏账准备

坏账准备提取的数额必须能够抵补企业以后无法收回的销货款。

### (二)销售与收款循环涉及的主要凭证和会计记录

在内部控制比较健全的大企业里，对销售与收款业务的处理及控制，通常需要使用很多凭证和账户。典型的销售与收款循环所涉及的主要凭证和账户有以下几种：

1. 顾客订货单

顾客订货单即顾客提出的书面购货要求。企业可以通过销售人员或其他途径，如采用电话、信函和向现有的及潜在的顾客发送订货单等方式接受订货，取得顾客订货单。

2. 销售单

销售单是列示顾客所订商品的名称、规格、数量以及其他与顾客订货单有关信息的凭证，作为销售方内部处理顾客订货单的依据。

3. 发运凭证

发运凭证是在发运货物时编制的，用以反映发出商品的规格、数量和其他有关内容的凭据。发运凭证的一联寄送给顾客，其余联（一联或数联）由企业保留。这种凭证可用作向顾客开具账单的依据。

4. 销售发票

销售发票是一种用来表明已销售商品的规格、数量、价格、销售金额、运费和保险费、开票日期、付款条件等内容的凭证。销售发票的一联寄送给顾客，其余联由企业保留。销售发票是在会计账簿中登记销售交易的基本凭证。

5. 商品价目表

商品价目表是列示已经授权批准的、可供销售的各种商品的价格清单。

6. 贷项通知单

贷项通知单是一种用来表示由于销售退回或经批准的折让而引起的应收销货款减少的凭证。这种凭证的格式通常与销售发票的格式相同，只不过它不是用来证明应收账款的增加，而是用来证明应收账款的减少。

7. 应收账款明细账

应收账款明细账是用来记录每个顾客各项赊销、还款、销售退回及折让的明细账。各应收账款明细账的余额合计数应与应收账款总账的余额相等。

8. 主营业务收入明细账

主营业务收入明细账是一种用来记录销售交易的明细账。它通常记载和反映不同类别产品或劳务的销售总额。

9. 折扣与折让明细账

折扣与折让明细账是一种用来核算企业销售商品时，按销售合同规定为了及早收回货款而给予顾客的销售折扣和因商品品种、质量等原因而给予顾客的销售折让情况的明细账。当然，企业也可以不设置折扣与折让明细账，而将该类业务记录于主营业务收入明细账。

10. 汇款通知书

汇款通知书是一种与销售发票一起寄给顾客，由顾客在付款时再寄回销售单位的凭证。这种凭证注明顾客的姓名、销售发票号码、销售单位开户银行账号以及金额等内容。如果顾客没有将汇款通知书随同货款一并寄回，一般应由接受邮件的人员在开拆邮件时再代编一份汇款通知书。采用汇款通知书能使现金立即存入银行，可以改善资产保管的控制。

11. 库存现金日记账和银行存款日记账

库存现金日记账和银行存款日记账是用来记录应收账款的收回或现销收入以及其他各种现金、银行存款收入和支出的日记账。

12. 坏账审批表

坏账审批表是一种用来批准将某些应收款项注销为坏账的，仅在企业内部使用的凭证。

13. 顾客月末对账单

顾客月末对账单是一种按月定期寄送给顾客的用于购销双方定期核对账目的凭证。顾客月末对账单上应注明应收账款的月初余额、本月各项销售交易的金额、本月已收到的货款、各贷项通知单的数额以及月末余额等内容。

14. 转账凭证

转账凭证是指记录转账业务的记账凭证,它是根据有关转账业务(即不涉及现金、银行存款收付的各项业务)的原始凭证编制的。

15. 收款凭证

收款凭证是指用来记录现金和银行存款收入业务的记账凭证。

## 第二节 销售与收款循环的内部控制及控制测试

### 一、销售与收款循环的内部控制

为了能正确地处理销售与收款循环业务,保证各种有关记录、凭证真实、可靠,必须建立健全销售与收款循环的内部控制。销售与收款循环的内部控制一般应包括以下内容:

#### (一) 职责分工控制

适当的职责分工有助于加强内部牵制,防止错误和舞弊行为的发生,保证销售与收款业务处理的有效性和可靠性。如接受顾客订货、开出销货通知单、批准赊销、发出商品、开出销货发票和结算账单、记账、收取货款,都必须由不同的职能部门或人员负责办理,做到既相互联系,又相互牵制。

#### (二)授权审批控制

销售与收款循环各项业务的每一道程序都须经企业有关负责部门或人员审批。如销售方式与销售价格的确定、付款条件、结算方式、运费和销售退回、销售折扣与折让等的确定都要经过授权批准;对确实无法收回的应收账款,按规定程序批准后,可作为坏账处理。审批人员在授权范围内进行审批,不得超越审批权限。

#### (三)销货款的催收和定期核对控制

应收账款总账、明细账与主营业务收入的总账、明细账等应定期核对。应收账款要有定期核对催收制度。每月由不负责现金、销货及应收账款的记账人员向顾客寄发对账单,核对双方的账面记录。对双方账面记录结果的差异要及时调查调整,对于已超过正常信用期限、长时间拖欠货款的顾客还要以其他各种方式催促,使其尽快还款,在必要的情况下调整这类客户的信用期限。

#### (四) 凭证和记录控制

销售与收款循环中的各项业务要有健全的凭证和凭证传递制度来记录发生的销售业务,并将信息及时传递给销售部门、仓储部门、运输部门、财务部门和顾客。比如,销货通知单记录的销售业务,要能满足填制发货单的需要;发货单记录的资料要能满足仓库发货、顾客收货、会计开销货发票和登记应收账款明细账的需要。凭证应预先进行连续编号,防止重复开具账单或重复记账,也便于日后审查和查阅。企业应建立健全销售及应收账款账簿体系,及时而全面地登记销售与应收账款业务。

### (五)内部核查程序控制

内部核查程序控制是指由内部审计人员或其他独立人员核查销货业务的处理和记录,是实现内部控制目标不可缺少的一项控制措施。销售与收款内部控制监督检查的主要内容包括:

(1)销售与收款业务相关岗位及人员的设置情况,重点检查是否存在销售与收款业务不相容职务混岗的现象;

(2)销售与收款业务授权批准制度的执行情况,重点检查授权批准手续是否健全、是否存在越权审批行为;

(3)销售的管理情况,重点检查信用政策、销售政策的执行是否符合规定;

(4)收款的管理情况,重点检查单位销售收入是否及时入账、应收账款的催收是否有效、坏账核销和应收票据的管理是否符合规定;

(5)销售退回的管理情况,重点检查销售退回手续是否齐全、退回货物是否及时入库。

在确定了被审计单位的内部控制中可能存在的薄弱环节,并且对其控制风险做出评价后,注册会计师应当判断继续实施控制测试的成本是否会低于因此而减少对交易、账户余额的实质性程序所需的成本。如果被审计单位的相关内部控制不存在或未得到有效执行,则注册会计师不应再继续实施控制测试,而应直接实施实质性程序。

## 二、销售与收款循环的内部控制测试

内部控制测试是为了确定内部控制设计和执行是否有效而实施的审计程序。审计人员可以通过查阅客户的有关制度、材料和文件,结合实地观察及向有关人员调查和询问,了解被审计企业销售与收款循环的内部控制状况,用适当的方法(调查表法、流程图法、文字描述法等)将其描述出来,并纳入审计工作底稿。

(1) 抽取一定数量的销售发票,做如下检查:

检查销售发票本上所有的发票存根联是否连续编号,开票人员是否按照顺序开具发票,作废的发票是否加盖“作废”戳字并与存根联一并保存;检查销售发票上的单价是否按批准的价目表执行,并将销售发票与相关的销售通知单、销售订单、出库单所载明的品名、规格、数量、价格进行核对,销货通知单应有负责信用核准人员的签字;检查销售发票中所列的数量、单价和金额是否正确;检查各类账证记录是否及时、正确。

(2)观察被审计单位是否按月寄发对账单,并检查顾客回函档案。

(3)抽取一定数量的出库单或提货单,与相关的发票相核对,检查已发出的商品是否均已向顾客开出发票。

(4)从主营业务收入明细账中抽取一定数量的会计记录,并与有关的记账凭证、销货发票相核对,以确定是否存在收入高估或低估的情况。

(5)抽取一定数量的销售调整业务的会计凭证,检查销售退回、销售折扣与折让的核准与会计核算。

(6)抽取一定数量的记账凭证、应收账款明细账,检查记账的时间、金额是否一致;检查坏账注销业务是否合乎有关法规的规定、企业主管人员是否核准等;检查被审计单位是否定期与顾客对账等。

(7)观察职工获取或接触资产、凭证和记录的途径,并观察职工在执行授权、发货、开票等职责时的表现,确定被审计单位是否存在必要的职务分离,内部控制在执行过程中是否存在弊端。

(8)评价销售与收款循环内部控制的有效性和控制风险。在对被审计单位销售与收款循环内部控制进行必要的了解与测试的基础上,审计人员应当对该循环内部控制的健全情况、执行情况和控制风险做出评价,以确定其可信赖程度及存在的薄弱环节;确定实质性测试的性质、时间和范围。

## 第三节　营业收入审计

### 一、营业收入的审计目标

营业收入项目核算企业在销售商品、提供劳务等主营业务活动中所产生的收入,以及企业确认的除主营业务活动以外的其他经营活动实现的收入,包括出租固定资产、出租无形资产、出租包装物和商品、销售材料、用材料进行非货币性交换(非货币性资产交换具有商业实质且公允价值能够可靠计量)或债务重组等实现的收入。其审计目标一般包括:

(1)确定利润表中记录的营业收入是否已发生,且与被审计单位有关;

(2)确定所有应当记录的营业收入均已记录;

(3)确定与营业收入有关的金额及其他数据是否已恰当记录,包括对销售退回、销售折扣与折让的处理是否适当;

(4)确定营业收入是否已记录于正确的会计期间;

(5)确定营业收入是否已按企业会计准则的规定在财务报表中做出恰当的列报。

### 二、营业收入的实质性测试

主营业务收入的实质性程序一般包括以下内容:

(1)取得或编制主营业务收入明细表,复核加计是否正确,并与总账数和明细账合计数核对是否相符;结合其他业务收入科目与报表数核对是否相符;同时检查以非记账本位币结算的主营业务收入的折算汇率及折算是否正确。

(2)查明主营业务收入的确认条件、方法,注意是否符合企业会计准则,前后期是否一致,特别关注周期性、偶然性的收入是否符合既定的收入确认原则、方法。

具体来说,被审计单位采取的销售方式不同,确认销售的时点也是不同的。

①采用交款提货销售方式,应于货款已收到或取得收取货款的权利,同时已将发票账单和提货单交给购货单位时确认收入的实现。对此,注册会计师应重点检查被审计单位是否已收到货款,或取得收取货款的权利,发票账单和提货单是否已交付购货单位。应注意有无扣压结

算凭证，将当期收入转入下期入账，或者虚记收入、开假发票、虚列购货单位，将当期未实现的收入虚转为收入记账，在下期予以冲销的现象。

②采用预收账款销售方式，应于商品已经发出时，确认收入的实现。对此，注册会计师应重点检查被审计单位是否已收到了货款、商品是否已经发出，应注意是否存在已收货款并已将商品发出的交易不入账转为下期收入，或开具虚假出库凭证、虚增收入等现象。

③采用托收承付结算方式，应于商品已经发出，劳务已经提供，并已将发票账单提交银行、办妥收款手续时确认收入的实现。对此，注册会计师应重点检查被审计单位是否发货、托收手续是否办妥、货物发运凭证是否真实、托收承付结算回单是否正确。

④委托其他单位代销商品的，应于代销商品已经销售并收到代销单位代销清单时，按企业与代销单位确定的协议价确认收入的实现。对此，应注意查明有无商品未销售、编制虚假代销清单、虚增本期收入的现象。

⑤销售合同或协议明确销售价款的收入采用递延方式，实质上具有融资性质的，应当按照应收的合同或协议价款的公允价值确定销售商品收入金额。应收的合同或协议价款与其公允价值之间的差额，应当在合同或协议期间内采用实际利率法进行摊销，计入当期损益。

⑥长期工程合同收入。如果合同的结果能够可靠估计，应当根据完工百分比法确认合同收入。注册会计师应重点检查收入的计算、确认方法是否合乎规定，并核对应计收入与实际收入是否一致，注意查明有无随意确认收入、虚增或虚减本期收入的情况。

⑦委托外贸企业代理出口、实行代理制方式的，应在收到外贸企业代办的发运凭证和银行交款凭证时确认收入。对此，注册会计师应重点检查代办发运凭证和银行交款单是否真实，注意有无内外勾结、出具虚假发运凭证或虚假银行交款凭证的情况。

⑧对外转让土地使用权和销售商品房的，通常应在土地使用权和商品房已经移交并将发票结算账单提交对方时确认收入。对此，注册会计师应重点检查已办理的移交手续是否符合规定的要求，发票账单是否已交付给对方。注意查明被审计单位有无编造虚假移交手续，采用“分层套写”、开具虚假发票的行为，防止其高价出售、低价入账，从中贪污货款。如果企业事先与买方签订了不可撤销合同，按合同要求开发房地产，则应按建造合同的处理原则处理。

(3)必要时，实施实质性分析程序来获取审计证据。

①将本期的主营业务收入与上期的主营业务收入进行比较，分析产品销售的结构和价格变动是否异常，并分析异常变动的原因。

②计算本期重要产品的毛利率，与上期比较，检查是否存在异常，各期之间是否存在重大波动，查明原因。

③比较本期各月各类主营业务收入的波动情况，分析其变动趋势是否正常，是否符合被审计单位季节性、周期性的经营规律，查明异常现象和重大波动的原因。

④将本期重要产品的毛利率与同行业企业进行对比分析，检查是否存在异常。

⑤根据增值税发票申报表或普通发票，估算全年收入，与实际收入金额进行比较。

**【例 8—1】** 注册会计师对 ABC 公司 2011 年财务报表进行审计。该公司 2011 年度未发生购并、分立和债务重组行为，供产销形式与上年相当。该公司提供的未经审计的 2011 年度财务报表附注的部分内容见表 8—1。

表 8—1　　主营业务收入和主营业务成本项目附注

| 品名 | 主营业务收入 | | 主营业务成本 | |
|---|---|---|---|---|
| | 2010 年发生额 | 2011 年发生额 | 2010 年发生额 | 2011 年发生额 |
| A 产品 | 40 000 | 41 000 | 38 000 | 33 800 |
| B 产品 | 20 000 | 20 020 | 19 000 | 19 019 |
| 合　计 | 60 000 | 61 020 | 57 000 | 52 819 |

假定附注内容中的上年比较数均已审定无误。

分析要点：

通过分析程序发现该公司可能存在不合理的地方，A 产品 2011 年的销售毛利率为 17.56%，远远高于 2010 年的 5%。该公司 2011 年的供产销形式与上年相当，正常情况下应维持毛利率水平，所以应重点审计 A 产品的主营业务收入和主营业务成本。

(4)获取产品价格目录，抽查售价是否符合定价政策，并注意销售给关联方或关系密切的重要客户的产品价格是否合理，有无低价或高价结算以转移收入和利润的现象。

(5)抽取本期一定数量的销售发票，检查开票、记账、发货日期是否相符，品名、数量、单价、金额等是否与发运凭证、销售合同或协议、记账凭证等一致。

(6)抽取本期一定数量的记账凭证，检查入账日期、品名、数量、单价、金额等是否与销售发票、发运凭证、销售合同或协议等一致。

(7)结合对应收账款的审计，选择主要客户函证本期销售额。

(8)对于出口销售，应当将销售记录与出口报关单、货运提单、销售发票等出口销售单据进行核对，必要时向海关函证。

(9)销售的截止测试。

对销售实施截止测试，其目的主要在于确定被审计单位主营业务收入的会计记录归属期是否正确，应计入本期或下期的主营业务收入是否被推延至下期或提前至本期。我国《企业会计准则——基本准则》规定："企业对于已经发生的交易或者事项，应当及时进行会计确认、计量和报告，不得提前或者延后"，并规定"收入只有在经济利益很可能流入从而导致企业资产增加或者负债减少，且经济利益的流入能够可靠计量时才能予以确认"。据此，注册会计师在审计中应该注意把握三个与主营业务收入确认有着密切关系的日期：一是发票开具日期或者收款日期；二是记账日期；三是发货日期(服务业则是提供劳务的日期)。这里的发票开具日期是指开具增值税专用发票或普通发票的日期；记账日期是指被审计单位确认主营业务收入实现并将其计入主营业务收入账户的日期；发货日期是指仓库开具出库单并发出库存商品的日期。检查三者是否归属于同一适当会计期间是主营业务收入截止测试的关键所在。围绕上述三个重要日期，在审计实务中，注册会计师可以考虑选择三条审计路线实施主营业务收入的截止测试。

一是以账簿记录为起点。从资产负债表日前后若干天的账簿记录查至记账凭证，检查发票存根与发运凭证，目的是证实已入账收入是否在同一期间已开具发票并发货，有无多记收入。这种方法的优点是比较直观，容易追查至相关凭证记录，以确定其是否应在本期确认收入，特别是在连续审计两个以上会计期间时，检查跨期收入十分便捷，可以提高审计效率。缺点是缺乏全面性和连贯性，只能查多记，无法查漏记，尤其是当本期漏记收入延至下期，而审计时被审计单位尚未及时登账时，不易发现应计入而未计入报告期收入的情况。因此，使用这种方法主要是为了防止多计收入。

二是以销售发票为起点。从资产负债表日前后若干天的发票存根查至发运凭证与账簿记录，确定已开具发票的货物是否已发货并于同一会计期间确认收入。具体做法是抽取若干张在资产负债表日前后开具的销售发票的存根，追查至发运凭证和账簿记录，查明有无漏记收入现象。这种方法的优点是较全面、连贯，容易发现漏记的收入；缺点是较费时费力，有时难以查找相应的发货及账簿记录，而且不易发现多记的收入。使用该方法时应注意两点：①相应的发运凭证是否齐全，特别应注意有无报告期内已作收入而下期初用红字冲回，并且无发货、收货记录，以此来调节前后期利润的情况；②被审计单位的发票存根是否已全部提供，有无隐瞒。为此，应查看被审计单位的发票领购簿，尤其应关注普通发票的领购和使用情况。因此，使用这种方法主要是为了防止少计收入。

三是以发运凭证为起点。从资产负债表日前后若干天的发运凭证查至发票开具情况与账簿记录，确定主营业务收入是否已计入恰当的会计期间。该方法的优、缺点与方法二类似，具体操作中还应考虑被审计单位的会计政策才能做到恰如其分的处理。因此，使用这种方法主要也是为了防止少计收入。

上述三条审计路线在实务中均被广泛采用，它们并不是孤立的，注册会计师可以考虑在同一被审计单位财务报表审计中并用，甚至可以在同一主营业务收入科目审计中并用。实际上，由于被审计单位的具体情况各异，管理层意图各不相同，有的为了想办法完成利润目标、承包指标，更多地享受税收等优惠政策，便于筹资等目的，可能会多计收入；有的则为了以丰补歉、留有余地、推迟缴税时间等目的而少计收入。因此，为了提高审计效率，注册会计师应当凭借专业经验和所掌握的信息、资料做出正确的判断，选择其中的一条或两条审计路线实施更有效的收入截止测试。

(10)存在销货退回的，检查手续是否符合规定，结合原始销售凭证检查其会计处理是否正确，结合存货项目审计关注其真实性。

(11)检查销售折扣与折让。企业在销售交易中往往会因产品品种不符、质量不符合要求以及结算方面的原因发生销售折扣、销售退回与折让。尽管引起销售折扣、退回与折让的原因不尽相同，其表现形式也不尽一致，但都是对收入的抵减，直接影响收入的确认和计量。因此，注册会计师应重视折扣与折让的审计。销售折扣与折让的实质性程序主要包括：

①获取或编制折扣与折让明细表，复核加计正确，并与明细账合计数核对相符；

②取得被审计单位有关折扣与折让的具体规定和其他文件资料，并抽查较大的折扣与折让发生额的授权批准情况，与实际执行情况进行核对，检查其是否经授权批准，是否合法、真实；

③销售折让与折扣是否及时、足额提交给对方，有无虚设中介、转移收入、私设账外“小金库”等情况；

④检查销售折扣与折让的会计处理是否正确。

(12)检查有无特殊的销售行为，如附有销售退回条件的商品销售、委托代销、售后回购、以旧换新、商品需要安装和检验的销售、分期收款销售、出口销售、售后租回等，确定恰当的审计程序进行审核。

(13)调查向关联方销售的情况，记录其交易品种、价格、数量、金额和比例，并记录占总销售收入的比例。对于合并范围内的销售活动，记录应予合并抵消的金额。

(14)调查集团内部销售的情况，记录其交易价格、数量和金额，并追查在编制合并财务报表时是否已予以抵消。

(15)检查主营业务收入的列报是否恰当。

**【例 8—2】** ABC 公司 2011 年的利润表"营业收入"项目为 7 650 000 元，资产负债表"预收款项"项目为 960 000 元，各种产品均适用 17%的增值税率，经审计发现以下几个问题：

(1)盘点存货时发现乙产品账面数量大于库存数量 200 吨，经询问销售部门及仓库保管人员得知：购货方已提货，双方约定 1 个月后付款；公司以未收到货款为由，没有确认收入；该公司既没有保留继续管理权，也未对其实施控制。该产品销售单价为 1 600 元，单位成本为 800 元。

(2)有一笔预收 G 公司 585 000 元的货款，甲产品已于 2011 年 11 月发出。ABC 公司没有确认收入。

(3)2011 年 12 月 5 日，ABC 公司与 G 公司签订了一份产品销售合同；产品的安装调试由 ABC 公司负责；在合同签订日，G 公司预付货款的 40%，余款待安装调试完成并验收合格后结清，如果验收不合格，G 公司则有权退货。2011 年 12 月 26 日，开具增值税专用发票注册价款 500 000 元，增值税额 85 000 元；12 月 28 日，产品运抵 G 公司。该批产品成本为 380 000 元。至 2011 年 12 月 31 日，有关安装调试尚未开始。对于上述交易，ABC 公司在 2011 年确认了销售收入 500 000 元，并结转销售成本 380 000 元，对相关的应收账款未计提坏账准备。

分析要点：

(1)根据企业会计准则规定，对于采用交款提货销售方式的，应于货款已收到或取得收款的权利，同时已将发票账单和提货单交给购货单位时确认收入的实现，因此，该交易符合收入确认条件，应确认为当期销售。注册会计师应提请该公司调整报表。审计调整分录如下：

| | | |
|---|---|---|
| 借：应收账款 | 374 000 | |
| 　贷：主营业务收入——乙产品 | | 320 000 |
| 　　应交税费——应交增值税(销项税额) | | 54 400 |
| 借：主营业务成本——乙产品 | 160 000 | |
| 　贷：库存商品——乙产品 | | 160 000 |

(2)根据企业会计准则规定，对于采用预收款销售方式的，应于商品已经发出时确认收入的实现。对于该笔交易，货物已于 2011 年 11 月发出，相关的风险和报酬已经转移，符合收入确认条件，应当确认为销售收入。注册会计师应提请该公司调整报表，审计调整分录如下：

| | | |
|---|---|---|
| 借：预收账款 | 585 000 | |
| 　贷：主营业务收入——甲产品 | | 500 000 |
| 　　应交税费——应交增值税(销项税额) | | 85 000 |

(3)本案中产品的安装显然是合同的重要组成部分。只有安装调试完成并验收合格，才表明产品所有权上的主要风险和报酬的转移，因此，该项交易在发货时不符合收入确认条件，

ABC公司不应确认为销售收入。注册会计师应提请该公司调整报表。审计调整分录如下：

借：主营业务收入 500 000
　　应交税费——应交增值税（销项税额） 85 000
　　贷：预收账款 200 000
　　　　应收账款 385 000
借：库存商品 380 000
　　贷：主营业务成本 380 000

## 第四节 应收账款和坏账准备审计

### 一、应收账款的审计目标

应收账款是指企业因销售商品、提供劳务而形成的债权，即由于企业销售商品、提供劳务等原因，应向购货客户或接受劳务的客户收取的款项或代垫的运杂费，是企业在信用活动中所形成的各种债权性资产。

应收账款的审计目标一般包括：

（1）确定资产负债表中记录的应收账款是否已存在；

（2）确定所有应当记录的应收账款是否均已记录；

（3）确定记录的应收账款是否由被审计单位拥有或控制；

（4）确定应收账款是否可收回，坏账准备的计提方法和比例是否恰当、计提是否充分；

（5）确定应收账款及其坏账准备期末余额是否正确；

（6）确定应收账款及其坏账准备是否已按照企业会计准则的规定在财务报表中做出恰当列报。

### 二、应收账款的实质性测试

#### （一）取得或编制应收账款明细表

（1）复核加计是否正确，并与总账数和明细账合计数核对是否相符；结合“坏账准备”科目与报表数核对相符。

（2）检查非记账本位币应收账款的折算汇率及折算是否正确。对于用非记账本位币（通常为外币）结算的应收账款，注册会计师应检查被审计单位外币应收账款的增减变动是否采用交易发生日的即期汇率将外币金额折算为记账本位币金额，或者采用按照系统、合理的方法确定的、与交易发生日即期汇率近似的汇率折算，选择采用汇率的方法前后各期是否一致；期末外币应收账款余额是否采用期末即期汇率折合为记账本位币金额；折算差额的会计处理是否正确。

（3）分析有贷方余额的项目，查明原因，必要时，建议做重分类调整。

（4）结合预收款项等往来项目的明细余额，查明有无同时挂账的项目或与销售无关的其他款项，如有，应做出记录，必要时提出调整建议。

(5)标识重要的欠款单位,计算其欠款合计数占应收账款余额的比例。

### (二)检查涉及应收账款的相关财务指标

(1)复核应收账款借方累计发生额与主营业务收入是否配比,并将当期应收账款借方发生额占销售收入净额的百分比与管理层考核指标比较,若存在差异,则应查明原因。

(2)计算应收账款周转率、应收账款周转天数等指标,并与被审计单位以前年度指标、同行业同期相关指标对比分析,检查是否存在重大异常。

### (三)检查应收账款账龄分析是否正确

应收账款账龄是指资产负债表中的应收账款从销售实现、产生之日起至资产负债表日止所经历的时间。注册会计师可通过编制或索取应收账款账龄分析表来分析应收账款的账龄,目的是为了了解和分析应收账款收回的可能性。编制应收账款账龄分析表时,可以选择重要的客户及其余额单独列示,不重要的或余额较小的,可以汇总列示。应收账款账龄分析表如表8—2所示。

**表8—2　　应收账款账龄分析表**

年　月　日　　　　货币单位:

| 顾客名称 | 期末余额 | 账　龄 | | | |
|---|---|---|---|---|---|
| | | 1年以内 | 1～2年 | 2～3年 | 3年以上 |
| | | | | | |
| | | | | | |
| 合　计 | | | | | |

### (四)向债务人函证应收账款

函证是指注册会计师为了获取影响财务报表或相关披露认定的项目的信息,通过直接来自第三方对有关信息和现存状况的声明获取和评价审计证据的过程。函证应收账款的目的在于证实应收账款账户余额的真实性、正确性,防止或发现被审计单位及其有关人员在销售交易中发生的错误或舞弊行为。通过函证应收账款,可以比较有效地证明被询证者(即债务人)的存在和被审计单位记录的可靠性。

注册会计师应当考虑被审计单位的经营环境、内部控制的有效性、应收账款账户的性质、被询证者处理询证函的习惯做法及回函的可能性等,以确定应收账款函证的范围、对象、方式和时间。

1. 函证的范围和对象

除非有充分证据表明应收账款对被审计单位财务报表而言是不重要的,或者函证很可能是无效的;否则,注册会计师应当对应收账款进行函证。如果注册会计师不对应收账款进行函证,应当在工作底稿中说明理由。如果认为函证很可能是无效的,注册会计师则应当实施替代审计程序,获取充分、适当的审计证据。函证数量的多少、范围是由诸多因素决定的,主要有以下几种：

（1）应收账款在全部资产中的重要性。若应收账款在全部资产中所占的比重较大，则函证的范围应相应大一些。

（2）被审计单位内部控制的强弱。若内部控制制度较健全，则可以相应地减少函证范围；反之，则应相应地扩大函证范围。

（3）以前期间的函证结果。若以前期间函证时发现过重大差异，或欠款纠纷较多，则函证范围应相应地扩大一些。

（4）函证方式的选择。若采用积极的函证方式，则可以相应地减少函证量；若采用消极的函证方式，则要相应地增加函证量。

一般情况下，注册会计师应选择以下项目作为函证对象：大额或账龄较长的项目；与债务人发生纠纷的项目；关联方项目；主要客户（包括关系密切的客户）项目；交易频繁但期末余额较小甚至余额为零的项目；可能产生重大错报或舞弊的非正常项目。

**【例 8—3】** 注册会计师对 ABC 公司 2011 年财务报表进行审计时考虑对表 8—3 所列应收账款进行函证，在不考虑样本量的前提下，注册会计师如何选择函证对象？

**表 8—3**　　**应收账款**

| 客户名称 | 金额(元) | 账　龄 | 备　注 |
|---|---|---|---|
| 甲公司 | 28 000 000 | 2 年 | |
| 乙公司 | 60 000 | 1.5 年 | 因产品质量问题发生纠纷 |
| 丙公司 | 800 | 6 个月 | |
| 丁公司 | 400 | 1.5 个月 | 甲公司的重要债务人，本年度交易频繁 |
| 戊公司 | 300 000 | 3 年 | |

分析要点：

注册会计师应选择甲、乙、丁、戊公司进行函证。甲公司的账款属于金额巨大的应收账款，乙公司的账款属于有纠纷的应收账款，丁公司的账款属于关联方的应收账款，戊公司的账款属于金额较大、账龄较长的应收账款。

2. 函证的方式

函证方式分为积极的函证方式和消极的函证方式。注册会计师可采用积极的或消极的函证方式实施函证，也可将两种方式结合使用。

（1）积极的函证方式

积极的函证方式又称肯定式函证，是指注册会计师向第三方发出询证函，要求第三方证实有关信息，注册会计师要求被询证者在所有情况下必须回函，确认询证函所列示信息是否正确，或填列询证函要求的信息。

积极的函证方式又分为两种：一种是在询证函中列明拟函证的账户余额或其他信息，要求被询证者确认所函证的款项是否正确。通常认为，对这种询证函的回复能够提供可靠的审计证据。但是，其缺点是被询证者可能对所列示信息根本不加以验证就予以回函确认。为了避免这种风险，注册会计师可以采用另外一种询证函，即在询证函中不列明账户余额或其他信息，而要求被询证者填写有关信息或进一步提供信息。由于这种询证函要求被询证者做出更多的努力，可能会导致回函率降低，进而导致注册会计师执行更多的替代程序。

以下是《中国注册会计师审计准则第1312号——函证》指南提供的两种积极式询证函的格式，供参考。

**企业询证函**

编号：

××（公司）：

本公司聘请的××会计师事务所正在对本公司××年度财务报表进行审计，按照中国注册会计师审计准则的要求，应当询证本公司与贵公司的往来账项等事项。下列数据出自本公司账簿记录，如与贵公司记录相符，请在本函下端"信息证明无误"处签章证明；如有不符，请在"信息不符"处列明不符金额。回函请直接寄至××会计师事务所。

回函地址：

邮编： 电话： 传真： 联系人：

1. 本公司与贵公司的往来账项列示如下：

单位：元

| 截止日期 | 贵公司欠 | 欠贵公司 | 备 注 |
|---|---|---|---|
| | | | |
| | | | |

2. 其他事项。

本函仅为复核账目之用，并非催款结算。若款项在上述日期之后已经付清，仍请及时函复为盼。

（公司盖章）
年 月 日

---

结论：1. 信息证明无误。

（公司盖章）
年 月 日
经办人：

2. 信息不符，请列明不符的详细情况：

（公司盖章）
年 月 日
经办人：

在采用积极的函证方式时，只有注册会计师收到回函，才能为财务报表认定提供审计证据。注册会计师没有收到回函，可能是由于被询证者根本不存在，或是由于被询证者没有收到询证函，也可能是由于询证者没有理会询证函。在审计实务中，如果注册会计师遇到采用积极的函证方式实施函证而未能收到回函的情况，注册会计师则应当考虑与被询证者联系，要求对方做出回应或再次寄发询证函，如果仍未得到被询证者的回应，则应当实施替代审计程序。所实施的替代程序因所涉及的账户和认定而异，但替代审计程序应当能够提供实施函证所能够提供的同样效果的审计证据。例如，检查与销售有关的文件，包括销售合同或协议、销售订单、销售发票副本及发运凭证等，以验证这些应收账款的真实性。

(2)消极的函证方式

消极的函证方式又称否定式函证，是指注册会计师向第三方发出询证函，要求第三方证实有关信息，注册会计师只要求被询证者仅在不同意询证函列示信息的情况下才予以回函。

在采用消极的函证方式时，如果收到回函，能够为财务报表认定提供说服力强的审计证据。未收到回函可能是因为被询证者已收到询证函且核对无误，也可能是因为被询证者根本就没有收到询证函。在采用消极的方式函证时，注册会计师通常还需辅之以其他审计程序。

当同时存在下列情况时，注册会计师可考虑采用消极的函证方式：①重大错报风险评估为低水平；②涉及大量余额较小的账户；③预期不存在大量的错误；④没有理由相信被询证者不认真对待函证。

以下是《中国注册会计师审计准则第1312号——函证》指南提供的消极式询证函的格式，供参考。

**企业询证函**

编号：

××(公司)：

本公司聘请的××会计师事务所正在对本公司××年度财务报表进行审计，按照中国注册会计师审计准则的要求，应当询证本公司与贵公司的往来账项等事项。下列数据出自本公司账簿记录，如与贵公司记录相符，请在本函下端“信息证明无误”处签章证明；如有不符，请在“信息不符”处列明不符金领。回函请直接寄至××会计师事务所。

回函地址：

邮编： 电话： 传真： 联系人：

1. 本公司与贵公司的往来账项列示如下：

单位：元

| 截止日期 | 贵公司欠 | 欠贵公司 | 备 注 |
| --- | --- | --- | --- |
| | | | |
| | | | |

2. 其他事项。

本函仅为复核账目之用，并非催款结算。若款项在上述日期之后已经付清，仍请及时函复为盼。

(公司盖章)

年 月 日

- - - - - - - - - - - - - - - - - - - - - - - - - - - - - - - - - -

结论：1. 信息证明无误。

（公司盖章）
年　月　日
经办人：

2. 信息不符，请列明不符的详细情况：

（公司盖章）
年　月　日
经办人：

在审计实务中，注册会计师也可将这两种方式结合使用。当应收账款的余额是由少量的大额应收账款和大量的小额应收账款构成时，注册会计师可以对所有的或抽取的大额应收账款样本采用积极的函证方式，而对抽取的小额应收账款样本采用消极的函证方式。

3. 函证时间的选择

为了充分发挥函证的作用，应恰当选择函证的实施时间。注册会计师通常以资产负债表日为截止日，在资产负债表日后适当时间内实施函证。如果重大错报风险评估为低水平，注册会计师可选择资产负债表日前适当日期为截止日实施函证，并对所函证项目自该截止日起至资产负债表日止发生的变动实施实质性程序。

4. 函证的控制

注册会计师通常利用被审计单位提供的应收账款明细账户名称、客户地址等资料数据来编制询证函，但注册会计师应当对选择被询证者、设计询证函以及发出和收回询证函保持控制。出于掩盖舞弊的目的，被审计单位可能想方设法拦截或更改询证函及回函的内容。如果注册会计师对函证程序控制不严密，就可能给被审计单位造成可乘之机，导致函证结果发生偏差和函证程序失效。

注册会计师应当采取下列措施对函证实施过程进行控制：

(1)将被询证者的名称、地址与被审计单位有关记录核对；

(2)将询证函中列示的账户余额或其他信息与被审计单位有关资料核对；

(3)在询证函中指明直接向接受审计业务委托的会计师事务所回函；

(4)询证函经被审计单位盖章后，由注册会计师直接发出；

(5)将发出询证函的情况形成审计工作记录；

(6)将收到的回函形成审计工作记录，并汇总统计函证结果。

在审计实务中，注册会计师经常会遇到被询证者以传真、电子邮件等方式回函的情况，这些方式确实能使注册会计师及时得到回函信息，但由于这些方式易被截留、篡改或难以确定回函者的真实身份，因此，注册会计师应当直接接收，并要求被询证者及时寄回询证函原件。

5. 对不符事项的处理

收回的询证函若有差异，即函证出现了不符事项，注册会计师应当首先提请被审计单位查明原因，并做进一步的分析和核实。不符事项的原因可能是由于双方登记入账的时间不同，或是由于一方或双方记账错误，也可能是被审计单位的舞弊行为。对应收账款而言，登记入账的时间不同而产生的不符事项主要表现为：

(1)询证函发出时，债务人已经付款，而被审计单位尚未收到货款；

（2）询证函发出时，被审计单位的货物已经发出并已做销售记录，但货物仍在途中，债务人尚未收到货物；

（3）债务人由于某种原因将货物退回，而被审计单位尚未收到；

（4）债务人对收到货物的数量、质量及价格等方面有异议而全部或部分拒付货款等。如果不符事项构成错报，注册会计师则应当重新考虑所实施审计程序的性质、时间和范围。

6. 对函证结果的总结和评价

注册会计师应将函证的过程和情况记录在工作底稿中，并据以评价函证的可靠性。在评价函证的可靠性时，注册会计师应当考虑：（1）对询证函的设计、发出及收回的控制情况；（2）被询证者的胜任能力、独立性、授权回函情况、对函证项目的了解及其客观性；（3）被审计单位施加的限制或回函中的限制。

注册会计师对函证结果可进行如下评价：

（1）注册会计师应重新考虑：对内部控制的原有评价是否适当；控制测试的结果是否适当；分析程序的结果是否适当；相关的风险评价是否适当等。

（2）如果函证结果表明没有审计差异，则注册会计师可以合理地推论，全部应收账款总体是正确的。

（3）如果函证结果表明存在审计差异，则注册会计师应当估算应收账款总额中可能出现的累计差错是多少，估算未被选中进行函证的应收账款的累计差错是多少。为取得对应收账款累计差错更加准确的估计，也可以进一步扩大函证的范围。

**（五）确定已收回的应收账款金额**

请被审计单位协助，在应收账款明细表上标出至审计时已收回的应收账款金额，对已收回金额较大的款项进行常规检查，如核对收款凭证、银行对账单、销货发票等，并注意凭证发生日期的合理性，分析收款时间是否与合同相关要素一致。

**（六）对未函证应收账款实施替代审计程序**

通常，注册会计师不可能对所有应收账款进行函证，因此，对未函证应收账款，注册会计师应抽查有关原始凭据，如销售合同、销售订单、销售发票副本、发运凭证及回款单据等，以验证与其相关的应收账款的真实性。

**（七）检查坏账的确认和处理**

首先，注册会计师应检查有无债务人破产或者死亡的，以其破产或遗产清偿后仍无法收回的，或者债务人长期未履行清偿义务的应收账款；其次，应检查被审计单位坏账的处理是否经授权批准，有关会计处理是否正确。

**（八）抽查有无不属于结算业务的债权**

不属于结算业务的债权，不应在应收账款中进行核算。因此，注册会计师应抽查应收账款明细账，并追查有关原始凭证，查证被审计单位有无不属于结算业务的债权。若有，则应做记录或建议被审计单位做适当调整。

### (九)检查贴现、质押或出售

检查银行存款和银行贷款等询证函的回函、会议纪要、借款协议和其他文件,确定应收账款是否已被质押或出售,应收账款贴现业务属质押还是出售,其会计处理是否正确。

企业将应收债权向银行等金融机构贴现,在进行会计核算时,应按照“实质重于形式”的原则,充分考虑交易的经济实质。对于有明确的证据表明有关交易事项满足销售确认条件,如与应收债权有关的风险、报酬实质上已经发生转移等,应按照出售应收债权处理,并确认相关损益;否则,应作为以应收债权为质押取得的借款进行会计处理。

### (十)对应收账款实施关联方及其交易审计程序

标明应收关联方[包括持股5%以上(含5%)股东]的款项,实施关联方及其交易审计程序,并注明合并报表时应予抵消的金额;对关联企业、有密切关系的主要客户的交易事项做专门核查:

(1)了解交易事项的目的、价格和条件,做比较分析;

(2)检查销售合同、销售发票、货运单证等相关文件资料;

(3)检查收款凭证等货款结算单据;

(4)向关联方、有密切关系的主要客户或其他注册会计师函询,以确认交易的真实性、合理性。

### (十一)确定应收账款的列报是否恰当

如果被审计单位为上市公司,则其财务报表附注通常应披露期初、期末余额的账龄分析,期末欠款金额较大的单位账款,以及持有5%以上(含5%)股份的股东单位账款等情况。

## 三、坏账准备的实质性测试

企业会计准则规定,企业应当在期末对应收款项进行检查,并预计可能产生的坏账损失。应收款项包括应收票据、应收账款、预付款项、其他应收款和长期应收款等。下面,以应收账款相关的坏账准备为例,阐述坏账准备审计常用的实质性程序。

(1)取得或编制坏账准备明细表,复核加计正确,与坏账准备总账数、明细账合计数核对相符。

(2)实施分析程序。通过计算坏账准备余额占应收账款余额的比例,并和以前期间的相关比例比较,分析有无异常,分析其产生重大差异的原因。

(3)将应收账款坏账准备本期计提数与资产减值损失相应明细项目的发生额核对相符。

(4)检查应收账款坏账准备计提和核销的批准程序,评价坏账准备所依据的资料、假设及计提方法。

企业通常应采用备抵法核算坏账损失,计提坏账损失的具体方法由企业自行确定。计提坏账损失的方法主要有账龄分析法、余额百分比法等。企业应根据所持应收账款的实际可回收情况,合理计提坏账准备,不得多提或少提,否则应视为滥用会计估计,按照重大会计差错更正的方法进行会计处理。

(5)实际发生坏账损失的，检查转销依据是否符合有关规定，会计处理是否正确。

对于被审计单位在被审期间内发生的坏账损失，注册会计师应检查其原因是否清楚、是否符合有关规定，有无授权批准，有无已做坏账处理后又重新收回的应收账款，相应的会计处理是否正确。对有确凿证据表明确实无法收回的应收账款，如债务单位已撤销、破产、资不抵债、现金流量严重不足等，企业应根据管理权限，经股东(大)会或董事会，或经理(厂长)办公会或类似机构批准作为坏账损失，冲销提取的坏账准备。

(6)检查长期挂账应收账款。注册会计师应检查应收账款明细账及相关原始凭证，查找有无资产负债表日后仍未收回的长期挂账应收账款，若有，则应提请被审计单位做适当处理。

(7)检查函证结果。对债务人回函中反映的例外事项及存在争议的余额，注册会计师应查明原因并做记录，必要时，应建议被审计单位做相应的调整。

(8)确定应收账款坏账准备的披露是否恰当。企业应当在财务报表附注中清晰地说明坏账的确认标准、坏账准备的计提方法和计提比例。并且，上市公司还应在财务报表附注中分项披露如下事项：

①本期全额计提坏账准备，或计提坏账准备的比例较大的(计提比例一般超过40%及以上的，下同)应说明计提的比例以及理由；

②期间已全额计提坏账准备，或计提坏账准备的比例较大但在本期又全部或部分收回的，或通过重组等其他方式收回的，应说明其原因、原估计计提比例的理由以及原估计计提比例的合理性；

③对某些金额较大的应收账款不计提坏账准备或计提坏账准备比例较低(一般为5%或低于5%)的理由；

④本期实际冲销的应收账款及其理由，其中，实际冲销的关联交易产生的应收账款应单独披露。

**【例8—4】** 注册会计师对ABC公司2011年财务报表审计时发现：该公司采用应收款项余额百分比法计提坏账准备，确定的比例为2%；年末应收账款明细账借方余额为750万元，预收账款明细账借方余额为350万元，坏账准备期初余额为20万元，本期发生坏账损失30万元，本期收回前期已核销的坏账为15万元；期末应收账款中应收Z公司货款60万元，有确凿证据表明只能收回30%；ABC公司年末计提了10万元的坏账准备。

分析要点：

ABC公司计提的坏账准备不恰当。按规定，企业应按照应收账款和预收账款明细账科目的借方余额合计计提坏账准备。应收Z公司货款60万元，有确凿证据表明只能收回30%，应采用个别认定法计提坏账准备，建议ABC公司进行调整。

调整前坏账准备账户余额＝20－30＋15＋10＝15(万元)(贷方)

补提坏账准备＝(750＋350－60)×2%＋60×(1－30%)－15＝47.8(万元)

审计调整分录如下：

借：资产减值损失　　478 000

　　贷：坏账准备　　478 000

# 第五节 其他相关账户的审计

## 一、应收票据审计

如果企业销售实现时没有收到现款，而是收到客户的商业汇票，包括商业承兑汇票和银行承兑汇票，便产生了应收票据。应收票据是以书面形式表现的债权资产，其款项具有一定的保证，经持有人背书后可以提交银行贴现，具有较大的灵活性。由于应收票据是企业赊销业务中产生的，因此对应收票据的审计也必须结合赊销业务一起进行。

企业以收取客户商业汇票方式进行赊销时，一般要进行销货、收取票据、计息、贴现、收款等活动，在此过程中要涉及一些凭证和账簿，这些都是应收票据的审计范围。

### (一)应收票据的审计目标

(1)确定资产负债表中记录的应收票据是否存在；

(2)确定所有应当记录的应收票据均已记录；

(3)确定记录的应收票据由被审计单位拥有或控制；

(4)确定应收票据及其坏账准备增减变动的记录是否完整；

(5)确定应收票据可否收回，坏账准备的计提方法和比例是否恰当、计提是否充分；

(6)检查应收票据及其坏账准备期末余额是否正确；

(7)确定应收票据及其坏账准备是否已按照企业会计准则的规定在财务报表中做出恰当列报。

### (二)应收票据的实质性测试

(1)获取或编制应收票据明细表：

①复核加计是否正确，并与总账数和明细账合计数核对是否相符；结合坏账准备科目与报表数核对是否相符。

应收票据明细表通常包括出票人姓名、出票日、到期日、金额和利率等资料。在复核加计正确及与上述有关数额核对相符的基础上，注册会计师应抽查部分票据，并追查至相关文件资料，判断其内容是否正确，有无应转应收账款的逾期应收票据，以及虽未逾期但有确凿证据表明不能够收回或收回可能性不大的应收票据。

②检查非记账本位币应收票据的折算汇率及折算是否正确。

③检查逾期票据是否已转为应收账款。

(2)取得被审计单位“应收票据备查簿”，核对其是否与账面记录一致。请被审计单位协助，在应收票据明细表上标出至审计时已兑现或已贴现的应收票据，做常规检查，如核对收款凭证等，以确认其在资产负债表日的真实性。

(3)监盘库存票据，注意票据的种类、号数、签收的日期、到期日、票面金额、合同交易号、付款人、承兑人、背书人姓名或单位名称，以及利率、贴现率、收款日期、收回金额等是否与应收票据登记簿的记录相符；关注是否对背书转让的票据负有连带责任；注意是否存在已作质押的票据和银行退回的票据。

（4）必要时选取部分票据（特别关注有疑问的商业承兑汇票）向出票人函证，证实其存在性和可收回性，并编制函证结果汇总表。

（5）对于大额票据，应取得相应的销售合同或协议、销售发票和出库单等原始交易资料进行核对，以证实是否存在真实的交易。

（6）复核带息票据的利息计算是否正确，注意逾期应收票据是否已按规定停止计提利息，并检查其会计处理是否正确。

如果注册会计师复算得出的应计利息金额与账面所列金额不符，应加以分析，特别要对“财务费用——利息收入”账户中那些与应收票据账户中所列任何票据均不相关的贷方金额加以注意，因为这些贷项可能代表据以收取利息的票据未曾入账。

（7）对贴现的应收票据，复核其贴现息计算是否正确，会计处理是否正确。编制已贴现和已转让但未到期的商业承兑汇票清单，并检查是否存在贴现保证金。

企业以应收票据向银行等金融机构贴现，应比照应收账款等应收债权贴现的有关规定，即根据“实质重于形式”的原则，如果与所贴现应收票据有关的风险和报酬并未转移，则申请贴现的企业应按照以应收票据为质押取得借款的规定进行会计处理；如果有关的风险和报酬已转移，则应视同应收票据出售进行会计处理。

（8）请被审计单位协助，在应收票据明细表上标出至外勤审计时已兑现或已贴现的应收票据，核对收款凭证等资料，以确认其资产负债表上列示数据的真实性。

（9）对与应收票据相关的坏账准备进行审计（审计程序参见与应收账款相关的坏账准备的审计程序）。

（10）对应收票据实施关联方及其交易审计程序。

标明应收关联方[包括持股5%以上（含5%）股东]的款项，执行关联方及其交易审计程序，并注明合并报表时应予抵消的金额；对关联企业、有密切关系的主要客户的交易事项做专门核查：

①了解交易事项的目的、价格和条件，做比较分析；

②检查销售合同、销售发票、货运单证等相关文件资料；

③检查收款凭证等货款结算单据；

④向关联方、有密切关系的主要客户或其他注册会计师函证，以确认交易的真实性、合理性。

（11）确定应收票据的披露是否恰当。

注册会计师应检查被审计单位资产负债表中应收票据项目的数额是否与审定数相符，是否剔除了有关的风险和报酬业已转移的已贴现票据。如果被审计单位是上市公司，其财务报表附注通常应披露贴现或用作抵押的应收票据的情况和原因说明，以及持有其5%以上（含5%）股份的股东单位欠款情况。

## 二、预收账款审计

预收账款是在企业销售交易成立以前预先收取的部分货款。由于预收账款是随着企业销售交易的发生而发生的，注册会计师应结合企业销售交易对预收账款进行审计。

**(一)预收账款的审计目标**

(1)确定资产负债表中记录的预收账款是否存在;

(2)确定所有应当记录的预收账款是否均已记录;

(3)确定记录的预收账款是否是被审计单位应当履行的现时义务;

(4)确定预收账款是否以恰当的金额包括在财务报表中,与之相关的计价调整是否已恰当记录;

(5)确定预收账款是否已按照企业会计准则的规定在财务报表中做出恰当列报。

**(二)预收账款的实质性测试**

(1)获取或编制预收账款明细表,并进行以下检查:

①复核加计是否正确,并与报表数、总账数和明细账合计数核对是否相符;

②以非记账本位币结算的预收账款,检查其采用的折算汇率及折算方法是否正确;

③检查是否存在借方余额,必要时进行重分类调整;

④结合应收账款等往来款项目的明细余额,检查是否存在应收、预收两方挂账的项目,必要时做出调整;

⑤标识重要客户。

(2)请被审计单位协助,在预收账款明细表上标出截至审计日已转销的预收账款,对已转销金额较大的预收账款进行检查,核对记账凭证、仓库发货单、货运单据、销售发票等,并注意这些凭证日期的合理性。

(3)抽查与预收账款有关的销货合同、仓库发货记录、货运单据和收款凭证,检查已实现销售的商品是否及时转销预收账款,确定预收账款期末余额的正确性和合理性。

(4)选择预收账款的若干重大项目函证,根据回函情况编制函证结果汇总表。

函证测试样本通常应考虑选择大额或账龄较长的项目、关联方项目以及主要客户项目。对于回函金额不符的,应查明原因并做出记录或建议做适当调整;对于未回函的,应再次函证或通过检查资产负债表日后已转销的预收款项是否与仓库发运凭证、销售发票相一致等替代程序,确定其是否真实、正确。

(5)检查预收账款长期挂账的原因,并做出记录,必要时提请被审计单位予以调整。检查账龄超过 1 年的预收账款未结转的原因并做出记录。

(6)对预收账款中按税法规定应预缴税费的预收销售款,结合应交税费项目检查是否及时、足额缴纳有关税费。

(7)通过货币资金的期后测试,以确定预收账款是否已计入恰当期间。

(8)标明预收关联方[包括持股 5%以上(含 5%)股东]的款项,执行关联方及其交易审计程序,并注明合并报表时应予抵消的金额。

(9)检查预收账款的列报是否恰当。

如果被审计单位是上市公司,其财务报表附注通常应披露持有其 5%以上(含 5%)股份的股东单位账款情况,并说明账龄超过 1 年的预收款项未结转的原因。

## 三、应交税费审计

企业形成销售收入和实现利润后，要缴纳各种税费，对税费的核算，在权责发生制的基础上形成应交税费；实际缴纳税费后，再从该账户转出。企业缴纳的主要税种为增值税和所得税，它们与企业的销售业务关系较为密切，尤其是增值税中的销项税，对其审计应放在销售与收款循环中。应交税费的实质性测试程序包括：

(1)获取或编制应交税费明细表，复核其加计数是否正确，并核对其期末余额与报表数、总账数和明细账合计数是否相符。注意印花税、耕地占用税等有无误入应交税费项目。

(2)检查被审计单位纳税的相关规定，应获取纳税通知书及征、免、减税的批准文件，了解被审计单位适用的税种、计税基础、税率以及征、免、减税的范围与期限，确认其在被审计期间应纳税的内容。对重要的减、免、抵、退税收审批文件应索取复印件，归入审计工作底稿。

(3)检查应交增值税的计算是否正确。获取或编制应交增值税明细表，加计复核其正确性，并与明细账核对相符。将“应交增值税明细表”与“企业增值税纳税申报表”核对，检查进项、销项的入账与申报期间是否一致、金额是否相符，对销项税的复核可以结合营业收入明细表来进行。

复核国内采购货物、进口货物、购进的免税产品、接受投资或捐赠、通过非货币性交易取得的存货、接受应税劳务等应计的进项税额是否按规定进行了会计处理。

复核存货销售、非货币性交易换出的存货或将存货用于投资、无偿赠予他人、分配给股东或投资人应计的销项税额，以及将自产、委托加工的产品用于非应税项目应计的销项税额的计算是否正确，是否按规定进行了会计处理。

复核因存货改变用途或发生非常损失应计的进项税额转出数的计算是否正确，是否按照有关规定进行了会计处理；检查出口货物退税的计算是否正确，是否进行了合理的会计处理。

对营业税金及附加的审计最好与应交增值税的审计结合起来，因营业税金及附加的计税基数绝大多数为本期应交的增值税，根据增值税审定表来计算核定企业营业税金及附加是否正确。

(4)审查企业应交的所得税。确定所得税的应交金额和税率，复核应缴企业所得税的计算是否正确，是否按有关规定进行了会计处理；是否存在偷逃税款的行为，有无乱用所得税的优惠政策。

(5)确定应缴税费是否已在资产负债表上做恰当披露。

公司财务报表附注中应按税的种类分项列示应缴税费金额，并说明本期执行的法定税率。

**【例 8—5】** ABC 公司 2011 年增值税销项税额为 1 300 500 元，经审计发现在建工程(厂房)领用自产的甲产品，产品成本共计 93 750 元，计税价为 125 000 元。该公司按产品成本转账且未计算增值税销项税额。

分析要点：

对于上述事项，ABC 公司的会计处理不恰当，按规定，在建工程(厂房)领用企业生产的产品应视同销售计缴增值税且不得抵扣。计算增值税销项税额为 125 000×17%＝21 250(元)。审计调整分录如下：

借：在建工程　　　　21 250

　　贷：应交税费——应交增值税(销项税额)　　　　21 250

## 四、营业税金及附加审计

营业税金及附加是指企业由于销售产品、提供劳务等负担的税金及附加，包括营业税、消费税、城市维护建设税、资源税和教育费附加，以及与投资性房地产相关的房产税、土地使用税等。对营业税金及附加的实质性程序，应在查明被审计单位应缴纳税种的基础上结合“营业税金及附加”总账、明细账与有关原始凭证，以及与该账户对应的“应交税费”等账户实施，必要时，应向有关部门、单位和人员进行查询。

### （一）营业税金及附加审计目标

（1）确定利润表中记录的营业税金及附加是否已发生，且与被审计单位有关；

（2）确定所有应当记录的营业税金及附加是否均已记录；

（3）确定与营业税金及附加有关的金额及其他数据是否已恰当记录；

（4）确定营业税金及附加是否已记录于正确的会计期间；

（5）确定营业税金及附加中的交易和事项是否已记录于恰当的账户；

（6）确定营业税金及附加是否已按照企业会计准则的规定在财务报表中做出恰当列报。

### （二）营业税金及附加的实质性测试

（1）获取或编制营业税金及附加明细表，复核加计是否正确，并与报表数、总账数和明细账合计数核对是否相符。

（2）确定被审计单位的纳税（费）范围与税（费）种是否符合国家规定。

（3）根据审定的本期应纳营业税的营业收入和其他纳税事项，按规定的税率，分项计算、复核本期应纳营业税税额，检查会计处理是否正确。

（4）根据审定的本期应税消费品销售额（或数量），按规定适用的税率，分项计算、复核本期应纳消费税税额，检查会计处理是否正确。

（5）根据审定的本期应纳资源税产品的课税数量，按规定适用的单位税额，计算、复核本期应纳资源税税额，检查会计处理是否正确。

（6）城市维护建设税、教育费附加等项目的计算依据是否和本期应纳增值税、营业税、消费税合计数一致，并按规定适用的税率或费率计算、复核本期应纳城建税、教育费附加等，检查会计处理是否正确。

（7）结合应交税费科目的审计，复核其勾稽关系。

（8）检查营业税金及附加是否已按照企业会计准则的规定在财务报表中做出恰当列报。

如果被审计单位是上市公司，则在其财务报表附注中应分项列示本期营业税金及附加的认缴标准及金额。

**【例 8—6】** 注册会计师对 ABC 公司 2011 年年报审计时发现如下情况：2011 年 3 月 10 日将出让无形资产使用权应交的营业税 32 000 元及相应的城市维护建设税（7%）和教育费附加（3%）计入其他业务成本。

分析要点：

对于上述事项，ABC 公司的会计处理不恰当，无论是销售商品等为完成其经营目标而从事的经常性活动还是与经常性活动相关的其他活动，所形成的应交税费都应记入“营业税金及附加”科目。审计调整分录如下：

借：营业税金及附加 35 200

　　贷：其他业务成本 35 200

## 五、销售费用审计

销售费用是指企业在销售商品过程中发生的费用。

### （一）销售费用审计目标

（1）确定利润表中记录的销售费用是否已发生，且与被审计单位有关；

（2）确定所有应当记录的销售费用是否均已记录；

（3）确定与销售费用有关的金额及其他数据是否已恰当记录；

（4）确定销售费用是否已记录于正确的会计期间；

（5）确定销售费用是否已记录于恰当的账户；

（6）确定销售费用是否已按照企业会计准则的规定在财务报表中做出恰当的列报。

### （二）销售费用的实质性测试

（1）获取或编制销售费用明细表。

①复核其加计数是否正确，并与报表数、总账数和明细账合计数核对是否相符；

②将销售费用中的工资、折旧等与资产、负债相关的科目核对，检查其勾稽关系的合理性。

（2）对销售费用进行分析。

①计算分析各个月份销售费用总额及主要项目金额占主营业务收入的比率，并与上一年度进行比较，判断变动的合理性；

②计算分析各个月份销售费用中主要项目发生额及占销售费用总额的比率，并与上一年度进行比较，判断其变动的合理性。

（3）检查各明细项目是否与被审计单位销售商品和材料、提供劳务以及专设的销售机构发生的各种费用有关，是否合规、合理，计算是否正确。注意需经外汇管理部门审批的费用项目，是否经过批准。

（4）检查销售佣金支出是否符合规定、审批手续是否健全、是否取得有效的原始凭证；如超过规定限额，是否按规定进行了纳税调整。

（5）检查广告费、宣传费、业务招待费的支出是否合理，审批手续是否健全，是否取得有效的原始凭证；如果超过规定限额，则应在计算应纳税所得额时调整。

（6）检查由产品质量保证产生的预计负债，是否按确定的金额进行会计处理。

（7）选择重要或异常的销售费用，检查销售费用各项目开支标准是否符合有关规定，开支内容是否与被审计单位的产品销售或专设销售机构的经费有关，计算是否正确，原始凭证是否合法，会计处理是否正确。

（8）抽取资产负债表日前后一定数量的凭证，实施截止测试，若存在异常迹象，应考虑是否有必要追加审计程序，对于重大跨期项目则应做必要调整。

(9)如果被审计单位系商品流通企业且已将管理费用科目的核算内容并入本科目核算,应同时实施管理费用审计程序。

## 基本概念

业务循环　销售与收款循环　肯定式函证　积极式函证　函证

## 思考题

1. 销售与收款循环的主要业务活动有哪些?
2. 对主营业务收入实施截止测试的目的是什么?
3. 应收账款函证结果与被审计单位会计记录不一致的原因主要有哪些?
4. 审计人员在确定应收账款函证范围时应主要考虑哪些因素?
5. 审计人员在哪些情况下应采用积极式函证?哪些情况下应采用消极式函证?

## 实训练习题

**一、单项选择题**

1. 销售与收款循环的业务一般以(　　)为起点。

A. 处理顾客订单　B. 向顾客提供商品或劳务

C. 商品或劳务转化为应收账款　D. 收入货币资金

2. 审计应收账款的目标不应包括(　　)。

A. 确定应收账款的存在性　B. 确定应收账款记录的完整性

C. 确定应收账款的回收期　D. 确定应收账款在会计报表上披露的恰当性

3. 注册会计师向债务人函证应收账款的主要目的是为了(　　)。

A. 证实债务人的存在和被审计单位记录的真实性

B. 确定应收账款能否收回

C. 符合专业标准的要求

D. 确定坏账损失的处理是否恰当

4. 应收账款函证的时间最好安排在(　　)。

A. 与审计报告日相近的时间　B. 与资产负债表日相近的时间

C. 与审计业务完成日相近的时间　D. 与审计费用支付日相近的时间

5. 审计人员对被审计单位实施销货业务截止测试,主要目的是为了检查(　　)。

A. 年底应收账款的真实性　B. 是否存在过多的销货折扣

C. 销货业务的入账时间是否正确　D. 销货退回是否已经核准

6. 分析应收账款账龄仅有助于判断(　　)。

A. 应收账款的完整性　B. 赊销业务的审批情况

C. 应收账款的可收回性　　D. 应收账款的估价

7. 对通过函证无法证实的应收账款，审计人员应当执行的最有效的审计程序是(　　)。

A. 重新测试相关的内部控制　　B. 审查与应收账款相关的销货凭证

C. 进行分析程序　　D. 审查资产负债表日后的收款情况

8. 应收账款的询证函应由(　　)盖章签发。

A. 客户　　B. 会计师事务所

C. 注册会计师　　D. 客户或事务所均可

9. 为证实所有销售业务均已记录，注册会计师应选择的最有效的具体审计程序是(　　)。

A. 抽查出库单　　B. 抽查销售明细账

C. 抽查应收账款明细账　　D. 抽查银行对账单

10. 在确定函证对象时，以下项目中，应当进行函证的是(　　)。

A. 函证很可能无效的应收账款　　B. 交易频繁但期末余额较小的应收账款

C. 执行其他审计程序可以确认的应收账款　　D. 应收纳入审计范围内子公司的款项

## 二、多项选择题

1. 审计人员采用积极式函证较好的情形是债务人符合(　　)。

A. 欠款可能存在差错　　B. 预计的差错率低

C. 相关的内部控制有效　　D. 个人账户的欠款金额较大

2. 在对收入及其结算情况审计时，一般要结合(　　)进行。

A. 应收账款　　B. 应付账款　　C. 预付账款　　D. 预收账款

3. 只有同时在下列(　　)情况下，注册会计师才可以考虑采用消极的函证方式。

A. 重大错报风险评估为低水平　　B. 涉及大量余额较小的账户

C. 预期不存在大量的错误　　D. 没有理由相信被询证者不认真对待函证

4. 注册会计师在确定函证对象时，下列债务人中应作为主要选择对象的是(　　)。

A. 欠款金额占全部应收账款的 20%　　B. 欠款时间已达两年以上

C. 持有被审计单位 30%的股权　　D. 与被审计单位同一董事长

5. 确定主营业务收入归属期是否正确，应重点审查的日期是(　　)。

A. 发票开具日期　　B. 收款日期　　C. 发货日期　　D. 记账日期

6. 同时存在下列哪种情况时注册会计师可考虑采用消极的函证方式？(　　)

A. 被审计单位的重大错报风险评估为低水平

B. 涉及大量较小的账户余额

C. 预期不存在大量的错报

D. 没有理由相信被函证者不认真对待函证

7. 在对特定期间的主营业务收入进行审计时，注册会计师应重点关注的与被审计单位主营业务收入确认有密切关系的日期包括(　　)。

A. 销售截止测试实施日期　　B. 开具发票的日期或者收款日期

C. 登记主营业务收入明细账的日期　　D. 发货日期或提供劳务日期

8. 向顾客开具销售发票，这项控制与销售交易的(　　)有关。

A. 完整性认定　　B. 权利和义务认定　　C. 准确性认定　　D. 发生认定

9. 销售与收款循环业务包括的利润表项目主要有(　　)。

A. 主营业务收入　　B. 销售费用　　C. 管理费用　　D. 所得税费用

10. 审计人员确定应收账款函证数量的大小、范围时，应考虑的主要因素有(　　)。

A. 应收账款在全部资产中的重要性　　B. 被审计单位内部控制的强弱
C. 以前年度函证结果　　D. 函证方式的选择

**三、判断题**

1. 积极式函证方式没有得到复函的，应采用追查程序，一般来说，应在第二次乃至第三次发函，如果仍得不到答复，则应考虑采用必要的替代审计程序。（　）

2. 批准赊销应与销售独立，以防止出现信用风险。（　）

3. 由出纳定期向客户寄出对账单，促使客户履行合约。（　）

4. 审查坏账准备提取是否正确，仅关系到资产负债表的正确性。（　）

5. 如果被审计单位安排财务人员甲登记主营业务收入明细账，财务人员乙登记应收账款明细账，财务人员丙在负责调节主营业务收入明细账与总账的同时经手货币资金收付业务，注册会计师应认可其职责分离的适当性。（　）

6. 对于充分的凭证和记录以及凭证预先编号这两项控制，常用的控制测试程序是清点各种凭证。这种测试程序可同时提供有关发生和完整性目标的证据。（　）

7. 测试不真实的销售交易的起点是原始凭证，即从发运凭证中选取样本，追查至销售发票副联和主营业务收入明细账。（　）

8. 注册会计师在对某年度主营业务收入实施截止测试时，如果以该年度的销售发票为起点，则可用来检查是否高估收入。（　）

9. 注册会计师必须要对被审计单位所有的应收账款进行函证。（　）

**四、案例分析题**

1. 注册会计师李文对××公司2017年度的销售收入进行分析性复核时，发现本年度的销售收入比上年明显减少，对照在前期调查了解到××公司本年度生产销售情况是历史上最好的实际情况，李文对销售收入的真实性感到怀疑，于是，抽查了9月份、12月份相关的会计凭证，发现其原始凭证中有销货发票的记账联，而记账凭证中反映的是“应付账款”，共计120万元。李文针对这种情况，询问了有关的当事人，并向应付账款的对方企业函证，结果发现A公司是将企业正常的销售收入反映在“应付账款”中，作为其他企业的暂存款处理。

李文对此业务的审计处理为：

(1)扩大抽查原始凭证的比例，检查其他月份是否存在将正常销售收入反映在“应付账款”中的事项。

(2)提请被审计单位做相应的会计调整，并调整会计报表相关的数额。

(3)如果被审计单位拒绝接受调整，则把查证金额与重要性水平相比，选择相应的审计报告的类型。

要求：请指出李文的处理是否恰当。

2. 注册会计师审查ABC公司2011年度利润表时，抽查了该公司12月份的销售业务，发现下列情况：

(1)4日，无偿赠送前锋工厂甲产品800件，未入账。

(2)8日，采用托收承付方式销售给友联工厂乙产品1 600件，商品已经发出，并已向银行办妥托收手续，未入账。

(3)12日，该公司将自产乙产品100件用于自行建造的职工俱乐部，未做销售处理，也未结转成本。

(4)20日，支付下年度的产品广告费520 000元，已入2018年当期损益。

(5)28日，前锋工厂退回质量有问题的甲产品400件，产品已收到，账中未做处理。

(6)29日，外销乙商品1 000件，已于当日运出，此项商品系CIF付款条件的在运货物，会计部门在产品发出时即贷记销售收入并结转成本。

(7)30日，向国外某公司出口销售丙产品1 200件，当日的即期汇率为1美元＝6.62元人民币，12月1日的汇率为 1 美元=6.65 元人民币，未入账。

经查，甲产品售价为 100 元，成本为 70 元；乙产品售价为 200 元，成本为 150 元；丙产品售价为 1 000 元，成本为 900 元，该公司的记账本位币为人民币。

要求：分析该公司在核算中存在的问题，编制审计调整分录，将给出的下表填制完整。

**营业收入、营业利润审定表**

| 项　目 | 企业编制金额(未审数) | 调整金额 | 调整后的金额(审定数) |
|---|---|---|---|
| 营业收入 | 3 000 000 | | |
| 减：营业成本 | 2 215 000 | | |
| 期间费用 | 937 500 | | |
| 营业利润 | −152 500 | | |

3. 注册会计师对 ABC 公司 2017 年财务报表审计时发现：该公司 2017 年 12 月 31 日的资产负债表"应收账款"数额为 1 652 000 元，与应收账款总账余额减去坏账准备相应明细账余额后的差额相符；应收账款 Z 公司明细账有贷方余额 180 000 元，经查系 Z 公司的预付货款，尚未履行供货合同；该公司按应收账款余额的 1%计提坏账准备。

要求：指出该公司上述业务中存在的问题，编制审计调整分录。

# 第九章　购货与付款循环审计

## 【案例导入】

### 美国巨人零售公司审计案

美国巨人零售公司是一家大型零售折扣商店，创建于 1959 年，总部设在马萨诸塞州的詹姆斯福特。公司在二十年内迅速发展，到 1971 年，已拥有了 112 家零售批发商店，但就在那一年，巨人公司的管理部门面临着历史上第一次重大经营损失。为了掩盖这一真相，它们决定篡改公司的会计记录，把 1971 年发生的 250 万美元的经营损失篡改为 150 万美元的收益，并提高与之相关的流动比率和周转率。

罗斯会计师事务所担任巨人公司 1972 年年报的审计工作，签发了无保留意见的审计报告。

1972 年 4 月 28 日，巨人零售公司把经过审计的财务报表提交给美国证券交易委员会，申请并获准发行了 3 000 万美元的股票，并贷到了 1 200 万美元的流动资金。但 1973 年初，罗斯会计师事务所撤回了其签发的无保留审计意见的审计报告。1973 年 8 月，巨人零售公司向波士顿法院提交破产申请，两年后法院宣布该公司破产。

巨人零售公司的舞弊行为与罗斯会计师事务所的行为列示如下：

1. 巨人零售公司的总裁和财务主管，在 1972 年 1 月 19 日结束的会计年度中，命令下属广告部门的经理，准备了 14 页的备忘录，虚构了大约 1 100 家广告商的名单，记载着巨人零售公司以前曾向它们预付广告费用但并未入账。

罗斯会计师事务所的审计师为验证这些预付广告费是否属实，抽取了 24 个样本，向其中 4 家广告商发出函证询证，并要求巨人零售公司为另外 20 笔未入账的费用提供证明文件。虽然 4 家广告商回函曾指出预付广告费是错误的，但审计师并没有进一步追查，反而根据巨人零售公司提供的证明文件以及发的询证函确认了巨人零售公司预付 30 万美元广告费。

2. 巨人零售公司的财务副总裁伪造了 28 个贷方通知单（红字发票），以此来抵减外发的应付给米尔布鲁克公司的账款 25.7 万美元。

审计师注意到这些贷项通知单，询问公司的职员，得到先后三个不同的解释。为证实这一事实，审计师要求向米尔布鲁克公司的高级行政人员求证此事。为了满足这个要求，巨人零售公司的财务总裁当着审计师的面，打电话给一个听起来像是米尔布鲁克公司总裁的人。短暂交谈后，巨人零售公司的财务副总裁把电话递给了审计师。电话另一头的那个人，口头上证实了这一事项，并同意递交给罗斯会计师事务所一份书面证明。但几天后，巨人零售公司的财务副总裁告诉审计师，米尔布鲁克公司总裁改变了签发书面证明的主意。审计师对此很生气，为此，写了一份备忘录附在工作底稿中，对贷项通知单的真实性提出质疑。但负债巨人零售公司审计工作的事务所合伙人却认为已经收集到充分的证据，可以证实贷项通知单的真实性，应不再深入追查此事。

3. 巨人零售公司通过发出35份伪造的贷项通知单蓄意减少了13万美元的应付给另一个供应商罗斯盖尔公司的账款。

审计师在审阅这些通知单的复印件时，发现有种特殊标志被隐藏在单据中，当把这些通知单高举在光线下观察时，发现了单据中被隐藏起来的句子——只有在收到货物时才可以记账。于是，审计师打电话给罗斯盖尔公司的一位会计人员，询问他有关这些商品退回的问题，回答是并无任何商品曾被巨人零售公司退回。因此，审计人员将这件事件报告给了事务所的合伙人。当合伙人与巨人零售公司副总裁交流时，巨人零售公司副总裁解释道，审计师误解了有关贷项通知单的电话询问，并断言的确是由于退回货物，才发出通知单，但却以巨人零售公司和罗斯盖尔公司即将产生法律诉讼为理由，拒绝合伙人和罗斯盖尔公司联系。最终，合伙人由于收到信件证实了这些由巨人零售公司收到的，然后又退回罗斯盖尔公司的有争议的货物确实"存在"，从而接受了巨人零售公司对此项贷项通知单的解释。

4. 巨人零售公司虚构几百个曾被供应商索价过高的赊购事项，减少应收账款17万美元。

罗斯会计师事务所为调查这些问题，从巨人零售公司提供的名单中随意抽取了几个供应商，然后给它们打电话，求证索价过高是否真实。然而，在15个电话求证过程中，会计师居然允许巨人零售公司先同供应商联系并通知此事，接着又打了个电话，再一次解释事务所要询问的事项，随后才把电话递给会计师，直至那时，罗斯会计师事务所的会计师才能与供应商通话。罗斯会计师事务所据此有限测试接受了巨人零售公司因索价过高而抵减应付账款的理由。

5. 巨人零售公司假造了发给健美新产品制造商的贷项通知单，用根本没被确认的16.3万美元的商品退回来减少应付账款。

1978年，巨人零售公司的四位管理者被陪审团以舞弊罪名起诉，经联盟法院审判定为有罪。1979年1月，美国证券交易委员会在经过调查后严厉谴责了罗斯会计师事务所，并在联邦法院处理此事前，暂停负责该公司审计的合伙人执业5个月。证券交易委员会同时要求，由独立专家中的一名陪审员，对罗斯会计师事务所的审计程序进行一次大规模的检查。

**案例分析与讨论要求：**

(1)讨论罗斯会计师事务所对美国巨人零售公司年报审计中无效的审计程序有哪些？如何处理才能避免审计失败？

(2)结合本案讨论如何查找未入账的应付账款。

(3)结合本案例讨论在审计中如果遇到客户临时增加凭证记录、大量退货、仅提供复印件等特殊事项，应当如何处理。

(4)结合本案例讨论应付账款进行函证时应注意的问题。

(5)结合本案例讨论审计中如何对待客户的进一步解释。

## 第一节 购货与付款循环概述

企业在经营活动中经常发生采购业务，而采购又与支付货款过程密切相关。一个企业的采购与付款循环是由向供应商购入商品、劳务或其他资产以及支付现金等有关业务活动组成的。根据财务报表项目与业务循环的相关程度,采购与付款循环所涉及的资产负债表项目要包括预付款项、固定资产、在建工程、工程物资、固定资产清理、无形资产、开发支出、商誉、长期待摊费用、应付票据、应付账款和长期应付款等;所涉及的利润表项目通常为管理费用。

采购与付款循环的特征主要体现在两个方面:一是该循环所涉及的主要凭证和账户;二是该循环中的主要业务活动。

## 一、购货与付款循环的主要业务活动

### (一)请购商品和劳务

企业采购货物,应首先提出请购申请,即填写请购单。一般存货的请购单由仓库填写,未列入存货清单的货物则由其他部门填写,并直接交给采购部门。请购单需由申请部门的负责人批准。对固定资产等资本支出和其他超常购买,需要做特殊授权,由指定的人员采购。

### (二)编制订购单

采购部门根据经过批准的请购单发出订购单。每次订货,应选择最佳的供货源。订购单应连续编号,并经被授权的采购人员签字。订购单编制完毕后,应分别送给请购部门、验收部门、仓储部门和付款部门。

### (三)验收商品

企业收到采购物资后需进行严格的验收,并填制验收单,以确保收到的货物符合要求。验收完毕后,需做两项工作:(1)把货物移交给仓储部门;(2)把验收单送交付款部门。

### (四)储存已验收的商品

仓储部门在对收到的货物进行检查后签收,并确保存货的安全、完整。

### (五)编制付款凭单

在记录采购交易之前,付款凭单部门应根据订购单、购货发票、验收入库单编制预先编号的付款凭单。付款凭单须经适当批准。

收到发票后,会计部门需做以下三项工作:(1)核对购货发票、验收单和订购单的内容是否一致;(2)验证购货发票上金额的正确性;(3)记录购货业务。

### (六)确认与记录负债

正确确认已验收货物和已接受劳务的债务,准确、及时地记录负债。

### (七)付款

根据付款条件,向供货单位支付货款。

### (八)记录现金、银行存款支出

如果企业采用支票结算方式,会计部门应根据已签发的支票编制付款记账凭证,并据以登记银行存款等相关的账户。

## 二、购货与付款循环涉及的主要凭证和会计记录

采购与付款业务通常需要经过请购、订货、验收、仓储和付款等程序,同销售与收款循环一样,在内部控制比较健全的企业里,对采购与付款业务的处理及控制,通常也需要使用很多凭证和账户。典型的采购与付款循环所涉及的凭证和账户主要有以下几种:

(1)请购单。请购单是由企业产品制造、资产使用等部门的有关人员填写,送交采购部门,申请购买商品、劳务或其他资产的书面凭证。

(2)订货单。订货单是由企业采购部门填写,向另一企业购买订单上所指定商品、劳务或其他资产的书面凭证。

(3)验收单。验收单是企业收到商品、资产时所编制的,列示从供应商处收到的商品,资产的名称、种类、数量及其他资料等内容的凭证。

(4)卖方发票。卖方发票是供应商开具的,交给买方以载明发运的货物或提供劳务的种类、数量、应付款金额和付款条件等事项的凭证。

(5)付款凭单。付款凭单是采购方的应付凭单部门编制的,载明已收到商品、资产或接受劳务的厂商、应付款金额和付款日期的凭证,是采购方内部记录和支付负债的授权证明文件。

(6)转账凭证。转账凭证是记录转账业务的记账凭证,根据有关转账业务的原始凭证编制。

(7)付款凭证。付款凭证用来记录现金和银行存款支出业务的记账凭证。

(8)应付账款明细账。

(9)现金日记账、银行存款日记账。

(10)卖方对账单。卖方对账单是由供应商按月编制的,标明期初余额、本期购买、本期支付给卖方的款项和期末余额的凭证。

# 第二节　购货与付款循环的内部控制及控制测试

## 一、采购与付款循环的内部控制

### (一)采购交易的内部控制

1. 适当的职责分离

适当的职责分离有助于防止各种有意或无意的错误。同销售与收款交易一样,采购与付款交易也需要适当的职责分离。企业应当建立采购与付款交易的岗位责任制,明确相关部门和岗位的职责、权限,确保办理采购与付款交易的不相容岗位相互分离、制约和监督。采购与付款交易不相容岗位至少包括:请购与审批;询价与确定供应商;采购合同的订立与审批;采购

与验收;采购、验收与相关会计记录;付款审批与付款执行。这些都是对企业提出的有关采购与付款交易相关职责适当分离的基本要求。

2. 内部核查程序

企业应当建立对采购与付款交易内部控制的监督检查制度。采购与付款交易内部控制监督检查的主要内容通常包括:(1)采购与付款交易相关岗位及人员的设置情况,重点检查是否存在采购与付款交易不相容职务混岗的现象。(2)采购与付款交易授权批准制度的执行情况。重点检查大宗采购与付款交易的授权批准手续是否健全,是否存在授权审批的行为。(3)应付账款和预付账款的管理。重点审查应付账款和预付账款支付的正确性、时效性和合法性。(4)有关单据、凭证和文件的使用和保管情况,重点检查凭证的登记、领用、传递、保管、注销手续是否健全,使用和保管制度是否存在漏洞。

3. 授权批准

所有的采购都是根据经批准的请购单进行的;采购按正确的级别批准;采购价格须经授权批准;付款须经批准。

4. 凭证和记录

采购业务应具备请购单、订购单、验收单、入库单和购货发票;设计和使用适当的记账凭证;建立健全账簿记录;检查数据计算的准确性等。

5. 定期与供应商核对有关记录

**(二)付款交易的内部控制**

对于每个企业而言,由于性质、所处行业、规模以及内部控制健全程度等不同,使得其与付款交易相关的内部控制内容可能有所不同,但以下与付款交易相关的内部控制内容是应当共同遵循的:

(1)企业应当按照《现金管理暂行条例》《支付结算办法》等规定办理采购与付款业务。

(2)企业财会部门在办理付款业务时,应当对采购发票、结算凭证、验收证明等相关凭证的真实性、完整性、合法性及合规性进行严格审核。

(3)企业应当建立预付账款和定金的授权批准制度,加强对预付账款和定金的管理。

(4)企业应当加强对应付账款和应付票据的管理,由专人按照约定的付款日期、折扣条件等管理应付款项,已到期的应付款项需经有关授权人员审批后方可办理结算与支付。

(5)企业应当建立退货管理制度,对退货条件、退货手续、货物出库、退货货款回收等做出明确规定,及时收回退货款。

(6)应当定期与供应商核对应付账款、应付票据、预付款项等往来款项。如有不符,应查明原因,及时处理。

**(三)固定资产的内部控制**

虽然固定资产与商品存货同属一个交易循环,两者在内部控制和控制测试方面有许多共同的地方,但固定资产本身又存在很多特殊性,有必要对其单独阐述。

在很多从事制造业的被审计单位,固定资产在资产总额中占有很大的比重,其管理一旦失控,所造成的损失将远远超过一般的商品存货等流动资产。所以,为了确保固定资产的真实、完整、安全和有效利用，被审计单位应建立和健全固定资产的内部控制制度。

1. 固定资产的预算制度

预算制度是固定资产内部控制中最重要的部分，通常，企业应编制用来预测和控制固定资产增减变动及合理运用资金的年度预算或计划。

2. 授权批准制度

健全的授权批准制度包括：企业的资本性支出预算只有经过董事会等高层管理机构批准方可生效。所有固定资产的取得和处置均需经企业管理当局的书面认可。

3. 账簿记录制度

除固定资产总账外，企业还需设置固定资产明细账和固定资产登记卡。按固定资产类别、使用部门和每项固定资产进行明细分类核算，固定资产的删减变化均应有充分的原始凭证。

4. 职责分工制度

企业对固定资产的取得、记录、保管、使用、维修、处置等，均应明确划分责任，由专门部门和专人负责。

5. 区分资本性支出和收益性支出的制度

企业应制定区分资本性支出和收益性支出的书面标准，一般需明确资本性支出的范围和最低金额。

6. 固定资产的处置制度

固定资产的处置包括报废、出售、投资转出等，均要有一定的申请报批程序。

7. 固定资产的定期盘点制度

对固定资产定期实地盘点，是验证账面各项固定资产是否真实存在、了解固定资产放置地点和使用状况以及发现是否存在未入账固定资产的必要手段。

8. 固定资产的维护保养制度

固定资产应有严密的维护保养制度，以防止其因各种自然和人为的因素而造成损失，并应建立日常维护和定期检修制度，以延长其使用寿命。

## 二、采购与付款循环的控制测试

### (一)采购与付款交易的控制测试

考虑到采购与付款交易的控制测试的重要性，注册会计师通常对这一循环采用属性抽样的审计方法。在测试该循环中的大多数属性时，注册会计师通常选择相对较低的可容忍误差。

另外，由于采购与付款循环中各财务报表项目所涉及的交易业务量和金额的大小往往相差悬殊，使得注册会计师在审计时常将其中大额的和不寻常的项目筛选出来，百分之百地加以测试。下面是常见的采购与付款交易控制测试的主要内容：

(1)对于请购商品、编制订货单和验收商品这三项业务活动，注册会计师应抽取请购单、订货单和商品验收单，检查请购单、订货单是否得到适当审批，验收单是否有相关人员的签名，订货单和验收单是否按顺序编号。

(2)对于编制付款凭单和确认与记录负债这两项主要业务活动，注册会计师应抽取订货单、验收单和卖方发票，检查所载信息是否核对一致，发票上是否加盖了“相符”印戳。

(3)对于付款业务，注册会计师应抽取付款凭证，检查其是否经由会计主管复核和审批，并检查款项支付是否得到适当人员的复核和审批。

**(二)固定资产的控制测试**

(1)对于固定资产的预算制度，注册会计师应选取固定资产投资预算及可行性论证报告，检查是否经适当层次审批，对实际支出与预算之间的差异以及未列入预算的特殊事项，应检查其是否履行特别的审批手续。如果固定资产增减均能处于良好的经批准的预算控制之下，注册会计师即可适当减少针对固定资产增加、减少实施的实质性程序的样本。

(2)对授权批准制度，注册会计师不仅要检查被审计单位固定资产授权批准制度本身是否完善，还应选取固定资产请购单及相关采购合同，检查是否得到适当的审批和签署，关注授权批准制度有否得到切实执行。

(3)对于账簿记录制度，注册会计师应当认识到，一套设置完善的固定资产明细账和登记卡，将为分析固定资产的取得和处置、复核折旧费用和修理支出的列支带来帮助。

(4)对于职责分工制度，注册会计师应当认识到，明确的职责分工制度，有利于防止舞弊，降低注册会计师的审计风险。

(5)对于区分资本性支出和收益性支出的制度，注册会计师应当检查该制度是否遵循企业会计准则的要求，是否适应被审计单位的行业特点和经营规模，并抽查实际发生与固定资产相关的支出时是否按照该制度进行恰当的会计处理。

(6)对于固定资产的处置制度，注册会计师应当关注被审计单位是否建立了有关固定资产处置的分级申请报批程序，抽取固定资产盘点明细表，检查账实之间的差异是否经审批后及时处理，抽取固定资产报废单，检查报废是否经适当批准和处理；抽取固定资产内部调拨单，检查调入、调出是否已进行适当处理；抽取固定资产增减变动情况分析报告，检查是否经复核。

(7)对于固定资产的定期盘点制度，注册会计师应了解和评价企业固定资产盘点制度，并应注意查询盘盈、盘亏固定资产的处理情况。

(8)对于固定资产的保险情况，注册会计师应抽取固定资产保险单盘点表，检查是否已办理商业保险。

## 第三节 购货与付款循环的实质性程序

### 一、应付账款审计

应付账款是企业在正常经营过程中，因购买材料、商品和接受劳务供应等经营活动而应付给供应单位的款项。应付账款是随着企业赊购交易的发生而产生的。注册会计师应结合赊购交易进行应付账款的审计。应付账款审计的重点是确定应付账款有无低估的情况。

**(一)应付账款的审计目标**

(1)确定资产负债表中记录的应付账款是否存在；

(2)确定应付账款的记录是否完整；

(3)确定资产负债表中记录的应付账款是否为被审计单位应履行的现时义务；

(4)确定应付账款是否以恰当的金额包括在财务报表中；

(5)确定应付账款在财务报表中的列报是否恰当。

**(二)应付账款的实质性测试**

应付账款的实质性程序一般包括以下内容：

(1)获取或编制应付账款明细表，复核加计正确，并与报表数、总账数和明细账合计数核对是否相符；检查非记账本位币应付账款的折算汇率及折算是否正确；分析出现借方余额的项目，查明原因，必要时建议做重分类调整。

(2)根据被审计单位的实际情况，选择以下方法对应付账款执行实质性分析程序：

①将期末应付账款余额与期初余额进行比较，并分析其波动原因。

②计算应付账款与购货总额的比率、应付账款与流动负债的比率，并与预算数、以前年度相关比率进行对比分析，评价应付账款整体的合理性。

③分析长期挂账的应付账款，要求被审计单位做出解释，判断被审计单位是否缺乏偿债能力或利用应付账款隐瞒利润；注意其是否可能无须支付，对确实无须支付的应付款，其会计处理是否正确、依据是否充分。

④分析存货和营业成本等项目的增减变动，判断应付账款增减变动的合理性。

(3)函证应付账款。一般情况下，应付账款不需要函证，这是因为函证不能保证查出未入账的应付账款，而且注册会计师能够取得卖方发票等证明力比较强的外部凭证来证实应付账款的余额，但如果控制风险较高，某应付账款账户金额较大或被审计单位处于财务困难阶段，则应进行应付账款的函证。

进行函证时，注册会计师应主要选择两类函证对象：一是审计期内有大额购货交易或期末账面余额较大的债权人；二是那些在资产负债表日余额不大，甚至为零，但为企业重要供应商的债权人。函证最好采用积极函证方式，并具体说明应付金额。同应收账款的函证一样，注册会计师必须对函证的过程进行控制，要求债权人直接回函，并根据回函情况编制与分析函证结果汇总表，对未回函的，应考虑是否再次函证。如果存在未回函的重大项目，注册会计师应采用替代审计程序。如检查决算日后应付账款明细账及库存现金和银行存款日记账，核实其是否已支付，同时检查该笔债务的相关凭证资料，核实交易事项的真实性。

(4)查找未入账的应付账款。为了防止企业低估负债，注册会计师应检查被审计单位有无少记或故意漏记应付账款的行为。注册会计师应从以下几个方面进行检查，检查债务形成的相关原始凭证，如卖方发票、验收报告或入库单等，查找有无未及时入账的应付账款；结合存货监盘，检查被审计单位在资产负债表日前后的验收单和入库凭证，确定是否有大额入库货未到的情况；检查资产负债表日后应付账款明细账贷方发生额的相应凭证，关注其购货发票的日期，确认其入账时间是否合理；针对资产负债表日后的付款事项，检查银行对账单及有关付款凭证，询问被审计单位内部或外部的知情人员，查找有无未及时入账的应付账款；获取被审计单位与其供应商之间的对账单，并将对账单和被审计单位财务记录之间的差异进行调节，查找有无未入账的应付账款。如果注册会计师通过这些审计程序发现了某些未入账的应付账款，应将有关情况详细计入审计工作底稿，然后根据其重要性确定是否需建议被审计单位进行相应的调整。

(5)针对已偿付的应付账款，追查至银行对账单、银行付款单据和其他原始凭证，检查其是否在资产负债表日前真实偿付。

(6)针对异常或大额交易及重大调整事项(如大额的购货折扣或退回，会计处理异常的交易，未经授权的交易，或缺乏支持性凭证的交易等)，检查相关原始凭证和会计记录，以分析交易的真实性、合理性。

(7)被审计单位与债权人进行债务重组的，检查不同债务重组方式下的会计处理是否正确。

(8)结合预付账款、其他应付款等往来项目的明细余额，检查有无同时挂账的项目、异常余额或与购货无关的其他款项，若有，则应做出记录，必要时，建议做调整。

(9)标明应付关联方的款项，执行关联方及其交易审计程序，并注明合并报表时应予抵消的金额。

(10)确定应付账款在财务报表中的列报是否恰当，一般来说，“应付账款”项目应根据“应付账款”和“预付账款”账户所属明细账的期末贷方余额合计数填列。

**【例 9—1】** ABC 公司 2011 年 12 月 31 日资产负债表“应付账款”项目为 540 000 元，应付账款总账贷方余额 540 000 元，审计发现：

(1)应付天宇公司明细账户借方余额 400 000 元，属于正常交易的预付款项；

(2)应付凯利公司明细账户贷方余额 500 000 元，为被审计单位临时借入款项，用于结算工程价款。

分析要点：

(1)应付账款明细账余额一般在贷方，注册会计师如果发现应付账款出现借方余额，应查明原因，属于正常经济业务往来的，建议其做重分类调整。审计调整分录如下：

借：预付账款——天宇公司　　400 000

　　贷：应付账款——天宇公司　　400 000

(2)按规定，不属于购销原因引起的应付款项不应在“应付账款”科目反映，注册会计师应建议其调整。审计调整分录如下：

借：应付账款——凯利公司　　500 000

　　贷：其他应付款——凯利公司　　500 000

## 二、固定资产审计

由于固定资产在企业资产总额中一般都占有较大的比例，固定资产的安全、完整对企业的生产经营影响极大，注册会计师应对固定资产的审计给予高度的重视。固定资产审计的范围很广。固定资产项目由固定资产账户余额扣除累计折旧账户余额和固定资产减值准备账户余额构成，这三项无疑属于固定资产的重点审计范围。除此之外，由于固定资产增加的方式有很多种，相应地涉及货币资金、应付账款、预付款项、在建工程、股本、资本公积、长期应付款等项目；企业的固定资产又因出售、报废、投资转出、毁损和盘亏等多种原因而减少，相应地涉及固定资产清理、其他应收款、营业外收入和营业外支出等项目；另外，企业按月计提固定资产折旧，又与制造费用、销售费用、管理费用等项目联系在一起。因此，在进行固定资产审计时，应当关注这些相关项目。

### (一)固定资产的审计目标

(1)确定资产负债表记录的固定资产是否存在;

(2)确定记录的固定资产是否由被审计单位拥有或控制;

(3)确定固定资产、累计折旧和固定资产减值准备的记录是否完整;

(4)确定固定资产以恰当的金额包括在财务报表中,与之相关的计价或分摊是否恰当记录;

(5)确定固定资产原价、累计折旧和固定资产减值准备在财务报表中的列报是否恰当。

### (二)固定资产账面余额的实质性测试

(1)获取或编制固定资产和累计折旧分类汇总表,检查固定资产的分类是否正确,并与总账数和明细账合计数核对相符,结合累计折旧、减值准备账户与报表数核对相符。固定资产和累计折旧分类汇总表,是审计固定资产和累计折旧的重要工作底稿,其参考格式如表9—1所示。

**表9—1** 固定资产和累计折旧分类汇总表

编制人: 日期:

被审计单位: 复核人: 日期:

| 固定资产类别 | 固定资产 | | | | | 累计折旧 | | | | |
|---|---|---|---|---|---|---|---|---|---|---|
| | 期初余额 | 本期增加 | 本期减少 | 期末余额 | 折旧方法 | 折旧率 | 期初余额 | 本期增加 | 本期减少 | 期末余额 |
| | | | | | | | | | | |
| 合计 | | | | | | | | | | |

(2)根据被审计单位业务的性质,选择以下方法对固定资产实施实质性分析程序:

①计算固定资产原值占全年产量的比率,并与以前年度相比较,可能发现闲置固定资产或已减少固定资产未在账户上注销的问题。

②分类计算本期计提折旧额与固定资产原值的比率,并与上期比较,可能发现本期折旧额计算上存在的错误。

③比较本期各月之间、本期与以前各期之间的修理及维护费用,可能发现资本性支出和收益性支出区分上存在的错误。

④比较本期与以前各期的固定资产增加和减少的数额,深入分析其差异,并根据被审计单位以往的生产经营情况和今后的生产经营趋势判断差异产生的原因是否合理。

(3)检查本期固定资产的增加。审计固定资产的增加,是固定资产实质性程序中的重要内容。固定资产的增加有多种途径,其计价方法也各不相同。注册会计师应把重点放在购置、自行建造和投资者投入增加的固定资产的审计上。

①对于外购固定资产,应审查是否列入预算并经授权批准;通过核对采购合同、卖方发票、保险单、发运凭证等文件,抽查测试其入账价值是否正确,授权批准手续是否齐备,会计处理是

否正确，对购买的房屋建筑物，还应检查契税的会计处理是否正确；检查分期付款购买的固定资产入账价值及会计处理是否正确。

②对于在建工程转入的固定资产，应检查其竣工决算、验收和移交报告是否完备，与在建工程相关的记录是否核对相符，借款费用资本化金额是否恰当；对已经达到预定可使用状态但尚未办理竣工决算手续的固定资产，检查其是否已按估计价值入账，并按规定计提折旧；检查是否待确定实际成本后再对固定资产原价进行了调整。

③对于投资者投入的固定资产，检查是否按投资各方确认的价值入账，并检查确认价值是否公允，交接手续是否齐全。涉及国有资产的，是否有评估报告并经国有资产管理部门评审备案或核准确认。

④对更新改造增加的固定资产，检查其增加的原值是否符合资本化条件、是否真实，会计处理是否正确；检查重新确定的剩余折旧年限是否恰当。

⑤对融资租赁增加的固定资产，获取相关的证明文件，检查融资租赁合同的主要内容，并结合“长期应付款”“未确认融资费用”科目检查相关的会计处理是否正确。

**【例9—2】** 注册会计师检查ABC公司固定资产账簿时发现，该公司2011年仅有一项固定资产增加，即2011年12月15日购入的一台生产用甲机器设备。抽查相关的凭证得知：甲机器设备的价值为1 500 000元，增值税额为255 000元，发生运杂费8 000元、安装费42 000元，运杂费以银行存款付讫，设备款和安装款均未付，该设备12月份安装完工并交付生产使用。该公司12月份的账务处理如下：

| | | |
|---|---|---|
| 借：固定资产——甲设备 | 1 755 000 | |
| 管理费用 | 50 000 | |
| 贷：应付账款 | | 1 797 000 |
| 银行存款 | | 8 000 |

分析要点：

外购固定资产的运杂费和安装费合计50 000元应计入固定资产的成本，而不应计入管理费用；生产用机器设备购进时发生的增值税进项税额可以抵扣。审计调整分录如下：

| | | |
|---|---|---|
| 借：固定资产——甲设备 | 50 000 | |
| 贷：管理费用 | | 50 000 |
| 借：应交税费——应交增值税（进项税额） | 255 000 | |
| 贷：固定资产——甲设备 | | 255 000 |

(4)检查本期固定资产的减少。固定资产的减少主要包括出售、投资转出、向债权人抵债转出，报废、毁损、盘亏等。审计固定资产减少的目的就是要确定被审计期间各项固定资产的减少是否如实完整地入账，重点要查找是否存在擅自报废固定资产而未及时通知财务部门记账，导致高估固定资产总额的差错或舞弊。固定资产减少审计主要包括如下内容：

①检查因不同原因减少的固定资产是否经授权批准，会计处理是否正确。

②结合固定资产清理账户，抽查已处置的固定资产账面转销额是否正确，并验证所处置固定资产的净损益的真实性与准确性。

③检查是否存在未入账的固定资产减少业务，可通过以下途径进行：查明本期增加的固定资产中是否有替换原有固定资产的情况；若某种产品因故停产，应追查其专用生产设备是否存

在或已作处置。询问被审计单位固定资产管理部门或有关职员，了解本期有无未入账的固定资产减少业务。

(5)实地检查重要固定资产，确定其是否存在，关注是否存在已报废但仍挂账的固定资产。实施实地检查审计程序时，注册会计师既可以固定资产明细账为起点，进行实地追查，以证明会计记录中所列固定资产确实存在，并了解其目前的使用状况，也可以实地为起点，追查至固定资产明细账，以获取实际存在的固定资产均已入账的证据。当然，注册会计师实地检查的重点应是本期新增加的重要固定资产。

(6)检查固定资产的所有权或控制权。对各类固定资产，注册会计师应通过以下方法获取、汇集不同的证据以确定其是否确归被审计单位所有，对外购的机器设备等固定资产，应审核卖方发票、采购合同等予以确定；对于房地产类固定资产，需查阅有关的合同、产权证明、财产税单、抵押借款的还款凭据、财产保险单等书面文件来确定；对融资租入的固定资产，应验证有关融资租赁合同；对汽车等运输设备，应验证有关运营执照等。

(7)检查固定资产的后续支出，确定固定资产有关的后续支出是否满足资产确认条件；若不满足，则该支出是否在该后续支出发生时计入当期费用。

(8)检查固定资产的租赁。租赁一般分为经营租赁和融资租赁两种。检查经营租赁时，应查明以下内容：固定资产的租赁是否签订了合同，租赁手续是否完备，合同内容是否符合国家规定，是否经相关管理部门的审批；租入的固定资产是否确属企业必需，或出租的固定资产是否确属企业多余闲置不用，其中是否存在不正当交易；租金收取是否签有合同，有无多收、少收现象；租入的固定资产有无久占不用、浪费损坏的现象，或租出的固定资产有无长期不收租金，是否有变相馈送、转让等情况；租入固定资产是否已登记备查簿；租入固定资产改良支出的会计处理是否符合规定。

在检查融资租赁固定资产时，除可参照经营租赁固定资产检查的要点以外，还要注意融资租入固定资产的计价是否正确，并结合长期应付款、未确认融资费用等账户检查相关的会计处理是否正确。此外，还应注意，对于融资租入固定资产发生的固定资产后续支出，应当按照自有固定资产发生的后续支出的处理原则予以处理。

(9)对应计入固定资产的借款费用，应根据企业会计准则的规定，结合长短期借款、应付债券或长期应付款的审计，检查借款费用资本化的计算方法和资本化金额，以及会计处理是否正确。

(10)其他方面的检查。其他方面的检查包括：获取暂时闲置固定资产的相关证明文件，并观察其实际状况，检查是否已按规定计提折旧，相关的会计处理是否正确。获取已提足折旧仍继续使用固定资产的相关证明文件，并做相应的记录，检查固定资产保险情况，复核保险范围和金额是否足够；检查年度终了被审计单位对固定资产的使用寿命预计净残值和折旧方法的复核结果是否合理，若不合理，则应提请被审计单位做必要调整；结合对银行借款等的检查，确定是否存在已用于债务担保的固定资产，若有，则应取证、记录，并提请被审计单位做恰当披露。检查有无与关联方之间的固定资产购售活动，若有，则确定其是否经适当授权，交易价格是否公允等。

(11)确定固定资产是否已按照规定在财务报表中做出恰当列报，财务报表附注通常应说明固定资产的标准、分类、计价方法和折旧方法；按类别分项列示固定资产本期增减变动情况；

固定资产的预计使用寿命和预计净残值;用作抵押、担保的固定资产情况等。

## 三、累计折旧的审计

企业计提固定资产折旧,是为了把固定资产的成本在其使用寿命内进行系统的分摊。在计算折旧时,由于存在人为估计,因此,其有一定程度的主观性。累计折旧的实质性测试程序常包括以下内容:

(1)获取或编制累计折旧分类汇总表,复核加计正确,并与总账数和明细账合计数核对相符。

(2)检查被审计单位制定的折旧政策和方法是否符合相关会计准则的规定,确定其所采用的折旧方法能否在固定资产预计使用寿命内合理分摊其成本,前后期是否一致,预计使用寿命和预计净残值是否合理。

(3)根据实际情况,选择以下方法对累计折旧执行实质性分析程序:

①对折旧计提的总体合理性进行复核,在不考虑固定资产减值准备的前提下,复核的方法是用应计提折旧的固定资产原价乘以本期的折旧率。如果总的计算结果和被审计单位的折旧总额相近,且固定资产及累计折旧的内部控制较健全时,就可以适当减少累计折旧和折旧费用的其他实质性程序工作量。

②计算本期计提折旧额占固定资产原值的比率,并与上期比较,分析本期折旧计提额的合理性和准确性。

③计算累计折旧占固定资产原值的比率,评估固定资产的老化程度,并估计因闲置、报废等可能发生的固定资产损失,结合固定资产减值准备,分析是否合理。

(4)复核本期折旧费用的计提和分配,复核的要点包括:检查被审计单位的折旧政策是否符合规定,前后期是否一致,计提折旧范围是否正确;确定的固定资产使用寿命、预计净残值和折旧方法是否合理,如采用加速折旧法,是否取得批准文件;复核本期折旧费用的计算是否正确;检查折旧费用的分配方法是否合理,是否与上期一致;分配计入各项目的金额占本期全部折旧计提额的比例与上期比较是否有重大差异;特别注意固定资产增减变动时,有关折旧的会计处理是否符合规定。

(5)将"累计折旧"账户贷方的本期计提额与相应的成本费用中的折旧费用明细账户的借方金额相比较,以查明所计提的折旧额是否已全部摊入本期产品成本或费用,一旦发现差异,应及时追查原因,并考虑是否应建议做适当调整。

(6)检查累计折旧的减少是否合理、会计处理是否正确。

(7)确定累计折旧的披露是否恰当。

**【例 9—3】** 注册会计师在审计 ABC 公司 2017 年度固定资产折旧时,发现本年度 1 月初已投入生产使用并开始计提折旧的设备一台,原价为 1 000 000 元,预计净残值为 100 000 元,预计使用年限为 5 年,使用年数总和法对该项固定资产计提折旧,其余各类固定资产均用直线法计提折旧,且该公司对这一事项在会计报表附注中未做披露。

分析要点:

注册会计师认为该公司的固定资产折旧方法本期出现不一致,且未充分披露,这是违反现行会计制度规定的。对资产负债表和利润表的影响如下:

该设备用年数总和法计算的折旧额＝(1 000 000－100 000)×5/15＝300 000(元)

该设备用直线法计算的折旧额＝(1 000 000－100 000)÷5＝180 000(元)

折旧方法的改变，使本年度多提折旧额 120 000 元，致使资产负债表中的“累计折旧”项目增加 120 000 元，利润表中的“利润总额”项目减少 120 000 元。

注册会计师应要求 ABC 公司在会计报表附注中进行披露。

## 第四节　其他相关账户的审计

### 一、应付票据审计

应付票据是企业为购买材料、商品和接受劳务供应等而开出、承兑的商业汇票，包括银行承兑汇票和商业承兑汇票。对应付票据的审计，主要应采取以下实质性测试程序：

#### (一)获取或编制应付票据明细表

随着商业活动的票据化，企业票据业务将越来越多，为了确定被审计单位应付票据账户、金额是否正确无误，本期应付利息是否正确，注册会计师在对应付票据账户进行审计时应首先获取或编制应付票据明细表，并同有关明细账及总分类账进行核对。一般来说，应付票据明细表应列示票据类别及编号、出票日期、面额、到期日、收款人名称、利息率、付息条件、抵押品名称、数量、金额等。在进行核对时，注册会计师应注意被审计单位有无漏报或错报票据，有无漏列作为抵押的资产，有无属于应付账款的票据，有无漏计、多计或少计应付利息费用等情况。

#### (二)函证应付票据

进行函证时，注册会计师可分票据种类进行。对于应付银行的重要票据，应结合银行存款余额一起函证。凡是当年度与客户单位有往来的银行均应成为函证的对象，因为可能某一银行的存款虽已结清，但开给客户的应付票据仍未销案，询证函也要求银行列示借款抵押券，如用有价证券、应收账款及其他资产做担保时，应在询证函中详细列明这些项目。应付其他债权人的重要票据，应以客户单位名义，由注册会计师直接向债权人发函。函证时，询证函应包括出票日、到期日、票面金额、未付金额、已付息期间、利息率以及票据的抵押担保品等内容。

#### (三)检查逾期未付票据

注册会计师应审查有关会计记录和原始凭证，检查被审计单位有关到期仍未偿付的应付票据，若有逾期未付票据，则应查明原因；若有抵押的票据，则应做出记录，并提请被审计单位进行必要的披露。

### 二、预付账款审计

预付账款是企业按购货合同规定，预先支付给供货单位的货款，通常在“预付账款”或“应付账款”科目反映。预付账款的审计应结合购货与付款循环的审计进行。

## 三、无形资产审计

无形资产是相对于有形资产而言的，它是指企业可以长期使用但没有实物形态的资产，主要包括专利权、商标权、著作权、土地使用权、非专利技术等。无形资产具有以下特点：不存在物质实体；一般为企业有偿取得；可在较长时期内为企业提供经济效益；它所能提供的未来经济效益具有很大的不确定性。搞好无形资产审计，有助于企业正确地核算和列示无形资产，保护企业债权人和投资者的合法权益，也有利于揭露无形资产增减变动业务中的舞弊行为，从而保护企业财产的安全、完整。

### (一)无形资产审计的目标

(1)确定无形资产是否存在，且归被审计单位所有。

(2)确定无形资产增减变动及摊销的记录是否完整、正确。

(3)确定无形资产的摊销政策是否合规、合法。

(4)确定无形资产的年末余额是否正确。

(5)确定无形资产在会计报表上的披露是否恰当。

### (二)无形资产的实质性测试

1. 审查无形资产账面余额的真实性

(1)审查无形资产账面余额的正确性

审计人员主要是获取或编制无形资产明细表，复核加计数是否准确，并将其与明细账和总账核对，以保证账账、账表相符，若不符，则应查明原因。

(2)审查无形资产的真实存在和所有权归属

由于无形资产没有实物形态，不可能进行实地盘点，同时，无形资产不是一种债权，又不可能进行函证。因此，对无形资产实际存在的审查，只能通过无形资产形成或取得时的证明文件来加以验证。通常，审计人员对每一项列于账上的无形资产均应验证、核对有关原始凭证和证明文件，如专利权证书、版权所有证书、证明使用专有技术的合同协议等，以确定其是否存在并归企业所有。若有虚列或不当之处，则应查明原因并要求被审计单位予以调整。

2. 审查无形资产的计价是否正确

企业取得无形资产的途径主要有自行创建、购入、其他单位投资转入及接受捐赠等几个方面。取得无形资产的途径不同，其计价的具体方法也有所区别。企业财务制度规定，企业购入的无形资产，应按取得时的实际成本计价入账；自行开发并且依法申请取得的无形资产，按照开发过程中的实际支出计价；投资者作为资本金或者合作条件投入的无形资产，按照评估确认或者合同、协议约定的金额计价；接受捐赠的无形资产，按照发票账单所列金额或者同类无形资产市价入账。审计人员在审查的时候应核对明细账借方金额和相应的原始凭证及有关文件，确定无形资产的取得来源是否真实、可靠，其计价是否合理、是否合规，有无虚列或多列价值，造成资产和损益不真实的情况。

3. 审查无形资产转让业务及其账务处理的合规性、合法性

无形资产的转让业务有转让使用权和转让所有权两种情况。转让所有权时会导致企业无

形资产的减少，所以其账务处理应按无形资产的摊余价值全部冲销该项无形资产。转让使用权时，并不减少企业原有的无形资产，企业应按履行转让合同所规定义务而发生的各项费用结转成本。审计人员在审查时应查明企业是否正确区分转让所有权和转让使用权两种不同情况；是否严格执行合同或协议的有关规定；转让无形资产是否经过核准手续，作价是否合理；转让收入是否及时入账，账务处理是否正确。

4. 审查无形资产摊销的正确性、合规性

无形资产的摊销一方面是无形资产价值的损耗；另一方面是成本、费用的增加，其摊销额是否合理、是否正确，既影响无形资产的实有数是否真实，又影响企业成本、利润是否正确。因此，对其摊销的审查应作为无形资产审计的重点。

需注意的是，无形资产的摊销只能采用直线法，即按其使用年限平均摊销，而不能像固定资产那样可采用加速折旧法。另外，无形资产由于没有实物形态，所以其价值被摊销后没有必要保留账面原值。无形资产的价值摊销直接冲减无形资产账户，无形资产账户余额反映无形资产的摊余价值。

对无形资产摊销的审查，主要包括以下内容：

(1)审查无形资产摊销方法是否合规

按制度规定，无形资产从开始使用之日起在有效使用期限内平均摊销，审查时应注意企业是否严格执行此项规定。

(2)审查无形资产有效使用年限是否合规

按照规定，无形资产的有效使用期限按照下列原则确定：法律和合同或企业申请书分别规定有法定有效期限和收益年限的，按照法定有效期限与合同或者企业申请书规定的受益年限孰短的原则确定；法律没有规定有效期限，企业合同或者企业申请书中规定有收益年限的，按照合同或者企业申请书规定的收益年限确定；法律和合同或者企业申请书均未规定法定有效期限或者收益年限的，按照不少于10年的期限确定。审查时，要按照上述标准确定被审计单位无形资产的有效使用年限是否合规。

(3)审查无形资产的摊销额及账务处理是否正确

审计人员在审查了无形资产摊销方法及有效年限的基础上，主要是运用复核法和审阅法，验证无形资产的摊销金额是否正确。另外，还应审查无形资产摊销的会计处理是否为借方记入“管理费用”等账户，贷方记入“累计摊销”账户。

5. 审查无形资产减值是否真实、正确

无形资产减值是指由于实际情况发生变化，企业不能继续从无形资产使用中受益，所造成的无形资产价值的损耗。由于市场的竞争、科技的发展、新技术和新专利的出现，必然会引起原有的技术和专利的贬值。对于以上无形资产的贬值，在会计上应立即核销，减少无形资产的账面价值，无形资产的减值按规定应计入资产减值损失，同时计提相应的无形资产减值准备。

审计人员审查时应注意无形资产减值的原因是否真实，审批手续是否齐全，减值金额及账务处理是否正确。

6. 确定无形资产在财务报表中的列报是否恰当

## 四、固定资产减值准备审计

固定资产减值是指固定资产的可收回金额低于其账面价值。企业应当在资产负债表日判断固定资产是否存在可能发生减值的迹象。如果固定资产存在减值迹象，应当将固定资产的账面金额减记至可收回金额，将减记的金额确认为固定资产减值损失，计入当期损益，同时计提相应的固定资产减值准备。

固定资产减值准备的实质性测试程序一般包括如下内容：

(1)获取或编制固定资产减值准备明细表，复核加计正确，并与总账数和明细账合计数核对相符。

(2)检查固定资产减值准备计提和核销的批准程序，取得书面报告等证明文件。

(3)检查被审计单位计提固定资产减值准备的依据是否充分，会计处理是否正确以及资产的认定是否恰当。

(4)计算本期末固定资产减值准备占期末固定资产原值的比率，并与期初该比率比较，分析固定资产的质量状况。

(5)检查被审计单位处置固定资产时原计提的减值准备是否同时结转，会计处理是否正确。

(6)检查是否存在转回固定资产减值准备的情况。按照企业会计准则规定，固定资产减值损失一经确认，在以后会计期间不得转回。

(7)确定固定资产减值准备的披露是否恰当。企业应当在财务报表附注中披露当期确认的固定资产减值损失金额，以及提取的固定资产减值准备累计金额。

## 五、在建工程审计

### (一)在建工程的审计目标

在建工程的审计目标一般包括：确定在建工程是否存在；确定在建工程减值准备的方法和比例是否恰当，在建工程减值准备的计提是否充分；确定在建工程期末余额是否正确；确定在建工程在会计报表上的披露是否恰当。

### (二)在建工程的实质性测试

(1)获取或编制在建工程明细表，复核其加计数是否正确，并核对其期末合计数与报表数、总账数和明细账合计数是否相符。

(2)检查本期在建工程的增减变动情况，看其会计处理是否正确。

(3)检查在建工程项目期末余额的构成内容，并实地观察工程现场，确定在建工程是否存在，查明是否存在实际已使用但未办理竣工决算手续、未及时进行会计处理的项目。

(4)检查在建工程减值准备的计提。

(5)检查在建工程合同，以确定是否存在与资本性支出有关的财务承诺。

(6)确定在建工程在资产负债表上的披露是否恰当。

## 六、固定资产清理审计

固定资产清理的实质性测试程序主要有：

(1)获取或编制固定资产清理明细表，复核加计正确，并与报表数、总账数和明细账合计数核对相符。

(2)检查固定资产清理的发生是否有正当理由，是否经有关技术部门鉴定，固定资产清理的发生和转销是否经授权批准，相应的会计处理是否正确。

①结合固定资产等账项的审计，检查固定资产、累计折旧等的账面转入金额是否正确。

②检查固定资产清理收入和清理费用的发生是否真实、准确，清理结果(净损益)的计算是否正确；与施工有关的费用是否计入工程成本；属于筹建期间的，是否计入长期待摊费用；属于生产经营期间的，是否计入营业外收支；属于清算期间的，是否计入清算损益。

(3)检查固定资产清理是否长期挂账，若有，则应进行记录，必要时建议做适当调整。

(4)检查固定资产清理是否已在资产负债表上恰当披露。

**【例9－4】** 注册会计师在对ABC公司固定资产项目进行审计时发现，有一记录固定资产报废的凭证内容如下：

| | | |
|---|---|---|
| 借：营业外支出 | 250 000 | |
| 　　累计折旧 | 50 000 | |
| 　贷：固定资产 | | 300 000 |

经检查相关凭证又发现，该项固定资产的净残值占原值的比例为83.33%。通过询问审计程序发现，这是固定资产闲置后出售，获得价款260 000元。

分析要点：

业务处理不符合企业会计准则的要求，对固定资产报废的处理应通过“固定资产清理”核算。而且，该项固定资产的净残值占原值的比例高达83.33%，正常情况下不应报废。因此，应进一步追查报废的原因以及有关的批准手续，并要求ABC公司做出合理的解释；此外，还应注意是否假报废而将固定资产出售，私设“小金库”。

注册会计师应要求ABC公司做调整分录如下：

| | | |
|---|---|---|
| 借：固定资产清理 | 250 000 | |
| 　贷：营业外支出 | | 250 000 |

同时根据出售的资金调整“固定资产清理”账户。

| | | |
|---|---|---|
| 借：银行存款 | 260 000 | |
| 　贷：固定资产清理 | | 260 000 |

假设支付固定资产清理费用5 000元。

| | | |
|---|---|---|
| 借：固定资产清理 | 5 000 | |
| 　贷：银行存款 | | 5 000 |

经批准转入营业外收入。

| | | |
|---|---|---|
| 借：固定资产清理 | 5 000 | |
| 　贷：营业外收入 | | 5 000 |

## 基本概念

购货与付款循环　资本性预算　账簿记录制度　函证

## 思考题

1. 采购与付款循环的内部控制制度要点有哪些？
2. 固定资产的内部控制包括哪些内容？
3. 如何查找未入账的应付账款？
4. 应收账款函证与应付账款函证有何差异？
5. 试述如何对固定资产的增加进行审计。

## 实训练习题

**一、单项选择题**

1. 为了正确确认已验收货物的债务，应付账款部门应将每个卖方发票上的信息与(　　)上的有关资料进行核对。

A. 验收单和订货单　　B. 验收单和付款凭证
C. 卖方的装箱清单和付款凭证　　D. 卖方的装箱清单和订货单

2. 对发现货未收到便编制付款凭证付款这类问题，最有效的控制程序是(　　)。

A. 根据收据清点仓库商品
B. 在仓储部门，将实收商品同请购的商品核对比较
C. 在会计部门，将每张付款凭证同相关的付款凭单所附的订货单、验收单和卖方发票核对
D. 在内部审计部门，验证付款凭证的准确性和批准情况

3. 应付账款的审计通常应结合(　　)业务的审计。

A. 应付票据　　B. 应收账款　　C. 赊销　　D. 赊购

4. 对应付账款进行函证时审计人员最好应(　　)。

A. 采用消极函证，并不具体说明应付金额
B. 采用积极函证，并具体说明应付金额
C. 采用积极函证，并不具体说明应付金额
D. 采用消极函证，并具体说明应付金额

5. 审计人员实地观察的重点是(　　)的重要固定资产。

A. 本期增加　　B. 本期减少　　C. 本期报废　　D. 本期正在使用

6. 下列凭证中，不属于采购与付款循环审计范围的是(　　)。

A. 购货发票　　B. 支票　　C. 订货单　　D. 发货单

7. 注册会计师函证期末应付账款的余额或许是不必要的，因为(　　)。

A. 函证同截止测试重复
B. 报表日应付账款余额在审计完成前或许不曾付讫
C. 可以和被审计单位的法律顾问联系，以提示供货方因未收到货款而采取的一切法律行动
D. 应付账款存在更多的低估舞弊可能

8. 在下列哪种情况下，对应付账款通常不进行函证？(　　)

A. 控制风险高　　B. 财务状况不佳

C. 应付账款金额较大　　D. 存在大量小金额的欠款

9. 下列各审计程序中，对查找未入账的应付账款最无效的方法是(　　)。

A. 检查在资产负债表日未处理的不相符的购货发票

B. 函证应付账款

C. 检查资产负债表日后收到的购货发票

D. 检查资产负债表日后应付账款明细账贷方发生额的相应凭证

10. 下列各项目中，不属于固定资产内部控制的是(　　)。

A. 授权批准制度　　B. 预算制度　　C. 定期盘点制度　　D. 保险制度

**二、多项选择题**

1. 采购与付款循环一般要包括的主要过程是(　　)。

A. 批准赊销　　B. 发运商品　　C. 确认债务　　D. 验收商品和劳务

2. 在下列情况中，注册会计师需要函证应付账款的有(　　)。

A. 金额小且不是经常客户的债权人　　B. 控制风险较高

C. 某应付账款明细账户金额较大　　D. 被审计单位处于财务困难阶段

3. 对于被审计单位经营租入的固定资产，审计人员不应专门审查的有(　　)。

A. 固定资产的租赁合同、协议

B. 固定资产账户的核算情况

C. 租入固定资产提取的折旧额是否正确

D. 租入固定资产有无变相馈赠情况

4. 下列审计程序中，属于固定资产减少的是(　　)。

A. 复核本期是否有新增加的固定资产替换了原有固定资产

B. 分析“营业外收支”账户

C. 追查停产产品的验收报告

D. 审核固定资产的验收报告

5. 审计人员正式对被审计单位的应付账款是否在报表上充分披露时，应当考虑的情况包括(　　)。

A. 应付账款明细账的期末贷方余额是否并入应付账款项目

B. 应付账款明细账的期末借方余额是否并入预付款项项目

C. 以担保资产换取的应付账款是否在会计报表附注中予以揭示

D. 应付账款的分类是否恰当

6. 下列各项中，属于对采购与付款循环审计时涉及的凭证与记录是(　　)。

A. 请购单与订购单　　B. 验收单

C. 购货发票　　D. 库存现金及银行存款日记账和总账

7. 注册会计师在检查 ABC 公司财务报表的应付账款项目时，应核对其应付账款项目是否按照(　　)科目所属明细科目的期末贷方余额的合计数填列。

A. 应付账款　　B. 应收账款　　C. 预付账款　　D. 预收账款

8. 应付账款一般不需要函证，但出现(　　)时，注册会计师还应实施函证。

A. 应付账款控制风险较高　　B. 应付账款金额较大

C. 被审计单位陷入财务困境　　D. 被审计单位供货方内部控制薄弱

9. 注册会计师在审计某公司某年度财务报表时，发现固定资产的以下项目，其中引起固定资产账面价值发生变化的有(　　)。

A. 计提固定资产减值准备　　B. 计提固定资产折旧

C. 固定资产改、扩建　　　　D. 固定资产大修理

10. 检查折旧的计量和分配时，注册会计师应注意(　　)。

A. 计算复核本期折旧费用的计提是否正确

B. 检查折旧费用的分配是否合理

C. 检查折旧费用的分配是否与上期分配方法相一致

D. 注意固定资产增减变动时，有关折旧的会计处理是否符合规定

**三、判断题**

1. 注册会计师往往对采购与付款循环的控制测试采用属性抽样审计方法，并在测试该循环中的大多数属性时，通常选择相对较高的可容忍误差。(　　)

2. 对应付账款一般情况下不需要函证，这是因为函证不能保证查出未入账的应付账款。(　　)

3. 如果注册会计师通过实施实质性程序发现被审计单位确实存在未入账应付账款，除了将有关情况详细记入工作底稿外，还必须建议被审计单位进行相应的调整。(　　)

4. 如果固定资产增减均能处于良好的经批准的预算控制之下，注册会计师可适当减少针对固定资产增减实施的实质性程序的样本量。(　　)

5. 如果注册会计师对被审计单位固定资产折旧计提的总体合理性感到满意，固定资产及累计折旧的内部控制较健全时，就可以不必实施累计折旧和折旧费用的其他实质性程序。(　　)

6. 对大规模企业而言，企业内部各个部门都可填制请购单。为了加强控制，企业的请购单必须连续编号。(　　)

7. 应付账款通常不需函证，如函证，最后采用否定式函证。(　　)

8. 应付账款函证时，应选择的函证对象是较大金额的债权人。那些在资产负债表日金额为零的债权人不必函证。(　　)

9. 审查固定资产减少的主要目的在于查明已减少的固定资产是否已做适当的会计处理。(　　)

10. 一般情况下，应付账款不需要函证，因为函证不能保证查出未记录的应付账款，况且注册会计师能够取得购货发票等外部凭证来证实应付账款的余额。(　　)

**四、案例分析题**

1. 注册会计师在对ABC公司2017年度财务报表进行审计时发现，ABC公司在固定资产的核算中存在以下问题：

(1)未使用的固定资产没有计提折旧；

(2)将本年的固定资产大修理费用记入“长期待摊费用”科目；

(3)没有按规定考虑计提固定资产减值准备。

要求：分析以上事项将会给报表造成什么影响。

2. 注册会计师对ABC公司进行审计时，决定对其四个明细账户中的两个进行函证。有关资料见下表。

单位：元

| 单位名称 | 应收账款年末余额 | 本年度销货总额 |
|---|---|---|
| A公司 | 42 650 | 66 100 |
| B公司 | — | 2 880 000 |
| C公司 | 85 000 | 95 000 |
| D公司 | 589 000 | 3 032 000 |

问题：

(1)注册会计师应选择哪两位供货人进行函证？为什么？

(2)假定上述四家公司均为ABC公司的采购人，上表中的两栏分别是应收账款年末余额和本年销货总额，该注册会计师应选择哪两家公司进行函证？为什么？

3. 注册会计师对ABC公司2017年度财务报表进行审计。在实施分析程序时，注册会计师发现以下事项，请代为做出正确的专业判断。

(1)ABC公司2017年度固定资产原值的变动见下表。

| 固定资产原值 | 金额(万元) | 固定资产原值 | 金额(万元) |
|---|---|---|---|
| 年初余额 | 75 000 | 本年减少 | 8 000 |
| 本年增加 | 20 000 | 年末余额 | 87 000 |

(2)ABC公司2016年12月31日审计的固定资产原值中，房屋建筑物和机器设备约各占50%，折旧年限分别为30年和10年，预计净残值为零。注册会计师注意到，ABC公司2017年新增固定资产是9月份达到预定可使用状态的机器设备，2017年减少的固定资产是6月份拆除的房屋建筑物。

要求：假设不考虑其他因素，估算ABC公司2017年度的折旧费用。

# 第十章 生产与存货循环审计

## 【案例导入】

**存货的“奥秘”**

——美国法尔莫公司案例资料

莫纳斯首先设法获得了位于(美)俄亥俄州阳土敦市的一家药店,在随后的十年中他又收购了另外299家药店,从而组建了全国连锁的法尔莫公司。不幸的是,这一切辉煌都是建立在资产造假——未检查出来的存货高估和虚假利润的基础上的,这些舞弊行为最终导致了莫纳斯及其公司的破产,同时也使为其提供审计服务的“五大”事务所损失了数百万美元。下面是这起案件的经过:

自获得第一家药店开始,莫纳斯就梦想着把他的小店发展成一个庞大的药品帝国。其所实施的策略就是他所谓的“强力购买”,即通过提供大比例的折扣来销售商品。莫纳斯首先做的就是把实际上并不盈利且未经审计的药店报表拿来,用自己的笔为其加上并不存在的存货和利润,然后凭着自己空谈的天分及一套夸大了的报表,在一年之内骗得了足够的投资用于收购了8家药店,奠定了他的小型药品帝国的基础。这个帝国后来发展到了拥有300家连锁店的规模。一时间,莫纳斯成为金融领域的风云人物,他的公司则在阳土敦市赢得了令人崇拜的地位。

在一次偶然的机会导致这个精心设计的、至少引起5亿美元损失的财务舞弊事件浮出水面之时,莫纳斯和他的公司炮制虚假利润已达十年之久。这实在并非一件容易的事。当时法尔莫公司的财务总监认为因公司以低于成本出售商品而招致了严重的损失,但是莫纳斯认为通过“强力购买”,公司完全可以发展得足够大以使得它能顺利地坚持它的销售方式。最终在莫纳斯的强大压力下,这位财务总监卷入了这起舞弊案件。在随后的数年之中,他和他的几位下属保持了两套账簿:一套用以应付注册会计师的审计,一套反映糟糕的现实。

他们先将所有的损失归入一个所谓的“水桶账户”,然后再将该账户的金额通过虚增存货的方式重新分到公司的数百家成员药店中。他们仿造购货发票、制造增加存货并减少销售成本的虚假记账凭证、确认购货却不同时确认负债、多计或加倍计算存货的数量。财务部门之所以可以隐瞒存货短缺,是因为注册会计师只对300家药店中的4家进行存货监盘,而且他们会提前数月通知法尔莫公司他们将检查哪些药店。管理人员随之将那4家药店堆满实物存货,而把那些虚增的部分分配到其余的296家药店。如果不考虑其会计造假,法尔莫公司实际已濒临破产。在最近一次审计中,其现金已紧缺到供应商因其未能及时支付购货款而威胁取消对其供货的地步。

注册会计师们一直未能发现这起舞弊，他们为此付出了昂贵的代价。这项审计失败使会计师事务所在民事诉讼中损失了3亿美元。那位财务总监被判33个月的监禁，莫纳斯本人则被判入狱5年。

**案例思考：**

1. 注册会计师识别舞弊采取了哪些方法？
2. 对注册会计师行业的启示和教训。

## 第一节 生产与存货循环概述

生产与存货循环同其他业务循环密切相关，相互影响，原材料经过采购与付款循环进入生产与存货循环，生产与存货循环又随着销售与收款循环中产成品的销售环节而结束。在制造企业，制造产品是其主要的生产经营活动，因此，制造企业的生产与存货循环是由将原材料转化为产成品的有关生产活动所组成的，该循环所涉及的内容主要是存货的管理及生产成本的计算等。根据财务报表项目与业务循环的相关程度，该循环所涉及的资产负债表项目主要有存货、应付职工薪酬等；所涉及的利润表项目主要是主营业务成本等项目。生产循环审计的核心是对存货进行审计，而对存货项目的审计又是财务报表审计的重点。生产和存货循环的特性主要包括两部分内容：一是本循环涉及的主要凭证和会计记录；二是本循环涉及的主要业务活动。

### 一、生产与存货循环涉及的主要业务活动

同样以制造业为例，生产和存货循环所涉及的主要业务活动包括：

#### （一）计划和安排生产

生产计划部门的职责是根据顾客订单或计划销售量所确定的存货需求分析来决定生产授权。若决定授权生产，则应签发预先编号的“生产任务通知单”。该部门通常将发出的所有生产通知单编号并加以记录和控制。此外，还需编制一份材料需求报告，列明所需的材料、零件及其库存情况。

#### （二）发出原材料

仓库部门的责任是根据从生产部门收到的材料单发出原材料。领料单上必须列示所需的材料数量和种类，以及领料部门的名称。领料单可以一料一单，也可以一单多料，通常需一式三联。仓库发料后，将其中一联交给领料部门，其余两联经仓库登记材料明细账后，送会计部门进行材料收发核算和成本核算。

#### （三）生产产品

生产部门在收到生产通知单及领取原材料后，便将生产任务分配到每一个生产工人，并将

所领取的原材料交给生产工人，据以执行生产任务。生产工人在完成生产任务后，将加工完成的产品交生产部门查点，然后转交检验员验收并办理入库手续；或是将所完成的产品移交下一个部门，做进一步加工。

**(四)核算产品成本**

为了正确地核算产品成本，对在产品进行有效控制，必须建立健全成本会计制度，将生产控制和成本核算有机结合在一起。一方面，生产过程中的各种记录，如生产通知单、领料单、计工单、入库单等文件资料都要汇集到会计部门，由会计部门对其进行审查和核对，了解和控制生产过程中存货的实物流转；另一方面，会计部门需设置相应的账户，会同有关部门对生产过程中的成本进行核算和控制。

成本会计制度既可以是只在期末记录存货余额，也可以是建立一种完善的标准成本制度，该制度可持续地记录所有材料处理、在产品和产成品，并产生对脱离标准成本差异的分析报告。完善的成本会计制度应该提供原材料转为在产品、在产品转为产成品等所消耗的材料、人工和间接费用的分配与归集的详细资料。

**(五)储存产成品**

产成品入库时，必须由仓库进行点验、检查和签收。签收后，由仓库将实际入库数量通知会计部门。据此，仓库确立了本身应承担的责任，并对验收部门的工作进行了验证。除此之外，仓库还应根据产成品的品质特征，对其分类存放，并填制标签。仓库验收后应填制产品入库单。

**(六)发出产成品**

产成品的发出须由独立的发运部门进行。装运产成品时必须持有经有关部门核准的发运通知单，并据此填制出库单。出库单至少一式四联：一联交仓库部门；一联发运部门留存；一联送交顾客；一联作为给顾客开具发票的依据。

## 二、生产与存货循环涉及的主要凭证和会计记录

**(一)生产指令**

生产指令又称“生产任务通知单”，是企业下达制造产品等生产任务的书面文件，用以通知供应部门组织材料发放、生产车间组织产品制造、会计部门组织成本计算。广义的生产指令也包括用于指导产品加工的工艺规程，如机械加工企业的“路线图”等。

**(二)领发料凭证**

领发料凭证是企业为控制材料发出所采用的各种凭证，如材料发出汇总表、领料单、限额领料单、领料登记簿、退料单等。

**(三)产量和工时记录**

产量和工时记录是登记工人或生产班组在出勤内完成产品数量、质量和生产这些产品所

耗费工时数量的原始记录。产量和工时记录的内容与格式是多种多样的，在不同的生产企业中，甚至在同一企业的不同生产车间中，由于生产类型不同而采用不同格式的产量和工时记录。常见的产量和工时记录主要有工作通知单、工序进程单、工作产量报告单、产量通知单、产量明细表、废品通知单等。

**(四)工薪汇总表及工薪费用分配表**

工薪汇总表是为了反映企业全部工薪的结算情况，并据以进行工薪结算总分类核算和汇总整个企业工薪费用而编制的，它是企业进行工薪费用分配的依据。工薪费用分配表反映了各生产车间各产品应负担的生产个人工薪及福利费。

**(五)材料费用分配表**

材料费用分配表是用来汇总反映各生产车间各产品所耗费的材料费用的原始记录。

**(六)制造费用分配汇总表**

制造费用分配汇总表是用来汇总反映各生产车间各产品所应负担的制造费用的原始记录。

**(七)成本计算单**

成本计算单是用来归集某一成本计算对象所应承担的生产费用，计算该成本计算对象的总成本和单位成本的记录。

**(八)存货明细账**

存货明细账是用来反映各种存货增减变动情况和期末库存数量及相关成本信息的会计记录。

## 第二节 生产与存货循环的内部控制及控制测试

### 一、生产与存货循环的内部控制

生产与存货循环的内部控制测试是为了确定生产与存货循环内部控制要素的设计和执行。存货的内部控制主要包括购货、验收、仓储、生产、销货等职能。

**(一)存货的内部控制**

1. 购货应由独立的采购部门负责

采购的要求可以由仓储部门在储备达到采购点时，或由生产部门根据客户的订单提出。无论何种方式都要填制请购单，注明所要采购材料的品种、规格、数量。采购部门根据请购单发出购货单。购货单副本需送仓储部门和会计部门，以便随后的材料入库和会计核算。

2. 验收应由专门的验收部门负责

验收工作应由独立于采购部门的验收部门专门负责，重点是审查收到货物的规格、质量和数量是否符合要求。验收部门在验收完毕后需填制验收单，送会计部门和仓储部门，货物交仓储部门入库。

3. 建立储存管理责任制

为保证存货的安全及合理使用，企业应建立储存管理责任制，对各项存货的收、发、存业务均应由专人负责，严格各项手续制度。货物入库，须由存储部门先行点验和检查，然后签收。签收后，根据实际入库货物的数量，填制入库单，及时通知会计部门。据此，存储部门确立了本身应负的责任，并对验收部门的工作进行再验证。另外，存储部门还应负责存货的安全，一方面，要创造安全条件，即库房应具有防火、防盗、防潮等具体措施，以保证存货的安全、完整；另一方面，要规范存货存放秩序，即应根据存货的品质特征分类存放，并填制标签，妥善保管。

4. 领料与发货

此项控制包括两项内容：一是原材料、商品物资发出的授权批准控制；二是发出的手续控制。存储部门需根据预先的编号并经批准的领料单、发货单发货。领料单通常一式三份：一份存领料部门，一份作为存储部门的收据，一份作为会计部门记账的依据。为了防止任意填写用途不当的领料单，企业可规定领料单必须根据用料单、工程通知单或销货单来填制，商业企业可凭出货通知单作为向仓库提货的依据。

5. 控制生产过程

在生产中，产品的品种和数量一般是根据客户订单购货合同、市场预测以及经济生产批量来确定的。通常情况下，在单独的生产计划部门确定并下达生产通知单，依据实物流转程序控制的要求，各个生产部门(工厂、车间)必须制定严格的规划，由管理人员负责监督，对从生产开始到产品入库为止的全过程进行有效的控制，以避免生产窝工和在产品积压现象。降低物料耗费，采取措施保护生产线上在产品的安全，记录产品和废品的数量，确定生产过程耗用的原材料数量和产品的生产成本。

6. 销货

销货属于企业的销售与收款，其内部控制详见第八章相关内容。

### (二)工薪的内部控制

工薪的内部控制是对工薪的支出进行反映和监督的内部控制，主要内容如下：

1. 雇用员工

人事部门应负责雇用员工，并用人事授权表来记录所有雇用员工的情况。在该表中应列示员工的工种、起点工资和授权扣减的项目。人事授权表一份存放于人事部门的员工档案中，一份送交工资部门。

2. 授权变动工资

在企业中，可以由员工的主管提出更换工种或提出小时工资标准的申请，但是所有工资变动都应由人事部门书面授权。这项控制有助于保证工资的正确性。人事部门还应负责对停止雇用的员工签发离职通知，离职通知应尽快送达工资部门，以防已离职的员工继续支领工资。

3. 编制出勤和计时资料

许多企业设有专门的计时部门负责此项工作，通常使用打卡钟等来记录员工的工作时间。

对工厂员工而言，计时卡上的工作时数必须以计工单作佐证，计工单上所有的工作时数都必须由主管人员书面批准。计时部门在调节已批准的计工单和计时卡后，应将其送达工资部门，工资部门据此编制工资单。

4. 编制工资计算表

工资部门在收到计时卡和计工单后，结合人事授权表资料，可计算并编制一式两份的工资计算表和人工成本分配汇总表。其中一份连同计时卡和计工单留在工资部门；另一份与人工成本分配表送达财务部门。

5. 支付工资和保管未领工资

财务部门有关人员应独立复核工资计算表的正确性并由未参加计算和记录工资的授权人员签发工资支票。工资只发给经过适当确认的员工，未领工资应保存在财务部门的保险柜中。

6. 填写个人所得税申报表

企业必须指定专人负责个人所得税的申报工作，填写个人所得税申报表，并及时、足额缴纳税款，以避免被罚款和缴纳滞纳金及陷入被诉讼的困境。

7. 记录工资

会计部门应根据工资部门送来的"人工成本分配汇总表"及时编制记账凭证，并登记有关账簿。

### （三）成本会计制度的内部控制

成本会计制度的内部控制主要包括成本费用管理控制与成本费用会计控制两部分内容。

1. 成本费用管理控制

成本费用管理控制是指对成本费用支出进行计划、控制和考核的内部控制，具体包括：确定成本控制目标和成本计划；制定直接材料、人工工资和制造费用的消耗定额；编制成本、费用核算；对各项成本费用指标进行分解，建立成本费用归口、分级管理责任制。定期进行成本费用考核与评价。

2. 成本费用会计控制

成本费用会计控制是指对成本费用支出业务进行反映和监督的内部控制。主要包括以下内容：制定成本费用制度，明确成本范围、开支标准，制定报销手续，建立各种支出的审核制度；设置相应的会计账户，选择适当的成本计算方法，合理地归集与分配各项费用，确定产品生产成本；对各项费用的归集与分配结果进行复核；定期进行成本分析，查明企业成本变动的趋势和原因。

## 二、生产与存货循环的控制测试

注册会计师可通过询问、查阅、观察等方法了解被审计单位的生产和仓储循环内部控制，并可以选择一两个产品品种进行测试，以考察其执行情况和执行效果。

### （一）了解和描述生产与存货循环内部控制

注册会计师了解生产和仓储循环内部控制，可以通过询问相关人员或者查阅企业章程等文件获得有关存货账户体系的设置、存货计价方法以及成本会计制度的信息，还可以通过发放调查问卷或者绘制流程图等方法来了解采购、验货、仓储、生产、销货等有关内部控制制度是否得到执行。此外，还须实地观察存货的保管是否能够有效地防止存货的变质、毁损和被盗。在调查中，应注意结合企业的实际情况，将不同的方式结合起来使用，不仅应认真听取直接参与生产的技术工人与管理人员的意见，还应注意听取技术人员、工程设计师等有关专家的意见，以便对生产和仓储循环的内部控制做出正确的判断。

### （二）实施简易抽查

注册会计师为了证实审计工作底稿对生产和存货循环内部控制描述的完整性和正确性，可以在了解并熟悉企业生产流程和工艺流程的基础上实施简易抽查，并对其加以验证。

### （三）内部控制测试

成本会计制度的内部控制测试包括直接材料成本的控制测试、直接人工成本的控制测试、制造费用的控制测试和生产成本在当期完工产品与在产品之间分配的内部控制测试四项内容。

1. 直接材料成本的内部控制测试

（1）按实际成本核算的直接材料成本的内部控制测试

对于采用实际成本核算的企业，注册会计师应获取材料成本分配汇总表、材料发出汇总表（或领料单）、成本计算单、材料明细账中各直接材料的单位成本等资料，并做如下检查：

第一，检查成本计算单中直接材料成本与材料成本分配汇总表中相关的直接材料成本是否相符，分配标准是否合理；

第二，抽取材料发出汇总表中若干直接材料的发出总量，将其与实际单位成本相乘，并与材料成本分配汇总表中该种材料的总成本进行比较。重点应注意：领料单是否经过授权批准；材料发出汇总表是否经过复核；材料单位成本计价方法是否恰当，有无变更。

（2）按定额成本核算的直接材料成本的内部控制测试

对于采用定额成本核算的直接材料成本的企业，注册会计师可选择并获取某一成本报告期若干种具有代表性的产品成本计算单，获取样本的生产通知单或产量记录及其直接材料单位消耗定额，检查下列事项：

第一，根据材料明细账或采购业务测试工作底稿中各该直接材料的单位实际成本，计算直接材料的总消耗量和总成本，与该样本成本计算单中的直接材料成本核对；

第二，检查生产通知单是否经过授权批准；

第三，检查单位消耗定额和材料成本计价方法是否适当，在当年度有无重大变更。

（3）按标准成本法核算的直接材料成本的内部控制测试

对于采用标准成本法核算的直接材料成本的企业，注册会计师应获取样本的生产指令或产量统计记录、直接材料单位标准用量、直接材料标准单价及发出材料汇总表或领料单，检查下列事项：

第一，根据生产量、直接材料单位标准用量和标准单价计算的标准成本，与成本计算单中的直接材料成本核对是否相符；

第二，检查直接材料成本差异的计算与账务处理是否正确，前后各期是否一致，注意直接材料的标准成本在当年度内有无重大变更。

2. 直接人工成本的内部控制测试

(1)计时工资制下直接人工成本的内部控制测试

对采用计时工资制的企业，注册会计师应获取样本的实际工时统计记录、职员分类表和职员工资手册(工资率)及人工费用分配汇总表等资料，并进行如下检查：核对成本计算单中直接人工成本与人工费用分配汇总表中该样本的直接人工费用是否相符；核对样本的实际工时统计记录与人工费用分配汇总表中该样本的实际工时是否相符；抽取生产部门一定期间的工时台账与实际工时统计记录，核对其是否相符；当没有实际工时统计记录时，则可根据职员分类表及职员工资手册中的工资率计算并复核人工费用分配汇总表中该样本的直接人工费用是否合理。

(2)计件工资制下直接人工成本的内部控制测试

对于采用计件工资制的企业，注册会计师应获取样本的产量统计报告、个人(或小组)产量记录和经批准的单位工资标准或计件工资制度，检查下列事项：核对样本的统计产量和单位工资标准计算的人工费用与成本计算单中的直接人工成本，看其是否相符；抽取若干个直接人工(小组)的产量记录，检查是否被汇总计入产量统计报告。

(3)标准成本法下直接人工成本的内部控制测试

对于采用标准成本法的企业，注册会计师应获取样本的生产通知单或产量统计报告、工时统计报告和经批准的单位标准工时、标准工时工资率、直接人工的工资汇总表等资料，检查下列项目：根据产量和单位标准工时计算的标准工时总量与标准工时工资率之积与成本计算单中直接人工成本核对，看其是否相符；检查直接人工成本差异的计算与账务处理是否正确，并注意直接人工的标准成本在当年度内有无重大变更。

3. 制造费用的内部控制测试

注册会计师应获取样本的制造费用分配汇总表、按项目分列的制造费用明细账、与制造费用分配标准有关的统计报告及其相关原始记录，检查以下几项：制造费用分配汇总表中样本分担的制造费用与成本计算单中的制造费用核对是否相符；制造费用分配汇总表中的合计数与样本所属成本报告期的制造费用明细账总计数核对是否相符；制造费用分配汇总表选择的分配标准(机器工时数、直接人工工资、直接人工工时数、产量等)与相关的统计报告或原始记录核对是否相符，并对费用分配标准的合理性做评估。如果企业采用预计费用分配率分配制造费用，则应检查制造费用分配的账务处理是否符合规定，对制造费用分配过多或过少的差额的会计处理是否正确；如果企业采用标准成本法，则应检查样本中标准制造费用的确定是否合理，计入成本计算单的数额是否正确，制造费用差异的计算与账务处理是否正确，并注意标准制造费用在当年度内有无重大变更。

4. 生产成本在当期完工产品与在产品之间分配的内部控制测试

注册会计师应检查成本计算单中在产品数量与生产统计报告或在产品盘存表中的数量是否一致；检查在产品约当产量计算或其他分配标准是否合理；复核样本的总成本和单位成本，并对当年采用的成本会计制度做出评价。

### (四)评价生产与存货循环内部控制

注册会计师在完成上述审计程序后应根据所收集的审计证据，结合自己的专业判断能力，对生产与存货循环内部控制进行评价,重点应评价内部控制是否健全并得到有效执行;内部控制的整体强弱及各部分的强弱;内部控制的可依赖性及控制风险的大小。通过评价,注册会计师应了解生产与存货循环中控制较强的部分及较弱的部分,并依据内部控制的可信赖程度,确定生产与存货循环实质性测试的程序和重点。一般来说,生产与存货循环内部控制较强,则实质性测试的审计程序相应地可以适当简化;反之,如果测试结果表明生产与存货循环内部控制较弱,则控制风险较大,注册会计师为了将审计风险降低至可接受水平,必须执行扩大实质性测试的审计程序。

# 第三节 存货审计

## 一、存货的审计目标

(1)确定存货是否存在,是否归被审计单位所拥有;

(2)确定存货增减变动的记录是否正确,存货的计量和计价方法是否恰当;

(3)确定存货入库与发出的手续是否齐全;

(4)确定存货期末余额是否正确;

(5)确定存货在资产负债表上的披露是否恰当。

## 二、存货的实质性测试

### (一)获取或编制存货明细表

复核加计是否正确,并与明细账合计数与总账数、报表数核对是否相符;同时抽查各存货明细账与仓库台账、卡片记录,检查是否核对相符。

### (二)实施分析性复核程序

在存货审计中通常运用的分析性复核方法主要是简单比较法和比率分析法两种。

1. 简单比较法

第一,比较前后各期及本年度各个月份存货余额及其构成,存货成本差异率、生产成本总额及单位成本、直接材料成本、工资费用的发生额、制造费用、主营业务成本总额及单位销售成本等,以评价其总体合理性。

第二,将存货余额与现有的订单、资产负债表日后各期的销售额和下一年度的预测销售额进行比较,以评估存货滞销和跌价的可能性。

第三,将存货跌价准备与本年度存货处理损失的金额相比较,判断被审计单位是否足额地计提了跌价准备。

第四,将与关联企业发生存货交易的频率、规模、价格和账款结算条件,与非关联企业对比,判断被审计单位是否利用与关联企业的存货交易虚构业务交易、调节利润等。

2. 比率分析法

注册会计师在存货的分析性复核中常用的比率主要是存货周转率和毛利率。存货周转率是企业产品或商品销货成本与存货平均余额的比率，即企业的存货在一定时期内(通常为一年)周转的次数。存货周转率是反映企业存货周转速度的指标，是企业生产经营各环节中存货运营效率的综合性指标。其计算公式如下：

$$存货周转率=\frac{主营业务成本}{平均存货}\times 100\%$$

利用存货周转率进行纵向比较或与其他同行业企业进行横向比较时，要求存货计价持续一致。存货周转率的波动可能意味着被审计单位存在以下情况：有意或无意地减少存货储备；存货管理或控制程序发生变动；存货成本项目发生变动；存货核算方法发生变动；存货跌价准备计提基础或冲销政策发生变动；销售额发生大幅度变动。毛利润是企业销售收入扣除销售成本之后的差额，它可以在一定程度上反映出企业生产环节的效率的高低。毛利率是指毛利润与销售额的对比关系，常被用来计算企业获利能力的大小。它是盈利能力的主要指标，用以衡量成本控制及销售价格的变化。其计算公式为：

$$毛利率=\frac{主营业务收入-主营业务成本}{主营业务收入}\times 100\%$$

毛利率的波动可能意味着被审计单位存在以下情况：销售价格发生变动；销售产品总体结构发生变动；单位产品成本发生变动；固定制造费用较多时销售数量发生变动。

**(三)进行存货监盘**

1. 监盘目的

监盘目的是获取有关存货数量和状况的审计证据，以确定被审计单位记录的所有存货确实存在，已经反映了被审计单位拥有的全部存货，并属于被审计单位的合法财产，主要是针对存货的存在、完整性及权利和义务的认定。

2. 监盘计划

监盘计划应当包括存货监盘的目标、范围及时间安排，存货监盘的要点及关注事项，参加存货监盘人员的分工，所检查存货的范围。

存货监盘的时间应当与被审计单位实施存货盘点的时间相协调。盘点人员包括各级领导和供应、存储、财务及生产等部门的有关人员。盘点前存货要分类摆放，并编制连续编号的盘点标签。对存放在不同地点的相同存货项目要同时盘点。

3. 监盘程序

第一，观察程序。在被审计单位盘点存货前，注册会计师应当观察盘点现场，确定应纳入盘点范围的存货是否已经适当整理和排列，并附有盘点标识，防止遗漏或重复盘点。对未纳入盘点范围的存货，注册会计师应当查明未纳入的原因。对所有权不属于被审计单位的存货，注册会计师应当取得其规格、数量等资料，确定是否已分别存放、标明，且未被纳入盘点范围。

第二，检查程序。注册会计师应当对已盘点的存货进行适当检查，将检查结果与被审计单位的盘点记录相核对，并形成相应的记录，可以从存货盘点记录中选取项目追查至存货实物，以测试盘点记录的准确性，也可以从存货实物中选取项目追查至存货盘点记录，以测试存货盘点记录的完整性。检查的目的既可以是为了证实被审计单位的盘点计划得到适当的执行(控制测试)，也可以是为了证实被审计单位的存货实物总额(实质性程序)。如果观察程序能够表明被审计单位的组织管理得当，盘点、监督以及复核程序充分有效，注册会计师可据此减少所需检查的存货项目。在实施检查时，注册会计师应尽可能避免让被审计单位事先了解将抽取检查的存货项目。检查的范围通常包括每个盘点小组盘点的存货以及难以盘点或隐蔽性较强的存货。

第三，需要特别关注的情况：

(1)盘点时间。盘点应安排在接近资产负债表日的厂休日。对盘点日到资产负债表日发生的存货业务记录进行测试。

(2)盘点人员。盘点人员应该包括被审计单位有关领导和供应、仓储、财务、生产等部门的有关人员。

(3)盘点样本量及其选取。

(4)编制连续编号的盘点标签和填写盘点清单。

(5)存货停止流动。盘点时各处存货必须停止流动，并分类存放，以确保存货数量的准确性。

(6)存货移动情况。在对存货进行盘点时，如果被审计单位的生产经营持续进行，注册会计师应通过实施必要的检查程序，确定被审计单位是否已经对此设置了相应的控制程序，确保在适当的期间对存货进行了准确记录，没有遗漏或重复盘点。

(7)存货的状况。注册会计师应当特别关注存货的状况，观察被审计单位是否已经恰当区分所有毁损、陈旧、过时及残次的存货，并追查这些存货的处置情况。

(8)存货的截止。存货的截止，是指为了明确盘点的时点，以便与永续盘存记录进行核对，注册会计师应当获取盘点日前后存货收发及移动的凭证，检查库存记录与会计记录期末截止是否正确。注册会计师在对期末存货进行截止测试时，通常应当关注以下事项：

一是所有在截止日以前入库的存货项目是否均已包括在盘点范围内，并已反映在截止日以前的会计记录中，任何在截止日期以后入库的存货项目是否均未包括在盘点范围内，也未反映在截止日以前的会计记录中。

二是所有在截止日以前装运出库的存货项目是否均未包括在盘点范围内，且未包括在截止日的存货账面余额中；任何在截止日期以后装运出库的存货项目是否均已包括在盘点范围内，并已包括在截止日存货账面余额中。

三是所有已确认为销售但尚未装运出库的商品是否均未包括在盘点范围内，且未包括在截止日的存货账面余额中。

四是所有已记录为购货但尚未入库的存货是否均已包括在盘点范围内，并已反映在会计记录中。

五是在途存货和被审计单位直接向顾客发运的存货是否均已得到了适当的会计处理。在存货监盘过程中，注册会计师应当获取存货验收入库信息，以便将来追查至被审计单位的会计记录。在存货入库和装运过程中采用连续编号的凭证时，注册会计师应当关注截止日期前的最后编号。如果被审计单位没有使用连续编号的凭证，注册会计师应当列出截止日期以前的最后几笔装运和入库记录。如果被审计单位使用运货车厢或拖车进行存储、运输或验收入库，注册会计师应当详细列出存货场地上满载和空载的车厢或拖车，并记录各自的存货状况。

第四，对特殊类型存货的监盘。对某些特殊类型的存货而言，被审计单位通常使用的盘点方法和控制程序并不完全适用。这些存货通常或者没有标签，或者数量难以估计，或者质量难以确定，或者盘点人员无法对其移动实施控制。在这些情况下，注册会计师需要运用职业判断，根据存货的实际情况，设计恰当的审计程序，对存货的数量和状况获取审计证据。

第五，存货监盘结束时的工作。在被审计单位存货盘点结束前，注册会计师应当再次观察盘点现场，以确定所有应纳入盘点范围的存货是否均已盘点，并检查已填用、作废及未使用盘点表单的号码记录，确定其是否连续编号；查明已发放的表单是否均已收回，并与存货盘点的汇总记录进行核对，必要时，将盘点表上的小项与检查记录进行核对；取得并复核盘点结果汇总记录，形成存货盘点报告(记录)，完成监盘报告。注册会计师应根据自己在存货监盘过程中获取的信息对被审计单位最终的存货盘点结果汇总记录进行复核，并评估其是否正确地反映了实际盘点结果；确定盘点结果汇总记录中未包括所有权不属于被审计单位的货物；从存货盘点结果汇总记录追查至原始盘点表，以确定没有混入不应包括在内的存货项目；选择价值较大的存货项目，与上期相同项目的库存数量比较，获取异常变动的信息；如果存货盘点日不是资产负债表日，注册会计师应当实施适当的审计程序，确定盘点日与资产负债表日之间存货的变动是否已做正确的记录；如果被审计单位采用永续盘存制核算存货，应当关注永续盘存制下的期末存货记录与存货盘点结果之间是否一致；如果两者之间存在较大差异，应当实施追加的审计程序，查明原因，并检查永续盘存记录是否已经进行适当的调整，或者提请被审计单位重新盘点。

4. 特殊情况的处理

如果存在存货的性质或地域位置较为特殊而无法实施监盘程序，或者由于一些不可预见的因素导致无法在预定日期实施存货监盘等情况，注册会计师应当考虑能否实施替代审计程序，获取有关期末存货数量和状况的充分、适当的审计证据。如果是首次接受委托进行审计，注册会计师在已获取有关本期期末存货余额的充分、适当的审计证据基础上，还应当实施以下一项或多项审计程序，以获取有关本期期初存货余额的充分、适当的审计证据：查阅前任注册会计师工作底稿；复核上期存货盘点记录及文件；检查上期存货交易记录；运用毛利百分比法等进行分析。值得注意的是，监盘程序主要是对存货的结存数量予以确认，它不能保证被审单位对存货拥有所有权，也不能对该存货的价值提供审计证据。

### (四)进行存货的计价测试

为了验证资产负债表上存货项目余额的真实性，还必须对存货的计价进行审计。存货计价测试的主要程序如下：

1. 样本的选择

计价测试的样本，应从存货数量已经盘点、单价和总金额已经记入存货汇总表的结存存货中选择。选择样本时应重点选择结存余额较大且价格变化比较频繁的项目，同时考虑所选样本的代表性。抽样方法一般采用分层抽样法，抽样规模应足以推断总体的状况。

2. 计价方法的确认

存货的计价方法多种多样，如实际成本核算可运用的先进先出法、加权平均法、移动平均法、个别计价法等，企业可根据国家法规规定及自身的经营特点选择适当的计价方法。注册会计师除应掌握企业的存货计价方法外，还应对这种计价方法的合理性与一贯性予以关注；除非有足够的理由，计价方法在同一会计年度内不得变动。

3. 进行计价测试

进行计价审计时，注册会计师首先应对存货价格的组成内容予以审核，然后按照所了解的计价方法对所选择的存货样本进行计价测试。测试时，应排除企业已有计算程序和结果进行独立审计，并将测试结果与企业账面记录进行对比，编制存货计价测试分析表，分析形成差异的原因。如果差异过大，应扩大测试范围继续审计，并根据测试结果做出审计调整。由于企业期末存货通常采用成本与可变现净值孰低的方法计价，所以注册会计师在执行存货的计价测试程序时还应充分关注企业对存货可变现净值的确定及存货跌价准备的计提。

**【例 10－1】** ABC 公司 2017 年 12 月 31 日库存甲机器 10 台，成本(不含增值税)为 200 万元，单位成本为 20 万元。该批甲机器全部销售给 B 公司。与 B 公司签订销售合同约定，2018 年 1 月 20 日，ABC 公司应按每台 20 万元的价格(不含增值税)向 B 公司提供甲机器 10 台。ABC 公司销售部门提供的资料证明，向长期客户 B 公司销售的甲机器的运杂费等销售费用为 0.11 万元/台。2017 年 12 月 31 日，甲机器的市场销售价格为 25 万元/台。审计人员在进行年度会计报表审计时发现，ABC 公司对甲机器未计提存货跌价准备。

要求：分析 ABC 公司对存货计价处理是否恰当。

分析要点：

企业少提或不提存货跌价准备可以增加利润和提高企业流动比率。

在本例中，能够证明甲机器的可变现净值的确凿证据是 ABC 公司与 B 公司签订的有关甲机器的销售合同、市场销售价格资料、账簿记录和 ABC 公司销售部门提供的有关销售费用的资料等。根据销售合同规定，库存的 10 台甲机器的销售价格全部由销售合同约定。

在这种情况下，甲机器的可变现净值应以销售合同约定的价格 20 万元/台为基础确定。据此，甲机器的可变现净值＝20×10－0.11×10＝200－1.1＝198.9(万元)，低于甲机器的成本(200 万元)，应按其差额 1.1 万元计提存货跌价准备(假定以前未对甲机器计提存货跌价准备)，而 ABC 公司未计提存货跌价准备，审计人员应建议该公司计提存货跌价准备 1.1 万元，并做相应的调账处理。

**(五)执行存货截止测试**

1. 截止测试的目的

检查截至资产负债表日存货实物纳入盘点范围的时间与存货引起的借贷会计科目的入账时间是否处于同一会计期间。

2. 截止测试的方法

(1)抽查截止日前后的购货发票(销货发票)，并与验收单或入库单(出库单)核对，检查每张发票是否均附有验收单或入库单(出库单)。

如果 12 月底入账的购货发票附有 12 月 31 日或之前的验收单(或入库单)，则存货已入库并包括在本年的存货盘点范围内；如果验收单日期为次年 1 月份，则存货可能未纳入本年的盘点范围。同样，如果 12 月底入账的销货发票附有 12 月 31 日或之前的出库单，则存货不会包括在本年的存货盘点范围内；如果出库单日期为次年 1 月份，则存货可能纳入本年盘点范围。

(2)检查验收部门验收单(或仓库的入库单、出库单)，凡是接近年底(包括次年年初)购入与销售的货物，必须查明其相对应的购货发票（销货发票）是否在同期入账；对于年底未收到购货发票的入库存货，应检查是否将入库单分开存放，检查每一验收单（或入库单）上面是否加盖暂估入库印章，并以暂估价计入当年存货账内，待次年年初以红字冲销。对于年底尚未开具销货发票的出库单，应检查其是否纳入了本年的盘点范围。

在确定截止样本时，一般以截止日为界限，分别向前倒推或向后顺推若干日，按顺序选取较大金额的购货发票（销货发票）、验收单或入库单（出库单）做样本。

**（六）确定存货在财务报表中的列报是否恰当**

注意判断低值易耗品与固定资产的划分依据是否合理；注意附注披露是否恰当、完整，如存货的主要类别是否披露、存货成本核算方法是否在附注中作恰当说明。

**【例 10—2】** 注册会计师接受委托对 ABC 公司存货进行审计。ABC 公司存货主要有玻璃、煤炭和烧碱，其中少量玻璃存放于外地公用仓库。另有 D 公司部分水泥存放于 ABC 公司仓库。ABC 公司拟于 2011 年 12 月 29 日至 12 月 31 日盘点存货，以下是注册会计师撰写的存货监盘计划的部分内容。

（1）存货监盘的目标：检查 ABC 公司 2011 年 12 月 31 日存货数量是否真实、完整。

（2）存货监盘的范围：2011 年 12 月 31 日库存的所有存货，包括玻璃、煤炭、烧碱和水泥。

（3）存货监盘的时间：存货的观察与检查时间为 2011 年 12 月 31 日。

（4）存货监盘的主要程序为：

①观察 ABC 公司盘点人员是否按照盘点计划盘点；

②根据需要对存货进行适当抽点；

③检查相关凭证以证实盘点截止日前所有已确认为销售但尚未装运出库的存货均已纳入盘点范围；

④对于存货在外地公用仓库的玻璃，主要实施检查货运文件、出库记录等替代程序。

要求：（1）请指出存货监盘计划中的目标、范围和时间是否存在错误，并简要说明理由。

（2）请判断存货监盘计划中列示的主要程序是否恰当，若不恰当，请予以修改。

分析要点：

（1）存货监盘计划共有三处错误。

错误 1：目标错误。存货监盘的目标不恰当，监盘目标应为获取有关存货数量和状况的审计证据。

错误 2：范围错误。D 公司水泥的所有权不属于 ABC 公司，不应纳入监盘的范围。

错误 3：时间错误。存货的观察与检查时间和盘点时间相协调，应为 12 月 29 日至 12 月 31 日。

（2）程序①和程序②恰当。

程序③不恰当。修改为：检查相关凭证以证实盘点截止日前所有已确认为销售但尚未装运出库的存货均未纳入盘点范围。

程序④不恰当。修改为：对于存放在外地公用仓库的玻璃，应实施函证或利用其他注册会计师工作等替代程序。

# 第四节 应付职工薪酬审计

## 一、应付职工薪酬审计目标

(1)确定期末应付职工薪酬是否存在,是否为被审计单位应履行的支付业务;
(2)确定应付职工薪酬计提和支出是否合理、记录是否完整;
(3)确定应付职工薪酬期末余额是否正确;
(4)确定应付职工薪酬的披露是否恰当。

## 二、应付职工薪酬实质性测试

### (一)获取或编制应付职工薪酬明细表

复核加计正确,并与报表数、总账数和明细账合计数核对是否相符。

### (二)进行分析性复核

(1)检查各月工资费用的发生额是否有异常波动,若有,则要求被审计单位予以解释;
(2)将本期工资费用总额与上期进行比较,要求被审计单位解释其增减变动原因,或取得公司管理当局关于员工工资水平的决议;
(3)了解被审计单位本期平均职工人数,计算人均薪酬水平,与上期或同行业水平进行比较。

### (三)抽查应付职工薪酬的支付凭证

(1)检查职工薪酬核算内容和计提的正确性。检查本项目的核算内容是否包括工资、职工福利、社会保险费、住房公积金、工会经费、职工教育经费、解除职工劳动关系补偿、股份支付等明细项目。外商投资企业按规定从净利润中提取的职工奖励及福利基金,也应在本科目核算。检查职工薪酬的计提是否正确,分配方法是否与上期一致并将应付职工薪酬计提数与相关的成本、费用项目核对一致,同时结合工资总额检查计提的“应付职工薪酬——职工福利”是否充分。

(2)检查应付职工薪酬的计量和确认。国家有规定计提基础和计提比例的,应当按国家规定的标准计提,如医疗保险费、养老保险费、失业保险费、工伤保险费、生育保险、住房公积金、工会经费以及职工教育经费等;国家没有规定计提基础和计提比例的,如职工福利费等,应按实列支。

被审计单位以其自身产品或外购商品作为非货币性福利发放给职工的,应根据受益对象,将该产品或商品的公允价值计入相关的资产成本或当期权益,同时确认应付职工薪酬。被审计单位将其拥有的房屋等资产无偿提供给职工使用的,应当根据受益对象,将该住房每期应计提的折旧计入相关的资产成本或当期损益,同时确认应付职工薪酬。被单位租赁的住房等资产供职工无偿使用的,应当根据受益对象,将每期应付的租金计入相关的资产成本或当期损益，同时确认应付职工薪酬。对于外商投资企业，按税后利润的职工奖励及福利基金应以董事会决议为依据，并符合相关规定。

(3)检查应付职工薪酬支付和使用情况。审阅应付职工薪酬明细账，抽查应付职工薪酬各明细项目的支付和使用情况，检查是否符合有关规定，是否履行审批程序。

(4)检查应付职工薪酬期末余额中是否存在拖欠性质的职工薪酬，了解拖欠的缘由，此外，应检查被审计单位的辞退福利核算是否符合有关规定。

(5)如果被审计单位是实行工效挂钩的，应取得有关主管部门确认的效益工资发放额的认定证明，并复核有关合同文件和实际完成的指标，检查其计提额、发放额是否正确，是否需要进行纳税调整。如果被审计单位实行计税工资制，应取得被审计单位平均人数证明并进行复核，计算可准予税前列支的费用额，对超支部分的工资及附加费进行纳税调整，对计缴的工会经费，未能提供(工会经费拨缴款专用收据)的，应提出纳税调整建议。

### (四)确定应付职工薪酬在资产负债表上的披露是否恰当

注册会计师应当关注年末“应付职工薪酬”余额有无异常变动，如“应付职工薪酬”年末余额过大，应审查被审计单位是否通过工资调整本年利润额，进而实现调整应交所得税的目的。另外，还应关注被审计单位有无将“应付职工薪酬”并入其他账户，如“其他应付款”的现象。

**【例 10—3】** 注册会计师对 ABC 公司的应付职工薪酬进行审计，取得了该公司 2011 年 12 月份的工薪费用分配表，见表 10—1。

**表 10—1**　　**ABC 公司工薪费用分配表**　　单位：元

| 部门 | 人员类别 | 生产成本 | 制造费用 | 管理费用 | 销售费用 | 营业外支出 |
|---|---|---|---|---|---|---|
| 生产车间 | 生产工人 | 70 500 | | | | |
| | 管理人员 | | 6 700 | | | |
| 销售部门 | 门市部人员 | | | | 900 | |
| 膳食科 | 炊事人员 | | | | | 1 600 |
| 厂部 | 管理人员 | | | 1 200 | | |
| 其他 | 固定资产清理人员 | 600 | | | | |
| | 基建人员 | 1 800 | | | | |
| | 内部开发存货管理系统人员 | | | | | 12 000 |

要求：在进行相关测试后，指出存在的问题并提出审计调整建议。

分析要求：

ABC 公司工薪费用分配中存在的问题及调整建议如下：

(1)膳食科炊事人员工资分配有误，应记入“管理费用”；

(2)固定资产清理人员工资分配有误，应记入“固定资产清理”；

(3)基建人员工资分配有误，应记入“在建工程”；

(4)内部开发存货管理系统人员工资分配有误，应记入“研发支出——资本化支出”。

# 第五节 其他相关账户的审计

## 一、主营业务成本审计

### (一)主营业务成本审计的目标

(1)确定利润表中记录的营业成本是否已发生,且与被审计单位有关;
(2)确定所有应当记录的营业成本是否均已记录;
(3)确定与营业成本有关的金额及其他数据是否已恰当记录;
(4)确定营业成本是否已记录于正确的会计期间;
(5)确定营业成本是否已记录于恰当的账户;
(6)确定营业成本是否已按照企业会计准则的规定在财务报表中做出恰当的列报。

### (二)主营业务成本的实质性测试

主营业务成本是指企业因销售商品、提供劳务或让渡资产使用权等日常活动发生的实际成本。它是期初库存产品成本加上本期入库产品成本,再减去期末库存产品成本求得的。对主营业务成本的审计,应通过审阅主营业务收入、主营业务成本和库存商品明细账等记录,并核对有关的原始凭证和记账凭证进行。其主要内容包括以下几个方面:

(1)获取或编制主营业务成本明细表,与明细账和总账核对相符。

(2)进行分析性复核。分析比较本年度与上年度主营业务成本总额,以及本年度各月份的主营业务成本金额,若有重大波动和异常情况,则应查明原因。

(3)检查主营业务成本的内容和计算方法是否符合会计准则规定,前后期是否一致。

(4)复核主营业务成本明细表的正确性,编制生产成本及主营业务成本倒轧表(见表10－2),并与相关科目交叉索引。倒轧表的基本等式如下:

原材料期初余额＋本期购进额－原材料期末余额－其他原材料发出额＝直接材料成本
直接材料成本＋直接人工成本＋制造费用＝本期生产费用
产品生产成本＋在产品期初余额－在产品期末余额－其他在产品发出额＝产品成本
产品成本＋产成品期初余额－产成品期末余额＝主营业务成本

表10－2　生产成本与主营业务成本倒轧表

| 项　目 | 未审数 | 调整或重分类金额(借或贷) | 审定数 |
|---|---|---|---|
| 原材料期初余额 | 80 000 | 80 000 | |
| 加:本期购进 | 150 000 | 借5 000(暂估) | 155 000 |
| 减:原材料期末余额 | 60 000 | 借1 000(假退料) | 61 000 |
| 其他发出额 | 10 000 | | 10 000 |
| 直接材料成本 | 160 000 | 借4 000 | 164 000 |

续表

| 项　目 | 未审数 | 调整或重分类金额(借或贷) | 审定数 |
|---|---|---|---|
| 加:直接人工成本 | 15 000 | 贷 2 000(修建厂房) | 13 000 |
| 　制造费用 | 42 000 | 贷 4 000(财产保险) | 38 000 |
| 　生产成本 | 217 000 | 贷 2 000 | 215 000 |
| 加:在产品期初余额 | 23 000 | | 23 000 |
| 减:在产品期末余额 | 30 000 | 借 7 000 | 37 000 |
| 完工产品生产成本 | 210 000 | 贷 9 000 | 201 000 |
| 加:库存商品期初余额 | 28 000 | | 28 000 |
| 减:库存商品期末余额 | 27 000 | | 27 000 |
| 主营业务成本 | 211 000 | 贷 9 000 | 202 000 |
| 审计结论:上述事项影响了以下会计账户,原材料少计 1 000 元,生产成本少计 7 000 元,预付账款少计 4 000 元,在建工程少计 2 000 元,应付账款少计 5 000 元,主营业务成本多计 9 000 元。<br>故:资产少计 14 000 元,负债少计 5 000 元,虚增利润总额 9 000 元。 | | | |

(5)结合生产成本的审计,抽查主营业务成本结转数额的正确性,并检查其是否与主营业务收入相配比。

(6)检查主营业务成本账户中重大调整项目(如销售退回等)是否有其充分理由。

(7)确定主营业务成本在利润表中是否已恰当披露。

## 二、管理费用审计

### (一)管理费用的审计目标

管理费用是指企业行政管理部门为组织和管理企业生产经营活动而发生的各项费用。该项费用不是为直接组织和管理生产发生的费用,而是为一般管理活动而发生的费用。管理费用主要包括管理人员职工薪酬、办公费、差旅费、折旧费、修理费、工会经费、职工教育经费、劳动保护费、审计费、业务招待费等项目。管理费用的审计目标主要包括:

(1)确定管理费用的记录是否真实;

(2)确定管理费用的记录是否完整;

(3)确定管理费用的计算是否正确;

(4)确定管理费用在财务报表上的披露是否恰当。

### (二)管理费用的实质性测试

(1)获取或编制管理费用明细表,与报表数、总账数和明细账合计数核对一致。

(2)检查管理费用明细项目的设计是否符合规定的核算内容与范围。

(3)进行分析性复核。将管理费用各明细项目的本期数与上期数进行比较,分析其增减变动的情况是否正常,必要时比较本年度各月份管理费用,对有重大波动和异常情况的项目应查明原因,并做适当处理。

(4)审查管理费用的发生额是否真实、正确。选择管理费用中数额较大、本期与上期比较变化异常的项目追查至原始凭证，检查其开支是否真实。注册会计师应特别注意：大额管理费用的开支是否报经批准；有无利用管理费用账户调节产品成本的情况；有无利用管理费用账户调节利润和税收的情况。

(5)确认管理费用在财务报表上的披露是否恰当。

## 基本概念

生产循环　成本核算制度测试　存货截止测试　存货计价测试

## 思考题

1. 生产与存货循环的内部控制包括哪些内容？
2. 如何对存货进行监盘？
3. 如何对存货进行截止测试？
4. 应付职工薪酬实质性程序有哪些内容？
5. 如何制订存货监盘计划？

## 实训练习题

**一、单项选择题**

1. 注册会计师为取得被审计单位存货是否实际存在的证据，应进行(　　)。

A. 实地盘点　　B. 存货监盘　　C. 面询和函询　　D. 实质性分析程序

2. 下列项目中，不属于存货监盘计划内容的是(　　)。

A. 存货监盘的目标、范围及时间安排
B. 评估与存货相关的重大错报风险和重要性
C. 存货监盘的要点及关注事项
D. 参加存货监盘人员的分工及检查存货的范围

3. 在注册会计师对存货实施检查程序时，以下说法中正确的是(　　)。

A. 尽量将难以盘点或隐蔽性较大的存货纳入检查范围
B. 事先就拟抽取检查的存货项目与被审计单位沟通
C. 从存货盘点记录中选取项目追查至存货实物，以测试盘点记录的完整性
D. 如果观察程序能够表明被审计单位组织管理得当，盘点、监督以及复核程序充分、有效，注册会计师可以不对存货实施检查程序

4. 注册会计师在对存货进行计价测试时，一般可以不予关注的是(　　)。

A. 存货计价方法的合理性　　B. 存货计价方法的一致性
C. 存货计价的正确性　　D. 是否有抵押、担保的存货

5. 下列审计程序中,不属于应付职工薪酬实质性分析程序的是(　　)。
A. 检查职工薪酬的计提是否正确,分配方法是否合理
B. 比较本期应付职工薪酬余额与上期应付职工薪酬余额,是否有异常变动
C. 将本期工薪费用总额与上期进行比较
D. 检查各月工薪费用的发生额是否存在异常波动
6. 审计人员审查存货时,需要(　　)。
A. 亲自盘点存货
B. 亲自指挥客户进行盘点工作
C. 了解客户是否定期进行存货盘点,但不必参与盘点过程
D. 观察客户的盘点过程并适当抽查
7. 存货监盘程序所得到的是(　　)。
A. 书面证据　　B. 口头证据　　C. 环境证据　　D. 实物证据
8. 在各个账户审计中,审计人员运用最为普遍的审计程序是(　　)。
A. 分析程序　　B. 函证　　C. 监盘　　D. 观察
9. 在被审计单位对存货实地盘点时,注册会计师应当(　　)。
A. 指挥盘点工作的进行　　B. 作为盘点小组成员进行盘点
C. 根据观察情况进行适当抽点　　D. 收集盘点单,编制盘点表
10. 审计人员观察存货盘点的主要目的是为了(　　)。
A. 查明被审计单位是否漏盘某些重要的存货项目
B. 鉴定存货的质量
C. 了解盘点过程是否遵循了有关规定
D. 获得存货是否实际存在的证据

## 二、多项选择题

1. 存货监盘涉及的审计程序主要有(　　)。
A. 函证　　B. 分析程序　　C. 观察　　D. 检查
2. 存货与仓储循环的内部控制主要包括(　　)。
A. 成本会计制度　　B. 存货的内部控制
C. 存货的盘点　　D. 工薪的内部控制
3. 对被审计单位存货的审计较复杂、费时的原因是(　　)。
A. 存货占资产的比重大　　B. 存货项目的多样性
C. 存货计价方法的多样性　　D. 存货放置地点不同,实物控制不便
4. 审计人员测试被审计单位应付职工薪酬要实现的主要目标是(　　)。
A. 应付职工薪酬的计提是否正确　　B. 应付职工薪酬是否在报表上正确披露
C. 确定应付职工薪酬期末余额的正确性　　D. 测试是否发生少报或漏报应付职工薪酬
5. 审计人员对被审计单位购货业务进行年底截止测试的方法有(　　)。
A. 实地观察与抽查购货
B. 抽查存货盘点日前后的购货发票与验收报告
C. 查阅验收部门的业务记录
D. 了解购货的保险情况和存货保护措施
6. 存货是指企业在生产经营过程中为销售或耗用而储存的各种资产,包括(　　)。
A. 产成品　　B. 半成品　　C. 原材料　　D. 包装物

7. 存货监盘计划应当包括(　　)。

A. 存货监盘的目标　　B. 存货监盘的要点及关注事项

C. 参加存货监盘人员的分工　　D. 检查的范围

8. 下列支出中,不得列入产品成本的有(　　)。

A. 直接材料　　B. 支付的办公费　　C. 支付的违约金　　D. 企业的捐赠支出

9. 下列属于生产与存货循环涉及的主要凭证与会计记录的有(　　)。

A. 生产指令　　B. 工时记录　　C. 成本计算单　　D. 销售发票

10. 下列应计入职工薪酬的项目有(　　)。

A. 工资　　B. 奖金　　C. 福利费　　D. 社会保险费

**三、判断题**

1. 审计人员进行存货监盘的主要目的是确定被审计单位对存货的监盘程序和方法是否符合盘点计划和指令的要求。(　　)

2. 因为不存在满意的替代程序来观察和计量期末存货,所以审计人员必须对被审计单位的存货进行监盘。(　　)

3. 监盘程序所得到的证据可以保证被审计单位对存货拥有所有权,但不能对存货的价值提供审计证据。(　　)

4. 监盘的时间以会计期末以后为优。(　　)

5. 存货正确截止的要求是 12 月 31 日前购入的存货,即使未验收入库,也必须纳入存货盘点的范围。(　　)

6. 被审计单位有责任确定适当程序,进行准确的盘点并正确记录盘点数。(　　)

7. 存货周转率的波动可能意味着被审计单位存在“销售产品总体结构发生变动”的情况。(　　)

8. 制造费用不需要作截止测试。(　　)

9. 对于企业存放或寄销在外地的存货,也应纳入盘点范围,可以由审计人员亲自前往监盘,也可以向寄存寄销单位函证。(　　)

10. 存货截止审计的主要方法是抽查存货盘点日期前后的购货发票与验收报告(或入单)。(　　)

**四、案例分析题**

1. 诚信会计师事务所接受了宏光股份有限公司 2017 年度会计报表的审计委托。注册会计师小魏作为审计项目组成的成员,负责对宏光股份有限公司的存货进行监盘。为此小魏亲临现场,进行观察并进行适当的抽点,遇到如下问题:

(1)由于大为公司寄存的 B 材料与宏光公司自身的 B 材料并无区别,故未单独摆放。

(2)宏光公司对废品与毁损品不进行盘点,以财务部门和仓库部门的账面记录为准。

(3)运输部门有一批产品 D,没有悬挂盘点单,据称该批产品已经出售给 H 公司。

(4)注册会计师小魏抽点 C 仓库,发现宏光公司盘点严重有误。

(5)注册会计师小魏了解到产品 A 存放在全国 38 个城市的零售连锁商店。

(6)注册会计师小魏了解到原材料 A 为辐射性化学物品。

要求:针对情况(1)～(6),请指出注册会计师下一步应当如何处理。

2. ABC 公司对材料采用计划成本核算方法,注册会计师在审阅基本生产车间“生产成本”“原材料”和“材料成本差异”等明细账时发现:甲材料 12 月初“材料成本差异”账户为借方余额 8 340 元,库存原材料计划成本为 320 000 元;12 月初,购入甲材料的实际成本为 2 455 000 元,计划成本为 2 500 000 元;12 月份发出甲材料的计划成本为 960 000 元,其中,生产车间生产产品领用 920 000 元,生产车间一般耗用领用 12 000 元,行政管理部门领用 8 000 元，销售部门领用 20 000 元；结转耗用材料的实际成本为 931 960 元。

要求：说明运用的审计程序，指出企业存在的问题，提出审计调整建议。

3. 注册会计师在检查 ABC 公司 2011 年 12 月份账目时，发现该公司 12 月份的生产费用支出和成本计算存在下列问题：

(1)该月已领未用材料 2 260 元，月末未办理假退料手续；

(2)12 月份直接薪酬费用中含固定资产清理人员工资 1 340 元；

(3)查阅该月份领料单，发现将某车间领用钢筋和水泥计 2 252 元计入制造费用中的物料消耗费，经审查发现系在建工程所用；

(4)预付账款账户中有 700 元应摊入该月制造费用的设备租赁费漏记；

(5)该公司是生产单一产品的企业，根据账面资料，该月份生产产品入库 1 680 件，期末在产品盘存 560 件；材料在生产开始时一次性投入，在产品的加工程度为 50%，据此计算的产品成本计算单见下表。

**产品成本计算单**

2011 年 12 月　　　　单位：元

| 成本项目 | 月初在产品成本 | 本月生产费用 | 生产费用合计 | 月末在产品成本 | 本月产成品成本 |
|---|---|---|---|---|---|
| 直接材料 | 36 000 | 202 560 | 238 560 | 59 640 | 178 920 |
| 直接薪酬费用 | 3 600 | 23 840 | 27 440 | 3 920 | 23 520 |
| 制造费用 | 6 420 | 33 760 | 40 180 | 5 740 | 34 440 |
| 合　计 | 46 020 | 260 160 | 306 180 | 69 300 | 236 880 |

经审查，12 月份在产品盘存数应为 680 件，加工程度为 60%。

讨论以下问题：

(1)应该怎样纠正上述资料中存在的错误？

(2)分析该公司这样做的可能动机。

(3)重新编制产品成本计算单。

4. 注册会计师在审查 ABC 公司制造费用时，发现如下记录：

(1)企业行政管理部门空调机的修理费用为 2 000 元；

(2)为购货单位垫付运杂费 3 500 元；

(3)支付车船使用税 3 500 元；

(4)购入材料的外地运杂费 1 500 元；

(5)支付广告费 1 200 元。

要求：说明审计方法，指出存在的问题，提出处理意见。

# 第十一章　筹资与投资循环审计

## 【案例导入】

**华兴公司**

2007 年度华兴公司财务报表净利润为 1 800 万元，审计师李浩审计 2007 年度会计报表时发现：

(1)由于验资后华兴公司长期占用被投资单位 N 公司的资金，公司根据占用资金数额冲减了长期股权投资——N 公司的账面价值。

(2)E 公司系华兴公司于 2007 年 1 月 1 日在国外投资设立的联营公司，其 2007 年度会计报表反映的净利润为 3 600 万元。华兴公司占 E 公司 45%的股权比例，对其财务和经营政策具有重大影响，故在 2007 年度会计报表中采用权益法确认了该项投资收益 1 620 万元。E 公司 2007 年度会计报表未经任何审计师审计。

要求：针对(1)和(2)，审计师应当提出什么建议？

## 第一节　筹资与投资循环概述

筹资与投资循环由筹资活动和投资活动的交易事项构成。筹资活动是指企业为满足生存和发展的需要，通过改变企业资本及债务规模和结构而筹集资金的活动。筹资活动主要由借款交易和股东权益交易组成。投资活动是指企业为通过分配来增加财富，或为谋求其他利益，将资产让渡给其他单位而获得另一项资产的活动。投资活动主要由权益性投资交易和债权性投资交易组成。不同企业持有的对外投资，按照投资目的可以分为交易性金融资产、持有至到期投资、可供出售金融资产、长期股权投资等。筹资与投资循环具有如下特性：

(1)审计年度内筹资与投资循环的交易数量较少，而每笔交易的金额通常较大。

(2)漏记或不恰当地对一笔业务进行会计处理，将会导致重大错误，从而对企业会计报表的公允反映产生较大的影响。

(3)筹资与投资循环交易必须遵守国家法律、法规和相关契约的规定。

### 一、筹资与投资循环所涉及的主要业务活动

#### (一)筹资所涉及的主要业务活动

1. 审批授权

企业通过借款筹集资金需经管理当局的审批，其中债券的发行每次均要由董事会授权。企业发行股票必须依据国家有关法规或企业章程的规定，报经企业最高权力机构（如董事会）及国家有关管理部门批准。

2. 签订合同或协议

企业向银行或其他金融机构融资需签订借款合同，发行债券需签订债券契约和债券承销或包销合同，向社会募集股本还要与证券机构签订承销协议。

3. 取得资金

签订合同或协议后，企业可获得银行或金融机构划入的款项或债券、股票的融入资金。

4. 计算利息或股利

资金的取得需要付出一定的代价，企业应按有关合同或协议的规定履行义务，及时计算利息或股利。

5. 偿还本息或发放股利

向银行借款或发行债券应按有关合同或协议的规定偿还本息，企业通常在支付利息日指定专人在利息支付备忘录上予以记载，委托独立机构代为发放，并定期核对。股利一般根据股东大会的决定发放，选择自行办理支付或委托代理机构支付。

### （二）投资所涉及的主要业务活动

1. 审批授权

一般情况下，企业根据投资的性质和金额建立授权审批制度。投资业务应由企业的高层管理机构进行审批。审批的内容主要包括：投资的理由是否恰当；投资行为与企业的战略目标是否一致；投资收益的估算是否合理；影响投资的其他因素是否被充分考虑等。所有投资决策都应当经审批确认后，方可正式执行。

2. 取得债券或其他投资

企业可以通过委托理财或直接购买的方式进行股票或债券的投资，也可以与其他单位进行合营、联营，形成投资。

3. 取得投资收益

企业可以取得股权投资的股利收入、债券投资的利息收入和其他投资收益等。

4. 转让证券或收回其他投资

如果投资以购买证券的形式进行，企业可以通过转让证券实现投资的收回；如果是与其他单位联合经营进行投资，企业只有在合资或联营期满后，或者由于特殊原因提前解散时，才能收回投资。

## 二、筹资与投资循环涉及的主要凭证与会计记录

### （一）筹资活动的凭证和会计记录

筹资活动涉及的凭证和会计记录如下：

（1）债券。债券是公司依据法定程序发行、约定在一定期限内还本付息的有价证券。

（2）股票。股票是公司签发的证明股东所持股份的凭证。

(3)债券契约。债券契约是明确债权持有人与发行企业双方所拥有权利与义务的法律性文件,其内容一般包括:债券发行的标准;债券的明确表述;利息或利息率;受托管理人证书;登记和背书;如系抵押债券,其所担保的财产;债券发生拖欠情况如何处理;对偿债基金、利息支付、本金返还等的处理。

(4)股东名册。对于发行记名股票的公司,其股东名册应记载的内容一般包括:股东的姓名或名称及住所;各股东所持股份数;各股东所持股票的编号;各股东取得其股份的日期。对于发行无记名股票的公司,其股东名册应当记载其股票数量、编号及发行日期。

(5)公司债券存根簿。对于发行记名公司债券的企业,其债券存根簿应记载的内容一般包括:债券持有人的姓名或名称及住所;债券持有人取得债券的日期及债券的编号;债券的总额、票面金额、利率、还本付息的期限和方式;债券的发行日期。对于发行无记名债券的公司,其债券存根簿上应记载债券总额、利率、偿还期限和方式、发行日期和债券编号。

(6)承销或包销协议。公司向社会公开发行股票或债券时,应当由依法设立的证券经营机构承销或包销,公司应与其签订承销或包销协议。

(7)借款合同或协议。借款合同或协议是指公司向银行或其他金融机构借入款项时与其签订的合同或协议。

(8)有关记账凭证。

(9)有关会计科目的明细账和总账。

#### (二)投资活动的凭证和会计记录

(1)股票或债券;

(2)经纪人通知书;

(3)债券契约;

(4)企业的章程及有关协议;

(5)投资协议;

(6)有关记账凭证;

(7)有关会计科目的明细账和总账。

## 第二节 筹资与投资循环内部控制及其测试

### 一、筹资业务内部控制及其测试

#### (一)筹资业务内部控制要求

为了有效开展筹资业务的经济活动,企业建立内部控制需要具备的要点如下:

1. 授权审批控制

筹资业务的授权控制,解决的是办理业务的权限。重大的筹资活动,如大额银行贷款、发行债券、发行股票等,应由董事会做出决议或由最高管理层决策,然后由财务人员执行;小规模的筹资活动,如短期借款等,则可由财务部门负责人做出决定,适当的授权控制可明显地提高筹资活动效率，降低筹资风险，防止由于缺乏授权审批而出现一系列舞弊现象。

2. 职责分离控制

职责分工、明确责任是筹资业务内部控制的重要手段。筹资业务的职务分离主要包括：

(1)筹资计划编制人与审批人适当分离，以利于审批人从独立的立场来评判计划的优劣。

(2)经办人员不能接触会计记录，通常由独立的机构代理发行债券和股票。

(3)会计记录人员同负责收、付款的人员相分离，有条件的应聘请独立的机构负责支付业务。

(4)证券保管人员同会计记录人员分离。例如，办理一项举债业务，应由财务部门根据对资金的需求情况向董事会或管理层提出借款申请，经董事会或管理层审批后，财会部门办理贷款的人员与金融机构商讨借款细节和签订借款合同；取得借款后，由财会部门有关会计人员负责登账记录和监督借款按用途使用；财务部门接到银行转来的结息单后，有关会计人员要核对借款合同并复核利息的计算，再交由出纳员支付款项，出纳员支付利息款后，将凭证交有关会计人员记账；负责该项借款记账的会计人员定期与金融机构就借款的使用和余额进行核对，保证双方账目相符。

3. 收入和支出款项的控制

筹资金额大，最好委托独立的代理机构代为发行。因为代理机构本身所负有的法律责任、客观立场，既从外部协助了企业内部控制的有效执行，也从客观、公正的角度证实了公司会计记录的可信性，防止以筹资业务为名进行不正当活动或者以伪造会计记录来掩盖不正当活动的事项发生。

无论采用何种筹资形式，都面临支付款项的问题，主要是利息的支付或股利的发放。支付利息，企业应安排专门人员负责利息的计算工作。应付利息应当在有关人员签字确认后才对外偿付。企业可委托有关代理机构代为偿付利息，从而减少支票签发次数，降低舞弊可能。除此之外，应定期核对利息支付清单和开出支票总额。股利发放，要以董事会有关发放股利的决议文件为依据，股利的支付可以由企业自行完成或委托代理机构完成。对于无法支付利息或股利的支票要及时注销或加盖作废标记。

4. 实物保管的控制

债券和股票都应设立相应的筹资登记簿，详细登记核准已发行的债券和股票有关事项，如签发日期、到期日期、支付方式、支付利率、当时的市场利率、金额等。登记的同时应对不同的筹资项目进行编号，对于增资配股更要详细登记，可以备注充分说明。相应地，未发行的债券应加强保管，并定期盘点，定期核对筹资登记簿的记录与清点、盘点记录，以及银行或受托公司的相关记录。对于已收回的债券要及时注销或盖章作废，防止被不合法地多次使用。

5. 会计记录控制

对筹资业务的会计控制，除了要通过会计系统提供及时、可靠的负债、所有者权益方面的信息外，还要依靠严密的账簿和凭证组织，实施对筹资活动的记录控制。筹资业务的会计处理较复杂，会计记录的控制就十分重要，必须保证及时地按正确的金额、合理的方法，在适当的账户和合理的会计期间予以正确记录，选用适当的溢价、折价的摊销方法。对发行在外的股票要设置股东明细账加以控制；利息、股利的支付必须计算正确后计入对应账户。对未领利息、股利也必须全面反映，单独列示。

### (二)筹资业务内部控制测试

1. 描述对筹资业务内部控制的了解

针对重要的内部控制要点，注册会计师通过观察、询问相关人员、审阅和检查筹资业务内部控制的文件和记录等方法对筹资业务的内部控制加以了解，并结合企业的实际情况采用调查表、文字表述或流程图等及时、适当地记录了解到的筹资业务的内部控制情况。

2. 测试筹资业务内部控制

注册会计师在了解筹资业务的内部控制之后，如果准备信赖相关的内部控制，就要对筹资业务的内部控制的设计是否合理和执行是否有效进行测试。但是，如果企业筹资业务较少，注册会计师可根据成本效益原则决定直接进行交易的实质性程序。

在进行筹资业务的内部控制的测试过程中，应针对不同的内部控制要点采用不同的测试方法。对于授权审批控制可以直接向管理层询问，并检查相关记录和文件；对于职务分离控制可以采取观察和重新执行的方法，对于收入和支出控制可以结合货币资金业务的内部控制测试进行；对于实物保管控制可以采取检查的方法；对于会计记录控制，因其控制过程都在账簿资料和有关文件中体现，所以应侧重检查交易和事项的凭证、文件和记录，通过交易轨迹判断相关控制是否有效执行。

3. 评价筹资业务控制风险

注册会计师了解内部控制要点后，测试其执行是否有效，从而最终对筹资业务的内部控制进行分析、评价。在评价环节应考虑相关的内部控制是否存在、是否完善、能否达到控制的目的，在哪些环节存在缺陷以及可能带来的影响，从而找出被审计单位筹资业务的薄弱环节，以确定其在实质性程序工作中的影响，确定下一步的审查重点。

## 二、投资业务内部控制及其测试

### (一)投资业务内部控制要求

1. 授权审批控制

企业进行对外投资，首先要有投资计划，详细说明投资的对象、投资目的、影响投资收益的风险。投资计划在执行前必须经过严格的审批授权。单位应当建立严格的对外投资业务授权批准制度，明确审批人的授权批准方式、权限、程序、责任及相关控制措施，规定经办人的职责范围和工作要求。审批人应当根据对外投资授权批准制度的规定，在授权范围内进行审批，不得超越审批权限。经办人应当在职责范围内，按照审批人的要求办理对外投资业务。大规模的投资活动，要由董事会决定，然后授权给经理人员执行；小规模的投资活动，如利用闲置资金购入短期有价证券或出让有价证券，也应由财务主管授权，交由财务人员具体办理。企业应当在有关的工作人员职责权限或资金管理办法中，规定动用资金对外投资和投资资产处置的审批手续和业务流程。

2. 职责分工控制

合法的投资业务，应在业务的授权、执行、记录与资产的保管等方面都有明确、合理的分工，不得由一人同时负责上述任何两项工作。比如，投资业务在企业高层管理机构核准后，可由高层负责人员授权签批,由财务经理办理具体的股票或债券的买卖业务,由会计部门负责进行会计记录和财务处理,并由专人保管股票或债券。明确职责分工,才能形成相互牵制机制,从而避免或减少投资业务中发生错误或舞弊的可能性。

3. 资产安全保护控制

企业对投资资产(指股票和债券资产)一般有两种保管方式:一种是由独立的专门机构保管,如在企业拥有较大的投资资产的情况下委托银行、证券公司、信托投资公司等机构进行保管;另一种是由企业自行保管,在这种方式下,必须建立严格的联合控制制度,即至少要由两名以上人员共同控制,不得一人单独接触证券。对于任何证券的存入或取出,都要将债券名称、数量、价值及存取的日期、数量等详细记录于证券登记簿内,并由所有在场的经手人员签名。

4. 会计控制

企业的投资资产无论是自行保管的还是由他人保管的,都要进行完整的会计记录,并对其增减变动及投资收益进行相关会计核算。具体而言,应对每一种股票或债券分别设立明细分类账,并详细记录其名称、面值、证书编号、数量、取得日期、经纪人(证券商)名称、购入成本、收取的股息或利息等;对于联营投资类的其他投资,也应设置明细分类账,核算其他投资的投出及投资收益和投资收回等业务,并对投资的形式(如流动资产、固定资产、无形资产等)、投向(即接受投资单位)、计价以及收益等做出详细的记录。

5. 记名登记控制

企业应建立严格的记名登记制度。除无记名证券外,企业在购入股票或债券时应在购入的当日登记于企业名下,切忌登记于经办人员名下,防止冒名转移并借其他名义牟取私利的舞弊行为发生。

6. 定期盘点控制

对于企业所拥有的投资资产,应建立完善的定期盘点制度。由内部审计师或不参与投资业务的其他人员进行定期盘点,检查是否确为企业所拥有,并将盘点记录与账面记录相互核对,以确认账实的一致性。

**(二)投资业务内部控制测试**

1. 描述对投资业务内部控制的了解

注册会计师应通过询问被审计单位有关人员和查阅有关的内部控制文件,了解被审计单位内部控制的情况,也可以采用问卷形式,了解企业是否存在投资内部控制,弄清其内容。对了解到的情况,应及时记录,并用恰当的方法描述投资业务的内部控制全貌。

2. 测试投资业务内部控制

对投资业务的内部控制测试,应结合各内部控制要点采取不同的方法。对于投资计划的审批授权控制,主要通过查阅有关计划资料或文件或直接向管理层询问来进行审查;对于职务分离控制,可以采取实地观察、重新执行的方法;对于投资资产的安全保护控制,可以采取检查有形资产及查阅相关记录和文件的方法。例如,注册会计师应审阅内部审计师或其他授权人员对投资资产进行定期盘核的报告,应审阅其盘点方法是否恰当、盘点结果与会计记录相核对情况以及出现差异的处理是否合规。如果各期盘核报告的结果未发现账实之间存在差异(或差异不大),说明投资资产的内部控制得到了有效执行。对于会计记录控制,可以采取重新执行相关内部控制程序的方法，也可以简易抽查投资业务的会计记录。例如，可从各类投资业务的明细账中抽取部分会计分录，按原始凭证到明细账、总账的顺序核对有关数据和情况，判断其会计处理过程是否合规、完整，并据以核实上述了解到的有关内部控制是否得到了有效执行。

3. 评价投资业务控制风险

注册会计师完成上述各步骤后，取得了有关内部控制是否健全、有效的证据，并在工作底稿中标明了内部控制的强弱点，即可对内部控制进行评价，确认对投资内部控制的可信赖程度，进而确定实质性程序及其重点。

## 第三节　投资相关项目的审计

### 一、交易性金融资产的审计

#### （一）交易性金融资产的审计目标

（1）确定资产负债表中记录的交易性金融资产是否存在；

（2）确定所有应当记录的交易性金融资产是否均已记录；

（3）确定记录的交易性金融资产是否由被审计单位拥有或控制；

（4）确定交易性金融资产是否以恰当的金额包括在财务报表中、与之相关的计价调整是否已恰当记录；

（5）确定交易性金融资产在财务报表中的列报是否恰当。

#### （二）交易性金融资产的实质性测试

交易性金融资产的实质性测试程序通常如下：

（1）获取或编制交易性金融资产明细表，复核加计是否正确，并与报表数、总账数和明细账合计数核对是否相符。

（2）对期末结存的相关交易性金融资产，向被审计单位核实其持有目的，检查本科目核算范围是否恰当。

（3）获取股票、证券及基金等交易流水单及被审计单位证券投资部门的交易记录，与明细账核对，检查会计记录是否完整、会计处理是否正确。

（4）监盘库存交易性金融资产，并与相关账户余额进行核对，如有差异，应查明原因，并做出记录或进行适当调整。

（5）向相关金融机构发函询证交易性金融资产期末数量以及是否存在变现限制（与存出投资款一并函证），并记录函证过程。取得回函时应检查相关签章是否符合要求。

（6）复核与交易性金融资产相关的损益计算是否准确，并与公允价值变动损益及投资收益等有关数据核对。

（7）复核股票、债券及基金等交易性金融资产的期末公允价值是否合理，相关会计处理是否正确。

(8)确定交易性金融资产在财务报表中的列报是否恰当。

**【例 11—1】** 注册会计师对 ABC 公司 2011 年财务报表进行审计时发现，ABC 公司 2011 年 10 月 5 日支付价款 1 540 000 元从二级市场购入 E 公司发行的股票 100 000 股，每股价格 15.4 元(含已宣告但尚未发放的现金股利 0.4 元)，另支付交易费用 2 000 元。ABC 公司进行了如下会计处理：

| | | |
|---|---|---|
| 借:交易性金融资产——E 公司股票(成本) | 1 540 000 | |
| 财务费用 | 2 000 | |
| 贷:银行存款 | | 1 542 000 |

注册会计师了解到：该股票年末市场价格为每股 20 元，ABC 公司将持有的 E 公司股权划分为交易性金融资产，且持有 E 公司股权后对其无重大影响。ABC 公司年末对该股票按公允价值做了如下会计处理：

| | | |
|---|---|---|
| 借:交易性金融资产——E 公司股票(公允价值变动) | 500 000 | |
| 贷:资本公积——其他资本公积 | | 500 000 |

分析要点：

根据企业会计准则，作为交易性金融资产的股票，在购买时已宣告但尚未发放的现金股利应记入"应收股利"账户，支付的交易费用应记入"投资收益"账户；年末对该股票按公允价值调整时，产生的收益应记入"公允价值变动损益"账户。审计调整分录如下：

| | | |
|---|---|---|
| 借:应收股利 | 40 000 | |
| 贷:交易性金融资产——E 公司股票(成本) | | 40 000 |
| 借:投资收益 | 2 000 | |
| 贷:财务费用 | | 2 000 |
| 借:资本公积——其他资本公积 | 50 000 | |
| 贷:公允价值变动损益 | | 50 000 |

## 二、可供出售金融资产的审计

### (一)可供出售金融资产的审计目标

(1)确定资产负债表中记录的可供出售金融资产是否存在；

(2)确定所有应当记录的可供出售金融资产是否均已记录；

(3)确定记录的可供出售金融资产是否由被审计单位拥有或控制；

(4)确定可供出售金融资产是否以恰当的金额包括在财务报表中、与之相关的计价调整是否已恰当记录；

(5)确定可供出售金融资产在财务报表中的列报是否恰当。

### (二)可供出售金融资产的实质性测试

可供出售金融资产的实质性测试程序通常如下：

(1)获取或编制可供出售金融资产明细表，复核加计是否正确，并与报表数、总账数和明细账合计数核对是否相符。

(2)获取可供出售金融资产对账单,与明细账核对,并检查其会计处理是否正确。

(3)检查库存可供出售金融资产,并与相关账户余额进行核对。

(4)向相关金融机构发函询证可供出售金融资产期末数量 ,并记录函证过程,取得回函时应检查相关签章是否符合要求。

(5)对期末结存的可供出售金融资产,向被审计单位核实其持有目的,检查本科目核对范围是否恰当。

(6)抽取可供出售金融资产增减变动的相关凭证,检查其是否完整合法、会计处理是否正确。

(7)复核可供出售金融资产的期末公允价值是否合理,相关会计处理是否正确。

(8)检查可供出售金融资产划转为持有至到期投资的依据是否充分、会计处理是否正确。

(9)确定可供出售金融资产在财务报表中的列报是否恰当。

## 三、持有至到期投资的审计

### (一)持有至到期投资的审计目标

(1)确定资产负债表中记录的持有至到期投资是否存在;

(2)确定所有应当记录的持有至到期投资是否均已记录;

(3)确定记录的持有至到期投资是否由被审计单位拥有或控制;

(4)确定持有至到期投资是否以恰当的金额包括在财务报表中、与之相关的计价调整是否已恰当记录;

(5)确定持有至到期投资在财务报表中的列报是否恰当。

### (二)持有至到期投资的实质性测试

持有至到期投资的实质性测试程序通常如下:

(1)获取持有至到期投资对账单,与明细账核对,并检查其会计处理是否正确。

(2)检查库存持有至到期投资,并与账面余额进行核对,若有差异,则应查明原因,并做出记录或进行适当调整。

(3)向相关金融机构发函询证持有至到期投资期末数量,并记录函证过程。取得回函时应检查相关签章是否符合要求。

(4)对期末结存的持有至到期投资资产,核实被审计单位持有的目的和能力,检查本科目核算范围是否恰当。

(5)抽取持有至到期投资增加的记账凭证,注意其原始凭证是否完整、合法,成本、交易费用和相关利息的会计处理是否符合规定。

(6)根据相关资料,确定债券投资的计息类型,结合投资收益科目,复核计算利息采用的利率是否恰当,相关会计处理是否正确,检查持有至到期投资持有期间收到的利息会计处理是否正确。检查债券投资票面利率和实际利率有较大差异时,被审计单位采用的利率及其计算方法是否正确。

(7)检查当持有目的改变时,持有至到期投资划转为可供出售金融资产的会计处理是否正确。

(8)确定持有至到期投资在财务报表中的列报是否恰当，注意一年内到期的持有至到期投资是否列入“一年内到期的流动资产”。

## 四、长期股权投资的审计

### (一)长期股权投资的审计目标

(1)确定资产负债表中记录的长期股权投资是否存在；

(2)确定所有应当记录的长期股权投资是否均已记录；

(3)确定记录的长期股权投资是否由被审计单位拥有或控制；

(4)确定长期股权投资是否以恰当的金额包括在财务报表中、与之相关的计价调整是否已恰当记录；

(5)确定长期股权投资在财务报表中的列报是否恰当。

### (二)长期股权投资的实质性测试

(1)获取或编制长期股权投资明细表。

(2)根据有关合同和文件，确认股权投资的比例和持有时间，检查股权投资核算方法是否正确。

(3)对于重大投资，向被审计单位函证被审计单位的投资额、持股比例及被投资单位发放的股利等情况。

(4)对于应采用权益法核算的长期股权投资，获取被投资单位已经注册会计师审计的年度财务报表，如果未经注册会计师审计，则应考虑对被投资单位的财务报表实施适当的审计或审阅程序。

①复核投资收益时，应以取得投资时被投资单位各项可辨认资产等的公允价值为基础，对被投资单位的净利润进行调整后加以确认；被投资单位采用的会计政策及会计期间与被审计单位不一致的，应当按照被审计单位的会计政策及会计期间对被投资单位的财务报表进行调整，据以确认投资损益。

②检查按权益法核算长期股权投资，在确认应分担被投资单位发生的净亏损时，应首先冲减长期股权投资的账面价值，其次冲减其他实质上构成对被投资单位净投资的长期权益账面价值(如长期应收款等)；如果按照投资合同和协议约定仍需承担额外损失义务的，应按预计承担的义务确认预计负债。

(5)对于采用成本法核算的长期股权投资，检查股利分配的原始凭证及分配决议等。

(6)对于成本法和权益法相互转换的，检查其投资成本的确定是否正确。

(7)确定长期股权投资的增减变动的记录是否完整。

(8)期末对长期股权投资进行逐项检查，以确定长期股权投资是否已经发生减值。

①核对长期股权投资减值准备本期与以前年度计提方法是否一致，若有差异，则查明政策调整的原因，并确定政策改变对本期损益的影响，提请被审计单位做适当披露。

②对长期股权投资逐项进行检查，根据被投资单位经营政策、法律环境的变化，市场需求

的变化，行业的变化、盈利能力等各种情形予以判断长期股权投资是否存在减值迹象。确有出现导致长期股权投资可收回金额低于账面价值的，将可收回金额低于账面价值的差额作为长期股权投资减值准备予以计提，并与被审计单位已计提数相核对，如有差异，查明原因。

③将本期减值准备计提金额与利润表资产减值损失中的相应数字核对无误。

④长期股权投资减值准备按单项资产计提，计提依据充分，得到适当批准。减值损失一经确认，在以后会计期间不得转回。

(9)确定长期股权投资在资产负债表上已恰当列报。与被审计单位人员讨论确定是否存在被投资单位由于所在国家和地区及其他方面的影响，其向被审计单位转移资金的能力受到限制的情况。

### 五、投资收益审计

#### (一)投资收益的审计目标

(1)确定利润表中记录的投资收益是否已发生且与被审计单位有关；

(2)确定所有应当记录的投资收益是否均已记录；

(3)确定与投资收益有关的金额及其他数据是否已恰当记录；

(4)确定投资收益是否已记录于恰当的账户；

(5)确定投资收益是否已记录于正确的会计期间；

(6)确定投资收益在财务报表中的列报是否恰当。

#### (二)投资收益的实质性测试

(1)获取或编制投资收益分类明细表，复核加计是否正确，并与报表数、总账数和明细账合计数核对是否相符。

(2)与以前年度投资收益比较，结合投资在本期的变动情况，分析本期投资收益是否存在异常现象。

(3)与长期股权投资、交易性金融资产、交易性金融负债、可供出售金融资产、持有至到期投资等相关项目的审计结合，验证确定投资收益的记录是否正确，确定投资收益是否被计入正确的会计期间。

(4)确定投资收益在财务报表中的列报是否恰当。

## 第四节　借款相关项目的审计

### 一、借款的审计

#### (一)借款的审计目标

(1)确定资产负债表中记录的借款是否存在；

(2)确定所有应当记录的借款是否均已记录；

(3)确定资产负债表中记录的借款是否为被审计单位应当履行的现时义务；

(4)确定借款是否以恰当的金额包括在财务报表中、与之相关的计价调整是否已恰当记录；

(5)确定借款在财务报表中的列报是否恰当。

**(二)借款的实质性测试**

(1)获取或编制银行借款明细表。注册会计师应获取或编制银行借款明细表，复核其合计数是否正确，并与总账和明细账进行核对。

(2)执行分析性复核。审计人员执行分析性复核主要关注被审计企业的资产负债率、借款成本水平等指标，将计算结果与本企业以前年度水平及同行业平均水平进行比较，如果发现问题，则需进行进一步审查。

(3)审查借款业务的合法性。注册会计师应审查被审计单位的管理层或上级主管机关关于借款业务的授权，审查被审计单位与银行或其他金融机构签订的借款合同、协议，通过对借款合同、借款协议的审查，了解被审计单位的借款数额、借款时间、借款利率、还款日期等详细情况。

(4)审查银行借款的真实性。注册会计师对银行借款真实性的审查，主要采取函证的方法。注册会计师向银行或其他金融机构函证时，主要了解银行借款的金额、期限、有无抵押等内容。询证函可以主要由注册会计师编制寄发，也可由被审计单位代为编制，但必须由注册会计师寄发。注册会计师应将收到的询证函与被审计单位银行借款明细账及总账进行核对。

(5)审查银行存款账户记录的真实性、及时性及准确性。注册会计师应审阅被审计单位与借款业务相关的会计凭证、明细账及总账，对被审计单位所借款项的增加额、减少额及相关的利息费用支出额进行详细审查，对被审计单位外币借款所采用的汇率的准确性进行审查，对外币折算差额入账的准确性、及时性进行审查，对会计核算所采用的会计方法进行审查。

(6)对年度内增加的长期借款、应检查借款合同和授权审批书，了解借款数额、借款条件、日期、利率等，并与相关会计记录核对，对年度内减少的长期借款，注册会计师应检查相关记录和凭证，核实还款数额。

(7)检查长期借款的使用是否符合借款合同的规定，检查借款费用的会计处理是否正确。

(8)检查企业抵押长期借款的抵押资产的所有权是否属于企业，其价值和实际状况是否与抵押契约中的规定相一致。

(9)审查长期借款业务在资产负债表中的披露是否恰当。单位从银行或其他金融机构取得的借款，在资产负债表中应按长期借款和短期借款分别列示，对于重大事项在财务报表附注中应单独说明，被审计单位应恰当、公允地披露借款项目的会计信息。

## 二、应付债券的审计

**(一)应付债券的审计目标**

(1)确定资产负债表中记录的应付债券是否存在；

(2)确定所有应当记录的应付债券是否均已记录；

(3)确定资产负债表中记录的应付债券是否为被审计单位应当履行的现时义务；

(4)确定应付债券是否以恰当的金额包括在财务报表中、与之相关的计价调整是否已恰当记录；

(5)确定应付债券在财务报表中的列报是否恰当。

### (二)应付债券的实质性测试

通过发行债券方式筹集资金，是许多企业乐于采用的筹资方式。对应付债券的实质性测试主要包括以下几个方面：

(1)取得或编制应付债券明细表。注册会计师应取得或编制应付债券明细表，并将明细表的内容与有关的明细分类账及总账进行核对，以便确认应付债券业务处理情况。应付债券明细表应包括债券名称、面值、折价或溢价的情况，利息支出情况，应付债券的期初、期末数，本期的增减变动情况等。

(2)审查应付债券业务的合法性。注册会计师通过审查被审计单位债券发行和偿付的有关原始凭证，确认发行债券业务审批手续是否完备、应付债券业务是否真实存在且符合有关法律规定。

(3)审查应付债券业务的真实性。注册会计师应验证结账日应付债券账户的余额是否真实，账实是否相符，是否有漏列的项目存在。注册会计师可以直接向债权人或债券的承销商函证应付债券的真实性。函证的内容主要包括债券的名称、面值、利率、发行日期、发行价格、到期日等。审计人员应将函证的结果与应付债券明细表进行核对，与被审计单位有关明细账和总账进行核对。

(4)审查应付债券业务会计处理的及时性、完整性。注册会计师通过对被审计单位应付债券业务有关的原始凭证和记账凭证、明细分类账和总账的审核，确认被审计单位应付债券业务是否及时、准确、完整地进行了会计处理，折价和溢价的会计处理是否正确，利息费用的核算是否正确。

(5)检查到期债券的偿还。对到期债券的偿还，注册会计师应检查相关会计记录、会计处理方法是否正确。

(6)审查应付债券业务在资产负债表中是否得到恰当的披露。被审计企业的应付债券应按不同的类别在资产负债表中分别列示。按规定应付债券在资产负债表中进行披露时，应列在长期负债项下，对于将于一年内到期的应付债券应当单独列示在流动负债项下“一年内到期的非流动负债”项目内进行反映。注册会计师应在将明细账和总账核对无误的前提下重点审核上述内容。

## 三、财务费用的审计

### (一)财务费用的审计目标

(1)确定利润表记录的财务费用是否已发生且与被审计单位有关；

(2)确定所有应当记录的财务费用是否均已记录；

(3)确定与财务费用有关的金额及其他数据是否已恰当记录；

(4)确定财务费用是否已记录于恰当的账户;
(5)确定财务费用是否已记录于正确的会计期间;
(6)确定财务费用在财务报表中的列报是否恰当。

**(二)财务费用的实质性测试**

(1)获取或编制财务费用明细表,复核加计是否正确,并与报表数、总账数和明细账合计数核对是否相符。

(2)实施实质性分析程序。将本期、上期财务费用各明细项目作比较分析,比较本期各月份财务费用,查看有无重大波动和异常情况。

(3)检查利息支出明细账,确认利息支出的发生及准确性。

(4)检查利息收入明细账,确认利息收入的发生及准确性。

(5)检查"财务费用——其他"明细账,注意大额金融机构手续费的真实性与正确性。

(6)实施截止测试,检查财务费用各项目有无跨期入账的现象。

(7)检查财务费用在财务报表上的列报是否恰当。

**【例 11-2】** 注册会计师在对 ABC 公司 2011 年度会计报表的审计过程中发现:该公司为建造新厂房,于 2009 年 1 月 1 日向银行借款 600 万元,年利率为 10%,期限为 3 年;该厂房于 2009 年 1 月 1 日动工,于 2011 年 12 月 31 日完工,并达到预定可使用状态;该公司将该项借款所有的利息费用都计入财务费用。

分析要点:

对专门借款在固定资产达到预定可使用状态之前的利息,应予以资本化。该公司这样的会计处理,虚减了资产,虚增了财务费用,减少了当期的利润,少交了所得税。

## 第五节 所有者权益相关项目的审计

### 一、所有者权益的审计目标

(1)确定资产负债表中列示的所有者权益各项目是否存在;
(2)确定应当列示的所有者权益是否完整;
(3)确定所有者权益各项目是否以恰当的金额列示在财务报表中,与之相关的计价调整是否已恰当记录;
(4)确定所有者权益各项目在财务报表中的列报是否恰当。

### 二、股本的实质性测试

股本代表股东对股份公司净资产的所有权,是股份有限公司按照公司章程、合同和投资协议的规定向股东募集的资本。对股本的实质性测试,注册会计师应通讨"股本"账户进行。实质性测试的内容主要包括以下几点:

**(一)审阅公司章程、实施细则和股东大会、董事会会议记录**

注册会计师应向被审计单位索取公司章程、实施细则和股东大会、董事会会议记录的副本,认真研究其中有关股本的规定。被审计单位每次发行股票、收回股票或从事其他类型的股票交易,均须经股东大会或董事会的授权批准。注册会计师应了解的资料包括:核定股份和已发行股份的股数、股票面值、股票收回、股票分割及认股权证等。通过这些资料的搜集,审计人员可以进一步确定被审计单位股本的交易是否按照有关的法规规定及股东大会或董事会的决议办理,也可对企业的财务报表是否对各类股本的发行等予以恰当的披露做出评价。

**(二)审查股东是否按照规定的出资方式出资,出资比例是否符合规定**

我国有关法律规定,股份有限公司的出资可以采取货币资金、实物资产、无形资产等方式,但股东以无形资产进行出资,其出资额不得超过股份有限公司注册资本的 20%。同时,规定采取募集方式设立的股份有限公司,发起人认购的股份不得少于公司股份的 35%。注册会计师应通过审阅被审计单位的章程、合同、协议等文字资料,检查股东出资方式及出资比例的正确性。

**(三)索取或自己编制股本明细表**

注册会计师应向被审计单位索取或自己编制股本明细表,作为永久性档案保存,以供本年度和以后年度审查股本时使用。股本明细表的内容应包括各类股本变动的详细记录及有关的分析评价,编制时应将每次变动情况逐一记载并与有关的原始凭证和会计账目进行核对。

**(四)审查股票的发行、收回等交易活动**

审查与股票发行、收回有关的原始凭证和会计记录,是注册会计师验证股票的发行、收回是否真实的重要步骤。注册会计师应审查的原始凭证包括公司已发行股票的登记簿、向外界收回的股票、募股清单、银行对账单等,审查的会计记录主要包括银行存款日记账与总账、股本明细账与总账。

**(五)函证发行在外的股票**

我国目前股票的发行和转让大多由企业委托证券交易所或金融机构进行,由证券交易所或金融机构对发行在外的股票份数进行登记和控制。注册会计师在审计时可采取向证券交易所、金融机构函证和查阅的方法来验证发行股份的数量,并与股本账面数额进行核对,确定是否相符。对个别自己发行的股票,自己进行有关股票发行数量、金额及股东情况登记的企业,由于企业已在股票登记簿和股东名册上进行了记录,审计人员可在检查这些记录的基础上抽查其记录是否真实有据,核对发行的股票存根,核查其数额是否与股本账上记录的数额相符。

**(六)检查股票发行费用的处理**

公司发行股票时,一般会发生股票的印刷费及委托其他机构发行股票时的手续费、佣金等。《企业会计制度》规定:溢价发行股票时,发生的各种发行费用从股票发行溢价中抵消,无溢价的或溢价不足以支付全部费用的,作为“长期待摊费用”处理。注册会计师应审查被审计公司相关会计记录和原始凭证,以便确定被审计单位对股票发行费用的处理是否正确。

**(七)审查股本是否在资产负债表上得到适当的披露**

股本应在资产负债表中单独列示。注册会计师应核对被审计单位资产负债表中股本项目的金额数是否与审定数字相符,同时检查是否在财务报表附注中披露了与股本有关的重要事项,如股本的种类、金额、发行的数量、每股的面值及本会计期间发行的股票数等。

## 三、实收资本的实质性测试

实收资本的实质性程序通常包括:

(1)获取或编制实收资本增减变动情况明细表,复核加计正确,与报表数、总账数和明细账合计数核对相符。

(2)查阅公司章程、股东大会、董事会会议记录中有关实收资本的规定。收集与实收资本变动有关的董事会会议纪要、合同、协议、公司章程及营业执照,公司设立批文、验资报告等法律性文件,并更新永久性档案。

(3)检查实收资本增减变动的原因,查阅其是否与董事会纪要、补充合同、协议及其他有关法律性文件的规定一致,逐笔追查至原始凭证,检查其会计处理是否正确,对首次接受委托的客户,除取得验资报告外,还应检查并复印记账凭证及进账单。

(4)对于以资本公积、盈余公积和未分配利润转增资本的,应取得股东(大)会审批的资料,并审核是否符合国家有关规定。

(5)以权益结算的股份支付,取得相关资料,检查是否符合相关规定。

(6)根据证券登记公司提供的股东名录,检查被审计单位及其子公司、合营企业与联营企业是否有违反规定的持股情况。

(7)以非记账本位币出资的,检查其折算汇率是否符合规定。

(8)检查认股权证及其有关交易,确定委托人及认股人是否遵守认股合约或认股权证中的有关规定。

(9)确定实收资本在财务报表中的列报是否恰当。

## 四、资本公积的实质性测试

资本公积的实质性程序通常包括:

(1)获取或编制资本公积明细表,复核加计正确,并与报表数、总账数和明细账合计数核对相符。

(2)收集与资本公积变动有关的股东(大)会决议、董事会会议纪要、资产评估报告等文件资料,并更新永久性档案。首次接受委托的,应检查期初资本公积的原始发生依据。

(3)根据资本公积明细账,对股本溢价、其他资本公积各明细项目的发生额逐项审查。

(4)检查资本公积各项目,考虑对所得税的影响。

(5)记录资本公积中不能转增资本的项目。

(6)确定资本公积在资产负债表上的列报是否恰当。

**【例 11-3】** 注册会计师对 ABC 公司 2011 年度财务报表进行审计时,据职工反映,该公司年底曾接受另一家公司捐赠的设备 10 台。但注册会计师在检查公司的"固定资产"和"营业外收入”账户时，并没有发现此项纪录。注册会计师经过向捐赠公司取证，证实此家公司确实向ABC公司捐赠了10台设备，价值200 000元，并获取了相关单据。在确凿证据面前，该公司的经理承认自己侵吞了受赠的资产。

分析要点：

注册会计师应根据上述情况，建议该公司对经理的行为进行严肃处理并收缴被私吞的资产，同时要求公司在会计处理上做相应的调整。调整分录如下：

借：固定资产　　200 000

　　贷：营业外收入　　200 000

## 五、盈余公积的实质性测试

盈余公积的实质性程序通常包括：

(1)取得或编制盈余公积明细表，复核加计正确，并与报表数、总账数和明细账合计数核对相符。

(2)收集与盈余公积变动有关的董事会会议纪要、股东(大)会决议以及政府主管部门、财政部门批复等文件资料，进行审阅，并更新永久性档案。

(3)对法定盈余公积和任意盈余公积的发生额逐项审查至原始凭证：

①检查法定盈余公积和任意盈余公积的计提顺序、计提基数、计提比例是否符合有关规定，会计处理是否正确；

②检查盈余公积的减少是否符合有关规定，取得董事会会议纪要、股东(大)会决议，予以核实，检查有关会计处理是否正确。

(4)如果是外商投资企业，应对储备基金、企业发展基金的发生额逐项审查至原始凭证。

(5)确定盈余公积在资产负债表上的列报是否恰当。

## 六、未分配利润的实质性测试

未分配利润的实质性程序通常包括：

(1)获取或编制利润分配明细表，复核加计正确，与报表数、总账数及明细账合计数核对相符。

(2)检查未分配利润年初数与上期审定数是否相符，涉及损益的上期审计调整是否正确入账。

(3)收集和检查与利润分配有关的董事会会议纪要、股东(大)会决议、政府部门批文及有关合同、协议、公司章程等文件资料，更新永久性档案，对照有关规定确认利润分配的合法性。

(4)检查本期未分配利润变动除净利润转入以外的全部相关凭证，结合所获取的文件资料，确定其会计处理是否正确。

(5)了解本年利润弥补以前年度亏损的情况，如果已超过弥补期限，且已因为抵扣亏损而确认递延所得税资产的，应当进行调整。

(6)结合以前年度损益调整账户的审计，检查以前年度损益调整的内容是否真实、合理，注意对以前年度所得税的影响。对重大调整事项应逐项核实其发生原因、依据和有关资料，复核数据的正确性。

(7)确定未分配利润在资产负债表上的列报是否恰当。

**【例 11－4】** 注册会计师在对 ABC 公司 2011 年度会计报表进行审计时发现以下情况：该公司 2011 年实现利润 300 000 元，无纳税调整项目，所得税税率为 25％，向股东分配利润前该公司的所有者权益结构为：普通股股本 100 000 股，每股面值 5 元，计 500 000 元；资本公积——股本溢价 100 000 元；盈余公积为 140 000 元；未分配利润为 200 000 元。经董事会决定，以每 5 股普通股增发 1 股普通股股票为股利，已按规定办妥转增手续。分配后股权结构为：普通股股本 120 000 股，每股面值 5 元，计 600 000 元；资本公积——股本溢价 100 000 元；盈余公积为 170 150 元；未分配利润为 270 850 元。

分析要点：

该公司 2011 年分配股票股利后确定的所有者权益不正确，正确的做法是：

缴纳所得税＝300 000×25％＝75 000(元)

提取法定公积金＝(300 000－75 000)×10％＝22 500(元)

提取法定公益金＝(300 000－75 000)×5％＝11 250(元)

分配股票股利的股数＝100 000×1/5＝20 000(股)

分配股票股利总数＝20 000×5＝100 000(元)

分配后的股权结构为：普通股股本 120 000 股，每股面值 5 元，计 600 000 元；资本公积——股本溢价为 120 000 元；盈余公积为 173 750 元(140 000＋22 500＋11 250)；未分配利润为 291 250 元(200 000＋300 000－75 000－33 750－100 000)。

## 基本概念

筹资与投资循环　筹资循环控制风险评估　投资循环控制风险评估　筹资循环实质性测试　投资循环实质性测试

## 思考题

1. 注册会计师对筹资与投资循环的内部控制制度如何进行实质性测试？
2. 借款的实质性程序有哪些？
3. 长期股权投资的实质性程序有哪些？
4. 筹资与投资循环涉及的主要业务活动有哪些？
5. 筹资活动的内部控制有哪些关键控制？

## 实训练习题

**一、单项选择题**

1. 注册会计师为了验证被审计单位在资产负债表日所列示的长期投资确实归被审计单位所有，而应实施的最佳审计程序是(　　)。

A. 将交易及会议记录进行核对,确定所有交易均经批准或授权

B. 抽查投资交易原始凭证,证实相关凭证是否已预先编号

C. 函证资产负债表日被托管的所有有价证券

D. 将明细账和总账进行核对

2. 注册会计师要验证长期投资是否超过其净资产的50%,为使审计工作更有效,其实施相关审计程序的最佳时间是(　　)。

A. 审计计划阶段　　B. 符合性测试阶段

C. 对被审单位验资时　　D. 审计完成阶段

3. 为保证被审计单位所记录的投资业务确实为其所拥有,注册会计师最希望被审计单位实施(　　)的控制措施。

A. 投资业务的会计记录和授权、执行、保管等方面有明确的职责分工

B. 由内部审计人员定期盘点证券投资资产

C. 对投资业务采用符合会计制度规定的核算方法

D. 投资明细账和总账的登记职务分离

4. 各个业务循环均具有其本质的特征。在以下对筹资和投资循环特点的说法中,不正确的是(　　)。

A. 发生的交易数量通常较少,而每笔交易的金额通常很大

B. 受法律、法规和相关契约的约束最多

C. 和货币资金项目借方记录的联系多于和贷方记录的联系

D. 最全面涉及资产负债表的各个会计要素

5. 基于筹资和投资循环业务数量较少、金额通常都很大的特点,在审计时,注册会计师更应采用(　　)。

A. 主要证实法的初步审计策略　　B. 较低的控制风险估计水平法的策略

C. 较大范围的控制测试的方法　　D. 属性抽样结合分层抽样的审计方法

6. 下列审计程序中,不属于投资控制测试程序的是(　　)。

A. 根据有关合同和文件,确认股权投资的比例和持有时间,检查股权投资核算方法是否正确

B. 审阅内部投资资产盘点报告

C. 分析企业投资业务管理报告

D. 抽查部分投资业务的会计记录和原始凭证,确定各项控制程序运行情况

7. 下列关于筹资与投资循环的观点中,不正确的是(　　)。

A. 该循环的总目标,是评价该循环各项目余额是否公允表达

B. 该循环的交易数量较多,而每笔交易的金额通常较小

C. 该循环中,漏记或不恰当地对一笔业务进行会计处理,将会导致重大错误,从而对企业会计报表的公允反映产生较大的影响

D. 该循环的交易必须遵守国家法律、法规和相关契约的规定

8. 筹资活动的凭证和会计记录不包括(　　)。

A. 股票　　B. 债券　　C. 债券契约　　D. 经纪人通知书

9. 投资的内部控制制度一般不包括(　　)。

A. 内部核查程序　　B. 健全的资产保管制度

C. 详尽的会计核算制度　　D. 完善的定期盘点制度

10. 计算投资收益占利润总额的比例,并将其与各年比较,可以看出被审计单位(　　)。

A. 投资的真实性　　B. 投资的完整性

C. 盈利能力的稳定性　　D. 投资收益的正确性

## 二、多项选择题

1. 任何情况下，在关于对短期借款的下列实质性测试程序中，注册会计师都必须实施的是（　　）。

A. 函证短期借款的实有数　　B. 检查短期借款是否增加

C. 复核短期借款的利息　　D. 查明是否办理延期还款手续

2. 注册会计师对资本公积进行实质性程序的内容包括（　　）。

A. 检查拨款转入　　B. 检查任意盈余公积的使用

C. 检查资本溢价　　D. 检查股权投资准备

3. 属于筹资活动所涉及的主要凭证和会计记录有（　　）。

A. 股东名册　　B. 企业的章程　　C. 承销或包销协议　　D. 投资协议

4. 在以下关于对借款的实质性测试程序中，（　　）属于短期借款和长期借款的公共程序。

A. 评估被审计单位的信誉状况和融资能力

B. 向银行或其他债权人寄发询证函

C. 检查非记账本位币折合为记账本位币采用的汇率是否正确

D. 检查一年内到期的长期借款是否转列为流动负债

5. 债券契约是明确债券持有人和发行企业双方拥有的权利和义务的法律性文件。无论所发行债券的类型如何，债券契约中均应包括（　　）。

A. 所担保的财产　　B. 债券的明确的表述、债券的利息或利息率

C. 债券拖欠情况的处理　　D. 受托管理人证书、债券的登记和背书

6. 注册会计师对长期借款进行实质性测试程序时，一般应获取的审计证据包括（　　）。

A. 长期借款明细表　　B. 长期借款的合同和授权批准文件

C. 相关抵押资产的所有权证明文件　　D. 长期借款的函证回函

7. 所有者权益的审计主要包括（　　）。

A. 实收资本审计　　B. 资本公积审计　　C. 盈余公积审计　　D. 利润分配审计

8. 属于筹资活动所涉及的主要凭证和会计记录有（　　）。

A. 股东名册　　B. 企业的章程　　C. 承销或包销协议　　D. 投资协议

9. 为确定“应付债券”的真实性或完整性，可直接向（　　）进行函证。

A. 债权人　　B. 债务人　　C. 承销人　　D. 证监会

10. 对于重大的投资，注册会计师应向被投资单位函证（　　）。

A. 被审计单位的投资额情况　　B. 被审计单位的持股比例情况

C. 被投资单位的发放股利情况　　D. 被投资单位的经营效益情况

## 三、判断题

1. 由于筹资和投资循环中业务的数量少，而每笔业务涉及的金额较大，为保证筹资业务和投资业务的增减变动均已登记入账，被审计单位应对相关业务的凭证进行连续编号。（　　）

2. 如果被审计单位拥有庞大的股票或债券投资，最理想的保管措施是由被审计单位建立严格的联合控制制度，即至少由两名以上的人员共同控制，任何一人不得单独接触证券。（　　）

3. 长期借款形成后，在偿还期限内，很少发生变动，如果审计年度内长期借款没有发生变动，注册会计师可以省略相关的审计程序。（　　）

4. 注册会计师在对所有者权益进行审计时，一般通过对其内部控制制度的符合性测试来确定实质性测试的性质、时间和范围。（　　）

5. 注册会计师应提请被审计单位将当期资本化的借款费用金额和当期用于确定资本化金额的资本化率

予以恰当披露。 (　　)

6. 在对长期债券投资项目进行实质性测试时，注册会计师应查实被审计单位每期投资收益等于“应计利息”和溢价摊销额之差或折价摊销额之和。 (　　)

7. 注册会计师在审阅被审计单位相关投资的内部盘核报告时，如果各期盘核报告的结果未发现账实之间存在差异，则可以认为投资资产的内部控制制度得到了有效的执行。 (　　)

8. 为确定“应付债券”账户期末余额的合法性，注册会计师应直接向债权人及债券的承销人或包销人进行函证。 (　　)

9. 若被审计单位长期投资超过其净资产的 50%，注册会计师应提请被审计单位采用权益法核算长期投资。 (　　)

10. 向银行或其他债权人函证短期借款，是审查短期借款的一个必要的、不可替代的程序。 (　　)

**四、案例分析题**

1. ABC 公司 2010 年 7 月 1 日以 113 000 元购入某公司 2010 年 1 月 1 日发行的面值为 1 000 元的债券 100 张，该债券发行期为 2 年，年利率为 10%，一次还本付息。在支付的 113 000 元中，购买债券的手续费为 500 元，该公司的有关账务处理如下：

(1)购买债券时：

| | | |
|---|---|---|
| 借：持有至到期投资 | 112 500 | |
| 　财务费用 | 500 | |
| 　　贷：银行存款 | | 113 000 |

(2)年底计提利息时：

| | | |
|---|---|---|
| 借：持有至到期投资——应计利息 | 10 000 | |
| 　　贷：投资收益 | | 10 000 |

要求：指出上述业务的错误并进行调整。

2. 注册会计师李文对京东公司 2011 年度会计报表进行审计，发现该公司 2011 年 3 月 1 日购入八通公司的一批债券，面值共计 10 万元，票面利率为 12%。该债券的付息日是每年的 2 月 1 日和 8 月 1 日，八通公司本应在 2 月 1 日兑付的半年利息，此时仍未兑付。京东公司共支付买价 14 万元，经纪人佣金 2 000 元，其他相关费用 1 000 元。对此，京东公司做了如下会计处理：

| | | |
|---|---|---|
| 借：交易性金融资产——八通公司债券 | 137 000 | |
| 　应收利息 | 6 000 | |
| 　　贷：银行存款 | | 143 000 |

当八通公司于 3 月 5 日兑付了本应在 2 月 1 日兑付的利息时，京东公司做了如下会计分录：

| | | |
|---|---|---|
| 借：银行存款 | 6 000 | |
| 　　贷：应收利息 | | 6 000 |

当年 6 月 30 日，该债券投资的市价为 12 万元，京东公司根据《企业会计制度》对该短期投资做了跌价准备的处理，具体步骤如下：

首先，认定此时点的短期投资价值为 137 000 元。

然后，相比市价 120 000 元，认定中期末应提足的跌价准备为 17 000 元，由于这是第一次计提跌价准备，故应做如下会计分录：

| | | |
|---|---|---|
| 借：投资收益 | 17 000 | |
| 　　贷：公允价值变动损益 | | 17 000 |

当年 8 月 1 日，八通公司如约兑付了半年利息，京东公司认为，该债券当年购入时所含的 1 个月利息已计入了短期投资成本，这次收到的利息属于该部分的应冲减投资成本，其余 5 个月的利息因为是在公司的持有

期内获取的，应做投资收益确认，具体会计分录如下：

借：银行存款　6 000
　贷：交易性金融资产——八通公司债券　1 000
　　投资收益　5 000

11 月 25 日，京东公司出售该债券的 40%，售价为 6 万元，并支付相关税费为 1 000 元，京东公司做如下会计处理：

借：银行存款　59 000
　公允价值变动损益　6 800 (17 000×40%)
　贷：交易性金融资产——八通公司　54 400[(137 000－1 000)×40%]
　　投资收益　11 400

12 月 31 日，该短期投资的市价为 68 000 元，京东公司根据目前的短期投资成本：137 000－1 000－54 400＝81 600(元)，所以，年末应补提短期投资跌价准备 3 400 元，具体会计分录如下：

借：投资收益　3 400
　贷：公允价值变动损益　3 400

要求：分析该公司上述会计处理是否正确，应如何调整？

# 第十二章　货币资金审计

## 【案例导入】

### 佳音公司货币资金审计案例

大华会计师事务所对佳音公司的货币资金进行了审计，发现了如下情况：

(1)佳音公司部分原始凭证的复核和记账凭证的编制没有经过会计人员，由出纳员王某直接收支；

(2)出纳员王某由于生病住院，休假两个月，在此期间，公司未另行指定专人代替她的工作，而是由会计李某兼任；

(3)佳音公司的支票签收手续不健全，支票印章都由出纳王某一人保管，签收手续也是由王某一人执行；

(4)佳音公司丢失了3月份和5月份的由建设银行市分行邮寄的银行对账单。大华会计师事务所对佳音公司进行审计时已经是12月份，但佳音公司10月份和11月份"银行存款调节表"尚未编制；

(5)在对佳音公司的库存现金进行盘点后，发现实际库存现金数为4 379.18元，而现金日记账的账面余额为5 728.10元；在保险柜中，有四张职工私人借款的欠条，合计697.90元；按财务制度规定，佳音公司的库存限额为1 500元；

(6)佳音公司有5笔业务，合计金额437 500元，在现金日记账上没有反映，经查询，是该公司经理的弟弟李某擅自借用佳音公司的账号。

**思考题：**

(1)佳音公司的现金管理中存在哪些问题？应如何调整？

(2)怎样完善佳音公司在货币资金管理方面的内部控制制度？

## 第一节　货币资金审计概述

### 一、货币资金与各业务循环的关系

#### (一)货币资金的特点

货币资金是企业资产的重要组成部分，包括库存现金、银行存款和其他货币资金。在企业的日常经营活动中，货币资金是流动性最强的资产，可以作为流通手段和支付手段，容易导致贪污、挪用、盗窃等行为的发生。虽然货币资金数额在财务报表上占的比重不大，但与其他交易或业务活动均有密切的联系，几乎各项资产、负债的增减变动和收入、费用的形成最终都要反映为货币资金的收支，因而容易出现记账差错。对货币资金的检查是财务报表审计中很重要的一个方面。

**(二)货币资金与业务循环**

货币资金与各业务循环中的业务活动存在着密切的关系。一些最终影响货币资金的错误只有在对销售与收款、购货与付款、生产与存货、投资与筹资的业务循环的审计测试中才会被发现。例如，未给顾客开票、未按销售额开票、两次支付卖方发票或支付未经验收的货物或劳务等，在现金余额测试中都不会被发现。但是限制货币资金付款和货币资金收款的错误可在货币资金的业务测试中被发现，或通过对其余额测试程序发现。货币资金与各业务循环的关系如图12—1所示。

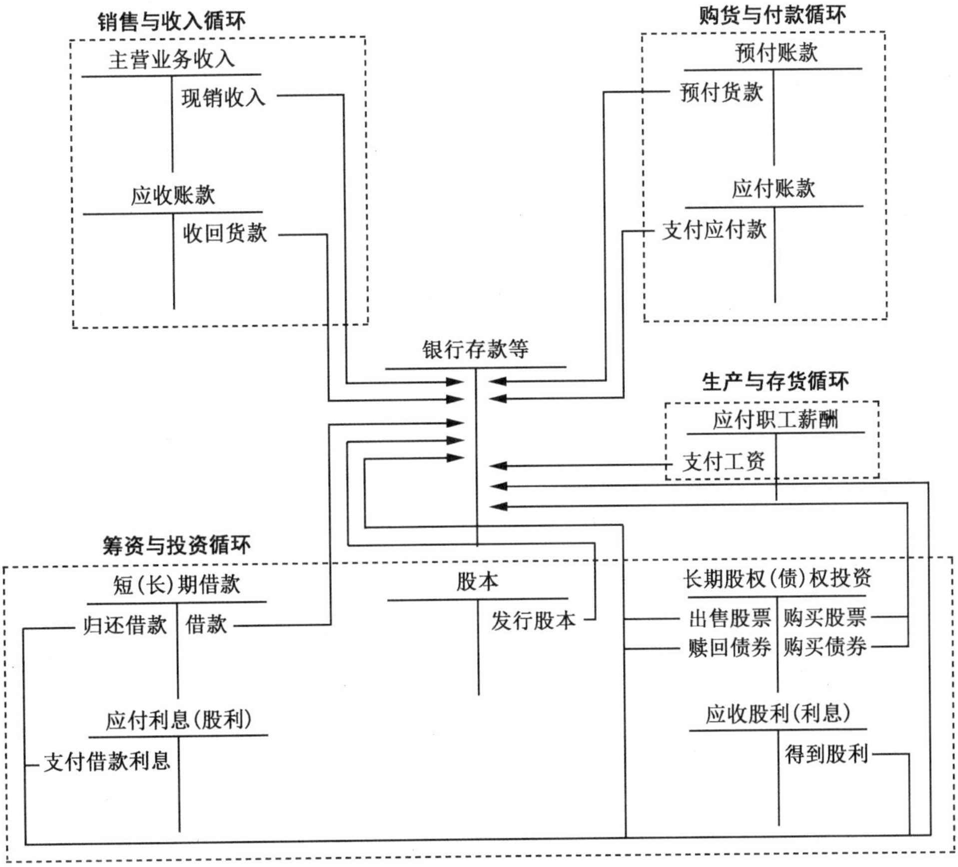


**图12—1　货币资金与业务循环**

## 二、货币资金涉及的主要凭证与会计记录

货币资金审计涉及的凭证和会计记录主要有：(1)现金盘点表；(2)银行对账单；(3)银行存

款余额调节表;(4)有关科目的记账凭证;(5)有关的会计账簿。

## 第二节 货币资金的内部控制及其测试

### 一、货币资金的内部控制

为了保证货币资金的安全、完整,保证货币资金核算与管理的正确性、合规性,企业必须建立健全各项内部控制。良好的货币资金内部控制一般应包括以下内容:

#### (一)钱账的分工负责制度

会计部门是主管货币资金的职能部门,应配备专职的出纳人员和有关核算人员,负责货币资金的收支、保管和核算工作。在货币资金核算和管理工作中,应贯彻内部牵制的组织原则,实行钱账分管,即管钱的人不管账,管账的人不管钱。负责货币资金收支和保管的出纳人员,除了登记现金和银行存款日记账,不得兼做收入、费用、债务账簿以及总账的登记工作。这是企业货币资金内部控制的一项最基本的要求。

#### (二)货币资金的收付程序

企业收付资金的业务须经有关经济业务负责人批准。例如,出差人员预借差旅费时,须经有关负责人签字方可支用;在收付资金前,会计人员对会计凭证应进行审查核实,以便确认资金收付的合法性、计算的正确性等。会计人员在按记账凭证执行收付款项时,还须对其进行复核,目的在于通过相互牵制,防止错误和舞弊现象的发生。

#### (三)收、付款凭证的应用及账簿的登记制度

为了能够汇总反映有关货币资金的相关业务,会计人员应及时根据已完成的现金收付业务及已编号并加盖现金收付戳记的记账凭证登记有关账簿。会计人员应当进行账账、账表、账实的核对,即要求日记账与总账、总账与财务报表、日记账和财务报表与库存现金等进行定期核对,检查其是否相符,防止挪用现金。

#### (四)出纳的工作纪律

企业的库存现金通常由出纳专人负责保管,出纳人员是企业货币资金业务的主要经办人员,货币资金业务内部控制的情况如何,在很大程度上与出纳工作纪律的遵守情况密切相关。为了确保货币资金的安全、完整,出纳必须定期盘点库存现金、编制银行存款余额调节表,当日现金超出库存限额部分必须及时送存银行,不准挪用或私自存放,不得随意坐支。支票必须按规定使用等。

#### (五)内部监督制度

为了降低货币资金管理的风险,企业的内部审计部门应加强对货币资金收支业务的审计。企业还应当不定期地组织检查小组,对货币资金的收支进行抽查。

**【例 12－1】** ABC 公司为严格控制货币资金的开支，对在年度预算内的资金支付做了规定：日常经济业务开支 10 万元以下由财务经理审批，10 万元以上（含 10 万元）30 万元以下由总会计师审批，30 万元以上（含 30 万元）由总会计师签署意见、总经理审批。对重要货币资金支付业务，实行集体决策和审批，各部门一律按授权范围严格执行，违者将受到责任追究与处理，直至被除名。

分析要点：

该公司对货币资金的支付制定了严格的授权审批制度，并建立了责任追究制度，可以有效防范贪污、侵占、挪用货币资金的行为。

## 二、货币资金内部控制的测试

对货币资金内部控制进行测试的主要程序有：

（1）了解货币资金内部控制。注册会计师可以根据实际情况采用不同的方法实现对货币资金内部控制的了解。一般而言，注册会计师可以采用编制流程图的方法。

编制货币资金内部控制流程图是货币资金控制测试的重要步骤，注册会计师在编制之前应通过询问、观察等调查手段收集必要的资料，然后根据所了解的情况编制流程图。对中小企业，也可采用编写货币资金内部控制说明的方法。若年度审计工作底稿中已有以前年度的流程图，注册会计师可根据调查结果加以修正，以供本年度审计之用。一般地，了解货币资金内部控制时，注册会计师应当注意检查货币资金内部控制是否建立并严格执行。

（2）抽取并检查收款凭证。如果货币资金收款的内部控制不强，很可能会发生贪污舞弊或挪用等情况。例如，在一个小企业中，出纳员若同时记应收账款明细账，则很有可能发生循环挪用的情况。为测试货币资金收款的内部控制，注册会计师应选取一定数量的收款凭证，做如下的检查：

①核对收款凭证与存入银行账户的日期和金额是否相符。

②核对货币资金、银行存款日记账的收入金额是否正确。

③核对收款凭证与银行对账单是否相符。

④核对收款凭证与应收账款等相关明细账的有关记录是否相符。

⑤核对实收金额与销货发票等相关凭据是否一致。

（3）抽取并检查付款凭证。为测试货币资金付款的内部控制，注册会计师应选取一定数量的货币资金付款凭证，做如下检查：

①检查付款的授权批准手续是否符合规定。

②核对货币资金、银行存款日记账的付出金额是否正确。

③核对付款凭证与银行对账单是否相符。

④核对付款凭证与应付账款等相关明细账的记录是否一致。

⑤核对实付金额与购货发票等相关凭据是否相符。

（4）抽取一定期间的现金、银行存款日记账与总账核对。首先，注册会计师应抽取一定期间的现金、银行存款日记账，检查其有无计算错误，加总是否正确无误。如果检查中发现问题较多，说明被审计单位货币资金的会计记录不够可靠。其次，注册会计师应根据日记账提供的线索，核对总账中的现金、银行存款、应收账款、应付账款等有关账户的记录。

(5)抽取一定期间银行存款余额调节表,查验其是否按月正确编制并经复核。为证实银行存款记录的正确性,注册会计师必须抽取一定期间的银行存款余额调节表,将其与银行对账单、银行存款日记账及总账进行核对,确定被审计单位是否按月正确编制并复核银行存款余额调节表。

(6)评价货币资金的内部控制。注册会计师在完成上述程序之后,即可对货币资金的内部控制进行评价。评价时,注册会计师应首先确定货币资金的内部控制可依赖的程度以及存在的薄弱环节和缺点,然后据以确定在货币资金实质性测试中哪些环节可以适当减少审计程序,哪些环节应增加审计程序,以减少审计风险。

(7)检查外币资金的折算方法是否符合有关规定,是否与上年度一致。对于有外币现金、外币银行存款的被审计单位,注册会计师应检查外币库存现金日记账、外币银行存款日记账及"财务费用""在建工程"等账户的记录,确定企业有关外币库存现金、外币银行存款的增减变动是否采用交易发生日的即期汇率将外币折算为记账本位币,或者采用按照系统、合理的方法确定的、与交易发生日即期汇率近似的汇率折合为记账本位币,选用汇率的方法是否前后期保持一致;检查企业的外币货币资金账户的余额是否按期末即期汇率折合为记账本位币金额,折算差额的会计处理是否正确。

## 第三节 库存现金的审计

### 一、库存现金的审计目标

(1)确定被审计单位资产负债表的货币资金项目中的库存现金在资产负债表日是否确实存在。

(2)确定被审计单位所有应当记录的现金收支业务是否均已记录完毕,有无遗漏。

(3)确定记录的库存现金是否为被审计单位所拥有或控制。

(4)确定库存现金以恰当的金额包括在财务报表的货币资金项目中,与之相关的计价调整已恰当记录。

(5)确定库存现金是否已按照企业会计准则的规定在财务报表中做出恰当列报。

### 二、库存现金的实质性测试

库存现金的实质性测试程序一般包括:

#### (一)核对现金日记账与总账的余额是否相符

注册会计师测试现金余额的起点,是核对现金日记账与总账的余额是否相符。如果不相符,则应查明原因,并建议做出适当调整。

#### (二)监盘库存现金

监盘库存现金是证实资产负债表所列现金是否存在的一项重要程序。

(1)监盘目的。证实库存现金是否存在。

(2)监盘范围。企业各部门存放的全部库存现金。

(3)参加人员。出纳员和被审计单位会计主管人员参加,并由注册会计师进行监督。

(4)盘点时间。最好选择在上午上班前或下午下班后进行,尽量不影响被审计单位正常营业。

(5)盘点方式。实施突击性的检查。

(6)监盘库存现金的步骤:

①在进行现金盘点前,应由出纳员将现金集中起来存入保险柜,必要时可封存。

②要求出纳员把已办妥现金收付手续的收、付款凭证登入现金日记账,并结出余额。

③审阅现金日记账并与现金收付凭证进行核对。一方面,检查日记账的记录与凭证的内容和金额是否相符;另一方面,了解凭证日期与日记账日期是否相符或接近。

④盘点保险柜的现金实存额,同时编制"库存现金盘点表",分币种、面值列示盘点金额。若有冲抵库存现金的借条、未提现支票、未作报销的原始凭证,应在"库存现金盘点表"中注明或做出必要的调整。

⑤资产负债表日后进行盘点时,应倒推计算调整至资产负债表日的金额。

⑥将盘点金额与现金日记账余额进行核对,如有差异,应查明原因,并做出记录或适当调整。

⑦确定库存现金日记账余额是否经常超过库存限额。

### (三)抽查大额现金收支款项

注册会计师应抽查大额现金收支的原始凭证内容是否完整,有无授权批准,并核对相关账户的进账情况,如有与被审计单位生产经营业务无关的收支事项,应查明原因,并做相应的记录。

### (四)执行库存现金收支的截止测试

被审计单位资产负债表上的现金数额,应以结账日实有数额为准。因此,注册会计师必须验证现金收支的正确截止日期。通常,注册会计师可以对结账日前后一段时期内现金收支凭证进行审计,以确定是否存在跨期事项。

### (五)检查外币现金、银行存款的折算是否正确

对于有外币现金的被审计单位,注册会计师应检查被审计单位对外币现金的收支是否按所规定的汇率折合为记账本位币金额;外币现金期末余额是否按期末市场汇率折合为记账本位币金额。

### (六)检查库存现金在资产负债表上的列报是否恰当

根据规定,库存现金在资产负债表中"货币资金"项目下反映,注册会计师应在实施上述审计程序后确定现金账户的期末余额是否恰当,据以确定货币资金是否在资产负债表上恰当披露。

**【例12—2】** 2011年2月18日,注册会计师对ABC公司库存现金进行审计。据查,库存

现金日记账当日账面余额为 3 560 元。

(1)库存现金监盘结果:实有额为 1 180 元,其中,100 元币 5 张、50 元币 3 张、20 元币 5 张、10 元币 15 张、5 元币 34 张、1 元币 94 张、0.1 元币 65 张。该公司库存现金限额经银行核定为 800 元。

(2)已收入现金而尚未入账的收款凭证 1 张,计 320 元。

(3)已支付现金而尚未入账的付款凭证 1 张,系经采购部门经理批准,由采购员王明于 2 月 5 日预借差旅费 1 100 元。

(4)副厂长私人借款白条 1 600 元未入账。

(5)该公司 2010 年 12 月 31 日资产负债表账面数 3 910 元,2011 年 1 月 1 日至 2 月 18 日的现金收款金额合计 90 790 元、现金付款金额合计 93 520 元。

分析要点:

编制的库存现金盘点表如表 12—1 所示。

**表 12—1** **库存现金盘点表**

盘点日期:2011 年 2 月 18 日 单位:元

<table>
<tr><th colspan="3">账目检查记录</th><th colspan="3">现金盘点记录</th></tr>
<tr><th colspan="2">项　目</th><th>金　额</th><th>面　额</th><th>数　量</th><th>金　额</th></tr>
<tr><td colspan="2">盘点日现金账面余额</td><td>3 560</td><td>100</td><td>5</td><td>500</td></tr>
<tr><td colspan="2">加:未记账收款金额</td><td>320</td><td>50</td><td>3</td><td>150</td></tr>
<tr><td colspan="2">……</td><td></td><td>20</td><td>5</td><td>100</td></tr>
<tr><td colspan="2">减:未记账付款金额(采购员王明预借差旅费)</td><td>1 100</td><td>10</td><td>15</td><td>150</td></tr>
<tr><td colspan="2">……</td><td></td><td>5</td><td>34</td><td>170</td></tr>
<tr><td colspan="2"></td><td></td><td>2</td><td>0</td><td>0</td></tr>
<tr><td colspan="2"></td><td></td><td>1</td><td>94</td><td>94</td></tr>
<tr><td colspan="2">盘点日账面应有余额</td><td>2 780</td><td>0.5</td><td>19</td><td>9.5</td></tr>
<tr><td colspan="2">盘点日现金实有余额</td><td>1 180</td><td>0.1</td><td>65</td><td>6.5</td></tr>
<tr><td colspan="2">盘点日现金短缺</td><td>1 600</td><td>合　计</td><td></td><td>1 180</td></tr>
<tr><td>差异原因分析</td><td>白条抵库(副厂长私人借款)</td><td>1 600</td><td colspan="3" rowspan="5">审计说明及审计结论:<br>(1)白条抵库违反规定<br>(2)超库存限额<br>(3)收付款项入账不及时</td></tr>
<tr><td rowspan="3">追溯调整</td><td>加:报表日至盘点日现金付出总额</td><td>93 520</td></tr>
<tr><td>减:报表日至盘点日现金收入总额</td><td>90 790</td></tr>
<tr><td>报表日库存现金应有金额</td><td>3 910</td></tr>
<tr><td>库存限额</td><td>800</td><td></td></tr>
</table>

## 第四节　银行存款的审计

### 一、银行存款的审计目标

(1)确定被审计单位资产负债表的货币资金项目中的银行存款在资产负债表日是否确实存在。

(2)确定被审计单位所有应当记录的银行存款收支业务是否均已记录完毕,有无遗漏。

(3)确定记录的银行存款是否为被审计单位所拥有或控制。

(4)确定银行存款是否以恰当的金额包括在财务报表的货币资金项目中,与之相关的计价调整已恰当记录。

(5)确定银行存款是否已按照企业会计准则的规定在财务报表中做出恰当列报。

## 二、银行存款的实质性测试

银行存款的实质性测试程序一般包括如下几个方面:

### (一)核对银行存款日记账余额与总账余额是否相符

注册会计师在审查银行存款余额时,首先应做的是核对银行存款日记账余额与总账余额是否相符。如果不相符,则应查明原因,将其作为继续审查银行存款余额的基础。

### (二)实施分析程序

注册会计师应比较银行存款余额的本期实际数与预算数以及与上年度账户的差异变动,对本期数字与上期实际数或本期预算数的异常差异或显著波动必须进一步追查原因,确定审计重点。尤其应注意银行存款中定期存款所占的比例,以确定企业是否存在高息资金拆借。若存在高息资金拆借,则应进一步分析拆出资金的安全性。

### (三)取得并检查银行存款对账单和银行存款余额调节表

1. 目的

证实银行存款的存在及完整性。银行存款余额调节表应由被审计单位编制并向注册会计师提供,但在某些情况下,注册会计师也可亲自编制银行存款余额调节表。

2. 程序

(1)取得被审计单位的银行存款对账单,并与银行询证函回函核对,确认是否一致,抽查核对账面记录的已付票据金额及存款金额是否与对账单记录一致。

(2)获取资产负债表日的银行存款余额调节表,重新计算调节表中加计数是否正确,看调节后银行存款日记账余额与银行对账单余额是否一致。

(3)在核对银行存款日记账账面余额和银行对账单余额的基础上,复核上述未达账项及其加减调节情况,并验证调节后两者的余额计算是否正确、是否相符。若不相符,则应说明其中一方或双方存在记账差错,并要进一步追查原因,扩大测试范围。

3. 调查未达账项的真实性

未达账项的真实性调查主要包括以下几个方面:

(1)列示未兑现支票清单,注明开票日期和收款人的姓名或单位,并调查金额较大的未兑现支票、可提现的未兑现支票以及注册会计师认为较为重要的未兑现支票;

(2)追查截止日银行对账单上的在途存款,并在银行存款余额调节表上注明存款日期;

(3)审查至截止日银行已收、被审计单位未收的款项的性质及其款项来源;

(4)审查至截止日银行已付、被审计单位未付款项的性质及其款项来源。

对于未达账项(包括银行方面和被审计单位方面的),一般应追查至此年初的银行对账单,查明年终的银行对账单,查明年终的未达账项,并从日期上进一步判断业务发生的真实性,注意有无利用未达账项来掩饰某种舞弊行为。

一般而言,银行存款余额调节表应由被审计单位编制并向注册会计师提供,但在某些情况下(如被审计单位内部控制比较薄弱),注册会计师也可亲自编制银行存款余额调节表。

**【例 12—3】** 注册会计师在对 ABC 公司的银行存款进行审计时发现,ABC 公司 2011 年 12 月 31 日银行存款日记账的账面余额为 535 000 元,开户银行对账单余额为 508 000 元。经查对,发现有以下几笔未达账项。

(1)12 月 30 日,委托银行收款 50 000 元,银行已收入企业银行存款户,收款通知尚未送达。

(2)12 月 30 日,企业开出转账支票一张,计 1 600 元,企业已减少银行存款,银行尚未记账。

(3)12 月 31 日,银行为企业支付电费 14 600 元,银行已入账并减少企业存款,企业尚未记账。

(4)12 月 31 日,企业收到外单位转账支票一张,金额 64 000 元,企业已收账,银行尚未记账。

要求:编制银行存款余额调节表,核实 2011 年 12 月 31 日资产负债表上"货币资金"项目中银行存款数额的正确性。

分析要点:

编制的银行存款余额调节表见表 12—2。

**表 12—2** **银行存款余额调节表**

户别:基本户 2011 年 12 月 31 日 币别:人民币

| 项 目 | 金额(元) | 项 目 | 金额(元) |
|---|---|---|---|
| 银行对账单(2011 年 12 月 31 日) | 508 000 | 企业银行存款日记账(2011 年 12 月 31 日) | 535 000 |
| 加:企业已收、银行未入账金额 | 64 000 | 加:银行已收、企业尚未入账金额 | 50 000 |
| 其中:1. 企业收到转账支票金额 | 64 000 | 其中:1. 银行托收销货款 | 50 000 |
| 2. | | 2. | |
| 减:企业已付、银行未入账金额 | 1 600 | 减:银行已付、企业尚未入账金额 | 14 600 |
| 其中:1. 企业开出转账支票金额 | 1 600 | 其中:1. 银行代扣电费 | 14 600 |
| 2. | | 2. | |
| 调整后银行对账单金额 | 570 400 | 调整后银行存款日记账金额 | 570 400 |
| 经办会计人员:王林 | | 会计主管:李冰 | |

从银行存款余额调节表可以看出,该公司 2011 年 12 月 31 日银行存款的数额经调整后应为 570 400 元,从而证明公司银行存款账面余额 535 000 元基本属实。

### (四)函证银行存款余额

1. 函证目的

函证银行存款的目的是证实被审计单位的银行存款是否真实、合法、完整。

函证银行存款余额是证实资产负债表所列银行存款是否存在的重要程序。通过向往来银行的函证，注册会计师不仅可以了解企业资产的存在，同时可以了解欠银行的债务。函证还可用于发现企业未登记的银行借款。

2. 函证对象

注册会计师应向被审计单位在本年存过款（含外埠存款、银行汇票存款、银行本票存款、信用证存款）的所有银行发函，其中包括企业存款账户已结清的银行，因为有可能存款账户已结清，但仍有银行借款或其他负债存在。同时，虽然注册会计师已直接从某一银行取得了银行对账单和所有已付支票，但仍应向该银行进行函证。以下列示的是银行询证函参考格式：

**银行询证函**

编号：

________(银行)

本公司聘请的________会计师事务所正在对本公司的财务报表进行审计，按照中国注册会计师执业准则的要求，应当询证本公司与贵行的存款、借款往来等事项。下列数据出自本公司账簿记录，如与贵行记录相符，请在本函下端“数据证明无误”处签章证明；如有不符，请在“数据不符”处列明不符金额。有关询证费用可直接从本公司________账户中收款。回函请直接寄至________会计师事务所。

通信地址：　　　　　　　　　　邮编：

电话：　　　　　　传真：　　　　　　联系人：

截至　　年　　月　　日，本公司银行存款、借款账户余额等列示如下：

1. 银行存款

| 账户名称 | 银行账号 | 币种 | 利率 | 余额 | 起止日期 | 是否被质押、用于担保或存在其他使用限制 | 备注 |
|---|---|---|---|---|---|---|---|
| | | | | | | | |
| | | | | | | | |

除上述列示的银行存款外，本公司并无在贵行的其他存款。

注：“起止日期”一栏仅适用于定期存款，如为活期或保证金存款，可只填写“活期”或“保证金”字样。

2. 银行借款

| 银行人名称 | 币种 | 本息余额 | 借款日期 | 到期日期 | 利率 | 借款条件 | 抵(质)押品/担保人 | 备注 |
|---|---|---|---|---|---|---|---|---|
| | | | | | | | | |

续表

| 银行人名称 | 币种 | 本息余额 | 借款日期 | 到期日期 | 利率 | 借款条件 | 抵(质)押品/担保人 | 备注 |
|---|---|---|---|---|---|---|---|---|
| | | | | | | | | |
| | | | | | | | | |

除上述列示的银行借款外，本公司并无在贵行的其他借款。

注：此项仅函证截至资产负债表日本公司尚未归还的借款。

其他重大事项

(公司签章)

年 月 日

________以下仅供被询证银行使用________

结论：1. 数据证明无误。(银行签章) (日期)

2. 数据不符，请列明不符金额。(银行签章) (日期)

**(五)抽查大额现金和银行存款的收支**

注册会计师应抽查大额现金收支、银行存款(含外埠存款、银行汇票存款、银行本票存款、信用证存款)收支的原始凭证内容是否完整，有无授权批准，并核对相关账户的进账情况。若有与被审计单位生产经营业务无关的收支事项，则应查明原因并做相应的记录。

**(六)检查银行存款收支的正确截止**

选取资产负债表日前后若干张、一定金额以上的凭证实施截止测试，关注业务内容及对应项目，检查是否存在跨期收支事项。

企业资产负债表上银行存款数字应当包括当年最后一天收到的所有存放在银行的款项，而不得包括其后收到的款项；同样，企业年终前开出的支票，不得在年后入账。为了确保银行存款收付的正确截止，注册会计师应当在清点支票及支票存根时，确定各银行账户最后一张支票的号码，同时查实该号码之前的所有支票均已开出，在结账日未开出的支票及其后开出的支票，均不得作为结账日的存款收付入账。

**(七)检查外币银行存款的折算是否正确**

对于有外币银行存款的被审计单位，注册会计师应检查被审计单位对外币银行存款的收支是否按规定的汇率折合为记账本位币金额；外币银行存款期末余额是否按期末市场汇率折合为记账本位币金额；外币折合差额是否按规定计入相关账户。

**(八)检查银行存款是否在资产负债表上恰当披露**

根据规定，企业的银行存款在资产负债表中“货币资金”项目下反映。所以，注册会计师应在实施上述审计程序后，确定银行存款账户的期末余额是否恰当，从而确定资产负债表上“货币资金”项目中的数字是否恰当披露。

## 第五节　其他货币资金的审计

其他货币资金包括外埠存款、银行汇票存款、银行本票存款、信用卡存款、信用证保证金存款和存出投资款等。

### 一、其他货币资金审计目标

(1)确定其他货币资金在资产负债表日是否确实存在。

(2)确定其他货币资金是否为被审计单位所拥有。

(3)确定在特定期间内发生的其他货币资金收支业务是否均已记录完整,有无遗漏。

(4)确定其他货币资金的余额是否正确。

(5)确定其他货币资金的列报与披露是否恰当。

### 二、其他货币资金的实质性测试

其他货币资金的实质性程序主要包括:

(1)核对外埠存款、银行汇票存款、银行本票存款、信用卡存款、信用证保证金存款和存出投资款等各明细账期末合计数与总账数是否相符。

(2)获取所有其他货币资金的明细对账单,与账面记录核对,如果存在差异,则应查明原因,必要时应提出调整建议,其中:

①对于保证金账户,审计人员应将取得的对账单与相应的交易进行核对,检查保证金与相关债务的比例和合同约定是否一致;特别关注是否存在有保证金发生,而被审计单位账面无对应保证事项的交易情形。

②若信用卡持有人是被审计单位职员,审计人员应取得该职员提供的确认书,必要时提出调整建议。

③审计人员应获取存出投资款的全部交易流水单,从中抽取若干笔资金存取记录,审查有关原始凭证,关注资金的来源和去向是否正常,是否已正确入账。

(3)函证其他货币资金期末余额并记录函证过程。

(4)关注是否有质押、冻结等对变现有限制,或者存放在境外,或者有潜在回收风险的款项。

(5)对于非记账本位币的其他货币资金,应检查其采用的折算汇率是否正确。

(6)检查期末余额中有无较长时间未结清的款项。

(7)抽取若干张大额的或有疑问的原始凭证进行测试,检查内容是否完整、有无授权批准,并且核对相关账户的进账情况。

(8)抽取资产负债表日前后若干天的其他货币资金收支凭证实施截止测试,若有跨期收支事项,则应考虑是否应提出调整建议。

(9)对不符合现金及现金等价物条件的其他货币资金在审计工作底稿中予以列明。

(10)确定其他货币资金的披露是否恰当。

## 基本概念

货币资金与业务循环　现金审计　突击盘点　银行存款审计

## 思考题

1. 简述货币资金内部控制的内容。
2. 如何进行库存现金的监盘？
3. 简述银行存款的实质性测试程序。
4. 函证银行存款的主要目的是什么？如何进行函证？
5. 为什么要对被审计单位银行存款账户余额为零和在本期内注销的账户进行函证？

## 实训练习题

**一、单项选择题**

1. 货币资金内部控制的以下关键控制环节中，存在重大缺陷的是（　　）。

A. 财务专用章由专人保管，个人名章由本人或其授权人员保管

B. 按月盘点现金，编制银行存款余额调节表

C. 现金收入及时存入银行，不可坐支现金

D. 指定专人定期核对银行账户，每月核对一次，编制银行存款余额调节表，使银行存款账面余额与银行对账单调节相符

2. 企业一般不得从本单位的现金收入中直接支付现金，因特殊情况需要支付现金的，应事先报经（　　）审查批准。

A. 本企业单位负责人　　B. 上级主管部门

C. 开户银行　　D. 财税部门

3. 注册会计师怀疑被审计单位的经手人员在记账以前截留顾客货款，盗取现金，后将账目作为坏账冲销，则他应采取（　　）程序予以查实。

A. 审核坏账注销的准确性　　B. 向坏账记录中的每位顾客发函

C. 向开户银行发函询证　　D. 审查银行存款余额调节表

4. A公司编制的2010年12月末银行存款余额调节表显示存在120 000元的未达账项，其中包括A公司已支付而银行未付的材料采购款100 000元。以下审计程序中，不能为该材料采购款未达账项的真实性提供审计证据的是（　　）。

A. 检查2011年1月份的银行对账单

B. 检查相关的采购合同、供应商销售发票和付款审批手续

C. 就2010年12月末银行存款余额向银行寄发银行询证函

D. 向相关的原材料供应商寄发询证函

5. 检查银行存款余额调节表是证实银行存款是否真实的重要程序，但注册会计师通过这一程序并不能发现下列(　　)错误。

A. 年末最后一天开出支票不入账，要求顾客年后办理转账

B. 某项支出已计入银行存款日记账，但没有开出转账支票

C. 将资产负债表日后收到的银行存款提前计入被审计年度

D. 应付票据已由银行付讫，但企业收到对账单后并未入账

6. 被审计单位采购部门负责人虚构采购原材料交易，并以银行存款支付虚构的原材料款，注册会计师最应选择实施下列(　　)程序。

A. 从银行存款日记账追查至验收单　　B. 从卖方发票追查银行存款日记账

C. 取得银行对账单，调节银行存款余额　　D. 从银行存款日记账追查至卖方发票

7. 注册会计师在审查××公司的银行存款时，通过向××公司的开户银行发函询证，不可以证实××公司(　　)。

A. 银行存款的存入时间　　B. 有息账户的利率

C. 银行借款的条件　　D. 银行借款的到期时间

8.(　　)不是货币资金审计的重要实质性程序。

A. 函证库存现金余额　　B. 函证银行存款余额

C. 函证其他货币资金余额　　D. 监盘库存现金

9. 盘点库存现金通常采用(　　)进行。

A. 预告的方式　　B. 突击的方式　　C. 强制的方式　　D. 从快的方式

10. 单位应当定期核对银行账户，(　　)至少核对一次。

A. 半个月　　B. 一个月　　C. 半年　　D. 一年

## 二、多项选择题

1. 在以下有关货币资金内部控制的说法中，你认可的是(　　)。

A. 由独立于银行存款收支和记录人员的其他财务人员按月取得银行对账单，调节银行存款余额，是对银行存款的一项必要的控制

B. 在评估被审计单位由舞弊导致的重大错报风险时，注册会计师应当重点关注货币资金项目

C. 现金出纳员只登记现金日记账，不登记其他任何账簿，但兼任会计档案的保管工作。为此，明令出纳员不能对会计档案进行任何改动

D. 对每一笔货币资金支付业务都要严格执行“付前审批，付后复核”的规定

2. 注册会计师正在对A公司的货币资金项目实施审计，经过了解准备实施控制测试程序，下列审计程序中属于控制测试的有(　　)。

A. 取得并检查银行存款余额调节表，并验算余额调节表中的数字是否正确

B. 核对银行存款总账余额、银行对账单加总金额

C. 抽取一定期间的银行存款余额表，查验企业是否按月编制

D. 抽取并检查收款凭证

3. 对于监盘库存现金，下列说法中正确的有(　　)。

A. 企业盘点库存现金，通常包括对已收到但未存入银行的现金、零用金、找换金等的盘点

B. 盘点库存现金的时间和人员应视被审计单位的具体情况而定，但必须有现金出纳和被审计单位会计主管人员参加

C. 对库存现金的监盘最好实施突击性的检查，时间最好选择在上午上班前或下午下班时

D. 如被审计单位库存现金存放部门有两处或两处以上的，应分不同的时间进行盘点

4. 为查明被审计单位是否存在利用其银行账户替其他单位或个人转移资金、使不法资金合法化的违法行为，注册会计师应当实施下列(　　)两项针对性程序。

A. 编制跨行转账业务明细表，检查跨行转账业务是否同时对应转入和转出

B. 检查企业未付票据清单有记录但截止资产负债表日银行对账单无记录的未付票据

C. 追查截止日期银行对账单已收、企业未收的款项性质及款项来源

D. 检查资产负债表日后银行对账单是否完整记录了调节事项中银行未付票据金额

5. 在下列各项中，使得企业银行存款日记账余额会小于银行对账单余额的有(　　)。

A. 企业开出支票，对方未到银行兑现

B. 银行误将其他公司的存款计入本企业银行存款账户

C. 银行代扣水电费，企业尚未接到通知

D. 银行收到委托收款结算方式下结算款项，企业尚未收到通知

6. 函证银行存款的目的是(　　)。

A. 证实银行存款余额的正确性　　B. 了解企业欠银行的债务

C. 发现企业未记账的银行借款　　D. 确定被审计单位银行存款使用的合法性

7. 注册会计师寄发的银行询证函(　　)。

A. 是以被审计单位的名义发往开户银行的

B. 是以会计师事务所的名义发往开户银行的

C. 要求银行直接回函至会计师事务所

D. 包括银行存款和借款余额

8. 注册会计师在对库存现金和存货实施监盘程序中，不同之处包括(　　)。

A. 监盘时间安排不同

B. 监盘计划中与被审计单位管理层的沟通程度不同

C. 因盘点对象特点而执行的盘点方式不同

D. 监盘的参与人员不同

9. 注册会计师实施的下列审计程序中能够证实银行存款是否存在的有(　　)。

A. 分析定期存款占银行存款的比例　　B. 检查银行存款余额调节表

C. 函证银行存款余额　　D. 分析银行存款占货币资金的比例

10. 良好的货币资金内部控制是(　　)。

A. 控制现金坐支，当日收入现金应及时送存银行

B. 货币资金收付与相关记账岗位分离

C. 全部收支及时准确入账，并且支出要有核准手续

D. 按月盘点库存现金，编制库存现金盘点表，以做到账实相符

三、判断题

1. 注册会计师编制的库存现金盘点表属于审计工作底稿。(　　)

2. 特殊情况下，单位取得的货币资金收入可以不入账，设立“小金库”。(　　)

3. 通过往来银行的函证，审计人员不仅可了解企业银行存款的存在，同时还可了解企业欠银行的债务。(　　)

4. 审计人员在函证银行存款余额时，不必向企业存款账户已结清的银行发函。(　　)

5. 盘点库存现金时，注册会计师不必考虑盘点的时间，随时都可以进行。(　　)

6. 单位应当加强现金库存限额的管理，超过库存限额的现金应当及时存入银行。(　　)

7. 如果现金盘点不是在资产负债表日进行的，注册会计师应将资产负债表日至盘点日的收付金额调整

至盘点日金额。（　）

8. 盘点库存现金必须有出纳员和被审计单位会计主管人员参加，并由审计人员进行盘点。（　）

9. 由于库存现金金额较小，小于审计风险指数，审计人员可以不进行实质性程序。（　）

10. 即使银行存款账户余额为零，但只要存在本期发生额，审计人员就应该进行函证。（　）

**四、案例分析题**

1. 2017 年 1 月 20 日，审计人员对某企业 2016 年 12 月 31 日资产负债表进行审计，查得“货币资金”项目中的库存现金为 1 062.10 元。1 月 21 日上午 8 时，审计人员对该企业出纳员所经管的现金进行清点。该企业 1 月 20 日现金日记账余额是 832.10 元，清点结果如下：

(1)现金实存数 627.34 元。

(2)在保险柜中有下列单据已收付款但未入账。

①职工刘阳 6 月 4 日预借差旅费 200 元，已经领导批准。

②职工刘纲借据一张，金额 140 元未经批准，也没有说明用途。

③在保险柜中，有已收款但未记账的凭证共 4 张，金额 135.24 元。

(3)银行核定该企业现金限额为 800 元。

(4)经核对 1 月 1 日至 20 日的收付款凭证和现金日记账，核实 1 月 1 日至 20 日收入现金数为 2 350 元，支出数为 2 580 元正确无误。

要求：根据上述资料，编制库存现金盘点表，核实库存现金实有数，并核实调整 2016 年 12 月 31 日资产负债表所列的数字是否真实，同时对现金收支、留存管理的合法性提出审计意见。

2. 注册会计师对 ABC 公司的银行存款进行审计时发现，该公司在利民支行开户(账号为 40211)，其银行存款日记账 2011 年 12 月 31 日的余额为 84 000 元，银行对账单的余额为 111 000 元，经过逐笔核对有如下未达账项：

(1)12 月 25 日，ABC 公司收到销货款 3 000 元已登账，银行尚未入账；

(2)12 月 26 日，ABC 公司支付购料款 27 000 元已登账，银行尚未入账；

(3)12 月 28 日，银行收到购货方汇来货款 15 000 元已登账，公司尚未入账；

(4)12 月 30 日，银行代企业支付购料款 12 000 元已登账，公司尚未入账。

要求：请代注册会计师完成银行存款余额调节表的编制，以验证银行存款余额的存在性和正确性。

# 第十三章　审计报告

## 【案例导入】

### 审计报告案例

中恒会计师事务所接受委托对甲股份有限公司2016年的财务报表进行审计。注册会计师于2017年3月18日完成了外勤工作，按审计业务约定书的要求，应于2017年3月28日提交审计报告。甲公司2016年度审计前的利润总额为240万元。注册会计师确定的财务报表层次的重要性水平为10万元，现假定存在以下几种情况：

(1)甲公司2016年度变更了发出存货的计价方法，并在财务报表附注中做了充分披露。注册会计师认为变更是合法和合理的。

(2)在某诉讼案中，甲公司于2016年4月被乙公司起诉侵权，乙公司要求赔偿85万元。至2016年12月31日，胜负难以预料，截至2017年3月28日尚未判决。甲公司预计的可能赔偿额为10万元，但诉讼案和可能的影响均已列示在财务报表附注中。

(3)注册会计师得知甲公司2016年涉及的丙公司起诉甲公司侵权案于2017年3月20日判决，甲公司败诉，应向原告赔偿45万元，甲公司对判决结果没有提出异议，并在财务报表附注5中进行了披露。注册会计师在3月26日完成了对该事项的审计工作，提请甲公司调整2016年财务报表(甲公司已在2016年12月31日预计了可能的赔偿金额25万元)，被甲公司拒绝。

(4)甲公司在2016年11月购入一台设备，当月投入使用，2016年未提取折旧。该设备原始价值50万元，月折旧率为1.5%。

(5)甲公司利润总额中70%是由境外子公司提供的，注册会计师无法赴国外对子公司的财务报表进行审查，也无法通过其他审计程序进行验证。

(6)对应收账款项目进行函证时，其中对余额为16万元的客户B公司的函证未收到回函，注册会计师运用替代审计程序收集了相关的审计证据。

**思考：**

假定上述六种情形是相互独立的，请分别针对上述每种情况，说明注册会计师应当发表何种审计意见类型，并简要说明理由。

# 第一节 审计报告概述

## 一、审计报告的含义

审计报告是审计工作的最终成果。它是审计人员在实施了必要的审计程序后出具的，对审计对象发表审计意见的书面文件。我国独立审计准则中的审计报告准则规定，审计报告是指注册会计师根据独立审计准则的要求，在实施审计工作的基础上对被审计单位年度会计报表发表审计意见的书面文件。审计报告具有以下特征：

(1)注册会计师应当按照审计准则的规定执行审计工作。审计准则是用以规范注册会计师执行审计业务的标准，包括一般原则与责任、风险评估与应对、审计证据、利用其他主体的工作、审计结论与报告以及特殊领域审计六个方面的内容，涵盖了注册会计师执行审计业务的整个过程和各个环节。

(2)注册会计师在实际审计工作的基础上才能出具审计报告。注册会计师应当实施风险评估程序，以此作为评估财务报表层次和认定层次重大错报风险的基础。风险评估程序本身并不足以为发表审计意见提供充分、适当的审计证据，注册会计师还应当实施进一步审计程序，包括实施控制测试(必要时或决定测试时)和实质性程序。注册会计师通过实施上述审计程序，获取充分、适当的审计证据，得出合理的审计结论，作为形成审计意见的基础。

(3)注册会计师通过对财务报表发表意见履行业务约定书约定的责任。财务报表审计的目标是注册会计师通过执行审计工作，对财务报表的合法性和公允性发表审计意见。因此，在实施审计工作的基础上，注册会计师需要对财务报表形成审计意见，并向委托人提交审计报告。

(4)注册会计师应当以书面形式出具审计报告。审计报告具有特定的要素和格式，注册会计师只有以书面形式出具报告，才能清楚表达对财务报表发表的审计意见。注册会计师应当根据审计证据得出的结论，清楚表达对财务报表的意见。财务报表至少应当包括资产负债表、利润表、所有者权益变动表、现金流量表和附注。无论是出具标准审计报告还是非标准审计报告，注册会计师一旦在审计报告上签名并盖章，就表明对其出具的审计报告负责。

审计报告是注册会计师对财务报表合法性和公允性发表审计意见的书面文件，注册会计师应当将已审计的财务报表附于审计报告后，以便于财务报表使用者正确理解和使用审计报告，并防止被审计单位替换、更改已审计的财务报表。

## 二、审计报告的作用

注册会计师签发的审计报告，主要具有鉴证、保护和证明三方面的作用。

### (一)鉴证作用

注册会计师签发的审计报告，不同于政府审计和内部审计的审计报告，而是以超然独立的第三者身份对被审计单位财务报表的合法性、公允性发表意见。这种意见具有法定证明效力，可以起到鉴证作用，因而能够得到政府有关部门和社会各界的普遍认可。

### (二)保护作用

注册会计师通过审计,可以对被审计单位财务报表出具不同类型审计意见的审计报告,以提高或降低财务报表信息使用者对财务报表的信赖程度,从而能够在一定程度上对被审计单位的财产、债权人和股东的权益及企业利害关系人的利益起到保护作用。

### (三)证明作用

审计报告是对注册会计师审计任务完成情况及其结果所做的总结,它可以表明审计工作的质量,并明确注册会计师的审计责任,因此,审计报告可以对审计工作质量和注册会计师的审计责任及其履行情况起证明作用。

## 三、审计报告的种类

审计报告分为标准审计报告和非标准审计报告。

当注册会计师出具的无保留意见的审计报告不附加说明段、强调事项段或任何修饰性用语时,该报告称为标准审计报告。标准审计报告包含的要素齐全,属于无保留意见,且不附加说明、强调事项段或任何修饰性用语;否则,不能称为标准审计报告。

非标准审计报告是指标准审计报告以外的其他审计报告,包括带强调事项的无保留意见的审计报告和非无保留意见的审计报告。非无保留意见的审计报告包括保留意见的审计报告、否定意见的审计报告和无法表示意见的审计报告。

# 第二节 审计意见的形成

注册会计师应当就财务报表是否在所有重大方面按照适用的财务报告编制基础编制并实现公允反映,形成审计意见。为了形成审计意见,针对财务报表整体是否不存在由于舞弊或错误导致的重大错报,注册会计师应当得出结论,确定是否已就此获取合理保证。在得出结论时,注册会计师应当考虑下列方面:

## 一、评价根据审计证据得出的结论

注册会计师应当评价根据审计证据得出的结论,以作为对财务报表形成审计意见的基础。在对财务报表形成审计意见时,注册会计师应当根据已获取的审计证据,评价是否已对财务报表整体不存在重大错报获取合理保证。注册会计师对审计结论的评价贯穿于审计的全过程。

(1)注册会计师应当根据实施的审计程序和获取的审计证据,评价对认定层次重大错报风险的评估是否仍然适当。

(2)财务报表审计是一个积累和不断修正信息的过程。随着计划的审计程序的实施,如果获取信息与风险评估时依据的信息有重大差异,注册会计师则应当考虑修正风险评估结果,并据以修改原计划的其他审计程序的性质、时间和范围。

(3)在实施控制测试时,如果发现被审计单位控制运行出现偏差,注册会计师则应当了解这些偏差及其潜在后果,并确定已实施的控制测试是否为信赖控制提供了充分、适当的审计证据，是否需要实施进一步的控制测试，或实施实质性程序，以应对潜在的错报风险。

(4)注册会计师不应将审计中发现的舞弊或错误视为孤立发生的事项，而应当考虑其对评估的重大错报风险的影响。在完成审计工作前，注册会计师应当评价是否已将审计风险降至可接受的低水平，是否需要重新考虑已实施审计程序的性质、时间和范围。

(5)在形成审计意见时，注册会计师应当从总体上评价是否已经获取充分、适当的审计证据，以将审计风险降至可接受的低水平。注册会计师应当考虑所有相关的审计证据，包括能够印证财务报表认定的审计证据和与财务报表认定相矛盾的审计证据。

## 二、评价财务报表的合法性

在评价财务报表是否按照适用的会计准则和相关会计制度的规定编制时，注册会计师应当考虑下列内容：

### (一)评价所选择和运用的会计政策

评价被审计单位所选择和运用的会计政策，主要从两方面进行：一是合法性，即评价被审计单位所选择和运用的会计政策是否符合适用的会计准则和相关会计制度；二是合理性，即评价被审计单位所选择和运用的会计政策是否适合于被审计单位的具体情况。

### (二)评价管理层做出的会计估计是否合理

会计估计是指被审计单位以最近可利用的信息为基础对结果不确定的交易或事项所作的判断。由于会计估计的主观性、复杂性和不确定性，因而管理层做出的会计估计发生重大错报的可能性较大。因此，注册会计师评价管理层做出的会计估计，主要是判断管理层做出的会计估计是否合理，确定会计估计的重大错报风险是否是特别风险，是否采取了有效的措施予以应对。

### (三)评价财务报表所反映信息的质量

企业财务报表应当具备可靠性、相关性、可理解性、可比性等质量要求。

评价财务报表的相关性，主要是评价被审计单位提供的财务信息是否与财务报表使用者的经济决策需要相关，是否有助于财务报表使用者对被审计单位过去、现在或者未来的情况做出评价或预测。

评价财务报表的可靠性，主要是评价被审计单位是否以实际发生的交易或事项为依据进行会计确认、计量和报告，如实反映符合确认和计量要求的各项会计要素及其他相关信息，保证财务信息真实可靠、内容完整。

评价财务信息的可比性，主要是评价被审计单位提供的财务信息是否具有可比性，即评价被审计单位不同时期发生的相同或者相似的交易或事项，是否采用了一致的会计政策。如果会计政策发生了变更，则还应当评价其会计政策是否确需变更，是否已在附注中做出了充分说明。评价被审计单位所采用的会计政策是否与同行业其他企业对相同或者相似的交易或事项所采用的会计政策一致，财务信息是否口径一致，并相互可比。

评价财务报表的可理解性，主要是评价被审计单位提供的财务信息是否清晰明了，表述清楚，便于财务报表使用者理解和使用。

注册会计师应当根据《企业会计准则——基本准则》的规定，考虑财务报表是否符合信息质量特征。

#### （四）评价财务报表的披露

评价财务报表的披露，主要是评价被审计单位财务报表做出的披露是否充分，是否使财务报表的使用者能够理解重大交易或事项对被审计单位财务状况、经营成果和现金流量的影响。

通过实施上述四个方面的评价，注册会计师就可形成被审计单位财务报表合法性的审计意见。

### 三、评价财务报表的公允性

财务报表的公允性是指被审计单位财务报表在所有重大方面是否公允地反映了其财务状况、经营成果和现金流量。在评价财务报表是否做出公允反映时，注册会计师应当考虑下列各项：

#### （一）评价财务报表的整体合理性

评价财务报表的整体合理性是否与审计单位及其环境的了解一致，即评价经管理层调整后的财务报表是否与注册会计师对在完成审计工作后，如果财务报表存在重大错报，注册会计师则应当要求管理层进行调整。管理层做出调整或拒绝调整后，注册会计师可以确定已审计财务报表是否还存在重大错报，并形成恰当的审计意见。为了进一步确定已审计财务报表是否符合被审计单位的实际情况，注册会计师尚需对财务报表做出总体复核，并判断是否与其对被审计单位及其环境的了解一致。

#### （二）财务报表的列报与内容的合理性

评价财务报表的列报与内容的合理性，即评价被审计单位财务报表的列报、结构和内容是否合理。在我国，企业会计准则和相关会计制度中对财务报表的列报、结构和内容做了规定。注册会计师应当根据《企业会计准则第 30 号——财务报表列报》及其指南，评价被审计单位提供的财务报表的列报、格式和内容是否与规范要求一致。

#### （三）评价财务报表的真实性

评价财务报表反映的真实性，即评价财务报表是否真实地反映了交易和事项的经济实质。

通过实施上述三个方面的评价，注册会计师就可以形成对被审计单位财务报表公允性的审计意见。

## 第三节　审计报告的基本内容

根据《中国注册会计师审计准则第 1501 号——审计报告》的规定，审计报告的基本内容应包括以下几个方面：

## 一、标题

审计报告的标题应当统一规范为“审计报告”。

## 二、收件人

审计报告的收件人是指注册会计师按照业务约定书的要求报送审计报告的对象，一般是指审计业务的委托人。审计报告应当载明收件人的全称。

## 三、引言段

审计报告的引言段应当说明被审计单位的名称和财务报表已经过审计，并且包括下列内容：

(1)指出被审计单位的名称；

(2)说明财务报表已经审计；

(3)指出构成整套财务报表的每一财务报表的名称；

(4)提及财务报表附注；

(5)指明构成整套财务报表的每一财务报表的日期和涵盖的期间。

## 四、管理层对财务报表的责任段

管理层对财务报表的责任段应当说明，按照适用的会计准则和相关会计制度的规定编制财务报表是管理层的责任，这种责任包括以下内容：

(1)按照适用的财务报告编制基础编制财务报表，并使其实现公允反映；

(2)设计、执行和维护必要的内部控制，以使财务报表不存在由于舞弊或错误导致的重大错报。

## 五、注册会计师的责任段

注册会计师的责任段应当说明下列内容：

(1)注册会计师的责任是在实施审计工作的基础上对财务报表发表审计意见。

(2)注册会计师按照《中国注册会计师审计准则》的规定执行审计工作。《中国注册会计师审计准则》要求注册会计师遵守职业道德规范，计划并实施审计工作，以对财务报表是否存在重大错报获取合理保证。

(3)审计工作涉及实施审计程序，以获取有关财务报表金额和披露的审计证据。所选择的审计程序取决于注册会计师的判断，包括对由于舞弊或错误导致的财务报表重大错报风险的评估。在进行风险评估时注册会计师应考虑与财务报表编制相关的内部控制，以设计恰当的审计程序，但目的并非对内部控制的有效性发表意见。审计工作还包括评价管理层选用会计政策的恰当性和所做出会计估计的合理性，以及评价财务报表的总体列报。

(4)注册会计师相信已获取的审计证据是充分、适当的，并且这些审计证据为其发表审计意见提供了基础。

### 六、审计意见段

审计意见段应当说明，财务报表是否按照适用的会计准则和相关会计制度的规定编制，是否在所有重大方面公允地反映了被审计单位的财务状况、经营成果和现金流量。

### 七、注册会计师的签名和盖章

审计报告应当由注册会计师签名并盖章。

### 八、会计师事务所的名称、地址及盖章

审计报告应当载明会计师事务所的名称和地址，并且加盖会计师事务所的公章。

### 九、报告日期

审计报告的日期是指注册会计师完成审计工作的日期。审计报告日期不应该早于被审计单位管理层签署财务报表的日期。

注册会计师在确定审计报告日期时，应当考虑以下内容：

(1)应当实施的审计程序是否已经完成；应当提请被审计单位调整的事项是否已经提出，并且被审计单位已经做出调整或拒绝做出调整。

(2)被审计单位管理层是否已经正式签署财务报表。

## 第四节　标准审计报告

标准审计报告是指注册会计师出具的无保留意见的审计报告，不附加说明段、强调事项段或任何修饰性用语。无保留意见审计报告是注册会计师对被审计单位的财务报表，依照《中国注册会计师审计准则》的要求进行审计后确认：被审计单位会计处理方法遵循了会计准则及相关的会计制度的规定，符合被审计单位的实际情况，财务报表提供的资料内容完整、表达清楚、无重要遗漏、报表的编制方法符合规定要求，因而对财务报表无保留地表示满意。无保留意见就意味着注册会计师认为财务报表是合法的、公允的，能满足非特定多数的利害关系人的共同需要，并且对表示的无保留意见负责，表明被审计单位完成了会计责任，进而使审计报告的使用者对被审计单位的财务状况、经营成果及现金流量情况给予较高的信赖。

如果认为财务报表符合以下所有条件，注册会计师则应当出具无保留意见的审计报告：

(1)财务报表已经按照适用的会计准则和相关的会计制度的规定编制，在所有重大方面公允地反映了被审计单位的财务状况、经营成果和现金流量。

(2)注册会计师已经按照《中国注册会计师审计准则》的规定计划实施了审计工作，在审计过程中未受到限制。

当出具无保留意见的审计报告时，注册会计师应当以"我们认为"作为意见段的开头，并且使用"在所有重大方面""公允反映"等术语。

**【例 13－1】** 甲会计师事务所对 ABC 公司 2018 年度财务报表进行审计，出具了标准审计报告。

**审 计 报 告**

ABC股份有限公司全体股东：

我们审计了后附的ABC股份有限公司(以下简称ABC公司)的财务报表，包括2018年12月31日的资产负债表，2018年度的利润表、股东权益变动表和现金流量表以及财务报表附注。

(一)管理层对财务报表的责任

编制和公允列报财务报表是ABC公司管理层的责任，这种责任包括：①按照企业会计准则的规定编制财务报表，并使其实现公允反映；②设计、执行和维护必要的内部控制，以使财务报表不存在由于舞弊或错误导致的重大错报。

(二)注册会计师的责任

我们的责任是在执行审计工作的基础上对财务报表发表审计意见。我们按照中国注册会计师审计准则的规定执行了审计工作。中国注册会计师审计准则要求我们遵守职业道德守则、计划和执行审计工作以对财务报表是否不存在重大错误获取合理保证。

审计工作涉及实施审计程序，以获取有关财务报表金额和披露的审计证据。选择的审计程序取决于注册会计师的判断，包括对于舞弊或错误导致的财务报表重大错误风险的评估。在进行风险评估时，注册会计师考虑与财务报表编制和公允列报相关的内容控制，以设计恰当的审计程序，但目的并非对内部控制的有效性发表意见。审计工作还包括评价管理层选用会计政策的恰当性和做出会计估计的合理性，以及评价财务报表的总体列报。

我们相信，我们获取的审计证据是充分、适当的，为发表审计意见提供了基础。

(三)审计意见

我们认为，ABC公司财务报表在所有重大方面公允反映了ABC公司2018年12月31日的财务状况以及2018年度的经营成果和现金流量。

甲会计师事务所(盖章)　　中国注册会计师：×××

(签名并盖章)

中国注册会计师：×××

(签名并盖章)

中国　北京　　二〇一八年三月七日

# 第五节　非标准审计报告

## 一、非无保留意见的审计报告

### (一)非无保留意见的含义

非无保留意见是指保留意见、否定意见或无法表示意见。

当存在下列情形之一时，注册会计师应当在审计报告中发表非无保留意见。

(1)根据获取的审计证据，得出财务报表整体存在重大错报的结论。

(2)无法获取充分、适当的审计证据,不能得出财务报表整体不存在重大错报的结论。导致注册会计师无法获取充分、适当的审计证据的情形有:

①超出被审计单位控制的情形,如被审计单位的会计记录已被毁坏、重要组成部分的会计记录已被政府有关机构无限制地查封;

②与注册会计师工作性质或时间安排相关的情形,如被审计单位需要使用权益法对联营企业进行核算,注册会计师无法获取有关联营企业的财务信息的充分、适当的审计证据以评价是否恰当运用了权益法;

③管理层施加限制的情形,例如管理层阻止注册会计师实施存货监盘。

**(二)确定非无保留意见的类型**

注册会计师确定恰当的非无保留意见的类型,取决于下列事项:导致非无保留意见的事项的性质,是财务报表存在的重大错报,还是在无法获取充分、适当的审计证据的情况下财务报表可能存在重大错报;注册会计师就导致非无保留意见的事项对财务报表产生或可能产生的影响的广泛性作为判断。

1. 发表保留意见

当存在下列情形之一时,注册会计师应当发表保留意见:

(1)在获取充分、适当的审计证据后,注册会计师认为错报单独或汇总起来对财务报表影响重大但不具有广泛性;

(2)注册会计师无法获取充分、适当的审计证据以作为形成审计意见的基础,但认为未发现错报对财务报表可能产生的影响重大但不具有广泛性。

2. 发表否定意见

在获取充分、适当的审计证据后,如果认为错报单独或汇总起来对财务报表的影响重大且具有广泛性,注册会计师应当发表否定意见。

3. 发表无法表示意见

如果无法获取充分、适当的审计证据以作为形成审计意见的基础,但认为未发现的错报对财务报表可能产生的影响重大且具有广泛性,注册会计师应当发表无法表示意见。

注册会计师对导致发表非无保留意见的事项的性质和这些事项对财务报表产生或可能产生影响的广泛性做出的判断,以及注册会计师的判断对审计意见类型的影响见表13—1。

**表13—1　　注册会计师发表非无保留意见的情况**

| 导致发表非无保留意见的事项的性质 | 这些事项对财务报表产生或可能产生影响的广泛性 | |
|---|---|---|
| | 重大但不具有广泛性 | 重大且具有广泛性 |
| 财务报表存在重大错报 | 保留意见 | 否定意见 |
| 无法获取充分、适当的审计证据 | 保留意见 | 无法表示意见 |

**(三)非无保留意见的审计报告的格式和内容**

1. 导致非无保留意见的事项段

(1)审计报告格式和内容的一致性。

如果对财务报表发表非无保留意见,除在审计报告中包含《中国注册会计师审计准则第1501号——对财务报表形成审计意见和出具审计报告》(2016年12月23日修订)规定的审计报告要素外,注册会计师还应当直接在审计意见段之前增加一个段落,并使用恰当的标题,如"导致保留意见的事项""导致否定意见的事项"或"导致无法表示意见的事项",说明导致注册会计师发表非无保留意见的事项。审计报告格式和内容的一致性有助于提高使用者的理解和识别存在的异常情况。

(2)量化财务影响。

如果财务报表中存在与具体金额相关的重大错报,注册会计师应当在导致非无保留意见的事项段中说明并量化该错报的财务影响。如果无法量化财务影响,注册会计师应当在导致非无保留意见的事项段中说明这一情况。

此外,如果财务报表中存在与叙述性披露相关的重大错报或与应披露而未披露信息相关的重大错报,注册会计师应当在导致非无保留意见的事项段中予以说明;如果因无法获取充分、适当的审计证据而导致非无保留意见,注册会计师也应当在导致非无保留意见的事项段中说明无法获取审计证据的原因。

2. 审计意见段

(1)标题。

在发表非无保留意见时,注册会计师应当对审计意见段使用恰当的标题,如"保留意见""否定意见"或"无法表示意见"。审计意见段的标题能够使财务报表使用者清楚注册会计师发表了非无保留意见,并能够表明非无保留意见的类型。

(2)发表保留意见。

当由于财务报表存在重大错报而发表保留意见时,注册会计师应当根据适用的财务报告编制基础在审计意见段中说明:注册会计师认为,除了导致保留意见的事项段所述事项产生的影响外,财务报表在所有重大方面按照适用的财务报告编制基础编制,并实现公允反映。当无法获取充分、适当的审计证据而导致发表保留意见时,注册会计师应当在审计意见段中使用"除……可能产生的影响外"等措辞。

(3)发表否定意见。

当发表否定意见时,注册会计师应当根据适用的财务报告编制基础在审计意见段中说明:注册会计师认为,由于导致否定意见的事项段所述事项的重要性,财务报表没有在所有重大方面按照适用的财务报告编制基础编制,未能实现公允反映。

(4)发表无法表示意见。

当由于无法获取充分、适当的审计证据而发表无法表示意见时,注册会计师应当在审计意见段中说明:由于导致无法表示意见的事项段所述事项的重要性,注册会计师无法获取充分、适当的审计证据以为发表审计意见提供基础,因此,注册会计师不对这些财务报表发表审计意见。

3. 非无保留意见对审计报告要素内容的修改

当发表保留意见或否定意见时,注册会计师应当修改对注册会计师责任的描述,以说明:注册会计师相信其已获取的审计证据是充分、适当的,为发表非无保留意见提供了基础。

当由于无法获取充分、适当的审计证据而发表无法表示意见时，注册会计师应当修改审计报告的引言段，说明注册会计师接受委托审计财务报表。注册会计师还应当修改对注册会计师责任段和审计范围的描述，并仅能做出如下说明：“我们的责任是在按照中国注册会计师审计准则的规定执行审计工作的基础上对财务报表发表审计意见。但由于导致无法表示意见的事项段中所述事项的重要性，我们无法获取充分、适当的审计证据以为发表审计意见提供基础。”

**(四)非无保留意见的审计报告的参考格式**

**【例 13—2】** 甲会计师事务所对天成股份有限公司 2018 年度财务报表进行审计，由于注册会计师无法获取充分、适当的审计证据而出具了保留意见的审计报告。

**审计报告**

天成股份有限公司全体股东：

我们审计了后附的天成股份有限公司(以下简称天成公司)的财务报表，包括 2018 年 12 月 31 日的资产负债表，2018 年度的利润表、股东权益变动表和现金流量表以及财务报表附注。

(一)管理层对财务报表的责任

编制和公允列报财务报表是天成公司管理层的责任，这种责任包括：①按照企业会计准则的规定编制财务报表，并使其实现公允反映；②设计、执行和维护必要的内部控制，以使财务报表不存在由于舞弊或错误导致的重大错报。

(二)注册会计师的责任

我们的责任是在执行审计工作的基础上对财务报表发表审计意见。我们按照中国注册会计师审计准则的规定执行了审计工作。中国注册会计师审计准则要求我们遵守职业道德守则、计划和执行审计工作以对财务报表是否不存在重大错误获取合理保证。

审计工作涉及实施审计程序，以获取有关财务报表金额和披露的审计证据。选择的审计程序取决于注册会计师的判断，包括对于舞弊或错误导致的财务报表重大错误风险的评估。在进行风险评估时，注册会计师考虑与财务报表编制和公允列报相关的内容控制，以设计恰当的审计程序，但目的并非对内部控制的有效性发表意见。审计工作还包括评价管理层选用会计政策的恰当性和做出会计估计的合理性，以及评价财务报表的总体列报。

我们相信，我们获取的审计证据是充分、适当的，为发表审计意见提供了基础。

(三)导致保留意见的事项

天成公司 2018 年 12 月 31 日的应收账款余额 18 400 万元，占资产总额的 25%。由于天成公司未能提供债务人地址，我们无法实施函证及其他审计程序，以获取充分、适当的审计证据。

(四)审计意见

我们认为，除“(三)导致保留意见的事项”段所述事项产生的影响外，天成公司财务报表在所有重大方面按照企业会计准则的规定编制，公允地反映了天成公司 2018 年 12 月 31 日的财务状况以及 2018 年度的经营成果和现金流量。

甲会计师事务所(盖章)　　　　　　中国注册会计师：×××
（签名并盖章）
中国注册会计师：×××
（签名并盖章）

中国北京　　　　　　　　　　　　二〇一九年三月十一日

**【例 13—3】** 甲会计师事务所对万达公司 2018 年度财务报表进行审计，由于财务报表存在重大错报而出具了否定意见的审计报告。

## 审 计 报 告

万达股份有限公司全体股东：

我们审计了后附的万达股份有限公司(以下简称万达公司)的财务报表，包括 2018 年 12 月 31 日的资产负债表，2018 年度的利润表、股东权益变动表和现金流量表以及财务报表附注。

(一)管理层对财务报表的责任

编制和公允列报财务报表是天成公司管理层责任，这种责任包括：①按照企业会计准则的规定编制财务报表，并使其实现公允反映；②设计、执行和维护必要的内部控制，以使财务报表不存在由于舞弊或错误导致的重大错报。

(二)注册会计师的责任

我们的责任是在执行审计工作的基础上对财务报表发表审计意见。我们按照中国注册会计师审计准则的规定执行了审计工作。中国注册会计师审计准则要求我们遵守职业道德守则、计划和执行审计工作以对财务报表是否不存在重大错误获取合理保证。

审计工作涉及实施审计程序，以获取有关财务报表金额和披露的审计证据。选择的审计程序取决于注册会计师的判断，包括对于舞弊或错误导致的财务报表重大错误风险的评估。在进行风险评估时，注册会计师考虑与财务报表编制和公允列报相关的内容控制，以设计恰当的审计程序，但目的并非对内部控制的有效性发表意见。审计工作还包括评价管理层选用会计政策的恰当性和做出会计估计的合理性，以及评价财务报表的总体列报。

我们相信，我们获取的审计证据是充分、适当的，为发表审计意见提供了基础。

(三)导致保留意见的事项

如财务报表附注八所述，万达公司 2018 年持有 A 公司股份 45%，但采用成本法核算。如果按权益法核算，万达公司 2018 年 12 月 31 日的长期股权投资账面价值将减少 5 680 万元，净利润将减少 5 680 万元，从而导致万达公司 2018 年亏损 460 万元。

(四)审计意见

我们认为，除"(三)导致否定意见的事项"段所述事项的重要性，万达公司财务报表没有在所有重大方面按照企业会计准则的规定编制，未能公允反映万达公司 2018 年 12 月 31 日的财务状况以及 2018 年度的经营成果和现金流量。

甲会计师事务所(盖章)　　　　　　中国注册会计师：×××
（签名并盖章）

中国注册会计师：×××

（签名并盖章）

中国北京　　　　　　　　二〇一九年三月十三日

**【例 13—4】** 甲会计师事务所对诚信股份有限公司 2018 年度财务报表进行审计，由于注册会计师无法针对财务报表多个要素获取充分、适当的审计证据而出具无法表示意见的审计报告。

## 审计报告

诚信股份有限公司全体股东：

我们审计了后附的诚信股份有限公司（以下简称诚信公司）的财务报表，包括 2018 年 12 月 31 日的资产负债表，2018 年度的利润表、股东权益变动表和现金流量表以及财务报表附注。

（一）管理层对财务报表的责任

编制和公允列报财务报表是诚信公司管理层的责任，这种责任包括：①按照企业会计准则的规定编制财务报表，并使其实现公允反映；②设计、执行和维护必要的内部控制，以使财务报表不存在由于舞弊或错误导致的重大错报。

（二）注册会计师的责任

我们的责任是在执行审计工作的基础上对财务报表发表审计意见。我们按照中国注册会计师审计准则的规定执行了审计工作。中国注册会计师审计准则要求我们遵守职业道德守则、计划和执行审计工作以对财务报表是否不存在重大错误获取合理保证。

审计工作涉及实施审计程序，以获取有关财务报表金额和披露的审计证据。但由于“（三）导致无法表示意见的事项”段中所述事项的重要性，我们无法获取充分、适当的审计证据以为发表审计意见提供基础。

（三）导致无法表示意见的事项

诚信公司未对 2018 年 12 月 31 日的存货进行盘点，金额为 43 250 万元，占期末资产总额的 65%。我们无法实施存货监盘，也无法实施其他替代审计程序，以对期末存货的数量和状况获取充分、适当的审计证据。

（四）无法表示意见

由于“（三）导致无法表示意见的事项”段所述事项的重要性，我们无法获取充分、适当的审计证据以为发表审计意见提供基础，因此，我们不对诚信公司财务报表发表审计意见。

甲会计师事务所（盖章）　　　　中国注册会计师：×××

（签名并盖章）

中国注册会计师：×××

（签名并盖章）

中国 北京　　　　　　　　二〇一九年三月十五日

## 二、带强调事项段的无保留意见审计报告

### (一)强调事项段的含义

审计报告的强调事项段是指注册会计师在审计意见段之后增加的对重大事项予以强调的段落。

强调事项应当同时符合下列条件:(1)可能对财务报表产生重大影响,但被审计单位进行了恰当的会计处理,且在财务报表中做出充分披露;(2)不影响注册会计师发表的审计意见。

从审计理论上讲,注册会计师在审计意见段之前增加说明段,用来说明发表保留意见、否定意见和无法表示意见的理由;而在意见段之后增加强调事项段,只是增加审计报告的信息含量,提高审计报告的有用性,不影响发表的审计意见,如果以强调事项段代替发表审计意见,就会导致审计报告类型出现混乱。

### (二)增加强调事项段的情形

(1)异常诉讼或监管行动的未来结果存在不确定性;

(2)提前应用(在允许的情况下)对财务报表有广泛影响的新会计准则;

(3)存在已经或持续对被审计单位财务状况产生重大影响的特大灾难。

### (三)在审计报告中增加强调事项段时注册会计师应采取的措施

(1)将强调事项段紧接在审计意见之后;

(2)使用"强调事项"或其他适当标题;

(3)明确提及被强调事项以及相关披露的位置,以便能够在财务报表中找到对该事项的详细描述;

(4)指出审计意见没有因该强调事项而改变。

**【例 13—5】** 甲会计师事务所对顺诚股份有限公司 2018 年度财务报表进行审计,出具了带强调事项段的无保留意见的审计报告。

**审 计 报 告**

顺诚股份有限公司全体股东:

我们审计了后附的顺诚股份有限公司(以下简称顺诚公司)的财务报表,包括 2018 年 12 月 31 日的资产负债表,2018 年度的利润表、股东权益变动表和现金流量表以及财务报表附注。

(一)管理层对财务报表的责任

编制和公允列报财务报表是顺诚公司管理层的责任,这种责任包括:①按照企业会计准则的规定编制财务报表,并使其实现公允反映;②设计、执行和维护必要的内部控制,以使财务报表不存在由于舞弊或错误导致的重大错报。

(二)注册会计师的责任

我们的责任是在执行审计工作的基础上对财务报表发表审计意见。我们按照中国注册会

计师审计准则的规定执行了审计工作。中国注册会计师审计准则要求我们遵守职业道德守则、计划和执行审计工作以对财务报表是否不存在重大错误获取合理保证。

审计工作涉及实施审计程序，以获取有关财务报表金额和披露的审计证据。选择的审计程序取决于注册会计师的判断，包括对于舞弊或错误导致的财务报表重大错误风险的评估。在进行风险评估时，注册会计师考虑与财务报表编制和公允列报相关的内容控制，以设计恰当的审计程序，但目的并非对内部控制的有效性发表意见。审计工作还包括评价管理层选用会计政策的恰当性和做出会计估计的合理性，以及评价财务报表的总体列报。

我们相信，我们获取的审计证据是充分、适当的，为发表审计意见提供了基础。

（三）审计意见

我们认为，顺诚公司财务报表已经按照企业会计准则的规定编制，在所有重大方面公允地反映了顺诚公司 2018 年 12 月 31 日的财务状况以及 2018 年度的经营成果和现金流量。

（四）强调事项

我们提醒财务报表使用者关注，如财务报表附注×所述，公司在 2018 年发生亏损 65 000 万元，这使我们对公司作为持续经营主体的能力存在重大疑问。管理当局就此问题提出的改善计划已在附注×中做出说明，但其持续经营能力仍然存在重大不确定性。本段内容不影响已发表的审计意见。

甲会计师事务所（盖章）　　　　中国注册会计师：×××
（签名并盖章）
中国注册会计师：×××
（签名并盖章）

中国北京　　　　二〇一九年三月二十日

## 基本概念

标准审计报告　非标准审计报告　审计报告　无保留意见　保留意见　否定意见　无法表示意见　标准无保留意见审计报告　非标准无保留意见审计报告

## 思考题

1. 审计报告的作用有哪些？
2. 简述审计报告的类型。
3. 标准审计报告的要素有哪些？
4. 注册会计师出具保留意见、否定意见、无法表示意见的审计报告的条件分别是什么？

## 实训练习题

**一、单项选择题**

1. 注册会计师审计出具的审计报告，应直接报送（　　）。

A. 被审计单位　　B. 委托人

C. 被审计单位业务主管部门　　D. 注册会计师协会

2. A注册会计师在审计甲公司2018年度财务报表时发现2017年末一批Z产品账面成本高于可变现净值，但没有计提存货跌价准备，2018年2月将该批产品以低于账面成本的价格全部对外销售，已确认销售并结转成本。A注册会计师应当建议该公司进行以下（　　）审计调整。

A. 借记“资产减值损失”，贷记“营业成本”　　B. 借记“未分配利润”，贷记“营业成本”

C. 借记“资产减值损失”，贷记“存货”　　D. 借记“存货”，贷记“营业成本”

3. 在我国，注册会计师的审计报告的标题统一为（　　）。

A. 会计师事务所审计报告　　B. 查账报告

C. 审计报告　　D. 注册会计师审计报告

4. 下列日期中哪个最应当是审计报告的日期？（　　）

A. 撰写审计报告日　　B. 外勤审计工作结束日

C. 接受委托审计日　　D. 已取得充分、适当的证据并形成审计意见日

5. 以下对审计报告的特征的理解中，不恰当的是（　　）。

A. 注册会计师在实施审计工作的基础上出具审计报告

B. 注册会计师应当以书面形式出具审计报告

C. 注册会计师只有在保证财务报表不存在重大错报的情况下才能出具审计报告

D. 注册会计师通过签署审计报告履行审计责任

6. 注册会计师于2018年2月8日进驻ABC公司审计其2017年的财务报表。3月10日，注册会计师与ABC公司进行沟通，3月15日注册会计师正式签署2017年的审计报告，3月20日对外公布其审计报告，则审计报告日是（　　）。

A. 2018年2月8日　　B. 2018年3月10日

C. 2018年3月15日　　D. 2018年3月20日

7. 由于（　　），注册会计师将极有可能无法发表意见。

A. 客户没有反映会计准则和相关会计制度所要求的补充信息

B. 重要信息披露不充分

C. 客户施加的范围限制

D. 子公司的其他审计师发表了保留意见

8. 审计意见的形成基础是（　　）。

A. 审计证据和审计工作底稿　　B. 审计程序

C. 审计准则　　D. 审计人员

9. 注册会计师无法获取充分、适当的审计证据，且这些事项对财务报表产生或可能产生的影响重大且具有广泛性，则应当出具的审计报告类型是（　　）。

A. 无保留意见审计报告　　B. 保留意见审计报告

C. 否定意见审计报告　　D. 无法表示意见审计报告

10. 注册会计师对于被审计单位未更正的财务报表重大错报对财务报表的影响重大且具有广泛性的情形，应出具的审计报告类型是(　　)。

A. 无保留意见审计报告　　B. 保留意见审计报告

C. 否定意见审计报告　　D. 无法表示意见审计报告

**二、多项选择题**

1. 审计报告的作用有(　　)。

A. 鉴证作用　　B. 保护作用

C. 证明作用　　D. 处罚作用

2. 审计报告的要素有(　　)。

A. 标题　　B. 管理层对财务报表的责任段

C. 注册会计师的责任段　　D. 审计意见段

3. 非标准审计报告包括(　　)。

A. 带强调事项段的审计报告　　B. 保留意见审计报告

C. 否定意见审计报告　　D. 无法表示意见审计报告

4. 如果注册会计师提请被审计单位管理层在财务报表中披露导致对持续经营能力产生重大疑虑的主要事项或情况以及管理层拟采取的改善措施，然后依据披露情况决定其发表的审计意见的类型，意味着注册会计师可能发表(　　)审计报告。

A. 无法表示意见　　B. 带有强调事项段的无保留意见

C. 保留意见　　D. 否定意见

5. 审计意见的基本类型有(　　)。

A. 无保留意见　　B. 否定意见

C. 保留意见　　D. 无法表示意见

6. 管理层对财务报表的责任段应当包含的内容有(　　)。

A. 按照企业会计准则的规定编制财务报表，确保财务报表合法、公允

B. 按照企业会计准则的规定编制财务报表，并使其实现公允反映

C. 设计、执行和维护必要的内部控制，以使财务报表相关的内部控制不存在重大缺陷

D. 设计、执行和维护必要的内部控制，以使财务报表不存在舞弊或错误导致的重大错报

7. 注册会计师的责任段应当包含的内容有(　　)。

A. 注册会计师的责任是在执行审计工作的基础上对财务报表发表审计意见

B. 审计工作涉及实施审计程序，以获取有关财务报表金额和披露的审计证据

C. 合理保证已审计财务报表在所有重大方面按照企业会计准则的规定编制

D. 合理保证注册会计师获取的审计证据是充分、适当的且为发表审计意见提供了基础

8. 当存在(　　)情形时，注册会计师应当发表保留意见。

A. 在获取充分、适当的审计证据后，注册会计师认为错报单独或汇总起来对财务报表影响重大但不具有广泛性

B. 注册会计师无法获取充分、适当的审计证据以作为形成审计意见的基础，但认为未发现错报对财务报表可能产生的影响重大且具有广泛性

C. 在获取充分、适当的审计证据后，注册会计师认为错报单独或汇总起来对财务报表影响重大且具有广泛性

D. 注册会计师无法获取充分、适当的审计证据以作为形成审计意见的基础，但认为未发现错报对财务报表可能产生的影响重大且不具有广泛性

9. 引言段应当(  )。

A. 指出被审计单位的名称

B. 说明财务报表已经审计

C. 指出构成整套财务报表的每一财务报表的名称并提及财务报表附注

D. 指明构成整套财务报表的每一财务报表的日期或涵盖的期间

10. 导致注册会计师无法获取充分、适当的审计证据的情形包括(  )。

A. 被审计单位的会计记录已被毁坏、重要组成部分的会计记录已被政府有关机构无限制地查封

B. 被审计单位需要使用权益法对联营企业进行核算,注册会计师无法获取有关联营企业财务信息的充分、适当的审计证据以评价是否恰当运用了权益法

C. 管理层阻止注册会计师实施存货监盘

D. 管理层施加限制的情形

## 三、判断题

1. 注册会计师对被审计单位财务报表发表的审计意见,是对被审计单位特定日期的财务状况和所审计期间经营成果和现金流量情况所做的绝对保证。 (  )

2. 将财务报表与审计报告一同提交给财务报表使用者,可以减轻被审计单位管理层对财务报表的真实性、合法性所负的责任。 (  )

3. 对整套通用目的财务报表出具的审计报告,其致送对象通常为被审计单位的总经理。 (  )

4. 审计报告的签署日期为审计报告完稿日期。 (  )

5. 注册会计师经过审计后,认为被审计单位财务报表就其整体而言是公允的,但因审计范围受到限制,无法按照中国注册会计师审计准则的要求取得充分、适当的审计证据,虽然影响重大,但不至于无法表示意见,则应当发表保留意见。 (  )

6. 附加强调事项段的无保留意见审计报告也是标准审计报告。 (  )

7. 由于审计范围受到委托人、被审计单位管理层或客观环境的严重限制,不能获取必要的审计证据,以致无法对财务报表整体反映发表审计意见时,注册会计师应当出具否定意见的审计报告。 (  )

8. 注册会计师明知应当出具否定意见的审计报告时,为了规避风险,可以用无法表示意见的审计报告代替。 (  )

9. 无法表示意见就是审计人员不发表审计意见的情形。 (  )

10. 由于未能取得充分、适当的审计证据,注册会计师对被审计单位财务报表整体不能发表意见时,应当出具否定意见的审计报告。 (  )

## 四、案例分析题

1. 注册会计师在复核几家被审计单位的审计工作底稿时,发现下述情况:

(1)被审计单位 A 公司应收账款项目无法进行函证,也无法实施其他替代审计程序,但未发现错报对财务报表可能产生的影响重大且不具有广泛性;

(2)被审计单位 B 公司存货计价方法由加权平均法改为先进先出法,并已按相关规定在会计报表附注中说明;

(3)被审计单位 C 公司自 2012 年 1 月起股市大幅度下跌,C 公司如果在 3 月 20 日将短期股票投资转让,将导致大约 30 万元的损失。

要求:请针对上述情况,指出注册会计师应分别发生何种审计意见,并说明理由。

2. A 和 B 注册会计师首次接受委托,负责审计上市甲公司 2017 年度的财务报表。发现问题如下:

因主导产品不符合国家环保要求,政府部门于 2017 年 12 月要求甲公司在 2018 年 9 月 30 日前停止生产

和销售该类产品；A 和 B 注册会计师复核了管理层对持续经营能力做出的评估和拟采取的应对措施，认为在编制财务报表时运用持续经营假设是适当的，但可能导致其对持续经营能力产生重大疑虑的事项或情况存在重大不确定性；甲公司在财务报表附注中做出充分披露。

要求：假定只存在上述资料所述情况，请代为编制审计报告。

# 参考文献

[1]中国注册会计师协会.审计[M].北京:经济科学出版社,2015.
[2]秦荣生,卢春泉.审计学[M].北京:中国人民大学出版社,2011.
[3]陈汉文.审计[M].北京:中国人民大学出版社,2016.
[4]窦洪波.审计基础[M].上海:上海财经大学出版社,2016.
[5]彭毅林.审计学[M].北京:中国工信出版集团,人民邮电出版社,2017.
[6]李晓慧.审计学原理与案例[M].北京:中国人民大学出版社,2015.
[7]陈汉文.审计理论与实务学习指导书[M].北京:中国人民大学出版社,2019.
[8]李红艳.审计学[M].长春:吉林大学出版社,2013.
[9]刘晓波,王娟.审计基础与实务[M].大连:东北财经大学出版社,2015.
[10]刘明辉,史德刚.审计(精编版)[M].大连:东北财经大学出版社,2012.